中国农垦农场志丛

山　东

清水泊农场志

中国农垦农场志丛编纂委员会　组编

山东清水泊农场志编纂委员会　主编

中国农业出版社

北　京

图书在版编目（CIP）数据

山东清水泊农场志/中国农垦农场志丛编纂委员会
组编；山东清水泊农场志编纂委员会主编． —北京：
中国农业出版社，2021.9
（中国农垦农场志丛）
ISBN 978-7-109-28762-4

Ⅰ．①山…　Ⅱ．①中…②山…　Ⅲ．①国营农场－概
况－寿光　Ⅳ．①F324.1

中国版本图书馆CIP数据核字(2021)第189819号

出 版 人：陈邦勋
出版策划：刘爱芳
丛书统筹：王庆宁
审 稿 组：干锦春　薛　波
编 辑 组：闫保荣　王庆宁　黄　曦　李　梅　吕　睿　刘昊阳　赵世元
　　　　　王秀田　司雪飞　张楚翘　何　玮
设 计 组：姜　欣　杜　然　关晓迪
工 艺 组：王　凯　王　宏　吴丽婷
发行宣传：毛志强　郑　静　曹建丽

山东清水泊农场志
Shandong Qingshuipo Nongchangzhi

中国农业出版社出版
地址：北京市朝阳区麦子店街18号楼
邮编：100125
责任编辑：王秀田　张楚翘　何　玮
责任校对：刘丽香　　责任印制：王　宏
印刷：北京通州皇家印刷厂
版次：2021年9月第1版
印次：2021年9月北京第1次印刷
发行：新华书店北京发行所
开本：787mm×1092mm　1/16
印张：24　插页：8
字数：500千字
定价：168.00元

ISBN 978-7-109-28762-4

9 787109 287624 >

农场办公楼

双王城水库全景

一分场全景

流经一分场的蹚河

一分场全景图

一盐场全景

二分场全景图

农场农田景色

二盐场全景图

三分场俯瞰图

巨淀湖风景

农场盐田近景

盐田

杨家围子村俯瞰图

塌河与益寿新河交汇处

织女河（北）与塌河、伏龙河、益寿新河交汇处

农场种植的高粱

农场种植的棉花

农场种植的谷子

农场种植的大豆

农场种植的西红柿

农场种植的西红柿

农场的蔬菜大棚区

农场种植的水稻

荣乌高速入口处

农场种植的玉米

农场土地上的油田开采

三分场东张僧河

三分场住宅楼

益羊铁路

水稻收割机

一分场住宅楼

农场饲养的羊

农场饲养的猪

农场饲养的鹅

农场饲养的鸡

二十世纪六七十年代农场饲养的羊

二十世纪六七十年代农场饲养的羊

巨淀湖

伏龙河

德大铁路和黄大铁路

《山东清水泊农场志》编纂委员会人员合影

《山东清水泊农场志》编纂工作启动仪式

中共清水泊农场第一次代表大会全体代表合影
1980.11.13.

第一届党代会代表合影

中共清水泊农场第二次代表大会全体合影1984.11.8.

第二届党代会出席代表合影

第六届党代会代表合影

授予农场的"富民兴寿劳动奖状"

先进基层工会

2015年度先进职工之家

2016年度先进单位

中国农垦农场志丛编纂委员会

主　任

张桃林

副主任

左常升　邓庆海　李尚兰　陈邦勋　彭剑良　程景民　王润雷

成　员（按垦区排序）

马　辉　张庆东　张保强　薛志省　赵永华　李德海　麦　朝

王守聪　许如庆　胡兆辉　孙飞翔　王良贵　李岱一　赖金生

于永德　陈金剑　李胜强　唐道明　支光南　张安明　张志坚

陈孟坤　田李文　步　涛　余　繁　林　木　王　韬　魏国斌

巩爱岐　段志强　聂　新　高　宁　周云江　朱云生　常　芳

中国农垦农场志丛编纂委员会办公室

主　任

王润雷

副主任

陈忠毅　刘爱芳　武新宇　明　星

成　员

胡从九　李红梅　刘琢琬　闫保荣　王庆宁

中国农垦农场志丛

《山东清水泊农场志》编纂委员会

主　任　李昌军

副主任　胡振军　常茂明　崔小青　张炳国

顾　问　韩迎祥　王西君　葛怀圣

主　编　李昌军

副主编　崔小青　郭红梅　张书功　吴晓东　董爱玲

编　委（按姓氏笔画排序）

王小霞　王　玲　王磊磊　王保华　毛　军　田彦梅

刘爱忠　刘文涛　刘　芳　辛相国　武金华　国芳永

杨海亭　杨学东　张咏梅　张金超　张黎明　贾冠礼

郭　璇　晋来明　柴翠香　曹振方　葛桂凤

编辑分工

清水泊农场赋　王子然

概　述　吴晓东

大事记　王西君　董爱玲

第一编　杨学东　吴晓东

第二编　吴晓东　董爱玲　张咏梅　柴翠香　葛桂凤　辛相国
　　　　刘　芳

第三编　吴晓东　董爱玲

第四编　董爱玲　张书功　张咏梅

第五编　董爱玲　张咏梅　张金超

附　录　张咏梅　董爱玲

摄　影　贾冠礼

中国农垦农场志

总　序

中国农垦农场志丛自 2017 年开始酝酿，历经几度春秋寒暑，终于在建党 100 周年之际，陆续面世。在此，谨向所有为修此志作出贡献、付出心血的同志表示诚挚的敬意和由衷的感谢！

中国共产党领导开创的农垦事业，为中华人民共和国的诞生和发展立下汗马功劳。八十余年来，农垦事业的发展与共和国的命运紧密相连，在使命履行中，农场成长为国有农业经济的骨干和代表，成为国家在关键时刻抓得住、用得上的重要力量。

如果将农垦比作大厦，那么农场就是砖瓦，是基本单位。在全国 31 个省（自治区、直辖市，港澳台除外），分布着 1800 多个农垦农场。这些星罗棋布的农场如一颗颗玉珠，明暗随农垦的历史进程而起伏；当其融汇在一起，则又映射出农垦事业波澜壮阔的历史画卷，绽放着"艰苦奋斗、勇于开拓"的精神光芒。

（一）

"农垦"概念源于历史悠久的"屯田"。早在秦汉时期就有了移民垦荒，至汉武帝时创立军屯，用于保障军粮供应。之后，历代沿袭屯田这一做法，充实国库，供养军队。

中国共产党借鉴历代屯田经验，发动群众垦荒造田。1933 年 2 月，中华苏维埃共和国临时中央政府颁布《开垦荒地荒田办法》，规定"县区土地部、乡政府要马上调查统计本地所有荒田荒地，切实计划、发动群众去开荒"。到抗日战争时期，中国共产党大规模地发动军人进行农垦实践，肩负起支援抗战的特殊使命，农垦事业正式登上了历史舞台。

20 世纪 30 年代末至 40 年代初，抗日战争进入相持阶段，在日军扫荡和国民党军事包围、经济封锁等多重压力下，陕甘宁边区生活日益困难。"我们曾经弄到几乎没有衣穿，没有油吃，没有纸、没有菜，战士没有鞋袜，工作人员在冬天没有被盖。"毛泽东同志曾这样讲道。

面对艰难处境，中共中央决定开展"自己动手，丰衣足食"的生产自救。1939 年 2 月 2 日，毛泽东同志在延安生产动员大会上发出"自己动手"的号召。1940 年 2 月 10 日，中共中央、中央军委发出《关于开展生产运动的指示》，要求各部队"一面战斗、一面生产、一面学习"。于是，陕甘宁边区掀起了一场轰轰烈烈的大生产运动。

这个时期，抗日根据地的第一个农场——光华农场诞生了。1939 年冬，根据中共中央的决定，光华农场在延安筹办，生产牛奶、蔬菜等食物。同时，进行农业科学实验、技术推广，示范带动周边群众。这不同于古代屯田，开创了农垦示范带动的历史先河。

在大生产运动中，还有一面"旗帜"高高飘扬，让人肃然起敬，它就是举世闻名的南泥湾大生产运动。

1940 年 6—7 月，为了解陕甘宁边区自然状况、促进边区建设事业发展，在中共中央财政经济部的支持下，边区政府建设厅的农林科学家乐天宇等一行 6 人，历时 47 天，全面考察了边区的森林自然状况，并完成了《陕甘宁边区森林考察团报告书》，报告建议垦殖南泥洼（即南泥湾）。之后，朱德总司令亲自前往南泥洼考察，谋划南泥洼的开发建设。

1941 年春天，受中共中央的委托，王震将军率领三五九旅进驻南泥湾。那时，南泥湾俗称"烂泥湾","方圆百里山连山",战士们"只见梢林不见天",身边做伴的是满山窜的狼豹黄羊。在这种艰苦处境中,战士们攻坚克难,一手拿枪,一手拿镐,练兵开荒两不误,把"烂泥湾"变成了陕北的"好江南"。从1941年到1944年,仅仅几年时间,三五九旅的粮食产量由0.12万石猛增到3.7万石,上缴公粮1万石,达到了耕一余一。与此同时,工业、商业、运输业、畜牧业和建筑业也得到了迅速发展。

南泥湾大生产运动,作为中国共产党第一次大规模的军垦,被视为农垦事业的开端,南泥湾也成为农垦事业和农垦精神的发祥地。

进入解放战争时期,建立巩固的东北根据地成为中共中央全方位战略的重要组成部分。毛泽东同志在1945年12月28日为中共中央起草的《建立巩固的东北根据地》中,明确指出"我党现时在东北的任务,是建立根据地,是在东满、北满、西满建立巩固的军事政治的根据地",要求"除集中行动负有重大作战任务的野战兵团外,一切部队和机关,必须在战斗和工作之暇从事生产"。

紧接着,1947年,公营农场兴起的大幕拉开了。

这一年春天,中共中央东北局财经委员会召开会议,主持财经工作的陈云、李富春同志在分析时势后指出:东北行政委员会和各省都要"试办公营农场,进行机械化农业实验,以迎接解放后的农村建设"。

这一年夏天,在松江省政府的指导下,松江省省营第一农场(今宁安农场)创建。省政府主任秘书李在人为场长,他带领着一支18人的队伍,在今尚志市一面坡太平沟开犁生产,一身泥、一身汗地拉开了"北大荒第一犁"。

这一年冬天,原辽北军区司令部作训科科长周亚光带领人马,冒着严寒风雪,到通北县赵光区实地踏查,以日伪开拓团训练学校旧址为基础,建成了我国第一个公营机械化农场——通北机械农场。

之后,花园、永安、平阳等一批公营农场纷纷在战火的硝烟中诞生。与此同时,一部分身残志坚的荣誉军人和被解放的国民党军人,向东北荒原宣战,艰苦拓荒、艰辛创业,创建了一批荣军农场和解放团农场。

再将视线转向华北。这一时期，在河北省衡水湖的前身"千顷洼"所在地，华北人民政府农业部利用一批来自联合国善后救济总署的农业机械，建成了华北解放区第一个机械化公营农场——冀衡农场。

除了机械化农场，在那个主要靠人力耕种的年代，一些拖拉机站和机务人员培训班诞生在东北、华北大地上，推广农业机械化技术，成为新中国农机事业人才培养的"摇篮"。新中国的第一位女拖拉机手梁军正是优秀代表之一。

（二）

中华人民共和国成立后农垦事业步入了发展的"快车道"。

1949年10月1日，新中国成立了，百废待兴。新的历史阶段提出了新课题、新任务：恢复和发展生产，医治战争创伤，安置转业官兵，巩固国防，稳定新生的人民政权。

这没有硝烟的"新战场"，更需要垦荒生产的支持。

1949年12月5日，中央人民政府人民革命军事委员会发布《关于1950年军队参加生产建设工作的指示》，号召全军"除继续作战和服勤务者而外，应当负担一部分生产任务，使我人民解放军不仅是一支国防军，而且是一支生产军"。

1952年2月1日，毛泽东主席发布《人民革命军事委员会命令》："你们现在可以把战斗的武器保存起来，拿起生产建设的武器。"批准中国人民解放军31个师转为建设师，其中有15个师参加农业生产建设。

垦荒战鼓已擂响，刚跨进和平年代的解放军官兵们，又背起行囊，扑向荒原，将"作战地图变成生产地图"，把"炮兵的瞄准仪变成建设者的水平仪"，让"战马变成耕马"，在戈壁荒漠、三江平原、南国边疆安营扎寨，攻坚克难，辛苦耕耘，创造了农垦事业的一个又一个奇迹。

1. 将戈壁荒漠变成绿洲

1950年1月，王震将军向驻疆部队发布开展大生产运动的命令，动员11万余名官兵就地屯垦，创建军垦农场。

垦荒之战有多难，这些有着南泥湾精神的农垦战士就有多拼。

没有房子住，就搭草棚子、住地窝子；粮食不够吃，就用盐水煮麦粒；没有拖拉机和畜力，就多人拉犁开荒种地……

然而，戈壁滩缺水，缺"农业的命根子"，这是痛中之痛！

没有水，战士们就自己修渠，自伐木料，自制筐担，自搓绳索，自开块石。修渠中涌现了很多动人故事，据原新疆兵团农二师师长王德昌回忆，1951年冬天，一名来自湖南的女战士，面对磨断的绳子，情急之下，割下心爱的辫子，接上绳子背起了石头。

在战士们全力以赴的努力下，十八团渠、红星渠、和平渠、八一胜利渠等一条条大地的"新动脉"，奔涌在戈壁滩上。

1954年10月，经中共中央批准，新疆生产建设兵团成立，陶峙岳被任命为司令员，新疆维吾尔自治区党委书记王恩茂兼任第一政委，张仲瀚任第二政委。努力开荒生产的驻疆屯垦官兵终于有了正式的新身份，工作中心由武装斗争转为经济建设，新疆地区的屯垦进入了新的阶段。

之后，新疆生产建设兵团重点开发了北疆的准噶尔盆地、南疆的塔里木河流域及伊犁、博乐、塔城等边远地区。战士们鼓足干劲，兴修水利、垦荒造田、种粮种棉、修路架桥，一座座城市拔地而起，荒漠变绿洲。

2. 将荒原沼泽变成粮仓

在新疆屯垦热火朝天之时，北大荒也进入了波澜壮阔的开发阶段，三江平原成为"主战场"。

1954年8月，中共中央农村工作部同意并批转了农业部党组《关于开发东北荒地的农建二师移垦东北问题的报告》，同时上报中央军委批准。9月，第一批集体转业的"移民大军"——农建二师由山东开赴北大荒。这支8000多人的齐鲁官兵队伍以荒原为家，创建了二九〇、二九一和十一农场。

同年，王震将军视察黑龙江汤原后，萌发了开发北大荒的设想。领命的是第五师副师长余友清，他打头阵，率一支先遣队到密山、虎林一带踏查荒原，于1955年元旦，在虎林县（今虎林市）西岗创建了铁道兵第一个农场，以部队番号命名为"八五〇部农场"。

1955年，经中共中央同意，铁道兵9个师近两万人挺进北大荒，在密山、虎林、饶河一带开荒建场，拉开了向三江平原发起总攻的序幕，在八五〇部农场周围建起了一批八字头的农场。

1958年1月，中央军委发出《关于动员十万干部转业复员参加生产建设的指示》，要求全军复员转业官兵去开发北大荒。命令一下，十万转业官兵及家属，浩浩荡荡进军三江平原，支边青年、知识青年也前赴后继地进攻这片古老的荒原。

垦荒大军不惧苦、不畏难，鏖战多年，荒原变良田。1964年盛夏，国家副主席董必武来到北大荒视察，面对麦香千里即兴赋诗："斩棘披荆忆老兵，大荒已变大粮屯。"

3. 将荒郊野岭变成胶园

如果说农垦大军在戈壁滩、北大荒打赢了漂亮的要粮要棉战役，那么，在南国边疆，则打赢了一场在世界看来不可能胜利的翻身仗。

1950年，朝鲜战争爆发后，帝国主义对我国实行经济封锁，重要战略物资天然橡胶被禁运，我国国防和经济建设面临严重威胁。

当时世界公认天然橡胶的种植地域不能超过北纬17°，我国被国际上许多专家划为"植胶禁区"。

但命运应该掌握在自己手中，中共中央作出"一定要建立自己的橡胶基地"的战略决策。1951年8月，政务院通过《关于扩大培植橡胶树的决定》，由副总理兼财政经济委员会主任陈云亲自主持这项工作。同年11月，华南垦殖局成立，中共中央华南分局第一书记叶剑英兼任局长，开始探索橡胶种植。

1952年3月，两万名中国人民解放军临危受命，组建成林业工程第一师、第二师和一个独立团，开赴海南、湛江、合浦等地，住茅棚、战台风、斗猛兽，白手起家垦殖橡胶。

大规模垦殖橡胶，急需胶籽。"一粒胶籽，一两黄金"成为战斗口号，战士们不惜一切代价收集胶籽。有一位叫陈金照的小战士，运送胶籽时遇到山洪，被战友们找到时已没有了呼吸，而背上箩筐里的胶籽却一粒没丢……

正是有了千千万万个把橡胶看得重于生命的陈金照们，1957年春天，华南垦殖局种植的第一批橡胶树，流出了第一滴胶乳。

1960年以后，大批转业官兵加入海南岛植胶队伍，建成第一个橡胶生产基地，还大面积种植了剑麻、香茅、咖啡等多种热带作物。同时，又有数万名转业官兵和湖南移民汇聚云南边疆，用血汗浇灌出了我国第二个橡胶生产基地。

在新疆、东北和华南三大军垦战役打响之时，其他省份也开始试办农场。1952年，在政务院关于"各县在可能范围内尽量地办起和办好一两个国营农场"的要求下，全国各地农场如雨后春笋般发展起来。1956年，农垦部成立，王震将军被任命为部长，统一管理全国的军垦农场和地方农场。

随着农垦管理走向规范化，农垦事业也蓬勃发展起来。江西建成多个综合垦殖场，发展茶、果、桑、林等多种生产；北京市郊、天津市郊、上海崇明岛等地建起了主要为城市提供副食品的国营农场；陕西、安徽、河南、西藏等省区建立发展了农牧场群……

到1966年，全国建成国营农场1958个，拥有职工292.77万人，拥有耕地面积345457公顷，农垦成为我国农业战线一支引人瞩目的生力军。

（三）

前进的道路并不总是平坦的。"文化大革命"持续十年，使党、国家和各族人民遭到新中国成立以来时间最长、范围最广、损失最大的挫折，农垦系统也不能幸免。农场平均主义盛行，从1967年至1978年，农垦系统连续亏损12年。

"没有一个冬天不可逾越，没有一个春天不会来临。"1978年，党的十一届三中全会召开，如同一声春雷，唤醒了沉睡的中华大地。手握改革开放这一法宝，全党全社会朝着社会主义现代化建设方向大步前进。

在这种大形势下，农垦人深知，国营农场作为社会主义全民所有制企业，应当而且有条件走在农业现代化的前列，继续发挥带头和示范作用。

于是，农垦人自觉承担起推进实现农业现代化的重大使命，乘着改革开放的春风，开始进行一系列的上下求索。

1978年9月，国务院召开了人民公社、国营农场试办农工商联合企业座谈会，决定在我国试办农工商联合企业，农垦系统积极响应。作为现代化大农业的尝试，机械化水平较高且具有一定工商业经验的农垦企业，在农工商综合经营改革中如鱼得水，打破了单一种粮的局面，开启了农垦一二三产业全面发展的大门。

农工商综合经营只是农垦改革的一部分，农垦改革的关键在于打破平均主义，调动生产积极性。

为调动企业积极性，1979年2月，国务院批转了财政部、国家农垦总局《关于农垦企业实行财务包干的暂行规定》。自此，农垦开始实行财务大包干，突破了"千家花钱，一家（中央）平衡"的统收统支方式，解决了农垦企业吃国家"大锅饭"的问题。

为调动企业职工的积极性，从1979年根据财务包干的要求恢复"包、定、奖"生产责任制，到1980年后一些农场实行以"大包干"到户为主要形式的家庭联产承包责任制，再到1983年借鉴农村改革经验，全面兴办家庭农场，逐渐建立大农场套小农场的双层经营体制，形成"家家有场长，户户搞核算"的蓬勃发展气象。

为调动企业经营者的积极性，1984年下半年，农垦系统在全国选择100多个企业试点推行场（厂）长、经理负责制，1988年全国农垦有60%以上的企业实行了这项改革，继而又借鉴城市国有企业改革经验，全面推行多种形式承包经营责任制，进一步明确主管部门与企业的权责利关系。

以上这些改革主要是在企业层面，以单项改革为主，虽然触及了国家、企业和职工的最直接、最根本的利益关系，但还没有完全解决传统体制下影响农垦经济发展的深层次矛盾和困难。

"历史总是在不断解决问题中前进的。"1992 年,继邓小平南方谈话之后,党的十四大明确提出,要建立社会主义市场经济体制。市场经济为农垦改革进一步指明了方向,但农垦如何改革才能步入这个轨道,真正成为现代化农业的引领者?

关于国营大中型企业如何走向市场,早在 1991 年 9 月中共中央就召开工作会议,强调要转换企业经营机制。1992 年 7 月,国务院发布《全民所有制工业企业转换经营机制条例》,明确提出企业转换经营机制的目标是:"使企业适应市场的要求,成为依法自主经营、自负盈亏、自我发展、自我约束的商品生产和经营单位,成为独立享有民事权利和承担民事义务的企业法人。"

为转换农垦企业的经营机制,针对在干部制度上的"铁交椅"、用工制度上的"铁饭碗"和分配制度上的"大锅饭"问题,农垦实施了干部聘任制、全员劳动合同制以及劳动报酬与工效挂钩的三项制度改革,为农垦企业建立在用人、用工和收入分配上的竞争机制起到了重要促进作用。

1993 年,十四届三中全会再次擂响战鼓,指出要进一步转换国有企业经营机制,建立适应市场经济要求,产权清晰、权责明确、政企分开、管理科学的现代企业制度。

农业部积极响应,1994 年决定实施"三百工程",即在全国农垦选择百家国有农场进行现代企业制度试点、组建发展百家企业集团、建设和做强百家良种企业,标志着农垦企业的改革开始深入到企业制度本身。

同年,针对有些农场仍为职工家庭农场,承包户垫付生产、生活费用这一问题,根据当年 1 月召开的全国农业工作会议要求,全国农垦系统开始实行"四到户"和"两自理",即土地、核算、盈亏、风险到户,生产费、生活费由职工自理。这一举措彻底打破了"大锅饭",开启了国有农场农业双层经营体制改革的新发展阶段。

然而,在推进市场经济进程中,以行政管理手段为主的垦区传统管理体制,逐渐成为束缚企业改革的桎梏。

垦区管理体制改革迫在眉睫。1995 年,农业部在湖北省武汉市召开全国农垦经济体制改革工作会议,在总结各垦区实践的基础上,确立了农垦管理体制的改革思路：逐步弱化行政职能，加快实体化进程，积极向集团化、公司化过渡。以此会议为标志，垦区管理体制改革全面启动。北京、天津、黑龙江等 17 个垦区按照集团化方向推进。此时，出于实际需要，大部分垦区在推进集团化改革中仍保留了农垦管理部门牌子和部分行政管理职能。

"前途是光明的，道路是曲折的。"由于农垦自身存在的政企不分、产权不清、社会负担过重等深层次矛盾逐渐暴露，加之农产品价格低迷、激烈的市场竞争等外部因素叠加，从 1997 年开始，农垦企业开始步入长达 5 年的亏损徘徊期。

然而，农垦人不放弃、不妥协，终于在 2002 年"守得云开见月明"。这一年，中共十六大召开，农垦也在不断调整和改革中，告别"五连亏"，盈利 13 亿。

2002 年后，集团化垦区按照"产业化、集团化、股份化"的要求，加快了对集团母公司、产业化专业公司的公司制改造和资源整合，逐步将国有优质资产集中到主导产业，进一步建立健全现代企业制度，形成了一批大公司、大集团，提升了农垦企业的核心竞争力。

与此同时，国有农场也在企业化、公司化改造方面进行了积极探索，综合考虑是否具备企业经营条件、能否剥离办社会职能等因素，因地制宜、分类指导。一是办社会职能可以移交的农场，按公司制等企业组织形式进行改革；办社会职能剥离需要过渡期的农场，逐步向公司制企业过渡。如广东、云南、上海、宁夏等集团化垦区，结合农场体制改革，打破传统农场界限，组建产业化专业公司，并以此为纽带，进一步将垦区内产业关联农场由子公司改为产业公司的生产基地（或基地分公司），建立了集团与加工企业、农场生产基地间新的运行体制。二是不具备企业经营条件的农场，改为乡、镇或行政区，向政权组织过渡。如 2003 年前后，一些垦区的部分农场连年严重亏损，有的甚至濒临破产。湖南、湖北、河北等垦区经省委、省政府批准，对农场管理体制进行革新，把农场管理权下放到市县，实行属地管理，一些农场建立农场管理区，赋予必要的政府职能，给予财税优惠政策。

这些改革离不开农垦职工的默默支持，农垦的改革也不会忽视职工的生活保障。1986 年，根据《中共中央、国务院批转农牧渔业部〈关于农垦经济体制改革问题的报告〉的通知》要求，农垦系统突破职工住房由国家分配的制度，实行住房商品化，调动职工自己动手、改善住房的积极性。1992 年，农垦系统根据国务院关于企业职工养老保险制度改革的精神，开始改变职工养老保险金由企业独自承担的局面，此后逐步建立并完善国家、企业、职工三方共同承担的社会保障制度，减轻农场养老负担的同时，也减少了农场职工的后顾之忧，保障了农场改革的顺利推进。

从 1986 年至十八大前夕，从努力打破传统高度集中封闭管理的计划经济体制，到坚定社会主义市场经济体制方向；从在企业层面改革，以单项改革和放权让利为主，到深入管理体制，以制度建设为核心、多项改革综合配套协调推进为主：农垦企业一步一个脚印，走上符合自身实际的改革道路，管理体制更加适应市场经济，企业经营机制更加灵活高效。

这一阶段，农垦系统一手抓改革，一手抓开放，积极跳出"封闭"死胡同，走向开放的康庄大道。从利用外资在经营等领域涉足并深入合作，大力发展"三资"企业和"三来一补"项目；到注重"引进来"，引进资金、技术设备和管理理念等；再到积极实施"走出去"战略，与中东、东盟、日本等地区和国家进行经贸合作出口商品，甚至扎根境外建基地、办企业、搞加工、拓市场：农垦改革开放风生水起逐浪高，逐步形成"两个市场、两种资源"的对外开放格局。

（四）

党的十八大以来，以习近平同志为核心的党中央迎难而上，作出全面深化改革的决定，农垦改革也进入全面深化和进一步完善阶段。

2015 年 11 月，中共中央、国务院印发《关于进一步推进农垦改革发展的意见》（简称《意见》），吹响了新一轮农垦改革发展的号角。《意见》明确要求，新时期农垦改革发展要以推进垦区集团化、农场企业化改革为主线，努力把农垦建设成为保障国家粮食安全和重要农产品有效供给的国家队、中国特色新型农业现代化的示范区、农业对外合作的排头兵、安边固疆的稳定器。

2016 年 5 月 25 日，习近平总书记在黑龙江省考察时指出，要深化国有农垦体制改革，以垦区集团化、农场企业化为主线，推动资源资产整合、产业优化升级，建设现代农业大基地、大企业、大产业，努力形成农业领域的航母。

2018年9月25日，习近平总书记再次来到黑龙江省进行考察，他强调，要深化农垦体制改革，全面增强农垦内生动力、发展活力、整体实力，更好发挥农垦在现代农业建设中的骨干作用。

农垦从来没有像今天这样更接近中华民族伟大复兴的梦想！农垦人更加振奋了，以壮士断腕的勇气、背水一战的决心继续农垦改革发展攻坚战。

1. 取得了累累硕果

——坚持集团化改革主导方向，形成和壮大了一批具有较强竞争力的现代农业企业集团。黑龙江北大荒去行政化改革、江苏农垦农业板块上市、北京首农食品资源整合……农垦深化体制机制改革多点开花、逐步深入。以资本为纽带的母子公司管理体制不断完善，现代公司治理体系进一步健全。市县管理农场的省份区域集团化改革稳步推进，已组建区域集团和产业公司超过300家，一大批农场注册成为公司制企业，成为真正的市场主体。

——创新和完善农垦农业双层经营体制，强化大农场的统一经营服务能力，提高适度规模经营水平。截至2020年，据不完全统计，全国农垦规模化经营土地面积5500多万亩，约占农垦耕地面积的70.5%，现代农业之路越走越宽。

——改革国有农场办社会职能，让农垦企业政企分开、社企分开，彻底甩掉历史包袱。截至2020年，全国农垦有改革任务的1500多个农场完成办社会职能改革，松绑后的步伐更加矫健有力。

——推动农垦国有土地使用权确权登记发证，唤醒沉睡已久的农垦土地资源。截至2020年，土地确权登记发证率达到96.3%，使土地也能变成金子注入农垦企业，为推进农垦土地资源资产化、资本化打下坚实基础。

——积极推进对外开放，农垦农业对外合作先行者和排头兵的地位更加突出。合作领域从粮食、天然橡胶行业扩展到油料、糖业、果菜等多种产业，从单个环节向全产业链延伸，对外合作范围不断拓展。截至2020年，全国共有15个垦区在45个国家和地区投资设立了84家农业企业，累计投资超过370亿元。

2. 在发展中改革，在改革中发展

农垦企业不仅有改革的硕果，更以改革创新为动力，在扶贫开发、产业发展、打造农业领域航母方面交出了漂亮的成绩单。

——聚力农垦扶贫开发，打赢农垦脱贫攻坚战。从20世纪90年代起，农垦系统开始扶贫开发。"十三五"时期，农垦系统针对304个重点贫困农场，绘制扶贫作战图，逐个建立扶贫档案，坚持"一场一卡一评价"。坚持产业扶贫，组织开展技术培训、现场观摩、产销对接，增强贫困农场自我"造血"能力。甘肃农垦永昌农场建成高原夏菜示范园区，江西宜丰黄冈山垦殖场大力发展旅游产业，广东农垦新华农场打造绿色生态茶园……贫困农场产业发展蒸蒸日上，全部如期脱贫摘帽，相对落后农场、边境农场和生态脆弱区农场等农垦"三场"踏上全面振兴之路。

——推动产业高质量发展，现代农业产业体系、生产体系、经营体系不断完善。初步建成一批稳定可靠的大型生产基地，保障粮食、天然橡胶、牛奶、肉类等重要农产品的供给；推广一批环境友好型种养新技术、种养循环新模式，提升产品质量的同时促进节本增效；制定发布一系列生鲜乳、稻米等农产品的团体标准，守护"舌尖上的安全"；相继成立种业、乳业、节水农业等产业技术联盟，形成共商共建共享的合力；逐渐形成"以中国农垦公共品牌为核心、农垦系统品牌联合舰队为依托"的品牌矩阵，品牌美誉度、影响力进一步扩大。

——打造形成农业领域航母，向培育具有国际竞争力的现代农业企业集团迈出坚实步伐。黑龙江北大荒、北京首农、上海光明三个集团资产和营收双超千亿元，在发展中乘风破浪：黑龙江北大荒农垦集团实现机械化全覆盖，连续多年粮食产量稳定在400亿斤以上，推动产业高端化、智能化、绿色化，全力打造"北大荒绿色智慧厨房"；北京首农集团坚持科技和品牌双轮驱动，不断提升完善"从田间到餐桌"的全产业链条；上海光明食品集团坚持品牌化经营、国际化发展道路，加快农业

"走出去"步伐，进行国际化供应链、产业链建设，海外营收占集团总营收20%左右，极大地增强了对全世界优质资源的获取能力和配置能力。

千淘万漉虽辛苦，吹尽狂沙始到金。迈入"十四五"，农垦改革目标基本完成，正式开启了高质量发展的新篇章，正在加快建设现代农业的大基地、大企业、大产业，全力打造农业领域航母。

（五）

八十多年来，从人畜拉犁到无人机械作业，从一产独大到三产融合，从单项经营到全产业链，从垦区"小社会"到农业"集团军"，农垦发生了翻天覆地的变化。然而，无论农垦怎样变，变中都有不变。

——不变的是一路始终听党话、跟党走的绝对忠诚。从抗战和解放战争时期垦荒供应军粮，到新中国成立初期发展生产、巩固国防，再到改革开放后逐步成为现代农业建设的"排头兵"，农垦始终坚持全面贯彻党的领导。而农垦从孕育诞生到发展壮大，更离不开党的坚强领导。毫不动摇地坚持贯彻党对农垦的领导，是农垦人奋力前行的坚强保障。

——不变的是服务国家核心利益的初心和使命。肩负历史赋予的保障供给、屯垦戍边、示范引领的使命，农垦系统始终站在讲政治的高度，把完成国家战略任务放在首位。在三年困难时期、"非典"肆虐、汶川大地震、新冠肺炎疫情突发等关键时刻，农垦系统都能"调得动、顶得上、应得急"，为国家大局稳定作出突出贡献。

——不变的是"艰苦奋斗、勇于开拓"的农垦精神。从抗日战争时一手拿枪、一手拿镐的南泥湾大生产，到新中国成立后新疆、东北和华南的三大军垦战役，再到改革开放后艰难但从未退缩的改革创新、坚定且铿锵有力的发展步伐，"艰苦奋斗、勇于开拓"始终是农垦人不变的本色，始终是农垦人攻坚克难的"传家宝"。

农垦精神和文化生于农垦沃土，在红色文化、军旅文化、知青文化等文化中孕育，也在一代代人的传承下，不断被注入新的时代内涵，成为农垦事业发展的不竭动力。

"大力弘扬'艰苦奋斗、勇于开拓'的农垦精神，推进农垦文化建设，汇聚起推动农垦改革发展的强大精神力量。"中央农垦改革发展文件这样要求。在新时代、新征程中，记录、传承农垦精神，弘扬农垦文化是农垦人的职责所在。

（六）

随着垦区集团化、农场企业化改革的深入，农垦的企业属性越来越突出，加之有些农场的历史资料、文献文物不同程度遗失和损坏，不少老一辈农垦人也已年至期颐，农垦历史、人文、社会、文化等方面的保护传承需求也越来越迫切。

传承农垦历史文化，志书是十分重要的载体。然而，目前只有少数农场编写出版过农场史志类书籍。因此，为弘扬农垦精神和文化，完整记录展示农场发展改革历程，保存农垦系统重要历史资料，在农业农村部党组的坚强领导下，农垦局主动作为，牵头组织开展中国农垦农场志丛编纂工作。

工欲善其事，必先利其器。2019年，借全国第二轮修志工作结束、第三轮修志工作启动的契机，农业农村部启动中国农垦农场志丛编纂工作，广泛收集地方志相关文献资料，实地走访调研、拜访专家、咨询座谈、征求意见等。在充足的前期准备工作基础上，制定了中国农垦农场志丛编纂工作方案，拟按照前期探索、总结经验、逐步推进的整体安排，统筹推进中国农垦农场志丛编纂工作，这一方案得到了农业农村部领导的高度认可和充分肯定。

编纂工作启动后，层层落实责任。农业农村部专门成立了中国农垦农场志丛编纂委员会，研究解决农场志编纂、出版工作中的重大事项；编纂委员会下设办公室，负责志书编纂的具体组织协调工作；各省级农垦管理部门成立农场志编纂工作机构，负责协调本区域农场志的组织编纂、质量审查等工作；参与编纂的农场成立了农场志编纂工作小组，明确专职人员，落实工作经费，建立配套机制，保证了编纂工作的顺利进行。

质量是志书的生命和价值所在。为保证志书质量，我们组织专家编写了《农场志编纂技术手册》，举办农场志编纂工作培训班，召开农场志编纂工作推进会和研讨会，到农场实地调研督导，尽全力把好志书编纂的史实关、政治关、体例关、文字关和出版关。我们本着"时间服从质量"的原则，将精品意识贯穿编纂工作始终。坚持分步实施、稳步推进，成熟一本出版一本，成熟一批出版一批。

中国农垦农场志丛是我国第一次较为系统地记录展示农场形成发展脉络、改革发展历程的志书。它是一扇窗口，让读者了解农场，理解农垦；它是一条纽带，让农垦人牢记历史，让农垦精神代代传承；它是一本教科书，为今后农垦继续深化改革开放、引领现代农业建设、服务乡村振兴战略指引道路。

修志为用。希望此志能够"尽其用"，对读者有所裨益。希望广大农垦人能够从此志汲取营养，不忘初心、牢记使命，一茬接着一茬干、一棒接着一棒跑，在新时代继续发挥农垦精神，续写农垦改革发展新辉煌，为实现中华民族伟大复兴的中国梦不懈努力！

中国农垦农场志丛编纂委员会

2021 年 7 月

　　七十多年前，为了国家的粮食安全，为了边疆的局势稳定，大批刚刚走下战场的人民子弟兵，会同来自全国各地的优秀知识青年，响应"自己动手，丰衣足食"的伟大号召，怀揣梦想，豪情万丈地进军荒蛮之地，奔赴高原边疆……从此，他们扎根边区，开垦荒原；兴办农场，建造良田；生产粮食，建设家园……开始了艰苦的农垦创业历程。

　　国营寿光清水泊农场（以下简称"农场"），就是这千百个农垦企业中的一员。初建之时，虽然目的作用、人员构成等与其他农场不尽相同，但七十年的伟大实践证明，清水泊农场在保障国家粮食安全，维护社会安全稳定，支援国家经济建设等诸多方面，与其他农垦企业一样，发挥了独特作用，做出了巨大贡献。七十年间，一批批清水泊农场人扎根荒蛮，甘愿清贫，为国家、为人民奉献着自己的美好青春。

　　清水泊，早先曾是众水会聚，沉淀至清之地，因而得此美名。但自其干涸后，人们对这里的描述发生了改变："晴天白茫茫，雨天水汪汪。鸟无枝头栖，人无树乘凉"，"白茫茫"是遍地盐碱，"水汪汪"是雨后惨状。除此，冬春之时，这里狂风肆虐，寒气逼人；夏秋季节，荆棘丛生，荒草遍地……然而自从农场人扎根这里，他们垦荒治碱，生产粮食；科学种田，增产增收；不断创新，繁育良种。可以毫不夸张地说，清水泊农场人在寿北这块盐碱地上，创造了人间奇迹。

在建场后不久，清水泊农场就可以每年向国家上交数十万，乃至近百万斤的粮食，有力保障了国家的粮食安全。后来，虽经历改革开放的阵痛，但农场人仍以顽强的毅力，使国有资产保值增值。到2020年，农场完成工农业生产总值4 028万元，实现利税324万元。农场种植的高品质水稻产量达25万斤，高品质苹果产量达20万斤；农场生产的高端蔬菜获得全国蔬菜质量标准中心试验示范基地认证，荣获"中国农垦优质品牌"称号，蔬菜产品通过绿色食品认证。农场的生态建设不断提升，万亩生态林枝繁叶茂。

在向社会提供丰富物质财富的同时，清水泊人还用青春改变了荒漠，形成了独特的、不朽的农垦历史与文化。这种农垦文化南北融合，兼收并蓄，具有多元性和开放性。顾全大局，无私奉献，艰苦奋斗，开拓进取是农垦文化丰富的精神内涵。也正是由于农垦这种无私无畏的顽强精神动力和独特的文化传承，铸就了农垦不朽的历史丰碑。

修志问道，以启未来。组织编纂《山东清水泊农场志》，是深入贯彻落实党中央农垦改革发展文件精神，大力弘扬"艰苦奋斗，勇于开拓"农垦精神，推进农垦文化建设的重要举措，对于记录农垦历史，梳理农垦发展成就和经验，展示特色农耕文化，服务乡村振兴战略，具有重要的历史和现实意义。值此，我谨代表中共寿光市委、市政府，对《山东清水泊农场志》的编纂完成，表示祝贺！

2021年7月24日

清水泊农场赋

北濒渤海，滩涂茫茫；南襟巨淀，蒹葭苍苍；西依清河，水韵悠悠；东临羊益，国道畅畅。万顷洼沧桑巨变，垦荒犹若"塞罕坝"；七十载战天斗地，精神相和"北大荒"。噫乎！齐鲁农垦之先行，寿光清水泊农场。

昔清水泊，众水汇聚、沉淀至清而其名；斗转星移，水竭干涸、碱洼斥卤而荒凉。人烟稀少，穷乡僻壤，鸟无枝头栖，人无树乘凉。冬春狂风肆虐，寒气逼人；夏秋荆棘丛生，溟濛草荒。峥嵘岁月，是为红色革命根据地；抗日烽火，军民同仇敌忾"反扫荡"。风展红旗，硝烟散尽，垦荒造田，为国献粮。有志青年，进军荒蛮之地，拓荒儿女，背负使命担当。回望农场发轫，溯源水泊滥觞，青年农庄、建设兵团，筚路蓝缕，农场初创。住窝棚，奈何蚊虻叮咬；睡地铺，常与蛇虫伴躺。台风暴雨，怎奈巾帼壮志凌云；雷电冰雹，难消须眉豪情万丈。挑沟挖渠治盐碱，植树造林建屏障。种粮植棉，负芒而梳风疾；牧羊养猪，披苇而沐雨狂。战荒洼艰苦卓绝，斗苦寒奋发图强。昔日盐碱地，今朝米粮仓，热血凝芳华，初心铸诗行。

感今载之英萃，立志不移；承先辈之馀芬，求索担当。看今朝峰回路转，逢盛世改革开放。时也乾坤清朗，徽政昭融，以创新而求发展，彰生态而启新航。喜看鸟羡林涛，蜂恋花芳，千顷绿波邀素月，万条锦秀荡清漾。波撼气蒸，连天棉海连天碧；风生水起，十里稻花十里香。五彩田园，棚棚乎灼地于华；万方盐池，晶晶乎映日于光。新建楼房广厦，职工乔迁新居，晨悦燕鸥之喈喈，暮踏飞歌之洋洋。莱壤厚土，林茂粮丰，灵气吐纳，物我相彰。天地梦回，临渤海之蔚蓝；水泊今梦，呈农场之荣昌。昨日已矣，英雄不念昔勇；明朝即来，壮士更期前方！筑梦路上，砥砺奋进，未来更美，前程辉煌！

王子然

2021 年 5 月

凡例

一、本志以马克思列宁主义、毛泽东思想、邓小平理论、三个代表重要思想、科学发展观和习近平新时代中国特色社会主义思想为指导，运用辩证唯物主义和历史唯物主义的立场、观点、方法，对本志资料认真鉴别、考证，务求观点正确，材料详实。

二、本志为章节体，编章节目，逐级相辖，设地理、经济、组织机构、科教文卫、社会生活5编及大事记、附录等内容。

三、本志记述内容，自建场至当下，力求全面、系统地反映寿光清水泊农场的自然地理、政治、经济、社会文化。详细记载了寿光清水泊农场在劳教人员改造、荒地开垦、土壤改良、良种培育等方面做出的重要贡献。

四、志中随文配图，图下设说明文字，图文并茂。图、照为典型性、资料性、艺术性，无广告色彩，无个人标准像和领导工作照，无修饰加工。志图照与文字比例为1：5。

五、志书以"述、记、志、传、图、表、录、索引"为志书编排顺序，图、表则随文而出，以醒其目。

六、本志条目编写以编年体为主，

部分条目采用记事本末体。行文采用语体文，力求文风严谨、朴实、简洁、流畅、规范。同时遵循"事以类从、类为一志"和"横分门类、纵述始末"的原则编写，详记起始、变化和现状，与史实记述融为一体，文中内容凡交叉事物非重复不可的，也力求详此略彼，详略互补。

七、记事时限、统计数字到 2020 年底，图片至本志定稿前。

八、本志数字，凡公历、年龄、统计数字，均用阿拉伯数字表示，夏历则用汉字表示；使用 2020 年底前国家新公布的计量单位。

九、农场历史时期资料、单位名称沿用统称，人物称谓一般直书其名。

十、本志采用第三人称记述，各时期的政治机构、官职等，均以当时名称，直书其名，不加褒贬；地名依历史称呼，并括注现行标准地名。名称在第一次出现时用全称，下文出现时使用简称，在首次出现时加括注。对男性人物不标注"男"，对女性人物加括注"女"。汉族人物统一不标注民族，只对少数民族人物标注民族。

十一、本志资料主要来自寿光档案馆的历史档案和实物资料，以及实地考察采访记录。采用文字描述、摄影等手段；图片资料收集，征集原件，收集影印件，搜寻个人散存照片资料及有关书籍、报刊、杂志等，不注明出处，特定事物或存疑资料经确证后收入本志。

中国农垦农场志

目 录

总序

序言

清水泊农场赋

凡例

概述 1

大事记 6

第一编 地　理

第一章　地域建置 29

　　第一节　区域位置 29

　　第二节　建置沿革 29

第二章　所辖分场和村庄 31

　　第一节　农场分场 31

　　第二节　村落 35

第三章　自然环境 36

　　第一节　气候 36

　　第二节　地形河网 39

　　第三节　土壤 46

第四章　自然资源 48

　　第一节　动物资源 48

　　第二节　植物资源 50

　　第三节　矿产资源 52

第五章　自然灾害 54

　　第一节　气象灾害 54

　　第二节　地震 58

第二编 经　济

第一章　经济总情 61

第二章　基础设施 ……………………………………………………………… 65

第一节　所在地城乡建设 …………………………………………………… 65

第二节　农场建设 …………………………………………………………… 66

第三节　公共建设 …………………………………………………………… 72

第四节　交通状况 …………………………………………………………… 77

第五节　农业机械 …………………………………………………………… 81

第三章　第一产业 ……………………………………………………………… 84

第一节　农业综合 …………………………………………………………… 84

第二节　种植业 ……………………………………………………………… 87

第三节　林业 ………………………………………………………………… 113

第四节　畜牧业 ……………………………………………………………… 118

第五节　渔业 ………………………………………………………………… 123

第四章　第二产业 ……………………………………………………………… 126

第一节　采盐业 ……………………………………………………………… 126

第二节　石油开采业 ………………………………………………………… 130

第三节　面粉加工及其他行业 ……………………………………………… 133

第五章　经营管理 ……………………………………………………………… 136

第一节　经营综述 …………………………………………………………… 136

第二节　计划与统计 ………………………………………………………… 137

第三节　人员与工资 ………………………………………………………… 139

第四节　福利与保险 ………………………………………………………… 143

第五节　财务与审计 ………………………………………………………… 146

第六节　物资及管理 ………………………………………………………… 150

第三编　组织机构

第一章　农场党组织 …………………………………………………………… 155

第一节　农场党的组织建设 ………………………………………………… 155

第二节　农场历届党代会 …………………………………………………… 157

第三节　农场纪律检查工作 ………………………………………………… 161

第四节　农场党员教育 ……………………………………………………… 167

第五节　农场党员发展 ……………………………………………………… 173

第六节　农场干部工作 ……………………………………………………… 174

第二章　农场人民团体 ………………………………………………………… 178

第一节　农场工会组织 ……………………………………………………… 178

第二节　农场共青团 ………………………………………………………… 186

第三节 农场妇联工作 ··· 189

第三章 农场法制建设 ·· 190

　第一节 农场机构设置 ··· 190

　第二节 农场社会治安 ··· 191

　第三节 农场普法教育 ··· 194

第四章 农场治安机构 ·· 196

　第一节 农场民兵组织 ··· 196

　第二节 农场人民武装部 ··· 199

第五章 人物 ··· 201

　第一节 历届党委书记、场长 ··· 201

　第二节 劳动模范 ··· 214

第四编　科教文卫

第一章 科技 ··· 227

　第一节 科技机构 ··· 227

　第二节 科技队伍 ··· 228

　第三节 科技成果 ··· 230

第二章 教育 ··· 233

　第一节 学前教育 ··· 233

　第二节 中小学教育 ··· 234

　第三节 成人教育 ··· 235

　第四节 职工教育 ··· 236

第三章 文化 ··· 238

　第一节 群众文化 ··· 238

　第二节 文学艺术 ··· 240

　第三节 档案管理 ··· 242

第四章 卫生 ··· 243

　第一节 医疗机构 ··· 243

　第二节 医疗状况 ··· 244

　第三节 防疫 ··· 245

　第四节 爱国卫生 ··· 246

第五章 文物古迹与民间传说 ··· 248

　第一节 文物古迹 ··· 248

　第二节 民间传说 ··· 250

第五编　社　会

第一章　人口 ……………………………………………………… 259

　第一节　人口构成 ………………………………………………… 259

　第二节　婚姻家庭 ………………………………………………… 264

　第三节　人口管理 ………………………………………………… 265

第二章　习俗 ……………………………………………………… 268

　第一节　生活习俗 ………………………………………………… 268

　第二节　人生礼仪 ………………………………………………… 271

第三章　语言 ……………………………………………………… 274

　第一节　方言 ……………………………………………………… 274

　第二节　歌谣谚语 ………………………………………………… 277

　第三节　歇后语 …………………………………………………… 283

第四章　精神文明建设 …………………………………………… 285

　第一节　文明创建活动 …………………………………………… 285

　第二节　倡导文明新风 …………………………………………… 288

附录 ………………………………………………………………… 292

后记 ………………………………………………………………… 352

概　述

　　地处渤海之滨，始建于1953年的国营寿光清水泊农场，经过近70年的改革发展，现已成为拥有3个农业分场、1个林业管理办公室和高端蔬菜种植园区及盐场、居委会，年产值高达4 000余万元、利税320多万元的大型农业企业。

一

　　清水泊农场地处山东省寿光市北部，位于黄河三角洲冲积扇南缘，北濒莱州湾，南距寿光市区45公里，西以小清河为界与广饶县隔河相望，东与羊口镇相邻。现有土地5.9万亩*。分场之间，地块相对独立，互不相连。农场地势低平，微向海岸倾斜，地面自然坡度较缓，自西南倾向东北，海拔高度在1～3.5米之间。其地理坐标为东经118°47′0″，北纬37°11′32″。

　　农场所在之地，河道纵横，水网密布。因建场于古清水泊干涸之地，故命名为清水泊农场。此地易旱易涝，地下径流微弱，土地盐碱严重，地表土壤多属盐化潮土，人们常用"晴天白茫茫，雨天水汪汪"来形容这里的地理特点。

二

　　清水泊农场及其周边，是块古老的土地。夙沙氏煮海为盐的传说，在此广为流传。考古发现，农场及周边遍布龙山文化及宋元时期盐业遗址，特别是双王城盐业遗址的发掘，证明夙沙氏煮海为盐的中心区域就在清水泊农场附近。官台村元代创修的公廨碑证明，最晚在元代，农场地区就已经设立官署，管理当地及周边盐业生产与销售。

　　除此之外，清水泊还是一块革命热土。1937年，马保三领导的国民革命军第八路军鲁东游击队第八支队就创建于清水泊南缘的牛头镇村。清水泊抗日根据地旧址也位于农场附近。1942年，日军"扫荡"根据地，寿光抗日军民撤至清水泊芦苇荡，掩护了抗日武装，保存下了抗日火种。

---

　　* 亩为非法定计量单位，1亩≈667平方米。——编者注

三

1953 年 1 月，在清水泊地区，山东省建立"第四劳动改造总队"，对外称为"地方国营清水泊农场"。起初，土地荒芜，盐碱严重，必须进行土壤改良方可耕种作物、居住生活。面对荒凉的盐碱旷野，农场人搭起窝棚，睡进地屋，天当被，地当床，茫茫大雾作蚊帐，以苦为乐，边垦荒边生产，改造土地，改造自我。1954 年，农场修筑防潮坝用以阻挡海潮南侵，并陆续挖沟开渠，引水排碱，修建台田，改良土壤。到 1961 年，农场拥有耕地 1.15 万亩。

建场之初，农场主要依靠人力从事各种农业劳动，所以生产效率较低。1962 年，农场拥有职工 302 人，粮食播种面积 1.05 万亩，粮食总产量 34.95 万斤[*]，亩产仅有 33 斤。全场总产值 9.3 万元，人均产值 296 元，全年亏损 16.72 万元。农场人员口粮尚不能完全自给，部分还需国家供应。

1964 年，农场响应"农业学大寨"的号召，制定了农田基本建设规划，大搞压碱降盐，修建条台田等建设，农业生产条件得到进一步改善。场内大面积种植绿肥，不断加强土壤改良，积极引进小麦、玉米等作物良种，试验改进轮作方式，粮食单产不断提高。随着生产条件的不断改善，特别是农业机械的逐步增多，农场的生产效率大幅提高，当年便实现粮食自足有余，并开始缴纳商品粮。1965 年，全场总产值达 159.65 万元，粮食单产 119 斤，人均产值 917 元。农场的耕地面积超过 1.3 万亩，小麦播种面积达 1.27 万亩，总产量超过 154.8 万斤，是 1959 年的 10 倍多。

1966 年，"文化大革命"开始后，场内经济社会秩序受到干扰，职工家庭副业遭到破坏，农业生产遭受挫折。

1970 年初，农场实行军管，混乱局面得到控制。同年 2 月，农场建制撤销，成立中国人民解放军济南军区山东生产建设兵团，农场与巨淀湖农场、军工盐场等几家友邻单位共同组建为兵团一师四团。此后，农场在基础设施建设、经济发展、文化教育、卫生事业等方面迅速发展。

这一时期，也是农场机械化发展最快的时期之一。至 1974 年底兵团撤销前，农场拥有运输汽车 7 部，拖拉机 22 台，大型收割机 3 台，柴油机 30 台，全场机械总动力达 3291 马力[**]，在耕地、播种、运输、副业加工、饲料粉碎等诸多方面，基本达到机械化和半机

---

[*] 斤为非法定计量单位，1 斤＝500 克。——编者注

[**] 马力为非法定计量单位，1 马力≈735 瓦特。——编者注

械化。但军队高度集中的管理模式并不适合农业生产，加之基本建设规模过大，资金严重不足，由此造成一些新困难，出现较大亏损局面。

1974年底，兵团撤销，并在次年1月正式恢复农场体制，当年粮食播种面积为2.34万亩，粮食总产量达568.27万斤，单产超过240斤，总产值达91.4万元。此后，养殖业也得到较快发展。1975年，农场养殖大型牲畜94头，养羊1854只。1976年，引进牲畜新品种，良种羊产羔成活395只，养猪869头，畜牧收入107万元。到年底，农场建有鸡场、面粉厂、榨油厂、麻袋厂、酿造厂、运输队等单位，拥有固定职工437人。农场逐步形成以农业为主，多元发展的局面。

1978年，中共十一届三中全会召开后，农场按照上级部署，根据自身条件，确定"以棉为主，粮棉并举，林牧结合，农工商综合发展"的思路，在稳定夏粮生产的同时，扩大棉花、大豆及晚秋作物的种植面积，种植业效益显著提高。这一时期，开始推行多种形式的生产责任制，由承包到生产队、班组，逐步发展为承包到职工家庭。这些措施，有效地调动了职工的积极性，农场经济逐步步入良性发展的轨道。

1981年，农场大力推行以经营管理为重点的生产责任制，实行划分收支、分级公开，超收分成、亏损自负的办法，各单位的经营成果与集体、个人利益相挂钩，全场实行定奖责任制，较好地解决了大锅饭、铁饭碗等平均主义的弊端。1982年，进一步细化责任制，将产量、利润等承包指标量化到位。到1983年，全场实现利润15.4万元，彻底摘掉了长期亏损的帽子，从此再未发生经营亏损情况。

1984—1993年，农场实行个人承包生产，即兴办家庭农场，形成大农场套小农场的双层经营新格局。兴办之初，家庭农场所需生产经营资金、生活资金全部由场方借支和垫付，家庭农场的产品全部上交，由农场统一加工或销售，从上交产品款中扣除垫付的资金。1994年，对家庭农场实行两费自理，自主经营，产品自行销售处理。此后，农场土地逐步向种田能手集中，承包大户增多，承包周期延长，多数在5年以上，有的承包时间更长。

2000年以来，农场积极探索市场经济规律，引导职工调整种植结构，一方面适时调整传统作物的种植面积，另一方面不断引进新技术、新品种，种植具有更高经济效益的作物。

2012年，农场成功引进大棚蔬菜种植技术，探索出了盐碱地发展优质高效蔬菜种植新模式，成功种植出了黄瓜、西红柿等多种优质蔬菜。2014年，农场种植辣椒114亩，生产鲜椒117万斤。

2019年，农场成功打造高端蔬菜品牌，生产的草莓西红柿口感好、糖度高，深受消费者喜爱，市场供不应求；使用环保酵素方法生产的茄子产量高、品相好、口感佳，得到菜商和消费者的认可。农场高端蔬菜园区获得全国蔬菜质量标准中心试验示范基地认证，蔬菜产品通过绿色食品认证，参与申报粤港澳大湾区"菜篮子"产品供应基地。2020年12月27日，农场品牌发展座谈会在中国农业科学院举行，标志着农场在品牌建设等方面取得的新进展。

四

农场的发展是多方面，全方位的。

在生产大量粮食，极大改变当地农业面貌的同时，农场还大力发展林业，改善了当地的生态环境。建场之初，场内林木的种植主要用于保护农田与盐田。20世纪60年代末，农场在河堤、沟坡等空闲地块栽种多类林木，面积超过1200亩。20世纪70年代，农场大力建设防护林，积极探索发展经济林木。到2020年，场区道路两旁，基本种满树木，形成了较为完备的防护林网。2014年，农场试种苹果林100亩，到2020年亩产达到1500斤，盐碱地上种植果树取得重大成功。2008年，农场成立清水泊生态林场，加强农场植树造林领导力量，植树造林进入快速发展期，到2019年底，建成占地1万亩的生态林场。与此同时，农场的林下养殖也初具规模，成为新的发展方向。2020年，农场形成了生态林、经济林相结合，"生态、经济、社会"多重效益共赢的良好格局。

农场交通、通信设施的不断完善，极大方便了本场及周边群众的工作与生活。1981年，农场投资16万元，在农场场区及附近，修建了上口镇盐场至清水泊农场盐场、原台头乡盐场至第二联营盐场的两条柏油路，总长共计4.7公里。2013年，农场投资300万元对一分场进场路进行整修铺油，解决了一分场行路难问题；投入60万元，对三分场、蔬菜基地进出路及内部生产路进行了整修，方便了职工出行和蔬菜运输。2019年，新建农场核心道路3.8公里，升级改造场区内道路3.1公里。与此同时，国家、省、市各级投资建设的道路逐渐完善。至2020年，经过场区的铁路有益羊、德大等3条，市乡道路十几条，荣乌高速穿场而过，并在一分场建有服务区，附近设有出入口。

改革开放后，农场文化体育事业蓬勃发展。自创自演群众喜闻乐见的文艺节目，已成为建场以来的优良传统；利用广播、电影、书画创作、职工活动开展形式多样的群众娱乐活动，丰富了全场职工的精神生活；篮球、乒乓、象棋、台球等比赛活动经常开展，锻炼了干部职工的体魄，陶冶了人们的情操。

在生产大量物质财富的同时，农场创造了一笔可观的精神财富。一代又一代的农垦人，将寿北这片不毛之地开发成了安居乐业的沃土，培育了独具寿光特色的知青文化、移民文化，锤炼形成了"艰苦奋斗、勇于开拓"的农垦精神，并成为广大农垦人生命的底色和成长的摇篮。改革开放后，特别是社会主义建设新时期，农场大力加强"两个文明"建设，在狠抓以完善生产责任制为主要内容的经济建设同时，不断加强精神文明建设。适时在干部职工中进行爱国主义理想和道德教育，经常组织开展各种创先争优文明评比活动，倡导文明新风，社会主义精神文明建设取得可喜成绩。

回顾农场近70年的改革发展历程，从无到有，从小到大，由弱变强的过程，都离不开中国共产党的坚强领导。在党的领导下，一代代的农垦人披荆斩棘，开拓创新，将不毛之地的盐碱滩，变成了"粮仓"和"银山"。展望未来，经过风雨洗礼的农场人，将继续在中国共产党的领导下，乘风破浪，开创更加美好的明天。

大 事 记

1953—1974 年资料略记

● **1953 年** 1月，山东省公安厅在寿光县（现为寿光市）北部清水泊建立"山东省第四劳动改造总队"，对外称"山东省地方国营清水泊农场"。

● **1955 年** 5月，山东省第四劳动改造总队的名称改为"山东省第四劳动改造管教队"，对外名称未有改动。

● **1957 年** 5月，山东省第四劳动改造管教队撤销，将其一、三分场改为两个刑满就业人员专场，分别命名为"山东省地方国营巨淀湖农场""山东省地方国营广清农场"，五、六分场交由山东省昌潍地区共青团集体农庄使用管理。总场及其他分场由山东省劳动教养所迁驻。

● **1958 年** 1月，山东省劳动教养所改称为"山东省第一劳动教养所"。6月，在教养所建立寿光县公安局清水泊分局，同时在巨淀湖农场建立寿光县公安局巨淀湖派出所。

● **1959 年** 3月，山东省地方国营巨淀湖农场、山东省地方国营广清农场撤销，两场移交给山东省农林厅。7月，设在济南七里山的山东省少年犯管教所改为收容少年劳动教养人员的场所，迁往当时寿光县北部的清水泊，随之撤销山东省少年犯管教所的名称，命名为"山东省寿北劳动教养所"，对外称为"山东省地方国营寿北农场"。1959—1963 年，农场改名为"劳动教养所和社会主义劳动大学"。（以上资料摘自《山东省劳改劳教志》）

在此期间的 1956 年 4 月，在农场附近（今三分场驻地）辟地，建立山东省昌潍地区共青团集体农庄，主席赵公泉，副主席王兰芝、刘桂云。1959 年 10 月改为官台养猪场，场长王法成。1964 年 5 月，养猪场改为寿光清水泊种羊场，场长张国兴，党支部书记郭圣功。1969 年 3 月，种羊场改为昌潍地区五七干校第一分校，年底撤销。

● **1970 年** 2 月，由清水泊种羊场、巨淀湖农场、军工盐场合并组建中国人民解放军济南军区山东生产建设兵团第一师四团。巨淀湖农场被编为一营，下设一、二、三连和机务连。种羊场为二营，下设四连（畜牧）、五、六连和机务连。1973 年春，炮八师农场移交给生产建设兵团四团，成立三营，下设七、八、九连和机务连（炮八师农场是 1964 年借用种羊场 4500 亩土地建立的）。军工盐场属直属连。

● **1974 年** 年底，山东生产建设兵团撤销，军人和兵团战士同时撤出，只有少部分从农村转来的兵团战士没调出。

1975—2020 年大事记

● **1975 年** 1 月，兵团撤出后，农场由寿光县委接管，成立了党的核心领导小组，负责接管后的工作。1 月 30 日，国营寿光清水泊农场正式成立，启用中国共产党"国营寿光清水泊农场巨淀湖总支委员会""国营寿光清水泊农场巨淀湖分场"等九枚党政印章。

7 月，农场干部职工由原来的 1673 人减至 461 人，经上级劳动部门批准，从各公社招收亦工亦农合同工 600 人。

11 月 6 日，原中共寿光县委以〔寿发（1975）第 64 号〕文件公布中国共产党国营寿光清水泊农场核心领导小组成员，由张绪益、侯延禄、宋焕文、刘恩恕、郝本成 5 位同志组成领导小组，张绪益任组长，侯延禄任副组长。

● **1976 年** 5 月，农场从原丰城、马店、前杨、台头、古城、北洛 6 个公社招收预约工 136 名，充实职工队伍。

6 月 5—7 日，寿光县北部遭受雹灾，涉及清水泊农场及周边村庄，损失严重。

10 月，经原寿光县革委决定，无偿调拨三分场北大水库给山东莱央子盐场使用。

是年，农场开垦、扩建盐田 550 公亩*，成立盐场七班。

● **1977 年** 10 月，中共寿光县委以〔寿发（1977）第 76 号〕文件下发通知，成立

---

* 公亩为非法定计量单位，1 公亩＝1/100 公顷。——编者注。

中国共产党国营寿光清水泊农场委员会，由张绪益、侯延禄、宋焕文、黄礼碧、常俊玉、王佐庆、郝本成共 7 人组成，张绪益任书记，侯延禄、宋焕文为副书记，其他为委员。

是年，扩建盐田 550 公亩，设立八班。

● **1978 年**　2 月，经原寿光县委批准，撤销种羊场、王庄分场两个党总支，设立种羊场和王庄分场两个党支部。

5 月，因生产需要，农场盐场征购杨庄大队耕地 184.42 亩扩建为盐田，支付现金 1.29 万元。

是年，扩建盐田 1100 公亩，设立九、十班。

● **1979 年**　5 月，为耕种方便，农场与牛头镇村签订换地协议。农场将益寿新河以东的农场三连地片 696 亩划归牛头镇大队所有，牛头镇大队村北部沟畦田地片 696 亩划给农场所有。

11 月 13 日，经原寿光县总工会批准，组建清水泊农场工会，国象贞任工会主任。

是年，扩建盐田 1500 公亩，设立十一、十二班。

● **1980 年**　3 月，与原寿光县其他地方一起，进行地名普查。全场土地面积 7.42 万亩，耕地面积 1.77 万亩，果园 120 亩，盐田 1 万公亩，职工 1065 人，其中固定工 344 人，合同工 618 人。农场下设 4 个分场和 1 个车修队，8 个机关科室。

4 月 6 日，大海潮突袭，狂风 11 级，潮位 3.15 米，农场盐田被灌，原盐全部被淹，造成巨大损失。

7 月 6 日下午，寿光北部地区突降冰雹 20 分钟，冰雹厚度 7～8 厘米，最大直径 6.8 厘米。农场受灾面积 1 万亩，绝产 6500 亩，减收粮食 42 万斤、葵花 48 万斤、红麻 26 万斤，共计损失 40 余万元。

9 月，农场组织毛国太、王西君等 4 名职工，参加省农垦局在利津县渤海农场举办的国营农场财会人员为期 50 天的培训班。

11 月 13 日，召开农场第一届党代会，出席代表 40 名，代表党员 188 人。

11 月 14 日，与寿光县建设委员会签订联合办砖厂的协议，在二分场营子沟以东、八米沟以西、普四路以南建设砖厂一座。

12 月，农场招收工龄 20 年以上老职工的子女 61 人进场工作。

12 月，成立农科站。

是年，向国家交售商品粮 80 万斤，扩建盐田 5250 公亩并建立 13 班、14 班、15 班、16 班、17 班、18 班、19 班，新建职工宿舍 40 户。

● **1981 年**　5 月，省农业厅、财政厅联合转发《农垦部、财政部关于加强地、县国营农场管理的通知》，所有地、县农场一般实行"独立核算、自负盈亏、盈利不交、亏损不补"的财务包干办法。

5 月 30 日，首届农场职工代表大会（以下简称职代会）召开，通过《1981 年经营管理奖惩办法》。

秋季，全场组织生产队以上干部赴江苏省新洋、临海农场参观，学习种棉致富的经验。通过参观学习，让农场干部职工开阔眼界，解放思想。

12 月，招收老职工子女 10 人进场工作。同月，省农垦会议提出"关于加强、整顿国营农场工作的意见"，明确"以生产为中心，以管理为重点，推行财务包干，落实生产责任制，加强经营管理"的整顿方针。

● **1982 年**　3 月，调整产业结构，春播棉花 4000 亩，各科室分别承担责任棉田，为推广棉花积累经验。由于干旱，保住了 2100 亩，总产皮棉 7.3 万斤。

● **1983 年**　8 月 28 日晚，农场遭遇大风冰雹袭击，八级大风夹杂冰雹，持续十分钟，冰雹大如核桃，小似小枣，造成 4300 亩农田受灾。棉花果枝被砸断，棉桃被砸落，高粱全部刮倒、折断，直接损失 17 余万元。

是年，实行承包责任制，农场扩大棉花种植面积，春播棉花 4551 亩，喜获丰收，实现利润 15.4 万元。扭转了农场长期亏损的局面。

● **1984 年**　11 月 5 日，寿光县人民政府关于杨家围子村与郭井子村土地纠纷问题下达"寿政函第 23 号"文件，处理意见明确，争议土地为清水泊农场所有。

12 月，企业整顿结束，建立完善企业规章制度，制定岗位责任制。

是年，在三分场建设砖厂一处，年产红砖 1000 万块。

是年，按照有关规定，本县 20 年以上工龄，外县 10 年以上工龄的职工家属户口迁入农场，吃农场自产粮，仍为农业户口。

● **1985 年**　7 月，因生源不足，撤销农场学校的初中部，升初中的职工子女一律到杨庄、牛头、台头等地上学。

8 月 23 日，农场收到〔寿政函（1985）第 16 号〕文件《寿光县人民政府关于国营清水泊农场与郭井子村土地纠纷的处理意见》，确定现清水泊农场的地界为：东至八米沟，南至普三路，北至旧县界，西界沿劳改河向北至普四路干渠北边，沿干渠向东至连五沟中心，沿连五沟向北至四大条田最南边条田沟，顺条田沟向西至旧县界，并根据便函绘制了附图。

8月23日，召开第二次工会会员代表大会（以下简称工代会），参会代表39人，选举孙乐友为工会主席，王志道为副主席。

12月，进行整党学习，全场11个党支部，158名党员都进行了登记，完成了"统一思想、整顿作风、加强纪律、纯洁组织"的任务，经县委验收合格完成任务。

是年，在一分场一队建职工宿舍八间，在二分场建面粉加工厂一处。

是年，为杨显龙等7名20世纪60年代初精简退职人员办理了按月发放生活补助费手续。

● **1986 年**　7月9日20∶00，盐场遭遇十级以上大风袭击，时间长达半小时，电线杆被拦腰刮断，盐坨苫草被刮乱，房屋红瓦被搧掉，伙房烟囱被刮倒。

10月11日，突降酷霜，比正常年份来霜提前20天，使正常吐絮的棉桃遭受冻害，特别是一分场受灾严重，棉花大面积减产，农场经济损失达35万余元。

11月，根据〔中共山东省委办公厅（1984）30号〕文件精神，为在"文化大革命"期间因历史原因被遣送回原籍的30名职工落实了政策，补发了工资。

12月，为丰富职工文化生活，农场工会购买了放映机一部。同月，胜利油田在农场地界内开采石油，塌河以西四大条田被占用，建设为2号开采点。

是年，在全体党员中开展党风党纪教育。

● **1987 年**　3月21日，召开第三次职代会，出席代表49人。

5月，启用"国营寿光清水泊农场建筑公司"印章。

6月，启用"国营寿光清水泊农场机务队"印章，机务队为二分场和三分场机务队合并而成。

6月，农场实行场长负责制。为308名亦工亦农合同工办理转招农民合同制工人，并为其缴纳养老保险金。

6月19日，召开第三次党代会，41名代表代表全场156名党员出席会议。

7月，农场与官台村签订土地边界协议。

8月，经寿光县编制委员会批准，"寿光县清水泊农场盐场"改为"寿光县清水泊盐场"。该场为县属国有企业，隶属盐业公司，归盐业公司管理，是寿光县五大盐场之一。

8月25日，经寿光县土管委批准，农场与杨庄村签订调换土地协议，农场建设二盐场占用杨庄村土地750亩，农场将三分场九队九段地划出750亩给杨庄村。

9月，租用道口养虾池400亩，发展养殖业，一盐场恢复盐田1500公亩，在总场以北开始建设二盐场。

12月，原寿光县政府下发〔寿政发（1987）174号〕文件，对孙家庄村部分村民哄抢农场杨家围子村芦苇事件以及有关问题做出处理。

是年底，开始创办场内银行。

● **1988年** 2月，经寿光县劳动局批准，从农村招收250名临时工，充实盐场职工队伍。

6月，农场杨家围子村向寿光县人民法院起诉孙家庄村哄抢芦苇事件。

7月，进行职称改革，成立农场职称改革领导小组，常连海任组长，韩宝贵、高华国为副组长。

11月，清水泊盐场下设两个盐场，原老盐场为第一盐场，新建盐场为第二盐场。第二盐场设9个班，两处盐场面积达2.7万公亩，年产原盐6万吨。

12月，撤销农场政工科，成立农场劳资科，成立中共清水泊农场党委办公室。

● **1989年** 4月，农场为83名技术人员评定专业技术职称。其中，中级职称30人，初级职称53人，有经济、工程、农业、会计、统计、教育、卫生、政工等8个专业。

5月8日，农场遭受特大冰雹灾害，5000多亩棉苗被砸光，直接损失达60多万元。

7月，启用"国营寿光清水泊农场供销科"印章，"国营寿光清水泊农场农工商公司"印章停用。

9月，农场初次评聘牟文恩等13人为工人技师。

11月，通往一分场的巨大路整修铺设蛤蜊皮和沙子，道路状况有了明显好转。

12月，总场成立路管基建科。

12月，唐士元当选寿光县人大代表。

是年，程义福等4名职工荣获1989年全省"贡献棉花模范户"称号，出席全省表彰大会。

● **1990年** 2月，开展第四次全国人口普查。

3月2日，召开农场第四次党代会，43人代表全场175名党员出席会议。

5月，成立农场老龄工作委员会。

7月15—16日，连续两天遭遇暴风雨袭击，降水量多达96毫米，风力10级左右，棉花倒伏4500亩，损失砖坯30万块，房屋倒塌两间，损坏电线杆20根，盐坨苫草损坏2500个，原盐化掉50余吨，全场因灾直接经济损失达47余万元。

12月，共青团农场第六次代表大会召开，李振华作报告。

● **1991年** 1月16日，召开第四次职代会，66位代表参加会议。

1月19日，召开第三次工代会，49名代表参会。

1月21日，全场召开表彰大会，80余人参加，共表彰先进党支部2个，先进单位22个，先进团支部1个，先进民兵连1个，先进分工会1个，优秀共产党员18名，优秀团员17名，先进工作者170名，工会积极分子47名，先进民兵10名，五好家庭95户。

4月，农场党委在全场开展社会主义思想教育活动，历时两个月。

7月，全场为南方洪涝灾害捐款。

11月，山东省农业厅农垦局分配大学生胡振军来场工作。

● **1992年** 1月，取消第九生产队，原九队职工及一切财产划归八队统一管理使用。

8月31日23：00至9月1日22：00，受16号台风影响，农场降水量达97.5毫米，八级以上大风持续刮了12个多小时，海潮水漫入第一盐场，存盐坨台处积水深达600毫米，化掉存盐3000吨，卤水损失1.7万立方米，砖厂毁坏砖坯20万块，1万多亩棉田全部受灾倒伏，全场经济损失多达53万元。

11月，下发劳动制度改革实施方案，实行全员合同制，签订劳动合同，压缩非生产人员30％。

11月，修建宅科至羊口港段益羊铁路，占用农场三分场部分土地。

12月，因牧场减少，畜牧队只保留种羊4群共260只。

12月，制定农场改革方案，实行大包干，盐场实行承包制，按面积交盐，砖厂保折旧，保人员工资。

12月，王照平被选为寿光县人大代表。农场被寿光县委、县政府命名为文明单位，表彰26个先进集体，16名优秀共产党员，143名先进个人，42名工会积极分子，17名优秀团员，7名优秀民兵。

● **1993年**　3月，公布成立"山东省寿光县农工商公司"，属农场下属单位，李昌军兼任公司经理。

3月22日，召开四届五次职代会。

3月23日，在寿光县（寿光于1993年8月8日撤县建市）征地22亩，投资60万元，建设农工商公司，建设第一批宿舍楼30户，建筑格式两层。

4月，建立清水泊农场农工商公司。

4月，新建学校教室10间，建筑面积237.4平方米，全场四、五年级学生集中总场就读。

5月，建设会议室一座，长32米，宽9.5米，檐高4米，共10间，建筑面积304平方米。

12月30日，农场四届六次职代会召开，通过《医疗卫生制度改革方案》。

是年，农场被潍坊市政府授予棉花良种繁育先进单位。

● **1994年**　1月，农场第一轮农业承包开始，实行直接包产到职工个人。精简科室3个，分别是供销科、路林科、党委办公室，改生产队核算为分场核算，减少管理后勤人员77人；撤销机务队，机械作价归个人；对门市部、理发店、服装加工、面粉加工厂、职工饭店、客车全部包到个人，实行定额上交费用。

6月15日，李振华任农场党委副书记，徐冠三、孙奎岳任副场长，王西君任工会主席。

7月18日，第五次党代会召开，全场党员195名，选出代表50名出席会议。

8月19日，第四次工代会召开，出席代表46人。

8月24日，共青团农场第七次代表大会召开，出席代表30名。

12月30日，对种植大户和售棉大户进行重奖，全场奖自行车120辆，液化气灶10个，石英钟匾80个。

是年，在寿光城区新建宿舍楼40套，1994年底搬迁入住。

是年，农场的"寿北滨海盐碱地 10 万亩棉花综合丰产技术开发项目"荣获潍坊市科学技术进步项目三等奖。

● **1995 年** 1 月，对全场门市部、饭店进行投标承包，砖厂实行个人承包。

4 月，在寿光开发区筹建铜工艺品厂。

5 月，筹建寿光农场化工厂。

7 月 12 日，五届二次职代会通过《关于寿城开发区建房有关问题的规定》。

8 月，二分场拆除劳改时期建设的小蓝砖房。

8 月，一盐场撤滩 4 副，保留 7 副，共 5053 公亩；二盐场撤滩 2 副，保留 4 副，共 5230 公亩，全场保留盐田 1.03 万公亩。

11 月，两个盐场减少员工 43 人。

是年，一居委所建职工宿舍实行房改。

● **1996 年** 1 月 12 日，召开五届三次职代会，大会审议通过《滚动固定升级和百分之三晋级实施方案》。

8 月，投资 60 万元筹建河蟹育苗场，刘景山任场长，李乐新任党支部书记。

9 月，下发第二轮职工承包土地的有关规定，期限 5 年，对部分后勤人员减发工资。

9 月，在一居委建设平房 12 套，下发建设第二批职工宿舍楼的通知。

10 月，下发《关于后勤管理人员岗位职责及工资待遇的有关规定》，开始执行全额工资、半额工资、岗位低工资投标、自理人员（自己交保险、上交管理费）等形式的管理模式。

● **1997 年** 1 月 22 日，召开五届五次职代会，通过《关于寿城开发区建房有关问题的规定修改意见》。

3 月，农场纪委下发《1997 年反腐败工作实施意见》。

6 月，下发《关于在寿光建设第三批宿舍楼的规定》。

是年夏季，农场遭遇一场罕见的大旱，全场 1 万亩大豆绝产，棉花减产大半。

是年，河蟹育苗场共育蟹苗 409 斤，总收入 83 万元，当年盈余 20 万元。

● **1998 年** 1 月 14 日，召开五届六次职代会。

7 月，盐田采取对职工公开招标，将所有盐田承包到个人，盐业机械拍卖给个人。同月，开展向长江洪涝灾区捐款活动。

8月10日，召开农场第五次工代会，随之召开第六次职代会并通过《岗位工资实施方案》。

9月，下发《关于职工住房改革的有关规定》，对全场房屋进行作价，售给住房户，全场400余户，900多间房屋全部售给个人。

11月，二分场五队住户全部搬入总场院内，原住房承包给个人进行养殖经营。

12月，在寿光城区新建的五层住宅楼验收，共计35户，建筑面积2718.7平方米。

是年，农场蟹苗大丰收，销售440斤，收入116万元。

是年，清水泊农场被评为山东省农垦系统先进单位。

● **1999年** 4月，农场投资102万元，动工修建一分场柏油路，总长6479米，为三队修沙石路1700米。

7月，农场党委下发《党风廉政建设责任制实施细则》《场务公开实施细则》。

8月6日，召开六届二次职代会。

8月，动工建设第二河蟹育苗场，地点在三分场南部，投资80万元，育苗室水体1000立方米。

10月，农场行政部门与工会签订集体合同。

12月25日，召开六届三次职代会。

是年，完成全场耕地与经济统计，全场种植小麦的耕地为5000亩，棉花6500亩，大豆8000亩，玉米2130亩，原盐生产7500吨，红砖350万块，河蟹育苗430斤。

是年，寿光市财政拨款10万元，为农场杨家围子村打深水井一眼，解决村民的生活用水问题。

● **2000年** 5月，撤并卫生所。撤销居委会、三分场卫生所，保留总场、一分场卫生所，实行承包制。

6月，蟹苗厂对外承包经营，农场学校因生源问题撤销。

6月，实行工资改革，转岗人员减发工资，自理人员自交社保金，上交管理费用。

7月，进行全国第五次人口普查。

7月25日，召开六届四次职代会，通过《工资改革方案》。

12月，油田物探部门在农场二分场范围内开始打油井探测。

是年，在寿光市建设"电话市"之际，农场安装程控电话305部，电话入户率达95％以上。

● **2001年** 3月7日，杨庄乡并入羊口镇，农场列入羊口镇管辖。

3月29日，召开六届五次职代会，审议通过《关于成立"一会三部"的有关规定及职工参议理事会建议名单》。

4月，投资8.6万元，为一分场新建办公室8间。

6月，一分场改用油田电力。

8月，下发《关于第三轮职工承包土地的有关规定》，承包期为6年。

9月7日，召开六届六次职代会，审议通过《关于修改医疗制度改革实施方案的意见》《关于兴建农场新区及总场机关搬迁的初步议项》《关于以地抵债的情况说明》。

10月，全场组织160人到滨州市沾化区下洼镇考察冬枣种植。

12月，农场验收实种冬枣4150亩。

是年，购买原杨庄乡办公楼及房产，价款146万元，共购买办公楼1幢，四层56间；宿舍楼1幢，四层24户；平房59间；沿街房7间。

● **2002年** 3月16日，市政府刘秘书长来农场宣布晨鸣集团对农场实施托管经营，农场牌子机构不变，财务独立，资产不变，人员管理权不变，生产、经营权由晨鸣管理，农场班子不变，现有人员待遇不变。

3月17日，晨鸣集团扈文和、李明仁等来农场召开托管后的会议，刘春山任农场副场长。

3月18日，晨鸣集团安排农场种植芦竹5300亩。

3月31日，农场班子调整。由田友龙任农场党委副书记、场长，刘春山任副场长，袁兰清调农机局工作，胡振军调良种场工作。

4月，下发在寿光城区新建职工宿舍楼的通知，建设楼房2幢，户型78.6平方米。

4月，郭井子村哄抢灰央场以东部分土地，与农场发生土地纠纷。

5月，晨鸣集团财务部对农场财务进行审计，组织有关人员对全场土地进行丈量。

5月23日，组织全场管理后勤人员30多人到晨鸣集团参观学习。

6月11日，寿光市政府下发〔寿政发（2002）45号〕文件，确定灰央场以东土地所有权属农场不变。

6月，争取寿光市政府村村通资金50万元，为杨家围子村修建柏油路2000米；争取资金38万元，为杨家围子村修建塌河桥一座。

9月6日，召开六届七次职代会，审议通过《关于对企业职工违反劳动合同的有关规定》。

12月，寿光市政府分配农场对小清河扬水站引水河进行清淤，投资46万元。

是年，农场种植棉花1.07万亩；实种芦竹4600亩，投资135万元；在一分场建速生杨育苗基地680亩，投资28.5万元；建速生杨林网1600亩，投资68万元。

● **2003年** 3月，农场所种芦竹全部翻挖清除，恢复种植棉花。

4月，成立一分场林木育苗基地，速生杨育苗200亩，林网6000亩。

4月，下发《关于做好非典型肺炎防治工作的意见》。

7月，寿光市政府下发《关于1988年前后寿北盐田开发建设有关问题的处理意见》，确定所建盐田土地权属政策，保证农场土地权属不变。

8月，美国白蛾大面积暴发，寿光市下发防治美国白蛾的通知。

8月，下发关于土地承包的有关规定。

10月，一居委新建宿舍楼交付使用，第2幢12月竣工，当年有65户入住。

12月，争取潍坊市级土地开发项目，共计整理土地3200亩，两级财政投资1000余万元。以194万元的价格成功拍买下农行以地抵债的3140亩土地，既保证了农场资产不流失，又解决了农场641万元的贷款问题。

12月30日，召开第六次工代会，选举王光勋为工会主席，马锡庆为副主席，李乐新、刘景山、张黎明、郝增功、贾静为委员。同时召开第七次职工代表大会。

● **2004年** 1月，农场兼管晨鸣集团的天园公司。

2月，晨鸣集团王志军来农场任党委书记。

3月，寿光市府下发〔寿政发（2004）11号〕文件，即《关于清水泊农场与杨庄村土地纠纷处理意见》，确定争议土地权属农场。

4月，农场为在职职工全部缴纳医疗保险金。

5月，荣乌高速公路开工建设，占用一分场土地791.26亩。

7月5日，一分场二队遭受冰雹袭击，1800亩棉花受灾，损失严重。

7月27日，寿光北部连续降雨24小时，降水量达159.1毫米。一分场因地势较洼，受灾严重，8000余亩棉田积水半米深，形成严重内涝。

10月，七队原住户搬入三分场新建房。

12月22日，召开七届二次职代会，审议通过《场规场纪》。

是年，在三分场建设职工宿舍18户、53间，在一分场建职工宿舍24户、72间。

是年，对从1993年停发的独生子女补助费进行补发。

● **2005年**　3月，农场一行8人由晨鸣集团组织到湖北、江西等地考察造林工作。

3月，寿光市渤海化工园开始规划建设，占用农场二分场营子沟以东部分土地。

5月，修建通往三队、七队、三分场场部的柏油路。

5月，化龙镇原盐场占用农场土地形成纠纷，盐田使用方起诉农场到潍坊市中级人民法院。

6月20日，一分场遭遇大风冰雹灾害，受灾面积3000余亩，直接损失160万元。

7月8日，山东省高级人民法院开庭审理化龙镇原盐场土地纠纷案，农场胜诉。

7月，林海路拓宽，占用农场土地59.47亩。

7月6日，农场党委下发《关于寿光市第二批保持共产党员先进性教育活动的实施意见》；参加单位有机关支部、居委会、盐场共3个党支部，75名党员。

9月，原农场退休教师要求落实教师退休待遇。

9月，与卫东盐场、清河实业公司共同出资525万元，联合建设溴素化工厂。同月出资198万元购买原牛头镇二盐场的三副盐田，面积2250公亩，收回农场土地使用权。

10月，根据〔寿党教办（2005）55号文件〕精神，农场党委研究决定，撤销一分场党总支，调整为党支部，撤销一、二、三、四队及分场党支部，均调整为党小组。

11月，购买的原杨庄办公楼及住宅楼、平房等以101万元售出。

11月，农场第三批保持共产党员先进性教育活动开始，参加支部为一、二、三分场、杨家围子村共4个党支部，96名党员，并下发《关于第三批保持共产党员先进性教育活动实施意见》。

12月，潍坊市级土地整理项目动工，主要是莲花池、北洛废弃盐田等。

2006年　1月，郝增功调总场保卫科工作，常茂明任三分场党支部书记。

2月，建设荣乌高速公路取土占用一分场一队土地480亩。

2月，落实国家小麦补贴政策，当年种植小麦512.5亩。

9月，筹备在北关村建设职工住宅楼130户。

10月，一居委自备井封闭，改用寿光市供自来水。

11月，一分场高压线路改造，总长4.47千米，投资45万元。

12月11日，三分场因修路引发王庄村与农场争执土地事件。

12月26日，召开七届三次职代会。

是年，盐场使用的油田电力改为地方电力，投资37万元对盐场线路、变压器进行改造。

是年，全部免除职工所负担的义务工费、教育附加费、兵役费、绿化费等各种费用。

2007年　1月，下发《关于严格考勤制度的有关规定》。

3月23日，向羊口镇通报王庄村民哄抢农场土地问题。

5月，成立晨鸣集团农场驻广西办事处。

6月，中粮集团在原一盐场东租地80亩，建养鸡场1处。

7月，原寿光县砖厂占用农场土地与官台村发生纠纷，后经协商协议解决。

7月，第3轮土地承包顺延1年，于2008年进行第4轮土地承包。

8月，寿光市政府就农场与王庄村土地纠纷下发裁决书，争议土地权属农场。

9月，组织人员去广西为晨鸣集团考察造林工作。

10月，开始为职工缴纳住房公积金。

11月，去广西考察造林人员撤回。

是年，二分场新建职工宿舍21户。

2008年　1月，田友龙调寿光市文化广电新闻出版局工作，李昌军主持农场全面工作。

2月15日，成立清水泊生态林场，设立造林指挥部，成立林场建设领导小组，开始大面积植树造林。

2月27日，寿光市委组织部相关负责人、晨鸣集团王保梁来场宣布李昌军为农场第一责任人。

3月18日，潍坊市领导钟绍林、刘德成、刘明珂及寿光市领导来场考察造林情况。

4月，成立农场林场管理办公室，李昌军为主任，刘文涛、郝增功任副主任。

5月，二居委宿舍楼竣工分房，130户购房户入住。

7月，投资980万元，进行植树造林，建立林场，经潍坊、寿光两级验收，共造林面积5100亩，植树42万棵，育苗20万棵。

8月，组织相关人员，对全场所有土地进行丈量造册；寿光市规划建设大西环道路，占用一分场二区部分土地。

9月，成立农场离退休职工管理办公室。

10月，撤销一分场速生杨管理办公室。

10月，下发第4轮职工土地承包的有关规定，期限为3年。

11月，投资50万元，为二分场从渤海化工园引入自来水。

是年，表彰60多名先进工作者，10个和谐家庭。

是年，全场向四川地震灾区捐款2.26万元，缴纳特殊党费1.23万元。

● **2009年** 3月，投资400万元，扩建林场（盐青路东），扩建后新增林地面积2500亩，植树27.55万棵。

3月，召开深入学习实践科学发展观活动动员大会，下发《2009年度反腐倡廉建设实施意见》。

4月，寿光市人大视察农场林场建设情况。

5月，农场北部张僧河大桥重修；维修一分场卧甲路到一队柏油路1363米。

5月，杨庄村就〔寿政函（1985）第16号〕提出行政复议。

8月16日，〔潍政复决字（2009）第57号文件〕，做出裁决，维持寿光县政府作出的〔(85)寿政函第16号〕《寿光县人民政府关于国营清水泊农场与郭井子村土地纠纷问题的处理意见》。

9月，由农场、卫东盐场、豪源集团合建的溴素厂归豪源集团经营。

是年，国家对棉花良种补贴全覆盖，农场当年种植棉花1.57万亩，补贴棉种1.3万千克，折合补贴款23.36万元，全部发放到棉农户。

是年，表彰66名先进工作者，10户和谐家庭。

2010年　1月5日，召开七届五次职代会。

1月，新型农村养老保险在农场实行，农村户口年满60周岁以上可享受养老待遇。

4月，羊口镇对营子沟进行清淤。

4月，全场向青海玉树灾区捐款2万余元。

5月，全国第六次人口普查开始。

6月18日，三分场遭遇冰雹大风袭击，持续时间20分钟，棉苗受灾严重，受灾面积4000余亩，经济损失640万元。

7月，成立撤队并点工作领导小组，规划建设方案，制定拆迁办法，对一、三分场拆迁房屋进行评估。

8月，德大铁路规划建设，穿越二分场和农场林场，占用农场土地231亩。

9月，在二分场建设鹿场，购买鹿20只。

10月15日，农场与豪源集团签订《盐田承包协议书》，将1.13万公亩盐田及盐场内的生活、办公区承包给豪源集团经营管理，期限30年。

11月，杨家围子村盐田复垦269.6亩土地。

是年，国家对种棉户进行良种补贴，每亩补贴15元，且直补到户，农场种棉2.34万亩，补贴款35.12万元。

是年，一分场投资117万元，植树18万棵，造林1000亩。

是年，表彰51名先进工作者、15户和谐家庭。

2011年　1月，一、三分场撤队并点工作开始，上级批复农场拆旧区面积173.25亩，复垦出耕地面积159.15亩，安置区面积14.1亩。

2月，盐田复垦项目动工（原牛头二盐场），复垦面积466亩，复垦耕地423.7亩，由寿光市财政投资，复垦后收回土地使用权。

3月，全国国土资源系统抗旱找水打井项目为农场一分场打深水井一眼，深267.6米，日出水量为960立方米，解决了一分场的吃水和抗旱问题。

4月，林场开始林下养鸡。

8月，向寿光市政府请示重修一分场塌河桥。

9月，规划筹建清水嘉苑小区。

10月，下发《第五轮职工土地承包的有关规定》，期限为3年，为自理人员发放生活费。

是年，完成盐田复垦项目。原王高二盐场（盐青路西）毛面积1163.3亩，复垦耕地1071.2亩，由寿光市财政投资，复垦后收回土地使用权。

● **2012年**　1月15日，召开第七次工代会，选举王光勋为工会主席，马锡庆为副主席。田彦梅、刘文胜、苏炳武、张祥明为委员，同时召开第八次职工代表大会。

2月，寿光市纪委第三纪检组监察室派驻。

2月，上报寿光市发展与改革局农场危房改造计划，需拆迁安置350户。

2月，农场前盐青路农场段加宽重修，拓宽至8米；规划建设总场办公楼和二分场撤队并点宿舍楼。

3月，盐田复垦项目动工。原王高二盐场（盐青路东），毛面积423亩，复垦耕地399亩；原人武部盐场，毛面积396亩，复垦耕地365亩；原稻田盐场，毛面积1424亩，复垦耕地1326亩；原孙集盐场，毛面积1099亩，北洛盐场346亩，杨家围子村盐场533亩，复垦耕地1874亩。复垦后收回土地使用权。

3月，羊口镇政府租赁农场废弃盐田土地2294亩，进行开发经营，期限30年。

8月4日，因弥河上游放水，造成三分场南东张僧河出现弥河水倒灌，全场职工奋力抗洪，奋战一天一夜，保证了三分场的安全。

9月，三分场安装防雹炮一台。

10月，在三分场投资230万元，建设无公害蔬菜基地，建设占地100亩的冬暖式蔬菜大棚，探索盐碱地上发展高效、绿色、安全的蔬菜种植新模式。

是年，农场150户职工搬入新楼，实现了冬季集中供暖。

是年，李玉金获第四届"寿光市助人为乐提名奖"。

是年，农场种植棉花2.05万亩，棉花良种补贴30.75万元，直补到种棉户。

是年，表彰了先进个人53名、和谐家庭11户。

● **2013年**　1月，续签职工劳动合同，期限10年。

1月9日，召开第八届二次职代会，通过修订的《场规场纪》。

2月，发出"关于学习李玉金同志助人为乐先进事迹的决定"。

4月，林场内投资150万元建设养猪场、鹿舍、羊圈等畜牧小区，发展林下经济。

4月，农场组织中层以上干部到南阳湖农场参观学习产业结构调整工作。

6月，二分场撤队并点宿舍楼竣工交房。

8月，开展慈心一日捐活动，共计捐款1.33万元。

9月，寿光城区清水嘉苑职工宿舍楼分房。

10月，农场投资300万元，对原砖厂铁路用土后形成的大坑进行改造，规划修建成蓄水库。

11月，农场投资100万元，扩建冬暖式蔬菜大棚4个，并对以前建设的大棚进行了配套改造。

12月，有5个职工家庭办理了家庭农场工商登记。

是年，表彰先进个人50名、和谐家庭11户。

是年，投资300万元对一分场进场路进行整修柏油。

到2013年底，农场实施的土地增减挂钩及危房改造项目，除异地安置的78户外，原地安置的222户建设任务圆满完成，所需安置的职工家庭全部搬入水电暖齐全的楼房，彻底改善了农场职工的住房条件。

2014年　1月6日，召开八届三次职代会，审议通过《关于成立爱心救助基金组织机构的意见》和《停止六届四次职代会通过的"一会三部"有关规定的决定》。

3月，全场为爱心救助基金募捐2.73万元。

3月，开展群众路线教育活动。

4月，在双王城水库南侧租地试种水稻220亩，在三分场建设果园100亩。

4月，成立林场管理办公室党支部，下辖林管办、蔬菜办两个党小组。

10月，下发《第六轮职工土地承包的有关规定》，期限5年。

11月，购进大米加工设备一套，日加工量8000斤，新上榨油设备一套，日加工大豆2000斤。

是年，申请注册了"锦泊"系列农产品商标。

是年，表彰先进个人42名，和谐家庭11户。

● **2015 年**　1 月 6 日，召开农场八届四次职代会。

1 月 15 日，寿光市委组织部考察组对农场党委班子及成员进行年度考核。

2 月，作为寿光市直部门，农场不再设立纪委书记，由市纪委第二纪检组监察室派驻。

4 月，二分场建立拱棚 10 个，调整种植结构，开始种植西瓜。

4 月，三分场接通自来水，新楼房等接入寿光市自来水供水系统。

6 月，制定《2015 年干部直接联系服务群众工作实施方案》，联系对象为杨家围子村所有农户。

6 月，投资 14 万元，为杨家围子村在"联四沟"建设扬水站及配套设施。

10 月，蔬菜办公室筹建新大棚 14 个。

11 月，停用"国营寿光清水泊农场政工科"印章。

12 月，超标的 6 辆公务用车通过拍卖公司进行了公开拍卖。

是年，李玉金被评为潍坊市好人。

● **2016 年**　1 月，执行新的年功工资标准（即工龄补贴）。

1 月，实行职工带薪年休假制度。

3 月，寿光市纪委巡查组对农场提出巡查工作反馈意见。

4 月 29 日，全场召开"两学一做"学习教育活动动员大会。

4 月，一分场在织女河沿岸植树 436 亩，共 6.84 万棵。

6 月，七一前走访全场老干部、老党员和困难党员，并发放慰问金。

7 月，启用"寿光市清水泊农场"印章

12 月，成立寿光市清农物业公司。

是年，启动盐田复垦项目。

● **2017 年**　3 月，高端蔬菜园区雨水回收利用项目立项。

4 月 12 日，向寿光市政府汇报承担的"国有农场企业化改革和公司化改造"及"积极发展多种形式的适度规模经营"两项改革试点任务情况。

5 月 22 日，寿光城区一居委楼房防水维修工程启动，一居委暖气改造项目启动。

7 月 26 日，成立由李昌军任组长，胡振军任副组长的农场土地确权领导小组。

8月，正式启动农场国有土地登记确权发证工作。

8月，为支持"文化名市"建设，农场投资10万元，协助寿光市原文广新局举办寿光市第一届邀请书画展。

9月17日，正式启动三个农业分场冬季供暖锅炉环保升级改造。

12月22日，正式启动寿光市清水泊农场公司制改制工作。

12月，设立寿光市图书馆清水泊农场分馆。

是年，寿光市纪委第五纪检组监察室派驻。

● **2018年**　3月9日，各基层单位进行旱厕改造工作。

4月，寿光市委书记朱兰玺来农场调研春季植树造林工作。

4月，为宣传农场农产品品牌，与双王城生态园区党工委共同举办浙江好声音录制活动。

5月10—11日，全省农垦国有土地使用权确权登记发证工作推进会暨培训班现场交流在清水泊农场举行。

5月，休闲农庄项目立项启动。

6月29日，向寿光市养老集团捐赠3000斤大米。

7月，建设二分场大型粮食仓储库。

7月，林业办公室建设高标准蔬菜大棚1个。

8月18日，受"温比亚"台风影响，农场受灾严重，特别是一分场，农作物几乎全部绝产。

9月，在林业办公室打温泉机井一眼。

11月12日，经寿光市政府批准，"寿光市清水泊农场"改制为"寿光市清水泊农场有限公司"。

● **2019年**　1月，开启农场蔬菜基地大棚及道路升级改造工程，按照寿光市统一部署，打造寿光有机高端蔬菜园区。

3月，在二分场建设恒温库1座。

3月19日，经寿光市政府批准，清水泊农场杨家围子村划归羊口镇管辖。

5月11日，根据寿光市政府安排，农场参与"扶贫包联"工作，包联稻田镇8个村及17个贫困户。

6月24日，根据寿光市政府安排，参与防汛帮村联户工作，联系纪台镇礼乐王村和上口镇西三村。

7月16日，成立李昌军任组长、崔小青任副组长的高端蔬菜园区领导小组。

8月10日，受台风"利奇马"影响，农场周围汛情严重，营子沟、塌河洪水漫堤，一分场、二分场农作物受灾严重，多地块绝产。

8月30日，农场党委所属6个党支部完成换届工作。

9月，在全场开展"不忘初心，牢记使命"主题教育活动。

12月20日，按照市管企业、市属高校纪检监察机构改革会议精神，设立农场纪委、监察专员办公室，内设纪检监察科、案件审理科。

● **2020年**　1月31日，按照寿光市统一部署应对新冠肺炎疫情防控。

2月，农场共派出11人对寿光城区5个居民小区、物流园及2个乡镇企业实行防控疫情包靠工作。

2月，在做好疫情防控的同时做好安全复工、水利工程开工前的准备工作。

4月，根据《关于国有企业退休人员社会化管理工作的实施方案》，农场已退休人员移交镇街区和社区实行社会化管理，退休人员中党员的组织关系转入常住场所所在的镇街区和社区党组织。

5月，就疫情情况，对3居委沿街房房租进行减免。

6月，就防洪防汛工作做出安排，成立防汛工作小组。

6月，中共寿光市委第十轮巡察工作开始，第四巡察组巡察农场。

8月25日，组织全体职工应对"巴威"台风工作。

12月27日，在寿光市政协港澳台侨和外事委员会积极协调下，寿光清水泊农场驻京联络处开业暨品牌发展座谈会在中国农业科学院举行。

第一编

地　理

中国农垦农场志

第一章　地域建置

第一节　区域位置

清水泊农场地处山东省潍坊市寿光市北部，位于黄河三角洲冲积扇南缘，北濒莱州湾，南距寿光市区 35 公里，西以小清河为界，与广饶县隔河相望。农场地势低平，微向海岸倾斜，地面自然坡度 1/10000 左右，自西南向东北，海拔高度在 1.0～3.5 米。其地理坐标为东经 118°47′0″，北纬 37°11′32″。农场所在地属易旱易涝多碱地区，地下径流微弱，土地盐渍化严重，大部属于盐化潮土。建场时地处清水泊地域范围之内，因而得名清水泊农场。

第二节　建置沿革

1953 年 1 月，山东省公安厅在寿光县（现为寿光市）北部清水泊建立"山东省第四劳动改造总队"，对外称"山东省地方国营清水泊农场"。

1955 年 5 月，山东省第四劳动改造总队的名称改为"山东省第四劳动改造管教队"，对外名称未有改动。1956 年 4 月，共青团昌潍地区工委在农场附近成立昌潍地区共青团集体农庄，后来并入清水泊农场。

1957 年 5 月，山东省第四劳动改造管教队撤销，将其第一、三分场改为两个刑满就业人员专场，分别命名为"山东省地方国营巨淀湖农场"和"山东省地方国营广清农场"，总场及其他分场由山东省劳动教养所迁驻。

1958 年 1 月，山东省劳动教养所改称为"山东省第一劳动教养所"。6 月，在教养所建立寿光县公安局清水泊分局，在巨淀湖农场建立寿光县公安局巨淀湖派出所。下半年，山东省第一劳动教养所由寿光清水泊迁往淄博市王庄，改称为"山东省劳动教养宝山耐火材料厂"，对外称"山东省地方国营宝山耐火材料厂"。

1959 年 3 月，山东省地方国营巨淀湖农场、山东省地方国营广清农场撤销，两场移交给山东省农林厅。7 月，设在济南七里山的山东省少年犯管教所改为收容少年劳动教养人员的场所，迁往当时寿光县北部的清水泊，随之撤销山东省少年犯管教所的名称，命名为"山东省寿北劳动教养所"，对外称为"山东省地方国营寿北农场"。

1959 年 10 月，共青团集体农庄改为官台养猪场。

1961 年 6 月，撤销山东省寿北劳动教养所，7 月，重建山东省少年犯管教所，将其迁往济南市历城县郭店。1962 年，在寿光清水泊建立"山东省社会主义劳动大学一分校"，招收学员 226 名，编为 6 个班，实行半工半读，该校于 1963 年 12 月停办（1953—1961 年建制沿革资料来源于《山东省劳改劳教志》）。

1964 年 5 月，官台养猪场改称为"国营寿光县清水泊种羊场"。由省投资，地区和县具体管理。

1969 年，种羊场改为昌潍地区五七干校第一分校，并于年底撤销。

1970 年 2 月，山东生产建设兵团成立，清水泊农场由地方移交至山东生产建设兵团，清水泊种羊场、巨淀湖农场、军工盐场合并编为山东生产建设兵团一师四团，按军队编制将各分场改编为营，各生产队改编为连，隶属济南军区领导。

1974 年 12 月，山东生产建设兵团撤销，清水泊农场交归地方。交接工作于 1975 年 3 月结束，清水泊农场由所在地、市、县农业部门接管。

2002 年 3 月，寿光市政府决定，由晨鸣集团对农场实施托管经营，借以发挥两家国有企业各自优势，即晨鸣集团拥有较为先进的经营管理经验，农场拥有丰富的土地资源，两者联合，从而发挥一加一大于二的效应。具体规定，农场牌子机构不变，财务独立，资产不变，人员管理权不变，生产、经营权由晨鸣管理，班子不变，现有人员待遇不变。托管为期 10 年，后经实践检验，效果不佳，到期后托管合约解除。

为适应现代企业管理体制，2018 年 11 月，经寿光市政府批准，"国营寿光市清水泊农场"改制为"寿光市清水泊农场有限公司"。

第二章　所辖分场和村庄

第一节　农场分场

一、一分场

位于清水泊农场西南部的一分场（图1-2-1），又称巨淀湖分场。这里地处寿光市西北部，距离总场22公里，属寿光市台头镇域内，现有土地总面积1.67万亩，其中耕地面积1.04万亩。其西与广饶县码头乡为邻，南与寿光市台头镇北台头村、郑埝村、北官庄村相接，其北是双王城生态经济发展中心寇家坞村，东与双王城芦苇湿地一河之隔，有塌河、新织女河、伏龙河、益寿新河流经场内。

20世纪50年代初，这里被称为山东省公安厅第四劳改大队一分场，主要开垦牛头洼荒地。1959年，劳改大队撤销，由山东省农业厅在这里成立国营巨淀湖农场。1970年2月，并入山东生产建设兵团一师四团，设为第一营。1974年底，生产建设兵团撤销，入列国营寿光清水泊农场，设为第一分场，下辖4个农业生产队，1个机务队。20世纪70年代，一分场主要种植粮食作物，为国家提供商品粮。20世纪80至90年代，主要种植经济作物，棉花的种植面积最大。现以种植粮食作物为主。

图1-2-1　一分场全景图

二、二分场

农场二分场（图1-2-2），一度被称为种羊场，位于寿光市北部地区，与总场相邻，处于寿光市双王城生态经济发展中心域内。现有土地面积5.17万亩，包含北部盐场在内，其中耕地面积为1.12万亩。二分场南与羊口镇官台村相邻，东与羊口镇菜央子村菜央子盐场接壤，西边是双王城生态经济发展中心的郭井子村、寿光市机械林场，北边是寿光市各镇（街）的盐田。分场内有西张僧河、营子沟、马塘沟3条河沟。

图1-2-2　二分场俯瞰图

该分场在1953—1959年隶属山东省公安厅第四劳改大队，原大队总部就设在现二分场驻地。盐古（盐场至古城）路以西，原畜牧队驻地，为劳改大队四分场，40间房子处为五分场，灰央场为六分场。1959年10月，劳改大队撤销后，由共青团集体农庄接管，后转为寿光县官台养猪场。1964年，又由养猪场改为原寿光县清水泊种羊场。1969年，改为昌潍地区五七干校。1970年2月，并入山东生产建设兵团一师四团，在此设立第二营，和团部相邻。1974年12月，生产建设兵团撤销，入列寿光清水泊农场，设为第二分场，下辖1个农业生产队，1个畜牧队，1个机务队。该分场地处盐碱洼地，20世纪50至80年代，主要以畜牧业为主，推广繁殖良种羊，牧场面积最大时达到10万亩，良种羊存栏3000多只。20世纪80年代后，原寿光县扩建盐田，牧场部分地块被占用，到20世纪90年代后期，牧场全部被占用，畜牧场不复存在。二分场由畜牧业完全转为种植业，主要种植棉花、大豆、玉米、稻谷等作物。该分场原五队地块在2008年改为生态林场。

三、三分场

农场东部的三分场（图1-2-3），也称王庄分场，地处寿光市北部地区，在羊临路以东，距总场7.5公里，属羊口镇辖区内。现有土地6762亩，其中耕地面积为3731亩。南与羊口镇杨庄村为界，东靠弥河，与羊口镇宅科村及郑家庄子村为邻，西边是王家庄子和齐家庄子村，北边是羊口镇工业园区，有弥河、东张僧河两条河流流经分场内。

1956年4月，共青团集体农庄成立。起初，农庄人员暂住西宅科村，农庄土坯房建成后，人员进驻。1958年，山东省第一劳动教养所撤出，农庄部分人员接管属于六分场的灰央场。1959年10月，共青团集体农庄接收劳改大队部分土地后，改为寿光县官台养猪场。1964年，由官台养猪场改为寿光清水泊种羊场。同年，炮八师租用种羊场部分土地，由农庄人员开垦土地建成炮兵农场，开始种植水稻。1973年春，炮兵农场撤销，归还所租土地，在这里设立山东生产建设兵团一师四团三营。1974年12月，兵团撤销后，入列清水泊农场，设立为第三分场，下辖3个农业生产队，1个机务队。在炮兵农场与建设兵团时期，该分场主要种植水稻和小麦，后因水源问题，停止了水稻种植，转而种植小麦、玉米与棉花等作物。近几年，三分场全力发展大棚蔬菜种植产业。

图1-2-3 三分场俯瞰图

四、盐场

清水泊农场盐场（图1-2-4），在羊口镇以西，离羊口镇10公里，距总场6公里。1970年，山东生产建设兵团组建前，盐场归属济南军区，为防化连盐场。组建兵团后，被编为生产建设兵团一师四团直属盐场。至1974年底兵团撤销前，共有7副盐田，面积为1880公亩。转隶于清水泊农场后，于1976年进行扩建，组建第七班，1978—1979年，盐场每年都进行扩建，依次组建了第八、九、十、十一班，以上扩建盐田每副面积均为550公亩。在扩建盐田的同时，还建成了盐场新区，包括宿舍、伙房、卫生室等。1980年，盐场再次扩建，组建第十二至十九班，此次新建8副盐田，每副面积750公亩。到1981年，新建盐田、生产盐田面积达1.06万公亩。1987年，原寿光县政府组织实施寿北大开发，各乡、镇乃至村庄在寿北大搞盐田建设，于是在农场地界内有了多处乡镇或是村庄建设的盐田。

图1-2-4 农场盐田

1987年9月，在总场北部4公里处，农场新建第二盐场。到1988年，第二盐场共建设盐田9副，每副盐田面积为1500公亩，共计1.35万公亩。此时，农场将原来老盐场设为第一盐场，新建设的盐田为第二盐场，总面积为2.7万公亩，原盐年生产能力达6万吨，拥有职工680人。1990年后，由于寿北地区大面积建设盐田，造成地下水资源紧张，加之原盐存量过剩，价格超低，各盐场亏损严重。1995年，两处盐场开始缩小生产规模，一盐场只保留 7 副盐田，面积为 5053 公亩，二盐场保留 4 副盐田，面积 5230 公亩。1998 年，所保留的盐田全部对外招标承包，盐场编制不再保留，人员全部调至农场各分场。

第二节　村　落

杨家围子村（图 1-2-5）位于羊口镇以西 10 公里左右，距农场总场 8 公里，西面与东营市广饶县接壤，处于清河采油厂腹地，塌河东岸。现有 68 户，271 人，皆汉族。耕地 4000 亩，土壤属沙质土，主产小麦、玉米，经济作物以棉花、花生等为主。

图 1-2-5　杨家围子村俯瞰图

民国初年，寿光杨氏因开垦荒地在小清河南岸立村，原村址与今羊口镇东桃园村为邻。为防匪患，四面筑起土围墙，故名杨家围子。

20 世纪 60 年代，寿光县与广饶县边界发生纠纷，引发官司，寿光败诉，小清河南岸村庄归属广饶县，杨家围子村民坚决不同意。杨家围子村 1966 年正式划归清水泊农场管理。1969 年塌河建成，入流小清河。1971 年村庄由小清河南岸迁至塌河东岸（现村址）。2019 年 8 月，因清水泊农场改制，杨家围子村脱离清水泊农场，划归羊口镇管理。

第三章　自然环境

第一节　气　候

一、气候特征

清水泊农场气候类型属温带季风区暖温带大陆性气候。气温变化较为剧烈，温差较大，雨量集中，光照充足，四季分明。春季干旱多风，早春冷暖无常；夏季受海洋季风影响，炎热多雨，有时受台风侵袭；秋季气温骤降，会有数日高温，不亚于夏日，称之"秋老虎"，这一时期雨水明显减弱，秋高气爽；冬季天气干冷，寒风频吹，西北风刮起，称之"西北烈子"，雨雪稀少，风向随季节有较明显的变化。

二、风

农场地区冬季多偏北风，4月和9月南北风交替出现，5月至8月多刮南偏东南风，冬春季盛行西偏西北风。有气象记录以来，8级以上的大风天数每年平均34.1天。天数最多的年份出现在1966年，此年达到了71天。各月中，每年4月份刮大风最多，平均为6.1天；刮大风最多的是1974年4月，全月有14天刮大风。

有气象记录以来，年平均风速3.1米/秒。4月最大，平均3.9米/秒；8月最小，平均2.4米/秒。历年最大风速曾达41.4米/秒，发生在1971年6月27日。其次是35.4米/秒，发生在1973年5月13日。从历年纪录看，自1965年后，大风日数明显增多。

三、降水

中华人民共和国成立后，降水量最大的年份是1964年，降水量多达1100.7毫米；1965年的降水量最小，仅有337.0毫米。清水泊农场地区年平均降水400~500毫米，多集中在6—8月，俗有"六月阴雨绵绵吃饱饭"之说。

按月份降水量统计，每年的 1—2 月降水量为最小，平均不足 10 毫米；7—8 月份为最大，在 190 毫米左右。月降水量历年差别很大。按 1954—1980 年统计，1 月份最大降水量为 38.8 毫米，最小为零；7 月份最大，可达 420.4 毫米，最小仅有 37.4 毫米。

据当地气象站降水量统计资料分析，1959—2015 年，清水泊农场地区年平均降水量为 555.7 毫米。历年平均降水日数为 79.8 天，最多年为 116 天（1964 年），最少年为 53 天（1981 年）。历年最长的连续降水日数为 19 天，出现在 1985 年 8 月 31 日至 9 月 18 日。一日最大降水量为 217 毫米，出现在 1974 年 8 月 13 日。历年最长连续无降水日数为 253 天，出现在 1981 年 10 月 1 日至 1982 年 6 月 11 日。1971—1990 年降水量详见表 1-3-1。

表 1-3-1 历年年降水量（1971—1990 年）

单位：毫米

年度	1971	1972	1973	1974	1975
降水量	777.1	656.6	816.6	919.6	428.1
年度	1976	1977	1978	1979	1980
降水量	599.1	482.9	731.8	484.6	689.4
年度	1981	1982	1983	1984	1985
降水量	337.2	451.5	454.4	443.7	513.6
年度	1986	1987	1988	1989	1990
降水量	429.7	560.7	429.7	355.8	860.8

历年降雪时间平均始于 11 月 28 日，止于翌年 3 月 18 日，历年平均降雪日数 9.5 天。历年最大降雪出现在 1985 年 12 月 7 日，积雪厚度达 250 毫米。

四、气温

清水泊农场地区全年平均气温 12.6℃。1 月份最冷，平均气温为 -3.4℃；最热月份是 7 月，平均温度为 26.4℃，年温差 29.8℃。从 12 月到翌年 2 月平均气温在 0℃ 以下，自 3 月开始气温迅速回升，9 月以后气温急剧下降。

极端最高气温 41.3℃，出现在 1955 年 7 月 24 日；其次是 40.9℃，出现在 1959 年 7 月 31 日；1959 年 7 月有 3 天时间气温达 40℃ 以上，其他年份未出现 40℃ 的高温天气。极端最低气温为 -20.8℃，比常年气温低 2.9℃。1957 年 1 月平均气温为 -6.9℃，比常年偏低 3.5℃；2 月平均气温为 -5.2℃，比常年低 4℃。1955—1990 年历年年平均气温详见表 1-3-2。

表1-3-2　历年年平均气温表（1955—1990年）

单位：℃

年份	年平均温度	年份	年平均温度	年份	年平均温度
1955	18.9	1967	18.0	1979	18.6
1956	17.3	1968	18.8	1980	17.9
1957	17.4	1969	17.0	1981	18.8
1958	18.4	1970	17.4	1982	19.2
1959	18.7	1971	17.5	1983	19.1
1960	18.3	1972	17.4	1984	17.8
1961	18.0	1973	18.1	1985	17.4
1962	18.2	1974	17.4	1986	18.3
1963	17.3	1975	18.4	1987	18.7
1964	16.9	1976	17.3	1988	18.5
1965	18.7	1977	18.8	1989	18.8
1966	18.5	1978	18.8	1990	18.5

五、地温

清水泊农场地区地面年最高平均地温为30.5℃，以6月份最高，为46.8℃；1月份最低，为－10.5℃。年平均土温为6.6℃，以7月份最高，为22.2℃；1月份最低，为－9.5℃。且年平均土温随深度变化而变化。在深度为5厘米时，平均温度为14.1℃，以7月份最高，为28.1℃；1月份最低，为－1.4℃。在深度为10厘米时，年平均温度是14.2℃，以7—8月份最高，为27.7℃；1月份最低，为－1.4℃。在深度为15厘米时，年平均温度是14.2℃，以8月份最高，为27.5℃；以12月份至翌年1月份最低，为－0.9℃。在深度为20厘米时，年平均温度是14.2℃，以8月份最高，为27.4℃；以1月份最低，为－0.1℃。由此可见，土层下降到5厘米以下时，对土温的影响不大。

六、冻土

清水泊农场历年来最大冻土深度曾达47厘米，发生在1980年2月10日和11日。其次是45厘米，发生在1968年2月，历时7天，此次冻结时间持续最长。最小冻结深度是 1967 年 12 月 8 日始，至次年 2 月 28 日止，冻土深度是 10 厘米以内，连续冻结 83 天。

七、日照

农场地区光照时间长，为北区盐田晒盐提供了良好的条件，当地有"春分、秋分，昼夜平分"的说法。因此，春秋两季也是晒盐的黄金季节。

农场年日照总时数平均为 2761.7 小时，全年以 5 月份日照最长，为 290.0 小时，以 12 月份日照最短，为 185.7 小时。

八、蒸发

年平均蒸发量 1834.0 毫米，最大年 2531.8 毫米，最小年 1453.5 毫米。年内蒸发变率较大，3—5 月占全年蒸发总量的 30%～35%，6—9 月占 45%～50%，10 月至次年 2 月仅占 20% 左右。

九、霜、冰雹

农场历年初霜期在 10 月下旬，终霜期在 4 月中旬，无霜期 200 天左右，对春季作物的出苗及小麦的返青有一定危害，对棉桃吐絮危害较大。

冰雹出现时间最早在 4 月 15 日，最晚在 11 月 25 日，一般集中在 5—6 月和 10 月，又以 5 月下旬和 6 月上旬出现次数最多。冰雹也是农场境内主要灾害性气候之一。"春打芒种，晚打秋分"为当地俗语。

第二节　地形河网

一、地形地貌

清水泊农场地处黄河三角洲冲积扇南缘，地势低平，自西南向东北微向海岸倾斜，地面自然坡度在 1/10000 左右，海拔高度在 3.5～1.0 米之间。

二、河网

水是生命之源。清水泊农场所在的寿光北部地区河湖众多，水系密布。农场及附近有巨淀湖、清水泊，还有小清河、织女河、弥河、塌河等大小 14 条河沟流经这里，滋养着农场这块土地。

（一）弥河

弥河又称巨洋水，《国语》称"具水"，《后汉书》作"沭水"，晋袁宏称"巨昧"，南朝宋王韶之称"巨蔑"，《唐书》称"米河"，《齐乘》作"洱河"，清顾炎武称"胸弥"，今称弥河。

弥河发源于临朐县沂山西麓九山镇水石屋村附近，干流自南向北流经临朐、青州、寿光、滨海 4 县市区，于潍坊市滨海区注入莱州湾，流域面积 3863 平方公里，总长度 193公里。寿光境内弥河主河道长度 63.1 公里，分流河道长度 31.9 公里，流域面积 1600 平方公里，分流口以下为两分泄洪，向东为干流，经滨海区入海；向北为分流，从营里镇中营村北，经羊口镇区东汇入小清河入海。

弥河流经清水泊农场三分场，后流入羊口镇境内，再入小清河。农场境内河道长 4.5公里。弥河为农场带来较为丰沛的淡水资源，因而在 1965—1967 年间，农场在盐碱土地里大胆种植水稻，获得成功。

古时弥河洪水泛滥频繁，徙流无定。弥河为排泄上游山区之水，行洪时水流急、时间短，往往会给农场人员财产安全带来很大威胁。2019 年 8 月 10—12 日，受台风"利奇马"影响，弥河水位急剧上涨，加之东张僧河在三分场南端入弥河，河水外溢。三分场受张僧河、弥河，南、东两面洪水威胁，情况紧急。农场主要负责人统筹部署全场防汛工作，积极应对，确保了三分场的平安。

（二）张僧河

张僧河属弥河水系，分西张僧河、东张僧河。西张僧河是寿光西部的重要排水河道，发源于孙家集街道，流经圣城、古城、田柳、台头、羊口等镇（街道），从清水泊农场东北部入营子沟，后汇入弥河。西张僧河全长 41 公里，流域总面积为 390 平方公里，流经农场二分场境内，河道长度 3.5 公里。上游河槽底宽 10 米，口宽 16 米，河槽泄洪能力 40立方米/秒，5 年一遇排涝流量 76 立方米/秒。

东张僧河是寿光中部贯穿南北的一条骨干排涝及灌溉河道。发源于寿光市孙家集街道，流经圣城、古城、田柳、营里、羊口等镇（街道），从清水泊农场三分场前入弥河。河道总长 35.4 公里，流域总面积 157 平方公里。东张僧河流经农场三分场，长 1.5 公里。

农场在东张僧河上建有泵站（图 1 - 3 - 1），为农田灌溉和其他用水带来了便利。

图 1 - 3 - 1 三分场东张僧河

（三）塌河

塌河又称漏河，清代以前无此河。民国初年，卧铺庄村民挖沟排水泄入小清河，以后愈塌愈烈，直塌至巨淀湖，遂成塌河。塌河自阳河入织女河汇口处开始，经巨淀湖东至李家坞村西，改道向东北，在八面河村东入小清河。塌河主要承泄临淄、青州、广饶三县（市）客水，汇入寿光市境内。市内长 39.7 公里，河底宽 40～60 米，排涝流量 70 立方米/秒，防洪流量 125 立方米/秒，20 年一遇防洪流量 493 立方米/秒。塌河流经农场一分场（图 1 - 3 - 2），长度 2 公里。相传较早以前，从天津、烟台等地海运的舶来货，一概用槽

图 1 - 3 - 2 一分场塌河

船沿塌河溯源而上,在北台头村的"船到埃"码头卸货,形成寿光西北部一方货物集散地,曾繁荣一时,带动了当地经济的发展。

(四)阳河

阳河又称洋河,发源于淄博市临淄区,流经青州市、广饶县入寿光境,于郑埝村东北汇入织女河。1978年5月,寿光县为适应新的排水标准,将境内阳河进行改道治理,从付家庄村西北起,改道向北,经连城庄子村东、大坨村西,在一座楼村西入织女河。寿光境内全长9.5公里,入境流域面积192.5平方公里。

(五)织女河

织女河在青州市称裙带河,广饶县叫泥河子,发源于淄博市临淄区、青州境内的丘陵地区,在台头镇刘家河头村流入寿光市境内,经巨淀湖南汇入塌河。寿光境内全长10.64公里,入境流域面积341平方公里。河道流经农场一分场,长1.5公里。图1-3-3为织女河(北)与塌河交汇处。

图1-3-3 织女河(北)与塌河交汇处

(六)龙泉河

龙泉河原名灵泉河,发源于青州市仙人谷,由青州市张高村北入寿光境,向北流经化龙镇、台头镇,汇入阳河。寿光市境内长5.94公里,入境流域面积51平方公里,入阳河处流域面积86平方公里。原河道在辛家庄北至安乐庄一段,曲回不直,1962年进行裁弯改道治理。

（七）乌阳河

乌阳河又称乌阳沟、乌洋沟，发源于青州市褚马庄前，由青州市邢家屯北入寿光境，经化龙镇、台头镇，在北洋头村西北汇入阳河。寿光境内长14.5公里，入阳河处流域面积98平方公里。1974年10月，由原丰城公社组织对该河进行裁弯改道治理，自马家村北起，在南柴村南拐弯向东，至张家屯村西拐弯向北，经鲍家村东，在禹王沟南仍入原河道。乌阳河现已干枯，辟为耕地。

（八）王钦河

王钦河发源于青州市口埠西，在青州市周家庄北入寿光境，在化龙镇北柴村北汇入乌阳河。寿光境内长19.62公里，入境流域面积58.4平方公里，入乌阳河处流域面积88平方公里。

（九）伏龙河

伏龙河又称附龙河（图1-3-4）。发源于青州市口埠西，在文家街道安乐屯村西流入寿光境内，原河道至北台头村入塌河。1978年，益寿新河挖成后，该河从安乐屯以下河段已填平还耕。寿光境内长20.5公里。伏龙河水灌溉着台头镇以及清水泊农场的万亩农田。流经农场的长度为1.5公里。

图1-3-4　伏龙河

（十）跃龙河

跃龙河分东、西2条，俗称夹河。西跃龙河发源于青州市口埠镇，在张楼店村东入境寿光，在古城街道东罗村与东跃龙河汇合。寿光市境内长9公里，入境流域面积为49.3

平方公里，下游汇合处流域面积 84 平方公里。东跃龙河发源于青州市口埠东与寿光交界处，在东罗桥村南与西跃龙河汇流。境内长 15.83 公里，下游汇合处流域面积 69.7 平方公里。两股汇流总流域面积 129 平方公里。

（十一）益寿新河

1977 年 10 月，昌潍地区（现潍坊市）水利部门会同当时的益都（现青州市）、寿光（现寿光市）2 县制定排水方案，设计开挖益寿河，次年冬完成施工。新河西段西起青州市周家庄西南乌阳河，向东在周家庄南纳入王钦河，再向东入境，在文家街道安乐屯村西北纳入伏龙河，于庞家庄西纳入东、西跃龙河后向北，在巨淀湖东南汇入塌河。寿光境内长 28.4 公里，入境流域面积 252 平方公里，流量 118.2 立方米/秒，流经农场 2 公里。

（十二）营子沟

1968 年，寿光县革委生产指挥部组织民工挖掘防洪排涝工程营子沟。营子沟上起王高村东，向北经营里社村西、营子村东、官台村、清水泊农场、菜央子盐场南，转而向东，过羊青公路，向东北汇入小清河，全长 40 公里。流经农场二分场，长 3 公里。1969 年春，该河道挖掘贯通。

（十三）老卤沟

老卤沟，三分场南段曾有一条东西走向的古老排水沟，当地人称"老卤沟"。1951 年弥河在半截河村处开挖分流河道，才有现在毗邻三分场的弥河，从此弥河横断了老卤沟。1956 年 4 月，共青团集体农庄开始在老卤沟以北整挖稻田，开创了盐碱地里种植水稻的先河。1969 年，新挖的营子沟贯穿王高村至菜央子盐场，老卤沟再一次被截断，从此失去了存在的意义。老卤沟现已变成耕田，羊临路第二次拓宽时，老卤沟桥被掩埋于路基下。

（十四）稻田河

稻田河是人工开挖的河流。三分场东邻弥河，此段河道深，不能自流灌溉。因而，1964 年冬至 1965 年春，农场员工、炮兵农场战士及周边村庄组织劳动力上阵，从郝家柳杭村分流闸口处连接弥河，筑起了一条至农场水库长达 15 公里左右的渠道。因有这条渠道，清水泊农场及周边村庄在盐碱地里种植水稻，获得丰收，故称稻田河。

这条河道还有一个名字，叫"部队河"。在农场三分场往南 2 公里羊临路处，引水渠道分岔成两条，一条穿越羊临路流经至王庄村。在渠道分岔处，建有一间小房子，驻有两名战士看守闸门，过往行人及周边村民经常得到解放军战士的帮助，军民情深，因此，这条河被当地人亲切地称为"部队河"。弥河成为季节性河流后，这条引水渠道失去作用。1975 年冬至 1976 年春，流经农场西南、东北走向的这段渠道变成了现在的东张僧河，流入弥河。这条引水河道在三分场境内还留有一段继续使用，用于灌溉农田、水库蓄水。为提高引用张僧河来水的质量，渠道全部用水泥板铺设。

三、湖泊

（一）巨淀湖

巨淀湖（图1-3-5）位于寿光市北部，是寿光唯一的天然湖泊，也是当地自然面貌保持最原始的地域，清水泊农场一分场部分地块与之接壤。

巨淀湖由淄河、跃龙河、王钦河、织女河、张僧河、阳河诸水汇集而成，属于季节性湖泊。现在湖区面积缩减到了1.5万亩，水深0.3～1.5米不等。巨淀湖以生产芦苇为主，每年芦苇产量500多万千克。

图1-3-5　巨淀湖

（二）清水泊

清水泊位于巨淀湖北边，南与巨淀湖相通，南北有古岭（即古代老淄河古道）横亘其间。来水先入巨淀湖，淤尽泥沙后，始入此泊中，故名清水泊。此泊东西约15公里，南北约5公里，泊水北出流入渤海。清水泊现已干枯，辟为耕地。中华人民共和国成立后，先后在泊区创建了农场、林场和种羊场，其中多为现国营寿光清水泊农场的组成部分。

（三）双王城水库

双王城水库及灌区（图1-3-6）原为昌潍地区基建工程项目，目的是为灌溉周围农田，夏冬引蓄弥河水、春秋放出灌田洗碱；后用于南水北调工程。2010年4月，南水北调双王城水库工程开工奠基仪式举行。2013年6月10日，第一股长江水流入双王城水库，双王城水库称为长江水入青岛前最后一个调蓄水库。

图 1-3-6 双王城水库

第三节 土 壤

清水泊农场地区地面表层大多被第四季冲积物——细沙、粉沙所掩盖，而且厚度较大。1958 年 8 月，山东地质大队一分队在附近的羊口镇一号码头，打深度 150 米的钻孔进行观察，结果为岩层在水平方向变化不大，在垂直方向浅部主要为细沙之类的东西，深部主要为亚沙与亚粘互层。距农场东部不远的大家洼地区（即现潍坊市滨海经济开发区），在深 202～236 米之间，有 3 层粗沙，含水丰富。据此推断，农场、羊口、大家洼地区有相同的地层，其生成时代属第四纪。1982 年，在距农场 20 公里的营里打浅水井时，深 6米处有黑细流沙、海草、海螺壳等。据资料证明，此地为古代海底，其上土层完全是冲积而成的，属盐碱地带，pH 大于 7，不宜耕作。

农场属于易涝易旱易碱地区，地下径流微弱，土地盐渍化严重，大部分属于盐化潮土，开发前含盐量 2%～8% 左右。经过多年的开发治理，地表土壤得以改善，含盐量降低，已变成适合种植作物的优良土壤。

黑土，主要分布在一分场一区、三区、四区，二分场四区。黑土土壤易板结干裂，易涝易旱，耕耘有难度。但黑土土壤含氮、磷、钾成分高，只要水分适宜，作物产量较高。当地人有"土地肥沃，难以捉摸"的说法。

红黏土，主要分布在一分场二区、夹河区，二分场二区，三分场九段。这种土壤易旱易涝，土地翻耕后，整治耙平难度大，对作物发苗率有影响。

混杂土，主要分布在三分场一段、二段、河南地，即在几十亩的地块中，跳棋式存在着红黏土、黄土、白沙土。在多年翻耕及灌溉中，土种相互交织，当地人称"阴阳"土。

沙土，多分布在二分场，场部东至营子沟；场部西，联四沟、联五沟之间，即农一、农二、农三，场部以北至第一盐场；三分场大部土地，杨家围子村西老围子地、河塘地、九条田地。这种土壤含盐量高，只生长一些耐盐碱的野草。沙土地区是大海潮汐潮落淤积成的滩涂，20世纪50年代前，只有几家规模很小的盐田。

农场从20世纪50年代初开始，挖沟筑渠，改良土壤。利用沟渠渗漏卤水、地面引水压盐碱、地下卤水提取晒盐，经数十年改造，把农场这片盐碱地变成了良田。

沙土易干旱，土地瘠薄，却较为适合棉花生长。1982年始，棉花是农场的主产作物。经过改良后，农场在沙质土地上种出的棉花产量高，品质好，抗重茬。经过改造后，农场粮、林、菜、果也发展起来，特别是蔬菜果品，口感颇佳，风味独特。

2015年农场创建苹果园，规划沟渠路配套，实行起垄栽培，旱能浇，涝能排，特别是降大雨时能排水及时，控制盐碱程度的扩大，确保果树的良好生长。通过秸秆压青、土壤改良、适宜的砧木、大苗缓植、合理密植、行间生草或种草、磁化水应用等措施，实现了果树栽培和盐碱地的开发利用。苹果盛产期产量达3000千克左右。

第四章 自然资源

清水泊农场地区，实属滨海浅平洼之地，原本自然环境恶劣，不适合人类生存居住。由于地广人稀，这里动植物种类众多；濒临大海，海洋与矿产资源较为丰富，地下浅层有浓度较高的卤水，深层具有丰富的石油。

第一节 动物资源

一、代表性野生动物

（一）狐狸

狐狸，当地人也称皮子、狐仙、皮狐子。形态似笨狗，毛发多是淡黄色，多在卤水井堰上打洞做窝，洞口直径50～80厘米左右，以野兔、老鼠为主食。在夜晚出动时，嘴里会喷出一种带磷元素的液体，在空中自燃，似一团团火星。这种现象当地人说法不一，认定最多的是为猎食照明。1973—1974年间，这种狐狸从当地迁移消失。

（二）银雀

银雀，俗称鸭兰子。此鸟形态似麻雀，非常勤劳，三四月份开始做窝产卵，窝巢多设在浓密的野草间（如拌子草、青鞭草、蒿草），一年孵化2～3次，一次孵化3～6枚卵不等，初秋时段停止繁育。鸭兰子会在凌晨4时左右开始鸣叫，这种现象当地人有多种解答，如呼叫同伴觅食；雄性招引配偶，声音越清亮越能博得雌性青睐；惊醒昆虫，更容易猎食等。当地农民、盐工都以鸭兰子的叫声为时间点，为出工做参考。银雀的另一品种体型略大，头顶一撮毛发，当地人称凤头鸭兰子。此鸟狡猾多诡计，做窝没有定律，且非常隐秘，窝巢很难被发现。相比凤头鸭兰子，鸭兰子鸟生性憨厚，冬天大雪覆盖地面，就飞拢去村庄觅食。当地村民找一处空地扫净，撒上谷米，支起一面筛子，下端系根麻绳，能够轻易捕捉到鸭兰子。

"鸭兰子不离碱场窝"是当地一句俗语，意思是生存环境恶劣，也不离不弃。目前，农场及周边地区，已很少见到鸭兰子。

（三）蛇

蛇，当地人又称为"长虫"。在农场及附近常见的蛇有两种，一种名为"菜虫"，另一种叫作"风哨"。菜虫浑身绿色，因颜色得名，头顶有深红的斑点；风哨全身灰黄色，生性暴躁，爬行灵活，能爬树，能在墙壁攀爬，因行动快捷，草丛里爬行时发出"悉悉"的响动，像风吹在器物上发出的响声，因而得名。成年雄蛇被人激怒后会立起半挺身子，聚起浑身肌肉，冲人吐黑舌示威。

20世纪80年代前，二分场营子沟北部曾是一片广袤的盐碱荒地，蛇多出没。当地少有毒蛇，极少攻击人畜，相反，蛇更害怕人类。

（四）野兔

农场有广袤的草地，这给野兔提供了良好的生存环境。野兔一次产崽3～6只不等，它不集中哺养，而是把幼兔分散在周围较小的一个区域内。20世纪70年代中期以前，有猎人在此住宿农场附近，捕杀野兔，几天时间，捕获满满一独轮车野兔，数量百余只以上。由于当地人发明了不少猎捕工具，后来野兔数量骤减，但在本地仍能经常见到。

（五）沙溜鸟

沙溜鸟体形略小于鸭兰子鸟，长长的双腿似水鸟。这种鸟飞翔能力差，奔跑速度极快。当地人称其为"懒鸟"，它不做窝，卵就产在白花花的盐碱地上，卵壳颜色跟地面相近。沙溜鸟生性顽强，刚破壳就能奔跑。

（六）野鸡

野鸡出现在农场地区的历史虽短，但繁殖能力强，因此很快在当地繁衍壮大。野鸡在当地害多益少，如破坏地膜，啄食麦穗、玉米粒、瓜果等。当地许多瓜农、果农因此遭受损失巨大。

（七）獾

獾身上的脂肪多，多用于治疗冻疮。獾是珍稀动物，20世纪70年代前后，当地人用草烟往獾洞里熏，迫使獾爬出洞口将其捕获。20世纪90年代，农场附近还有獾的踪迹，现今当地几乎灭绝。

二、物候动物

在清水泊农场地区，还有不少随季节变化而出没的动物。

大雁，始见日期平均为2月28日，绝见日期平均为11月10日。

家燕，始见日期平均为 4 月 15 日，绝见日期平均为 9 月 20 日。

青蛙，始鸣日期平均为 4 月 18 日，绝鸣日期平均为 10 月 8 日。

蝉，始鸣日期平均为 6 月 24 日，绝鸣日期平均为 10 月 6 日。

蟋蟀，始鸣日期平均为 8 月 5 日，绝鸣日期平均为 10 月 21 日。

壁虎、蝙蝠，始见出穴日期平均为 5 月 10 日，冬眠日期平均为 11 月 10 日。

三、圈养动物

哺乳动物：猪、香猪、狗、猫、兔、山羊、绵羊、小尾寒羊等。

禽鸟类：鸡、鸭、鹅、鸽、鹌鹑等。

第二节　植物资源

这里列举的是在清水泊农场地区所生长的代表性野生植物，而农场所种植的作物未列入其中。

一、黄须菜

黄须菜是一年生草本植物，含有多种维生素等营养成分，含有丰富的矿物质，如钾、钙、镁等，生长在盐碱土壤中。20 世纪 80 年代前，农场一分场，二分场以北、以东，三分场以北、以西，生长着大片的黄须菜。土壤含盐量不同，黄须菜生长的颜色形状不同。土壤含盐量高，黄须菜呈红色，成熟期更红。20 世纪 80 年代后，土壤改良，不少盐碱地变成了棉田，因而现在黄须菜只分布在盐田周边。

二、花子柴

花子柴是当地在春天萌动最早的野生植物之一。2、3 月份大地还是冻土时，枯萎的草丛下剥开上年枯死的叶芯，里面会看到一些绿芽，多为花子柴。根形似人参，甜味十足，当地人叫"蔓菁"。花子柴喜欢盐碱性土壤。在农场广袤的盐碱地上，花子柴经常一眼望不到边际。

三、茅叶草

茅叶草生命力顽强，地下根系发达，耐涝抗旱，一片茅叶草地下根系都相联结。生性霸道，在茅叶生长之地，很难看到其他植物存在。农场盐碱地低洼处，夏季雨水存在时间长，盐碱被压渗到地下，土质会慢慢接近中性，茅叶草会很快生长起来。春天，其茅针较为锋利，能刺破脚心。茅叶草可长到1.5米高，能拧绳、编蓑衣，苫盖房屋。

现在，在农场及周围地区，茅叶草分布很广。茅叶草会跟棉花争夺养分水分，铲除一次，很快又会钻出新叶，用灭草剂喷洒效果比较好。

四、地枣

地枣学名白刺，属蒺藜科白刺，落叶小灌木，无叶柄、叶背，小枝及芽上密生白色绒毛，开黄白色小花，果实锥状球形，初时由淡绿至粽红，熟时为紫红色，七八月成熟，能在含盐量0.4%～0.8%的土壤中正常生长，含糖量5.4%左右。

现在，农场境内还有不少地枣，小清河北岸有的地方还保留原始形态，地枣生长很多，果实可食用。

五、羊嘎子菜

羊嘎子菜呈深绿色，叶子宽约0.5厘米，长约10～15厘米。羊嘎子菜耐旱不抗涝，是盐碱地区春季最早萌发的野菜之一。嫩芽可食用，而夏末后羊嘎子菜开始吐蕾开花结籽，不能食用。

与地枣、黄须菜、花子柴等野生植物一样，羊嘎子菜很早就在农场及周边多有生长，土地改良后，这种野菜已经很少。

六、马齿苋

马齿苋俗称"马扎菜"，为马齿苋科一年生草本植物，枝叶肥厚多汁，植株匍地呈圆形四散生长，大如茶盘。马齿苋为药食两用植物，有清热利湿、解毒消肿、消炎、止咳、利尿等作用。马齿苋极耐干旱，连根拔起，暴晒数日不蔫。马齿苋不能在盐碱土壤中生存，农场土地改良后，在庄稼地及周边多有生长，对作物有害无益。

七、苦菜子

苦菜子属多年生草本植物，根、叶可食用，有清热解毒、止血的功效。其种子随风飘散，繁殖力强。含盐量低的土壤，苦菜子也能生长，肥沃的土地生长旺盛，春季、夏季、秋季都可生长。在农场沟坡、田间都有生长，如果耕耘不及时，春季农田会大量生长，对作物生长有害。

八、曲曲菜

曲曲菜学名"苣荬菜"，属菊科。叶片色泽淡绿，可食用，口感略带苦味。含有维生素和钙、铁等营养成分。具有清热解毒、补肾止咳的作用。曲曲菜在七八月间开花，其花淡黄色，成熟后种子随风飘散，落地生根。曲曲菜不适合在盐碱土壤里生长，盐碱地就近虽有少量生长，但不能食用。

此外，农场的野生植物还有：拌子草、爬蔓草、芦子、白草、蒿草、水谷、青编、谷莠子、猪草、蔓根草、三棱草、碱灰菜、酢浆草、米布袋、老牛屯。罗布麻（俗名借留茶）、蒲公英、车前子、小蓟、益母草、蒺藜、荠菜、灰菜、菟丝子、马宝、苏子、栝蒌、艾草、生地、枸杞、大青叶、薄荷、蛇床子、扫帚菜、苍耳子、苣荬菜、茵陈、牵牛、顺筋条、扁竹芽、蛤蟆草、铺地锦、菊花、野菊花、花椒、狼毒（俗名马虎眼）等。

第三节　矿产资源

一、卤水

在清水泊农场地下浅层，有着较为丰富的卤水资源。这里的卤水有五大特点：一是储量大；二是卤度高；三是埋藏浅，易提取；四是水量恒定；五是有补给来源。由于海水覆盖和水平渗入，近岸低浓度带，可以不断接受新生的卤水晒盐，产量高，效益大。

二、石油

位于寿光市与广饶县交界处，小清河海口两侧，地下储油面积达十几平方公里，油层埋深 1600～2100 米。石油储量可观。1986 年，始由胜利油田着手开采，被命名为"胜利油田清河油厂"。

第五章　自然灾害

第一节　气象灾害

一、雹灾

1953年5月9日，清水泊农场地区降大冰雹，个别大如拳头，小如核桃，持续10分钟之久，农场多间瓦房遭到破坏，大量农作物受害。

1967年6月14日，降冰雹，大如鸡蛋，小如枣，农场部分房瓦被击破。农作物受害严重。

1976年6月5日，天降冰雹，农场小麦受灾严重。

1980年7月6日14：20—14：40，一分场降冰雹，有三个生产队尤为严重。地面冰雹厚度70~80毫米，最大的直径68毫米，受灾面积10000亩，绝产面积6592亩，受灾减产三成以上的1390亩，折合成绝产面积为425亩，共合绝产面积7017亩。617间房屋的瓦、玻璃均有损坏。此次雹灾造成756亩高粱减收22.68万斤，约计损失2.15万元；玉米316亩，减收7.9万斤，约计损失7584元；大豆820亩，约计损失2.26万元；绿豆190亩，减收1.9万斤，约计损失3990元；葵花1600亩，减收4.8万斤，约计损失24万元；红麻870亩，减收26.1万斤，约计损失5.22万元；田菁种120亩，减收1.8万斤，约计损失3600元；芝麻30亩，约计损失3000元；花生15亩，减收4500斤，约计损失1350元；苹果150亩，减收10万斤，约计损失1.2万元；棉槐减收10万斤，约计损失5000元；菜园50亩，约计损失1.56万元；小树1万株，约计损失5000元；压青2100亩，约计损失6510元；受损房屋617间，约计损失1万元。共计损失41万元。

1983年8月28日20：00，大风加冰雹，阵风8级，冰雹持续10分钟，大的如核桃，小的如枣子。农场受灾面积4300亩，棉花果枝被砸断，棉桃被砸落，高粱全部被刮倒、折断，莲藕和蔬菜也不同程度受到损失。一分场种植棉花2772亩，其中因灾减产30%的有1440亩，减产20%的有1332亩，减收皮棉7.08万斤，约计损失14.15万元；高粱1500亩，每亩减产12元左右的有700亩，减产10元左右的有800亩，约计损失1.64万元；藕 22.5 亩，减产 7000 斤，约计损失 6900 元；菜园 28 亩，每亩减产 100 元左右，约计损失 2800 元。共计经济损失 16.76 万元。

1989 年 5 月 8 日下午，农场遭遇冰雹灾害。农作物受灾面积 5732 亩，其中棉花 4752 亩，造成直接经济损失 60 多万元。

2004 年 7 月 5 日，一分场二队遭受冰雹袭击，1800 亩棉花受灾严重。

2005 年 6 月 20 日 12：00，一分场四队等地遭受冰雹大风袭击，受灾面积 3000 余亩，重灾面积 1600 亩，棉花顶头和叶片多数被打断。这场灾害给一分场四队造成直接经济损失 160 万元。

2010 年 6 月 18 日 16：50 许，三分场遭大风冰雹袭击，持续时间 20 分钟，棉苗受灾严重，受灾面积 4000 余亩，经济损失 640 万元。

二、旱灾

旱灾是清水泊农场地区主要的农业气象灾害，经常连年发生，有时四季持续，有时季节性发生。由于季风气候明显，年降水多集中在夏季，即使在降水量正常或者偏多的年份，农场也会出现某个季节或某一时段的干旱现象，特别是在春天，旱灾较易发生，当地有"十年九春旱"的农谚。

1986 年，因干旱，棉花在 5 月 15 日才播完，比往年推迟了 35 天。这期间，职工们靠肩挑手提，外出雇车，实属不易。

1988 年秋天至 1989 年 7 月 18 日，连续旱情，仅在 3 月 2 日降水 30 毫米，另虽有几次降水，都在 10 毫米左右，对春播几乎无作用。河流干涸，耕地龟裂，旱情严重。1997 年，夏季大旱，1 万亩大豆绝产，棉花减产严重。

1950—1990 年 41 年间，旱灾出现 21 次，其中全年性大旱 6 次，分别发生在 1977 年、1981 年、1983 年、1984 年、1986 年、1988 年。

1991—2010 年的 20 年间，总体气候处在干旱周期，1993 年、1994 年、1995 年、1997 年、1998 年、2000 年、2001 年、2002 年、2006 年、2009 年，均不同程度出现旱灾。

三、风灾

1986 年 7 月 9 日 20：00，农场盐田遭遇 10 级以上大风袭击，时间长达 30 分钟，电线杆被拦腰折断，盐坨苫草被刮乱，房瓦被掀掉，农场伙房烟囱被刮倒。这次风灾造成

37 根水泥电杆折断，损失 4070 元；瓷瓶破损 185 个，损失 647.5 元；导线损坏 2750 米，损失 2750 元；损坏房瓦 9800 块，损失 2450 元；折断房屋檩条 3 根，损失 60 元；脊瓦 400 块，损失 1600 元；烟囱、房屋倒塌损失砖块 2000 块，损失 100 元；门窗玻璃 50 平方米，损失 300 元；盐坨苫草 4500 个，损失 1.3 万元；二分场、三分场损失 1067.5 元；维修及建筑材料费 5000 元。

1990 年 7 月 15 日、16 日，连续两天 10 级左右大风，加之降暴雨 96 毫米。棉花倒伏 4500 亩，砖厂损失砖坯 30 万块，电线杆吹倒 20 根，盐坨苫草损坏 2500 个，原盐化掉 50 余吨，有房屋倒塌，全场因灾害直接损失 47 万余元。

1993 年 4 月 21 日，遭受 8 级以上大风袭击，二分场北 0.5 公里处，有一道高 2.5 米的土坝，被风削去 20 厘米，棉田地膜和尘土漫天飞扬，刚播下的种子被刮走，风后多半棉田进行了二次播种；部分通讯线杆被刮倒，一分场塌河边上的槐树多数被折断，有的树干劈裂两半。风灾过后，田野一片狼藉。

四、雨凇

雨凇，俗称"百草吊孝"，在清水泊农场地区，一般发生在每年 1 月、2 月份，历年平均为 1.5 天，最多年份可达 11 天。

1969 年 2 月 13 日，农场地区出现雨凇，不少树枝被压折断；输电线路和通信线路受到损坏。

1979 年 2 月 22—23 日，连续 2 天发生雨凇，树枝多有折断，对交通运输、电信联络和供电设施造成损害。

1982 年 11 月 9—11 日，连续 3 天发生特大雨凇，农场部分交通、电信、供电线路遭到破坏。

五、虫灾

1991 年，农场及周边地区棉铃虫大爆发。自 6 月 20 日左右第一代棉铃虫生成，到第二代、第三代、第四代，4 个月时间内，棉铃虫活跃异常，繁生力极强，抗农药能力增强，加之又有"紫璜"虫滋生，两虫并害，农场职工每 1～2 天喷洒一次农药，仍不见效果，有的棉田无奈放弃管理，导致绝收，农场损失惨重。1992 年、1993 年棉铃虫害仍然严重，但能控制。

六、霜灾

1986 年 10 月 11 日，突降酷霜，比正常年份降霜提前了 20 天，使正常吐絮的棉桃遭受冻害，特别是一分场受灾严重，棉花大面积减产，直接损失 35 万元。

七、水灾

1974 年 8 月，山东省生产建设兵团一师四团，即今国营寿光清水泊农场遭遇暴雨袭击，800 余名干部职工和兵团战士及家属被围困。在 4 个生产点上，水位不断上涨，平均水深 1.5～2.1 米。驻烟台的 9681 部队闻讯后组成 85 人的解放军抢险救灾分队，连夜赶至寿光，抢救被围困人员及物资，并从进水的仓库中抢运出 10 万斤小麦。

1989 年 7 月 20 日，农场遭遇大暴雨，由大旱变成大涝。一分场一日降水多达 290 毫米，三分场降 160 毫米，二分场 120 毫米，作物全部被淹。

2004 年 7 月 27 日晚至 28 日早 7 时许，一分场连续降雨 159.1 毫米，8000 余亩棉田积水 500 毫米，形成严重内涝。

2012 年 8 月 4 日，因弥河上游放水，造成三分场南、东张僧河出现弥河水倒灌，全场职工奋力堵坝抗灾洪，奋战一天一夜，确保了三分场的安全。

2018 年 8 月 18 日，受台风"温比亚"影响，农场降下大暴雨。暴雨引发洪水，一分场受灾严重。受灾职工 14 户，受灾人口 53 人，农作物受灾面积 959.85 亩，直接经济损失 81.08 万元，财产损失 1.07 万元。

2019 年 8 月 10—12 日，受台风"利奇马"影响，连续强降雨造成弥河水位急剧上涨。8 月 12 日 5：30 许，弥河羊口镇宅科段涵闸被冲毁。与弥河分流相连的农场三分场东张僧河段水位也急剧上涨。8 月 11—12 日，东张僧河出现 2 处漫坝，8 处决口。8 月 12 日下午至 13 日上午，除少数地域没有被水漫过，农场平均水深达 500 毫米左右，农场少数职工被迫到公路上生火做饭。8 月 14 日，解放军、武警官兵等近万人肩扛车推运输沙袋，大型机械、直升机协同作业。8 月 15 日 18：05，60 米弥河大坝决口合龙。

这次水灾造成一分场受灾玉米 3600 亩，高粱 80 亩，树木 2600 亩；二分场受灾玉米 7000 亩，棉花 500 亩，大豆 100 亩，高粱 200 亩，谷子 400 亩，盐田 7000 公亩，其他 150 亩；三分场受灾玉米 2051.6 亩，棉花 20 亩，谷子 100 亩，其他 38 亩。

林办损失树木严重，受损山楂树 100 棵、杏树 1560 棵、桃树 2400 棵、石榴 510 棵、樱桃 210 棵、黑松 960 棵、黄金槐 11 棵、月季花 1.18 万棵、小龙柏 1 万棵、海棠 1013 棵、沙果 916 棵、大刺槐 6 棵、大核桃树 2 棵、大山楂树 1 棵、小核桃树 7 棵、中核桃树 43 棵、黄金梨树 1183 棵、大苹果树 13 棵、小苹果树 61 棵、樱花 240 棵、银杏树 44 棵、柳树 6721 棵、刺槐 260 棵、刺槐（鸡圈）242 棵、刺槐（四区东西水泥路南边）320 棵、刺槐（二区北头）210 棵、国槐（四区五区）1500 棵、刺槐（五区）450 棵、法桐 26 棵、楸树 8 棵、黄金槐 5 棵、桃树（四区）23 棵，共计 98.95 万元。

此外，还造成 3300 只鸡、2400 只雏鸡、5 头香猪、12 头猪崽、1 只绵羊、9 只山羊、3 只鹅、210 只鸭死亡，共造成损失 50.75 万元。

八、潮灾

1969 年 4 月 23 日，发生了中华人民共和国成立以来最大的风暴潮，1 米以上的增水持续 38 小时，3 米以上的增水持续 8 小时，羊口镇潮位最高升至 6.74 米。持续增水给农场、盐场及附近村庄造成极大经济损失。

1980 年 4 月 5 日下午，刮起东北风，风力达 11 级，潮水猛涨，潮位达 3.15 米，农场、盐田前的公路水深 300 毫米，原盐被淹，灾情严重。此次潮灾，潮水化掉原盐 1500 吨，损失 3.75 万元；卤水 7000 方，损失 5000 元；刮坏草苫 200 个，损失 600 元；潮水漫盐田 1200 公亩，修复费 500 元；冲垮 750 公亩盐田一副，修复动用土方 1 万立方米，费用 6000 元；7200 公亩盐田池堰被冲垮，修复费达 4 万元，刮坏房屋 15 间，修复费 800 元。共计 9.04 万元。

1992 年 8 月 31 日 23：00 至 9 月 1 日 22：00，受 16 号台风影响，农场降水量 97.5 毫米，8 级以上大风持续 12 小时，海潮水漫第 1 盐场，坨台水深 600 毫米，化掉存盐 3000 吨，卤水损失 1.7 万方，砖厂砖坯 20 万块，1 万亩棉田全部受灾倒伏，全场经济损失 53 万多元。

第二节 地 震

1966 年 3 月，河北邢台发生地震，波及农场，有强烈震感。

1969 年 7 月 18 日 13：24，渤海湾发生 7.4 级地震。声如炸雷，连续作响，有房屋电杆倾斜达 25°，附近村庄有房梁檩条挪位，院墙倒塌数条。小清河两岸断裂数十处，裂缝宽尺余，深不可测，黑沙喷涌而出。

1976 年 7 月 28 日，河北唐山发生 7.8 级大地震，波及农场，震感强烈。

第二编

经　济

中国农垦农场志

第一章　经济总情

清水泊农场创建之初，主要职能是对在押服刑人员进行劳动改造，让他们在劳动中获得新生，而垦荒种田、发展经济是当初的次要任务。当农场的性质发生变化，即劳改队撤销后，才将经济发展作为首要任务。其间，农场曾实行过军事化管理，即在 1970 年，与多家兄弟单位合并为山东生产建设兵团一师四团。1975 年 1 月恢复农场体制，成为一家国营企业，从此专注于发展经济。

一、拓荒改造粮食未获自给

1953 年 1 月，山东省公安厅在原寿光县北部清水泊一带建立"山东省第四劳动改造总队"，对外称"山东省地方国营清水泊农场"，自此有了"清水泊农场"这一称谓。

建场之初，农场土地荒芜，盐碱严重，要想种植作物，必须先进行土壤改良，才能让原本不适于作物生长的盐碱荒地，变为农作物能够生长、丰产丰收的良田。1954 年，农场修筑一条防潮坝，用以阻挡海潮南侵，为改造盐碱荒地创造条件。之后，农场根据各片区情况，将盐碱荒地划分为长 500～1000 米不等，宽 50 米的条田方，方格之间开挖水沟，利用雨水或是开渠引水浇灌台田，使地表盐碱随淡水渗入沟内，依此将盐碱排出。到 1961 年，劳教功能撤销后，农场拥有耕地 1.15 万亩。

由于缺少农机，除利用部分畜力外，农场主要依靠人力从事各种农业劳动，生产效率较低。到 1962 年，农场拥有职工 302 人，粮食播种面积为 1.05 万亩，粮食总产为 34.95 万斤，每亩产量仅有 33 斤。全场总产值为 9.3 万元，人均产值 296 元，全年亏损 16.72 万元。到 1965 年，农场拥有职工 245 人，耕地面积增加至 1.34 万亩，粮食播种面积超过 1.3 万亩，总产值为 159.65 万元，粮食单产 119 斤，人均产值 917 元。虽然单产仍然较低，但农场种植的主要作物都获成功，而且产量比前几年已有很大提高。农机设备比以前增加不少，农业机械总动力增加到 891 马力。这一时期，农场的工业项目还是空白。

1963 年前，农场人员的口粮还不能完全自给，很多要依赖国家供应。1959—1963 年，国家向农场提供救济粮食 103 万斤。

二、专注农业效率大幅提高

20世纪60年代，随着生产条件的不断改善，特别是农业机械的逐步增多，农场的生产效率大幅提高。自1964年起，农场实现粮食自给，并开始向国家缴纳商品粮。在1964—1974年的10年间，农场共向国家缴纳商品粮713万斤。

1965年，农场的耕地面积超过1.3万亩，小麦播种面积达1.27万亩，总产量超过154.8万斤，是1959年的10倍多。

1970年，以农场为骨干组建山东生产建设兵团一师四团，兵团建设时期是农场农业机械增加最快的时期之一。至1974年底兵团撤销，农场已拥有运输汽车7部，拖拉机22台，小铁马4台，收割机3台，柴油机30台517马力，电动机43台575马力，全场机械总动力达3291马力。在耕地、播种、运输、脱粒、副业加工、饲料粉碎等方面，基本达到机械化和半机械化。1975年1月，恢复农场体制，当年粮食播种面积为2.34万亩，粮食总产量达568.27万斤，单产超过240斤，总产值高达91.40万元。

除种植业外，农场积极发展养殖业。农场较早建设了放牧草场，到1960年，已有草场近5万亩。国家投资为农场从英国进口大罗姆尼、小罗姆尼等良种羊，山东省拨款对牧场进行改造。至1975年春，农场的大型牲畜达94头，拥有羊1854只，生猪438头。1976年，农场继续引进新品种，畜牧良种羊产羔成活395只，养猪869头，鸡500只，大型牧畜82头，全年生产羊毛1万斤，积肥288.8万斤，收入107万元。尽管发展有起伏，但农场未曾中断过养殖业，到2020年，全场存栏生猪85头、羊420只、鸡5500只、鸭640只、鹅920只。养殖业发展为农场经济的重要组成部分。

三、发挥优势拓展第二产业

1970年组建山东生产建设兵团一师四团时，一家军工盐场并入其中，1974年兵团撤销，恢复农场体制，盐场未再脱离。自此，农场有了原盐规模生产能力。加之附近地区既有长期生产海盐的历史，又有丰富卤水资源的优势，农场扩大生产原盐规模成为可能。

从1975年到1985年，农场原盐生产规模持续扩大，产量不断提高。1984年，所属盐场已建盐田超过1万公亩，拥有19个盐业生产班组，年产原盐可达2.5万吨。塑苫晒盐技术在农场推广应用后，原盐产能再度大幅提升。1992年，农场的原盐总产量达5.3万吨，创造产值424.3万元，达到农场盐业发展的新高峰。2009年，农场采用招标形式，在盐场实行承包经营。经营方式的转变极大提高了原盐产量，全场 2.24 万公亩盐田，年产原盐 6.2 万吨。2011 年，在盐田面积不变的情况下，原盐产量达到 6.4 万吨，创造了农场年产原盐的最高纪录。

除采盐业外，面粉加工是农场持续坚守的另一行业。1979 年，农场购置 5 台磨面机，开始机械加工粮食，结束了以往靠人推畜拉的历史，每日加工粮食可达 1 万斤。1980—1985 年，农场连续 6 年增购磨面机，共计 36 台。同时投资 40 万元建设面粉加工车间，面积达 288 平方米，配有先进的高频筛、打麦机、洗麦机、磨粉机等设备，日加工面粉 6 万斤。1993 年，农场加工面粉 28.5 万千克，营业收入 10.47 万元。此后，面粉加工厂实行承包经营。

改革开放后，农场还涉足第二产业的多个领域。1984 年 10 月，在三分场建设砖厂 1 处，当年竣工投产。1985 年，砖厂生产红砖 600 万块，创产值 24 万元。生产经营效益最好时，年创产值达 105 万元。之后由于黏土砖烧制不符合国家未来发展的产业政策，农场主动停止了红砖烧制业务。

此外，农场还涉足过棉花加工、大豆榨油等多个行业，多数经营规模较小，时间较短。

四、探索创新打造自身品牌

亏损经营，自建场起就一直伴随着农场的发展。从计划经济进入市场经济，如若持续亏损，农场只能走向消亡。如何放下国企身架，做到成功转型，实现扭亏为盈，农场人进行了艰苦探索。在涉足拓展第二产业多个领域的同时，农场努力坚守与扩大农业方面的生产优势，并不断探索创新，在社会主义市场经济的大潮中，积极打造自身产业品牌。

在 1982 年大规模试种棉花获得成功的基础上，1983 年，农场将棉花种植面积扩大至 6500 亩，其中，春播面积为 4551 亩，年产籽棉 260 万斤，皮棉总产 45 万斤，当年实现利润 15.4 万元。这一年，农场彻底摘掉了长期亏损的帽子，从此再未出现过经营亏损问题。1984 年，农场棉花种植面积为 9172 亩，亩产皮棉达到 100 斤，总产量为 83.3 万斤。到 2007 年，棉花播种最多，面积达 2 万亩。销售棉花成为当时农场与职工的主要经济来源。

在市场经济条件下，丰产未必丰收。农场积极探索市场经济规律，力争做到丰产又丰收。2000 年以来，农场根据市场行情，及时调整种植结构，一方面适时调整传统作物的种植面积，另一方面不断引进新技术、新品种，种植具有更高经济效益的作物。

2012 年，农场成功引进大棚蔬菜种植技术，投资 230 万元在三分场建设无公害蔬菜基地，建成占地 100 亩的冬暖式蔬菜大棚，探索盐碱地里发展优质高效、绿色安全的蔬菜种植新模式。经过大量实践探索，成功种植出了黄瓜、西红柿等多种优质蔬菜。2014 年，农场种植辣椒 114 亩，生产鲜椒 117 万斤。2019 年，农场再建大棚 9 个，园区内大棚总数达 41 个。在新建大棚区内，推行蔬菜生产标准化、智慧化，完成园区内的物联网智能化改造，制定企业标准——日光温室番茄高品质栽培技术规程，并购置农药残留快速检测设备，实现蔬菜质量安全可追溯。

到 2019 年，农场高端蔬菜品牌建设成果显著。农场生产的草莓西红柿口感好，糖度高，产品深受消费者喜爱，通过超市和微商销售，价格达到 20 元/斤，且在市场上供不应求。另外，使用环保酵素方法生产的茄子产量高、品相好、口感佳，得到菜商和消费者的认可。2019 年，农场高端蔬菜园区获得全国蔬菜质量标准中心试验示范基地认证证书，蔬菜产品通过绿色食品认证，参与申报粤港澳大湾区"菜篮子"产品供应基地。

多年来，农场基于自身实际，在农业技术、农品培育、市场开发等方面进行了广泛的实践，取得了许多成果。围绕建设"以农为主、牧林为辅，全面协调发展新型农场"目标，贯彻新发展理念，以发展特色种养业为抓手，以市场需求为导向，大力发展蔬菜瓜果种植、水稻种植及林下养殖等协调发展、同步推进的良好布局。为对接更高平台和国内最先进技术，2020 年 12 月 27 日，农场品牌发展座谈会在中国农业科学院举行，这标志着农场在品牌建设等方面取得的新进展。

第二章 基础设施

第一节 所在地城乡建设

清水泊农场所在的寿光市，位于山东省北部小清河入海处，北濒渤海湾，南抵青州市，东与潍坊市寒亭区毗邻，西与东营市广饶县接壤。这里地处北温带半湿润季风区，年平均气温 12.4℃。域内南部土地肥沃，宜于发展粮食、蔬菜与果品等种植业。北部沿海一带，多为滩涂、盐碱土地，未开发前，这里相对贫瘠落后。

1949 年，中华人民共和国成立后，寿光各方面得到了快速发展。1953 年，在清水泊农场建场之初，寿光全县实施"改进耕作方法"的技术革命，即推广使用新式步犁和泥盐水选种技术，农业生产得到很大发展，包括农场在内的粮食产量得到大幅提高。1960 年，寿光进行大规模农田水利建设，兴修弥河东、西两条干渠，引黄、引弥灌溉改洼工程，使北部盐碱土地得到改良，增加了农作物的种植面积。

1970 年，寿光进行"农业学大寨"，实施解决北部用水工程，在境内地下咸淡水交界线以南打机井群，然后输送至北部，用以解决北部地区人畜饮水与农田灌溉问题。当年打机井 37 眼，建设扬水站 1 处，有效缓解了包括清水泊农场在内的用水难题。1973 年，原寿光县制定《农田水利基本建设规划》，全县打机井 1 万眼，扩大水浇地面积 15 万亩，水浇地总面积达 100 余万亩。北部盐碱区以建设条台田为重点，修渠引水，蓄淡压碱，逐步把碱地变成良田，其中含有农场部分地块。

1974 年，寿光县出台"县路规划"。至 1977 年，境内修成县级公路 7 条，包括口埠至田马的一号路、马店至留吕的二号路、彭家道口至岔河的三号路等在内，共长达 200 余公里，极大改善了全县人民的出行条件。1987 年，寿光实施"开发寿北"工程。10 月份，全县投入劳力 20 万人，共计投工 800 万个，完成土方 2470 万立方米。此后，又持续实施了多轮"寿北开发"工程，极大地改善了寿光北部地区人们的生产与生活环境。

1989 年，冬暖式蔬菜大棚种植技术在寿光试验成功，次年在全县推广，当年发展冬暖式蔬菜大棚 5000 多个，蔬菜收入增加 1 亿元。从此，不仅为寿光人增加了收入，也改变了我国北方冬季不能生产蔬菜的局面，改变了北方人冬季吃不上新鲜蔬菜的难题。现在，这项技术也在清水泊农场得到了应用。

1993年，寿光撤县设市，同时开展"寿北绿色工程"，此后5年在北部的320个村庄及机械林场、清水泊农场等单位，发展了数十万亩的经济林与700多公里长的防护林带，寿光北部的生态环境得到优化。

2002年，寿光实施的"村村通"工程完工，实现了全市境内所有行政村开通柏油路。这项工程共新修柏油路530公里，拓宽改造公路72公里，维修柏油公路218公里，全市柏油路通车总里程达1620公里，密度达到每百平方公里743公里。工程共计投入4.3亿元。

所属各乡镇除认真执行落实上级建设规划外，农场所在的羊口等乡镇也根据自身特点进行建设。早期的条台田压碱技术在实验成功后得到推广，羊口等乡镇地区后来充分发挥土地资源丰富这一优势，广泛招商引资，建设工业园区，发展当地工业，促进带动了各方面发展。

第二节　农场建设

一、房屋建筑

清水泊农场建场前，该地区地势低洼，是块百水汇聚之地，历史上曾是蓄洪区，当地人用"晴天白茫茫，雨天水汪汪"来形容。清水泊农场地区靠近渤海湾，这里地表盐碱化严重，未开发前土地荒芜，人烟稀少，大片土地是不毛之地。

为开发这些荒地，国家与地方先后投入大量资源。其中，房屋建筑方面的投入占有较大比重。在建场之初，农场主要利用本场人员建设的大部分房屋，用作干部职工的宿舍，但这些建筑多数结构简单，质量较差。

（一）生产性建筑

1970年前，农场所属盐场建设房屋4间；1976年，增建房屋17间；1979年，增建房屋74间；1980年，增建房屋16间。随着农场经济实力的不断增强，干部职工的生产、办公用房条件有所改善，大部分干部职工的生产、办公用房用上了砖瓦房。

1985年，农场建设面粉加工厂房1处，面积288平方米。统计资料显示，农场自建场至1985年底，国家拨款建设房屋共1400间，面积达2.5万平方米。

1987年，清水泊农场与寿光县农业局、良种场联合，在原农业局院沿中心街处建设门市楼1座，分上下两层，共计30间，总建筑面积729平方米。其中，农场投资8.82万余元，良种场投资 2.05 万元，农业局投资 5.77 万元。投资者按分配的房间享有所分房屋的一切财产权。农场以此为办公地，开办了农工商公司。

1993 年，农场投资 146 万元，购买原杨庄乡办公楼等房产。其中办公楼 1 幢，共有 56 间；宿舍楼 1 幢，共有 24 户；平房 59 间，沿街房 7 间。此外在开发区建设农工商公司加工车间，建筑面积 500 平方米；建设货场 1 处，建筑面积 4300 平方米；新建职工宿舍 4500 平方米，共计占地 1.47 万平方米，总投资达 300 万元。同年 5 月，建设会议室 1 处，共 10 间，建筑面积 304 平方米。

1995 年，农场投资 21.6 万元，对原先 1 处仓库进行改建，建成厂房 18 间，共计面积 540 平方米，用作保种厂生产车间；投资 7.2 万元，修缮废弃办公室和职工宿舍 20 间，共计 480 平方米，用作棉花保种厂的办公室。

1996 年，农场投资 12 万元，新建皮棉、短绒打包车间 4 间，面积 150 平方米。

1997 年，农场开始建设河蟹育苗厂，育苗水体达 1000 立方米。1999 年，开始建设第二河蟹育苗厂，水体规模为 1000 立方米。

2013 年 4 月，农场投资 150 万元，在林场地域内建设畜牧小区 1 处，其中包括猪场、鹿舍、羊圈等设施，以此发展农场的林下经济。

为提升农产品加工、储存条件，2019 年，农场在二分场规划建设了一处大型仓库。同时，投资 15 万元，对二、三分场、林业办公室、蔬菜办公室 5 处生产生活区的旱厕等配套设施进行改造，全面完成全场范围内公共旱厕改造工作。

（二）非生产性建筑

1969 年 1 月，原昌潍地区要在农场建立一所"五七"干校，校部规划设有"一室三组"，即办公室与计财组、生产组、基建组。当时的昌潍地区革命委员会要求用最快的速度，在最短的时间内，为 1200 人安排好宿舍。因此，除原有的宿舍外，必须新建容纳 594 人的宿舍。农场计划在种羊场等处建设干校宿舍设施，但因砖瓦沙石灰等大多建筑材料要从寿光以南运来，购料与运输的工程量很大，相对于当时的条件而言，这项基建任务比较重，所以农场很快与寿光建筑公司和羊口建筑公司签订建设合同，一边进料一边施工，用 3 个月的时间建起了办公室、140 间宿舍、5 间伙房和 1 座青贮塔，建筑总面积达 2700 平方米。

1987 年开始，农场开始建设总场办公新区，规划建设 6 排 52 间共计 1092 平方米的办公用房。原办公区内设施老化，经改造后，作为职工宿舍使用，以缓解职工住房紧张的问题。

为改善干部职工的生活与办公条件，1980 年，农场盐场新建职工宿舍 40 间；1988

年，农场改造盐区办公室、仓库 32 间，在总场驻地，翻建 40 间，在巨淀湖分场二队翻建 8 间，共 960 平方米，作为职工宿舍使用。另外，新建宿舍、办公室、食堂、机库 72 间，建设机房 5 座，总建筑面积达 1440 平方米。当年，还建设院墙 350 米。

后来，农场非生产性用房需求迫切，建设发展迅速，楼房建筑逐年增多。1993 年 4 月，农场投资 7.3 万元，为本场学校新盖教室 10 间，总建筑面积为 237.4 平方米。农场在读四、五年级的学生可以集中在总场就读，这让农场职工子女有了一个舒适的学习环境。

1994 年，根据职代会代表的建议，为满足离退休干部职工的住房需求，农场在寿光市开发区征地 30 亩，建设职工宿舍楼 40 套。1996 年、1997 年两年，又分别建设平房 2 排和宿舍楼 1 幢，为 100 户农场干部职工解决了住房问题。1997 年，农场投资 4 万元，对全场 16 个单位 200 余户，800 多间危旧房屋进行整理维修。同时，开始筹划集资建设第二批职工宿舍楼。

1999 年，农场投资近 20 万元，对职工住房进行维修，更换线路。同年，根据农场六届一次职代会的决议，对场内 400 多户 900 余间房屋进行拍卖，全部出让给场内干部职工，从而提高了大家的住房自主性。

2001 年 4 月，兴建清水泊农场新村，投资 8.6 万元，为一分场新建办公室 8 间，改善了一分场机关后勤人员的办公条件。同年，农场投入 100 多万元，购买原杨庄乡政府办公及宿舍楼。其中，办公楼 1 幢，办公室 56 间，车库 8 间，传达室 2 间；宿舍楼 1 幢，共有 24 户，储藏室 24 间、平房 23 间、伙房 6 间、警卫室 3 间、锅炉房 3 间、茶炉房 1 间；沿街房 7 间，位于办公楼西侧，羊临路东边，沿街房全长南北 24.5 米，东西宽 7.2 米。

农场职工住房大多是 20 世纪 70 年代所建，空间小，房屋旧。为进一步改善职工的住房条件，2002 年 4 月，农场筹划在寿光城区新建 2 栋职工宿舍楼，每户面积 78.6 平方米。2003 年 10 月，新建职工宿舍楼竣工，当年有 65 户干部职工入住。

2004 年，农场又在一分场建设职工宿舍 24 户共 72 间；在三分场建设职工宿舍 18 户共 53 间。2005 年 11 月，农场购买的原杨庄乡办公楼及住宅楼、平房等建筑，以 101 万元的价格售出。

2006 年，农场投资 17 万元对总场机关办公室进行整修，把办公楼内外墙壁全部粉刷一遍，更换所有门窗，铺设甬路 3 条，排水管道 11 个，在居民区修建厕所 4 个，改变了场容场貌，美化了环境。

2007 年，二分场新建职工宿舍 21 户。次年，为改善干部职工的居住条件，农场又在寿光市区新建职工住宅楼 3 栋，解决了 130 户职工的住房难题；投资 78 万元，在二分场新修职工住宅 21 套。

2012年1月，农场启动危房改造工程，计划建设职工安置住房300户。其中，原地安置222户，异地安置78户。这一年，一、三分场的150户职工搬入新楼，实现了冬季集中供暖。图2-2-1为一分场住宅楼。

图2-2-1 一分场住宅楼

2013年，总场办公楼（图2-2-2）和二分场撤队并点宿舍楼建设完工。9月，寿城清水嘉苑项目，3栋232户职工宿舍楼竣工，并将楼房钥匙分到职工手中。到年底，农场实施的土地增减挂钩及危房改造项目，除异地安置的78户外，原地安置的222户全部搬进了新居。

图2-2-2 总场办公楼

二、生活设施

开发荒蛮之地，首先面对的是人的生存问题，衣食住行首当其冲。清水泊地区属于高度盐碱化的滨海滩涂，淡水资源极为匮乏，解决人畜饮水是困扰清水泊人的一大难题。除此，随着人们生活水平的不断提高，其他生活设施也需不断完善。因此，增加投入，完善设施，也一直是农场的一项重要建设内容。

（一）饮水设施

建场初期，总场驻地及各生产队都没建设专供饮水设施，人们的生活水源主要是小清河水和自然形成的坑塘积水，而且人畜共用。

1958年，引黄灌溉工程通水后，总场及各分场相继建成蓄水设施，解决了生活用水。1969年，打深水井1眼，缓解了总场与二分场的用水问题。1971年，农场建设供水塔1座，部分单位用上了自来水。1972年，在山东生产建设兵团时期，当时的团部驻地打井9眼，解决了农场部分人员饮水和部分农田的灌溉用水问题。

1976—1980年，农场在原寿光县水利局的支持下，成立了打井队，在巨淀湖分场各连，先后打出深水井9眼，成功获取了丰富的淡水资源，不仅缓解了人畜吃水难题，而且还化解了部分农田的灌溉问题。

进入20世纪80年代，引入黄河水发生困难，总场驻地及各分场相继投入较多资金，以打深水井解决用水问题。1983年，巨淀湖分场打井7眼，同时购齐配套设备，初步建成700亩水浇田。王庄分场打深井1眼，解决了该分场的人畜饮水问题。

1995年，农场打1眼饮用水井和1眼防火水井，建设供水塔1座。1999年，投资近30万元，新打深水井1眼。

2002年，投资18万元，为三分场打400米深水井1眼，缓解了职工吃水难的问题。

2004年3月，投资20万元，在二分场新打380米深的水井1眼，并搞好配套设施，有效缓解了职工吃水难的问题。

2008年，农场投资50万元，为二分场从渤海化工园引入自来水，结束了职工常年饮用咸水的历史，实现了职工安全饮水，解决了职工的后顾之忧。

2011年，国家国土资源系统抗旱找水打井项目在全国实施，上级部门组织在一分场生活区打深水井1眼，井深达268米，水质较优。农场在确保棉花播种和补苗用水的前提下，也为职工楼房安装使用自来水。

2015年4月，三分场接通了寿光市通往羊口镇的自来水管网，解决了该分场干部职工的吃水问题。

（二）供电设施

建场之初，清水泊农场的用电设施建设情况少有记载。1988年，农场为加快盐田建设，在老盐田处，新增160千伏安变压器一台（套），架设高、低压线路5公里。至6月中旬，新盐田建设打卤水井28眼，架设高、低压线路7.5公里，安装80千伏安配电变压器一台（套）。

2001年，由于供电线路老化，在胜利油田帮助下，一分场接入油田供电系统，解决了因线路老化而引发的用电难题。

2004年，农场投资11万元，改造更换低压线路2000米。同年，引进资金600多万元，在成功打出5眼深水井的同时，架设高压线路4000余米，增设变压器两台，极大改善了农场的生产用电条件，为"寿北开发"提供了动力基础。

2006年，投资45万元，对一分场4.7千米的跨高速公路高压线路进行改造，保证职工正常生产、生活用电；投资3万元，对三分场低压线路和变压器进行改造和更新；投资37万元，结合油地线路整改，对盐区场管高、低压线路进行改造；投资10万元，对全场的低压线路进行整改并购置电表486块，全部更新了职工家庭使用的电表。

针对农场三分场因为电表老化，计量不准，线路较乱的问题，2007年，总场投资2万元，更换电表400块，同时对线路进行了整治。

2015年，农场投入120万元，为抗旱，在打深水井8眼的同时，又在四段地新上一台变压器。

2019年，农场为3个农业分场安装了电动车充电桩，在城区一居委新设一处电动轿车充电站，既保证了安全，又满足了分场居民电动车充电需求。

（三）用水建设

1988年，农场老盐田新打卤水井24眼，新盐田建设到6月中旬，打卤水井28眼，同时也架设高、低压线路及变压器设备；完成机井配套25台套，完成铺设管道2700米。

2004年，农场引进资金600多万元，先后打深水井5眼，新建防渗渠道6000多米，改善了农场的生产用水条件；投资近40万元，在二、三分场打深度400米的水井2眼，解决了困扰畜牧业发展的老大难问题，极大地改善了农场的畜牧业生产用水条件。2006年，棉花播种和补苗期间，总场投资30万元，维修、配套水井6眼。次年，三分场又新打机井3眼。

2007年，元宵节刚过，溴素厂便组织生产，开始打井，成功打卤水井60眼，日产溴素1.2吨；投资250万元，在原来的基础上，对溴素厂进行扩产，新上蒸馏塔1个，打卤水井 60 眼，溴素日产量达到 3 吨。

2011 年，在一分场生活区打深水井 1 眼，确保了棉花播种和补苗用水，同时也缓解了职工楼房用水难题。

2013 年，根据蔬菜基地及三分场家庭农场发展需要，农场投资 400 万元，在三分场规划建设 1 处小型水库；投入 150 万元，对蔬菜基地的沟渠进行水泥板铺设，以作防渗处理，起到了节约水资源，提高利用率的作用。

在不断增加农田灌溉水源的同时，农场还在大力发展节水型农业设施。2014 年，农场投入大量资金用于打井和节水型农业设施的推广应用，不断扩大旱涝保收农田覆盖面。投入 20 万元，在二分场西瓜基地新打机井 1 眼，配套相关农田管网及喷滴灌设施；投入 150 万元，在三分场家庭农场示范区打机井 4 眼，并配套农田水利管网及相关灌溉设施。

2015 年，投入 120 万元，共计打深水井 8 眼。三分场为了抗旱，打井 3 眼，同时配齐了供电设备。

2019 年，新打休闲农庄温泉井 1 眼。

（四）供暖及其他

1997 年，农场投资 5 万元，安装办公暖气炉锅炉设备 1 套，办起了浴室，解决了职工洗澡难问题。

由于原有设备旧损，2010 年，农场投资 18 万元，新上 1 套取暖锅炉，解决了总场冬季办公取暖和职工洗澡问题；投资 60 万元，让二居委职工住房楼接入晨鸣热电供热系统，解决冬季供暖问题。

2017 年，在文明城市创建工作中投入 30 万元，用于硬件建设，并且投入 200 万元，重点完成一居委供暖改造、楼房楼顶防水维修、破损路面重铺柏油工程，改造了二居委硬化路面。同年，完成了 3 个农业分场冬季供暖锅炉的环保升级改造。

2018 年，农场林业办公室区域内，道路最西边南北路增修排水涵管，进鸡场的东西路增修排水涵管，中间南北路增建停车位，铺设草坪砖，硬化路面铺设路沿石，仓库院内地面进行硬化，南院墙外铺设花砖。

第三节　公共建设

道路、桥梁、水利等公共基础设施，是随着农场的发展，逐步从无到有，从低级向高端，从少量到大规模进行建设的。

一、道路建设

在建场之初，农场只能利用本场人员，初建一些泥土路，后来将重点路段建成沙石路。对于这些道路的建设情况，大多数保存在老一代农场人的记忆中，而在书面材料中，难以寻找相关记述。较大规模的、较高标准的道路建设，主要开始于 20 世纪 80 年代初。

1981 年，农场投资 16 万元，在场区及附近，修建上口镇盐场至清水泊农场盐场、原台头乡盐场至第二联营盐场两条柏油路，总长共计 4.7 公里。

1989 年，农场一分场的巨大路，即巨淀湖至大家洼的一条沙子路铺成。1991 年，农场加强了道路的管理，组织人力、物力对场内生产路进行整修维护，共整平公路两侧坡面 2 万多平方米。1996 年，农场投入 0.5 万元，对羊益铁路在场区内路段边坡进行整修，同时修建生产便道 2000 米。

1999 年，农场投资 102 万元，在巨淀湖一分场内动工修建一条柏油路，总长 6479 米；投资 8.2 万元，为一分场第三生产队修建沙石路 1700 米，改善了一分场各生产队间的交通状况。同时，还对总场办公区前道路的个别路段和一座桥面进行修补，更换了路面柏油。

2001 年 4 月，总场投资 7000 元，运送沙石 380 立方米，将二分场居住区内的三纵二横主要干道全部铺成沙石路，全长共有 1000 多米。

2002 年 6 月，农场争取到寿光市政府专项修路资金 38 万元，为场内杨家围子村修柏油路 2000 米，同时在塌河上修建桥梁 1 座。

2004 年 4 月，农场投资 50 万元，修复盐青路农场路段柏油路 5 公里，修建从一分场场部到第三生产队沙子路 3 公里，同时将二分场居住区内三纵二横 600 多米长的主干道全部硬化。

2005 年，农场为巨淀湖分场修建通往第三生产队、第三分场第七生产队的出场路，长 3 公里，为三分场修建出场路 2 公里。寿光市拓宽林海路，部分路段途经农场域内；8 月，寿光市规划建设大西环道路，部分路段在农场一分场区域内。

2006 年 2 月，荣乌高速公路取土占用一分场土地 480 亩。同年农场对一、三分场主要道路进行了柏油硬化，对二、三分场田间生产路进行整修，同时与荣乌高速路实现对接。

2008 年，农场投资 7 万元，对新修住宅区内道路进行硬化，改善了职工住宿区环境；投资 2 万元，对一分场进场路进行维修。

2009 年，维修一分场卧甲路至第一生产队的柏油路，长为 1363 米；投资 50 万元，对一分场的进场路进行维修、铺油，方便了一分场与外界的联系，为产品和农资的运输提供了便利；投资 7 万元，对新修住宅道路进行硬化，改善了职工的住宿环境。到该年底，农场辖区内建有了羊益路、卧甲路、林海路、大西环、盐古路等多条柏油路，交通状况得到很大改善。

2012 年，场前盐青路农场段加宽重修，拓宽至 8 米；投入 450 万元，对盐古（盐场至古城街道）路、三分场进场路进行柏油硬化，并安装了路灯，解决了夜间出行难的问题。

2013 年，农场投资 300 万元对一分场进场路进行整修铺油，解决了一分场行路难的问题；投入 60 万元，对三分场、蔬菜基地进出路及内部生产路进行了整修，方便了职工出行和蔬菜运输。

2019 年，新建农场核心道路 3.8 公里，升级改造场区内道路 3.1 公里。

二、桥梁设施

1966—1969 年，在兴修农田水利时，农场除修建水库、清淤河道外，还修造了营子沟大桥和横跨渡槽各 1 座。

1995 年，除新建 1 座扬水站、3 座虹桥外，农场还建设生产桥 8 座。

1998 年，农场投资 20 万元，清理了条田沟渠过万米，修建桥梁、便涵共 4 座，提高了通行能力，为改善出行条件奠定基础。

2002 年，农场投资 30 万元，配合市小清河引水工程，在二、三分场建桥、涵、闸 5 座，改善了交通条件，为职工出行提供了便利；6 月，农场争取到寿光市政府资金 38 万元，除为杨家围子村修建 2 公里柏油路，还在塌河上修建桥梁 1 座。

2009 年 3 月，寿光市扩建盐青路，农场借此机会在 5 月份对北张僧河大桥进行重修。

2018 年，农场林业办公室区域内道路增修排水涵管两处。

三、水利设施

清水泊地域内，河流、沟渠众多，有弥河、织女河、塌河、张僧河、益寿河、营子沟、马塘沟、联四沟等。但由于年久失修，河道淤浅，致使河沟排水不畅，水患连年发生。建场前，当地农民在潮水及黄河水交替侵袭的间隙地，常用原始的方式在洼地、台堰上垦地种植，靠天吃饭。20 世纪 50 年代，国家开始兴修水利，设计河网及排水沟，保证地下水位在 1 米以下。

1966—1969 年，农场在农田水利方面修建完成了 4 个大水库，修筑了 4 公里的放水渠道，清处河沟淤泥 6000 余立方米，修建横跨渡槽 1 座。

1968 年秋冬，为根治营子沟排涝不畅问题，农场将营子沟从清水泊农场北折向东导入弥河分流。

1978 年，农场大力进行农田基本建设，实行河、沟、田、林、路全面规划，旱、涝、碱综合治理，并取得了很大成绩。原寿光县的规划大框已基本形成，新建的一些主要沟、路也大部分贯通，井水灌溉迅速发展，对塌河、丹河等主要水系已开始着手从根本上进行治理，抗旱、排涝、防洪、改碱效能有了显著提高。同年清水泊农场兴修农田水利、桥梁、涵闸及机井等多处。

1985 年，农场干部职工挖沟筑渠、排碱清淤，打机井、修水库、筑防洪坝等。通过透卤排碱，改造成粮田 1.7 万亩，开垦土地 7.4 万亩。

1986 年，在巨淀湖分场的二队、三队建设旱能灌、涝能排稳产良田 4000 亩，共打深水井 30 眼，还重点配齐滴灌、喷灌的成套设备。

1990 年 7 月，农场遭遇连续两天的暴雨袭击，大量棉花倒伏，房屋倒塌，线杆损坏，给农场造成重大经济损失。灾情发生后，场领导分片包干，人工机械全力上阵。仅王庄分场，投工 669 个，机械作业 170 小时，完成土方 3200 立方米，及时修复了被暴风雨损坏的水利设施。

1991 年 2 月，农场组织人力、机械，在原寿光县委的统一领导下，大搞王庄分场弥河段治理。共出动人员 130 余人，推土机 7 台，投资达 10 余万元，用 60 天时间，完成了弥河 2000 多米的筑坝任务。这一年，针对农场部分耕地盐碱化加重，排水不畅等情况，农场还投资 19.2 万元，挖沟清淤达 20 余条，转运土方 6 万立方米，修建桥涵 3 座，既改良了土壤，又提高了耕地的丰产能力。

1995 年，清水泊农场绝大多数耕地，靠引黄济青渠水及弥河水灌溉，建有杨庄、李家坞两个输水系统，此外，还有电力抽水站 1 座和深水井 18 眼可作为补充水源；有塌河和张僧河两条排水主河道，田间建有较为完整的灌排设施，机械总动力拥有量 2395 千瓦；建设有支级渠、沟、路各 4 条，斗级渠、沟、路 13 条，农级渠、沟、路 192 条，总长 423.7 公里；采用灌排相邻式设计，并修建水库 1 座，规模面积 32 万平方米。当年新建扬水站 1 座，打深水井 14 眼，修建虹桥 3 座、节制闸 14 个。

1997 年，农场投资 6 万元，建设扬水站 1 座，修低产田的支级渠、沟各 3 条，斗级渠、沟各 6 条，农级渠、沟各 96 条，总长 70.6 公里，土方总量为 32.7 万立方米；维修农排涵 48 个，维修农门 30 个；修建配套建筑物支级一座，斗级 13 座，农级 384 座。

1998 年，农场投资 20 万元，修建桥涵 4 座，清理条田沟渠 1 万米，完成土方 4 万立方米，提高了抗灾自救能力，为农业丰产增收奠定了基础。1999 年初，投资 1.5 万元，新建拦河闸 1 座，新建简易扬水站 1 座，并对大干渠进行了改造整修，使 700 亩良田基本达到了旱能灌，涝能排标准。

由于所处地理位置特殊，农场受水困制约严重。因此，农场采取多方式，尽量拓宽用水渠道，每年保证 1 万亩耕地冬灌一遍，并能确保 4000 亩小麦的正常春灌。数年间，农场针对农业上所存在的问题，投资 100 万元，对农田基本设施进行改造。其中，疏通主水渠道 20 公里，清理条田沟 100 条，修建桥涵 16 座，打深水井数十眼，购置灌溉设备 3 台，提高了农业生产的抗灾自救能力。

2002 年，农场组织有关人员，制定了近、中、远期水利建设规划，不断加大基本农田水利建设的投入。这一年，对张僧河进行清淤，北到菜央子村，南至普四路南，清理淤泥 8 万立方米；投资 4 万元，完成寿光市政府分配给农场的小清河扬水站引河渠清淤任务，在益寿河西坝一分场处建设扬水站 1 座，清淤移动土方 6.57 万立方米；投资 30 万元，配合寿光市小清河引水工程，在二、三分场建设桥、涵、闸 5 座，整修干支渠 8000米，加强了中低产田的改造力度，使之达到了旱能浇、涝能排的标准。

2004 年，投资 18 万元，修建桥涵闸 6 座；投资 17.6 万元，清淤土方 4.01 万立方米，对 3300 米张僧河段进行治理。11 月，投资 40 万元，动用土方 21 万立方米，对一、二、三分场条田沟进行清淤。"十五"期间，农场先后投资 100 多万元，用于修渠引水、挖排水沟、建桥涵闸、清淤河道，确保粮食棉花产量的稳定发展。

为改善水利条件，2006 年筹资 50 万元，对各分场的主要排水渠道、桥涵闸进行清淤，并新建、维修和改造了部分设施，提高了防洪排涝能力，增强了抗御自然灾害的能力。

2009 年，根据寿光市委、市政府统一部署，配合水利局，对农场辖区内伏龙河、织女河、塌河、张僧河、营子沟、联四沟进行清淤。先后投资数百万元，整修干、支渠和条田沟，清淤千余米。对三分场所有耕地进行整平，并修建配套引水渠，引入弥河水进行灌溉，新打 3 眼机井，用 PVC 管道引入农田，实施灌溉。

2010 年，参与羊口镇对营子沟的清淤工程。"十一五"期间，全场用于修渠引水、挖排水沟、建桥涵闸、清淤河道的资金达 200 多万元，从而提高了农场的抗灾自救能力。

2011年，为引弥河水灌溉，农场投资20万元在三分场建设了一处泵站，同时为提高水资源的利用率，用水泥板衬砌了引水渠。这些措施的实施，为农业生产提供了有力保障。

2013年，投资300万元，利用原砖厂及铁路建设用土后形成的大坑，规划修建蓄水库1处。

2015年，农场继续加大农田水利设施建设的投入，为农业生产提供基础性保障。发展节水型农业，增购农田喷滴灌管网等配套设施，推广节水型灌溉模式，提高水资源利用率，缓解农业发展与用水超缺的矛盾；投入4万元，进行了水库扬水站扩建；投入3.5万元，在一、二、三分场集体经营土地及职工家庭农场内，新建中小型喷灌设施4套，三分场部分职工家庭农场个人购买8套；投入110多万元，新建蔬菜大棚区配套水利管网，科学设计沟渠，将汛期降水收集引入水库；投资14万元，为场属杨家围子村在联四沟建设扬水站1座及配套设施。

2018—2019年，农场配合寿光市，抓好场区内的营子沟、马塘沟、张僧河、联四沟等数条河沟的清淤工作。

第四节　交通状况

1949年中华人民共和国成立后，清水泊地区的道路随着经济的发展而不断改善，逐步由泥土路变为沙子路，由沙子路修成柏油路，又由一般柏油路建成高速公路。另外，清水泊地区不通铁路的历史也发生了改变，由1条益羊铁路，发展到目前的3条铁路。清水泊农场地区的交通状况持续改善，出行条件日趋方便。目前，农场总场与各分场之间，均有不同等级公路相连，通向外部的道路也早已四通八达。

一、公路设施

在清水泊农场场区内，主要有荣乌高速、226省道途经其中，另外还有巨大路、卧甲路、盐古路等多条县乡公路穿行而过。

（一）高速路

在清水泊农场附近，有青银与荣乌两条高速公路。其中，荣乌高速呈东西方向穿越农场，占用土地700多亩。

荣乌高速公路东起山东省荣成市，西至内蒙古自治区的乌海市，全长1820公里，双向4车道，设计时速100公里/小时。在寿光境内38.8公里，设有寿光东、北、西3个收费站。寿光北站及服务区位于清水泊农场区域内，占用农场土地232.44亩。其中，路基占地31.56亩，两边各占地100.44亩。同时，农场对一、三分场主要道路进行了柏油硬化，对二、三分场田间生产路进行整修，使之与高速路实现无缝对接（图2-2-3），方便了人员出行及产品物资的运输，降低了成本，提高了效益。

图2-2-3 荣乌高速入口

（二）省道

羊青路（S226），以前称羊益路、羊临路。它北起寿光市羊口镇，南至益都县（今青州市）、临朐县，原经寿光境内羊口、营里、田柳3个镇，古城、文家、圣城、孙家集4个街道，辖段长63.8公里。2009年，改线后经羊口、台头、古城、文家、孙家集6个镇（街）。其中，2009年11月建成的寿光市大西环段是一级沥青公路，途经清水泊农场地域内。该路的开通，为农场向南向北的出行与运输提供了极大便利。

（三）县道

卧甲路，北起双王城生态经济发展中心的卧铺村，南至孙家集街道的一甲村，全长47.16公里，其中一级路0.46公里，二级路9.89公里，三级路36.81公里，中途经过双王城生态经济发展中心、台头镇、田柳镇、古城街道、文家街道、圣城街道。该路纵贯寿光南北，连接8个镇街，部分路段经过清水泊农场。

（四）乡村路

巨大路与盐古路是两条村级公路，两路都经过清水泊农场地域内。巨大路是农场一分场所在的巨淀湖到原寿光市的大家洼镇。盐古路是北起农场盐场，南到古城街道的一条乡村公路。

二、铁路设施

（一）益羊铁路

为将寿光北部的原盐等海产品运出去，山东省曾于1959年拟议修建铁路，但受当时经济发展情况限制，未能如愿。1981年，山东省再次报请国务院，希望尽早修建寿光到益都，即今青州市的"益羊"铁路，然后与胶济铁路相接。

1984年5月，益羊铁路开工兴建，由山东省、铁道部、轻工部和中国石化总公司共同投资，正线全长72.27公里，南起原益都县，北至寿光市羊口镇。一期工程南端与胶济铁路相接，北部连通大家洼纯碱厂，建设标准为地方一级铁路，投资1.16亿元。该铁路在寿光境内长为53.3公里。一期工程历时3年，于1987年5月全线建成通车。二期工程于1991年10月动工兴建，南起寿光市的宅科村，北到羊口港，全长21.58公里，投资3200万元，1993年全线接通。

益羊铁路（图2-2-4）穿过清水泊农场三分场西部，占用农场少量田地。途经南宅科村、齐家庄子、菜央子盐场等地。在宅科村建有货站，设有88个运盐货位和400米长的盐业专用货台，为当地原盐及其他货物的铁路运输开辟了通道，提供了便利。

图2-2-4 益羊铁路

（二）德大铁路

德大铁路全长 265 公里，自德州市黄河涯站引出，东至寿光市原大家洼镇，与大莱龙铁路相接。2014 年由国家铁路局与山东省共同建设，为国铁一级铁路。按前期单线、远期双线设计，前期目标速度为 160 公里/小时，远期目标速度为 200 公里/小时。2015 年 9 月 28 日，德大铁路正式通车。德大铁路潍坊段全长 19.3 公里，经寿光市羊口镇、营里镇辖区的 11 个自然村，以及清河采油厂、清水泊农场两个单位，在清水泊农场附近设官台、东宅科两个车站。

德大铁路的建设，是山东省"一体两翼"发展战略的重要部署。它与黄大铁路连为一体（图 2-2-5），形成一条新的环渤海铁路通道。这条北部沿海铁路通道的建设，开辟出了一条煤炭运输的新通道，且将滨州港、东营港、潍坊港、烟台港连为一体，并辐射威海港。自此，山东北部 5 大港口实现了通过铁路从西部运来煤炭，向西部输出矿石，将中部海盐运出，增强了港口的疏运能力和竞争力，极大方便了清水泊农场产品与物资的进出。

图 2-2-5　德大铁路和黄大铁路

（三）黄大铁路

途经清水泊的黄大铁路，北起河北省黄骅市，向南经河北省海兴县，跨漳卫新河进入山东省境内，途经滨州、东营，抵达位于寿光市的益羊铁路终点——大家洼站，线路全长 216.8 千米，其中在山东省境内 172.6 千米，部分路段经由清水泊农场地域内。该铁路由神华集团、中石化及山东省的滨州、东营、潍坊等地方共同投资修建，为国铁一级单线电气化铁路。黄大铁路于 2014 年 5 月动工建设，2017 年竣工通车。

黄大铁路是"煤运北通道"与胶济铁路的联络线，是环渤海铁路的一部分。它与大莱龙铁路、龙烟铁路、黄万铁路共同形成环渤海湾和山东半岛的铁路通道，增强了路网的机动性和灵活性，完善了陆海联运，并可连通淄东铁路和益羊铁路，使山东与京津唐地区的联系更为便捷。黄大铁路的全线建成，全面提高了环渤海区域综合运输能力，优化了区域能源运输结构，奠定了该地区煤炭等货物运输"公转铁"的铁路路网基础，对促进环渤海经济圈大交通网络的形成具有重要意义。2020 年 12 月 26 日，首列万吨重载列车，从朔黄铁路黄骅南站驶出，标志着环渤海能源新通道——黄大铁路的全线开通运营。

第五节　农业机械

农场初建时期，因土地荒芜，道路等基础设施薄弱，农场的机械装备较差。当时主要依靠人力，有时借助部分畜力，进行农业耕作。之后，随着各方面条件的不断改善，农场的机械化程度随之增高，现已发展为大规模体力劳动全部依靠机械完成，由人工完成的体力劳动占比越来越小。

以 1962 年为例，当年全场拥有职工 302 人，全场耕地面积达 1.01 万亩，种植油料作物 760 亩，其他经济作物 57 亩，其余部分全部播种粮食作物。当年，农场拥有的农业机械总动力为 720 马力，大、中型拖拉机 7 台，农用动力排灌机械柴油机 1 台，联合收割机 3 台、汽车 2 辆。

农场发展到 1965 年，全场职工人数为 245 人，耕地面积增加到 1.34 万亩，粮食播种面积超过 1 万亩，农场的机械化程度较几年前已有大幅提高，农业机械总动力增加到 891 马力，大、中型拖拉机 10 台，联合收割机 5 台。

1970 年，遵照上级有关指示，当时的种羊场、巨淀湖农场、军工盐场等单位合编为山东生产建设兵团一师四团。这一时期，农场在人员、机械、生产能力等方面有了较大发展。特别是在 1975 年 1 月恢复农场体制后，全场职工发展到 1061 人，粮食播种面积多达 2.34 万亩，农业机械总动力达 4992 马力，拥有大、中型拖拉机 24 台，小型拖拉机 3 台，农用动力排灌机械达 25 台，联合收割机 9 台，粮食总产达 568.27 万斤，单产为 243 斤。

机械化是农业的根本出路所在。基于这一认识，1975 年之后，农场投用于机械化的资金、人员越来越多，农业机械数量不断增多，从业人员队伍不断壮大。1975年，农场拥有的联合收割机由过去的1台增加到9台，汽车增加到7部，拖拉机增加到22台，小铁马4台，柴油机达到30台，电动机43台，全场机械总计达到3291马力，在耕地、耙地、播种、运输、脱粒、副业加工、饲料粉碎等方面基本上达到了机械化和半机械化水平，为农场农业高速发展奠定了基础。同时，农场的农机修理做到小修不出队，中修不出场。

1976年，农场拥有汽车7部，拖拉机26台，联合收割机10台，柴油机26台。

1978年，根据实际需要，增加投资13.6万元，增加机械设备18台（套）。成套设备中，有的型号变更为三足离心机、锅炉二台等设备。1980年，投资55万元，购置大、中型农机具50台（套），淘汰部分老旧设备，进一步提高了农场的机械化水平。

1983年，农场的机械总动力达2496马力，大、中型拖拉机19台，小型拖拉机7台，农用动力排灌机械33台，其中柴油机20台、电动机13台，汽车拥有量7部，其中载重汽车6辆。农场机械化水平达到前所未有的高度。

1984年，农场拥有载重汽车7部、拖拉机8台、收割机7台，其他小型农机具也基本齐全。1988年，又购进各种设备、车辆10台套，其中包括联合收盐机组2套，每套机组配备495型收盐机1部、495型运盐车4部、15米皮带堆坨机1部、压池机3台。

1990年，农场所拥有的机械设备多达数十套。拖拉机有30台，包括大、中型拖拉机16台，小型拖拉机14台；收割机6台，分别为自走式收割机2台、牵引式收割机4台；载重汽车6辆，小汽车4辆。到1992年，农场的机械总动力为2372马力，包含运输车辆7台，大、中型拖拉机20多台。

1993年，农场新购买了锯齿机、脱绒机各2台，打包机、清花机各1台，大型脱粒机4台，运输汽车5辆。1995年，农场购置履带式"东方红-75"拖拉机7台，"长春-40"拖拉机3台，"WY-60"挖掘机1台，农用汽车5台，播种机5台，拖车7台，悬挂式四铧犁3台，并配置配套机械34台，联合收割机1台，以及15台铺膜机和13套潜水泵。

1996年，投资100万元，购买加工机械设备。1997年，购置"50拖拉机"1台，棉花播种机1台，棉籽分离器1台。2003年，投资9000元，购买机械两台。2015年，购买大型喷灌机2台，用于二、三分场抗旱。

随着土地承包经营的不断深入，农场已有的机械设备多数转卖给了承包户，农田耕作所需的新设备，多数由承包经营者自行购置，农场未再作统计。图2-2-6为水稻收割机。

图 2 - 2 - 6　水稻收割机

第三章　第一产业

第一节　农业综合

第一产业是清水泊农场的核心主打产业。若以其目的效益为标准衡量，从1953年建场到2020年，农场的农业发展可分4个阶段，用8个字来概括，即改造、收获、增产、创新。

落户盐碱荒地，要生产粮食，首先要改良土地。农场改造时期从1953年建场开始，到1961年结束，此时的农场拥有耕地1.15万亩。荒地变农田，收获粮食是盐碱地改造成功的标志。自1962年到改革开放之初的1980年，农场实现了收获，粮食生产不仅能自给自足，而且还向国家缴纳商品粮。随着农场农业的不断发展，增产增效成为新时期的任务。从20世纪80年代到世纪之交的2000年，农场彻底摘掉了亏损的帽子，实现了产出大于投入的目标，农场进入可持续发展阶段。不断创新，方能行稳至远，立于不败之地。进入21世纪，农场的探索创新持续不断。

一、改造：盐碱荒地变万亩良田

曾为众水汇集之地的清水泊，自其大部分干涸后，盐碱化日趋严重，逐步变为荒芜之地。若要在这里生存，必须对其改造。

1953年1月，农场人在这里落脚，开始了大规模的土地改造行动。海水南侵是清水泊地区土地盐碱化的主要原因。为阻挡海潮，1954年，农场经研究决定修筑一条防潮坝，为改造盐碱荒地创造条件。之后，农场根据各片区地域情况，将大片的盐碱荒地规划为长500～1000米，宽50米的条田方，每个方格内的土地，称为台田；方格之间开挖宽5～6米，深约1.5米的水沟，称之为条田沟。在建设台田的同时，农场又向东开挖水渠，引弥河水浇灌台田，使其地表盐碱随弥河淡水渗入周边条田沟内，而后再将沟内碱水排出。农场用这种办法压碱排碱，将严重盐碱化的土地逐渐改造成了耕地。

1953年建场之时，农场并无大中型机械，挖沟开渠靠的几乎全是人力。至1961年，清水泊农场开辟荒地数万亩，拥有耕地 1.15 万亩，其中农作物播种面积为 9890 亩。到 1959 年时，农场年产小麦已达 15 万斤。20 世纪 60 年代中后期，农场拥有的农业机械逐渐增多，农场人的体力劳动强度有所减轻。这一时期，农场可自主生产日常所需的大部分蔬菜，特别是在"三年困难时期"，农场人的生活水平远超当地村民的标准。

二、收获：粮食自足且缴纳商品粮

尽管农业为农场的主导产业，但在拓荒改造阶段，农场的粮食产量尚不能自给自足，吃饭问题还需依靠国家。在 1959 年至 1963 年的 5 年间，国家向清水泊农场调拨救济粮达 103 万斤，平均每年超过 20 万斤。

进入 20 世纪 60 年代中期，情况逐渐有了变化。其一是农场的耕种面积在不断扩大。1965 年，农场的耕地面积超过 1.4 万亩，仅小麦播种面积就多达 1.27 万亩，总产量超过 154.8 万斤，是 1959 年的 10 倍多。

其二是越来越多的农业专业人才进入农场，越来越多的先进技术在农场得到应用。20 世纪 60 年代，有数十名农业专业技术人员、大中专毕业生，或分配或调任到农场，提高了农场的种植专业技术水平，在耕种方式方面由先前主要依靠人力与畜力，逐渐发展到依靠先进的农业机械。到 1965 年，农场拥有联合收割机等大中型机达 10 台（套），机械总动力为 891 马力。这些农业机械提高了农场的生产效率，促进了农业的增产增收。

其三是越来越多的地块喜获丰收。随着农场机械化程度的不断提高和先进种植技术的广泛应用，农场粮食产量不断提高，即使在 1964 年遇到特大洪水，秋季农作物全部绝产的情况下，农场仍然获得了丰收，粮食总产达 113.5 万斤，小麦平均每亩单产 182.4 斤。到 20 世纪 60 年代中期，农场实现了粮食自给自足，并逐步向国家缴纳商品粮，最多时年缴商品粮近 100 万斤。

这一时期，农场为国家的粮食安全做出了应有贡献。

三、增产：连年亏损到扭亏为盈

尽管粮食实现了自给自足，但按国家当时的物价标准核算，农场的总体经济效益一直处于亏损状态。为能持续发展，每年农场都要向国家、地方政府申请补贴。每年 12 月，农场财务部门到山东省农业厅农垦局，对当年的生产经营情况进行核算，对于益亏部分予以确认，并领取相应数额的补贴。同时，地方政府财政每年还对农场的社会活动给予一定的补助。这种总体经营亏损的局面一直延续到 20 世纪 80 年代初期。

党的十一届三中全会召开后，农村实行家庭承包经营责任制，农民很快解决了温饱问题，全国广大农村地区发生了翻天覆地的变化。农场虽为国有企业，但与农村有着相同的产业结构，农村的巨变也引起包括农场在内很多人的深思——守着如此多良田，为什么每年还要向政府"要饭吃"？

深思的同时，清水泊农场人开始了探索。1980 年，农场调整种植结构，扩种向日葵，增播红麻。当年种植向日葵 8000 多亩，总产 37.5 万斤。1981 年，播种芝麻 100 亩，总产 1 万斤；种植向日葵 2674 亩，总产 29.42 万斤。农场还试种过 50 亩的荷兰豆、800 亩的蓖麻，但大都因为产量低、经济效益不理想弃种。

在探索种植其他经济作物的同时，农场也一直种植棉花。但由于地薄肥缺，棉花产量非常低，1960 年单产仅为 9 斤。1980 年，农场播种棉花 50 亩，亩产籽棉只有 150 斤，总产 7500 斤。

为改变棉花种植亏损局面，打牢棉花生产基础，农场领导班子到江苏几个农场参观学习后，多次召开会议安排部署，调度抗旱和棉花播种工作，由总场分管领导和分场管理人员牵头包靠，对种植工作及时调度，根据生产的各个环节随时解决出现的各种问题。

1982 年，农场拉水点种植棉花 6000 亩，春播棉花 4000 亩，保住了 2100 亩，全场总产皮棉 7.3 万斤。1983 年，扩大棉花种植面积，播种棉花总面积为 6500 亩，当年生产籽棉 260 万斤，皮棉总产 45 万斤，获得利润 15.4 万元。从此，农场彻底摘掉了长期亏损的帽子。

这一时期，农场在种植经营的模式上也进行了探索，由原来的集体种植改为承包到户、年终核算，即年初根据职工意愿，结合全场实际，由场方垫支生产成本与个人工资，职工承包土地种植，年终核算收回成本，盈亏部分由职工个人负担。这种种植经营模式极大调动了职工的积极性。1994 年后，农场不再垫付资金，各种费用由职工全部自行负责。这一年，农场棉花总种植面积增为 9172 亩，亩产皮棉 100 斤，总产达 83.3 万斤。

1983—2020 年，农场的生产经营未再发生过总体亏损问题。

四、创新：智慧农业促国资增值

探索永不停步，创新永无止境。近年来，清水泊农场在搞好粮食、棉花生产的同时，加大了以智能大棚蔬菜种植和网络销售为主要内容的智慧农业建设。

2012 年 10 月，农场投资 230 万元，在三分场建设无公害蔬菜基地，建成占地 100 亩的冬暖式蔬菜大棚，探索在盐碱地上发展高产高效、绿色安全的蔬菜种植新模式。2013

年11月，又投资100万元，扩建冬暖式蔬菜大棚4个，并对以前建设的大棚进行了配套改造，安装了自动浇水、自动开闭等智能管理系统。当年种植蔬菜及菌类200亩，生产蔬菜25万斤；种植辣椒200亩，生产鲜椒25万斤。2014年扩大种植，辣椒种植面积达114亩，产量达117万斤。

2016年，农场在原有蔬菜大棚北区新建4个高标准的蔬菜大棚，其长210米，宽19米，高4米，每个大棚建设投资达21.5万元。4个大棚中，建有1个无土栽培大棚。到2018年，农场拥有蔬菜大棚32个，大棚耕作面积达500亩。由于处于盐碱地带，农场所建大棚需要特别处理，因此在工程建设中进行了6个方面的技术创新。如寿光北部风大，为增加稳定性，棚内需增支撑物，棚间设密封通道；因地势低洼，为防洪水，在大棚底部增设20厘米防雨裙等。

2019年，在原有实验成功的基础上，农场再建9个大棚，园区内大棚总计达41个。同时继续推行蔬菜生产的标准化、智慧化，完成了园区的物联网智能化改造提升；制定了企业标准——日光温室番茄高品质栽培技术规程；购置农药残留快速检测设备，实现蔬菜质量安全全国可追溯。农场高端蔬菜生产取得成功，蔬菜品牌建设成果显著；高端蔬菜园区获得全国蔬菜质量标准中心试验示范基地认证证书，蔬菜产品通过绿色食品认证，参与申报粤港澳大湾区"菜篮子"产品供应基地。2020年，农场蔬菜大棚种植的草莓西红柿，因为土壤环境特殊性，其糖度最低7个以上，最高达到11个，其色泽、品相以及口感受到顾客追捧，上市后价格曾达到20元/斤，且供不应求，目前该品种已经成为清水泊农场的主打品牌。

在生产过程应用智能化技术的同时，农场也将电子商务引入产品的销售环节。采用"电子商务＋农产品"的模式，拓宽了销售渠道，加快了销售速度。2019年，农场草莓西红柿每月的销售量在1.5万到1.8万斤。电子商务为农场的产品销售减少了环节，降低了损耗。智慧农业建设，为清水泊农场未来发展打开了一扇门。

第二节　种　植　业

种植业是农业的基础，在第一产业中占有重要地位。在清水泊农场，种植业是其生产经营的主要组成部分。建场之初，在对盐碱荒地进行改造使其逐渐适于耕种后，农场以种植小麦、玉米等粮食作物为主，后来一度进行过结构调整，以种植棉花等经济作物为主。经过近70年的探索发展，农场找到了适合自身种植的作物品种，形成了本场种植的基本模式，积累了较为丰富的种植经验与技术，选育出了不少优良作物品种。

一、种植模式

清水泊农场位于黄河三角洲冲积扇南缘，北濒莱州湾，地势低平，向海微倾。这里属温带大陆性气候，气温随季节变化较为剧烈，四季分明，温差较大，光照充足。春季干旱多风，冷暖无常；夏季受海洋季风影响，炎热多雨，雨量充沛，有时会受台风侵袭；秋天空气干爽，温暖适宜；冬日寒冷风大，雨雪较少。

清水泊未开发前土地严重盐碱化，并不适于作物生长。经过改造后，土壤酸碱度适中，农场的粮食种植面积逐步扩大。自建场之后，农场经过近70年的探索实践，无论是在轮作方面还是耕种方面，都形成了自身的基本种植模式。

（一）轮作方式

在清水泊农场境内，适合种植的作物主要有小麦、玉米、水稻、棉花、大豆、高粱、谷子等。在建场早期，农场多为一年一熟制，即由小麦到小麦。引种田菁后，主要作绿肥使用，耕作方式为小麦收割后种植田菁，小麦播种前耕作时，将种植的田菁翻入地表下，经冬春两季腐烂后，成为小麦的肥料。

20世纪70年代，为提高土地的产出能力，农场的耕作方式有所调整，开始采用两年三熟的轮作方法，即由小麦到夏玉米再到棉花，或是由春玉米至小麦再到夏季大豆。

20世纪80年代，特别是改革开放后，农场推广合理耕作承包责任制，特别制定统一经营，分业承包，联产计酬责任制。轮作方式多为一年两熟，即主要由小麦到玉米或是大豆，秋天收获玉米或大豆后，再种植小麦。由此，农场每亩耕地的产量得到大幅提升。

进入21世纪，随着产业结构和作物布局的调整，农场果园、苜蓿的种植面积有所扩大，一年一熟制种植面积有所恢复，最高时达60％左右。

（二）农田耕作

耕作的主要目的是为农作物创造深厚、疏松、平整的耕作层，使土壤中的水、肥、气、热保持协调，消灭杂草和病虫害，使作物从播种到收获都能拥有一个良好的生长环境，从而提高作物产量。

在清水泊农场，耕作的主要措施是犁地，也可根据不同条件，相应配合其他措施，如浅耕、灭茬、重耙、拖平等，并按季节分为伏耕、秋耕和冬耕。

伏耕是在夏收作物收获后进行的耕作，可改善土壤理化性质，消灭杂草。伏耕因要进行秸秆还田、施肥、抢种绿肥或夏播大豆，所以要及时平地、耙地。一般而言，伏耕越早越好，伏耕深度要求在20～25厘米。秋耕是在秋季作物收获后进行的耕作。及时秋耕能保墒，确保适时播种小麦等作物。若将夏播绿肥耕翻，需在 8 月中旬进行秋耕。冬耕则是在晚秋作物收获后，在入冬前进行的耕作。冬耕宜早，要求耕后耙地保墒，为来年春播创造良好的土壤环境条件。

除播种前耕作外，有的作物在生长过程中需要松土。如冬麦在春季需划锄，以疏松土壤，起到提温、保墒和清除杂草的作用。春、夏季作物苗期也需划锄或中耕。如棉花、高粱等春作物在生长过程中，往往天气比较炎热，特别是棉田，遇雨或是灌溉后，都要进行划锄中耕，以防止土壤板结，妨碍作物的生长发育。

（三）作物播种

清水泊农场适合播种的时间有春、夏、秋三个季节，而大面积的作物播种多在夏、秋两季进行。

一般情况下，农场在播种前要先将地块深耕，有时还需耙地，将地面整平。耙地就是将土壤整平、耙细，无暗垃，起到保墒作用。早春耙地在地表解冻后便可进行。早春播作物，一般进行一次耙地即可播种。晚春播作物，为破除板结层，消灭杂草，可进行第二次耙地。地块整平后，还要打埂设渠，然后播撒种子。在建场之初，农场缺少大型机械，播种多以人工加畜力辅助进行。20 世纪 60 年代中期后，农场多采用大中型机械播种小麦等农作物，但不少经济作物尚无播种机械，只能依靠人力完成。

播种后，有的作物，如小麦、谷子等需要镇压，目的是使种子和土壤紧密接触，以利于种子发芽出土。镇压的方式和镇压时间，根据作物种类和土壤墒情而定。

（四）作物灌溉

灌溉是为农田作物补充所需水分的措施。为保证作物正常生长，获得稳产高产，必须供给作物适量的水分。在自然条件无法满足作物对水分要求时，必须进行灌溉。

清水泊农场地处盐碱地带，淡水资源较为缺乏，农场地区地下浅层为卤水，地下深层才有淡水。地矿部门测定，清水泊地下 100 米以上全部为卤水，100～600 米处为淡水。这里的地表水除天然降雨外，还有小清河、张僧河、塌河等淡水资源。

清水泊农场要实现稳产高产，丰产丰收，必须做好水利工作。一方面，要充分挖掘地下水源，另一方面，还要利用河沟截流蓄水，搞好灌溉设施，不断扩大水浇地面积。因此，农场每年至少向周边河流引水 1～2 次，年引水量 300 万～500 万立方米，同时采用先进灌水技术，提高灌水效率，积极发展喷灌，做到节约用水降低成本。

多年来，农场在农田水利工作中始终坚持全面规划，旱涝综合治理的方针。重点搞好打井和水利配套工程，充分发挥机井的效益，搞好引清工程的水利设施建设，逐步打造了部分高产稳产田。

农场建立了完备的排灌系统。排水沟渠、河道形成了畅通的排水系统；农田建有截流的水坝等设施，防止客水侵入；做到了自然排水和机械排水相结合，设立了机械排灌站，在客水包围，内涝难以排除时，能够发挥机械的作用，及时抽水排除田间积水。农场还建立了严格的防汛制度，在每年汛期到来前，备好必要的防汛器材，建立防汛组织，搞好汛期值班，严防河道决口，确保农业生产顺利进行和干部职工生命财产的安全。

为做好农田灌溉与排涝，农场不断加强水利工程设施的管理。在农田灌溉设施方面，包括机井、渠道、喷灌机、柴油机、田间输电工程等，每年春季、秋季分两次进行全面检查和维修，使工程设施处于完好状态。在排水工程方面，包括排水沟、涵洞、闸门、河堤、围坝、机械排水设施，每年在汛期到来前进行一次全面检查和维修，保证排水系统畅通。在制度责任方面，农场各分场所属全部水利设施要分类登记、建卡，专人负责管理，经常检查，发现损坏，及时维修。总场固定专人分工管理全场水利工程设施，每年两次进行全面检查，发现问题，及时督促有关单位进行维修保养。

（五）作物施肥

建场初期，农场肥料种类和施用数量都很少。自 1956 年开始，农场种植绿肥，1965年开始施用化肥，化肥品种主要是硫酸铵和硫酸钙。20 世纪 60 年代，以厩肥与绿肥为主，施入少量的氮素化肥；20 世纪 70 年代，以氮素化肥、绿肥为主，施入部分饼肥；20世纪 80 年代，施肥以无机肥氮、磷配合施用为主，绿肥、秸秆还田为辅；20 世纪 90 年代，以氮、磷、钾和微肥配合为主，秸秆还田为辅。

1. **绿肥** 包括绿豆、田菁、苕子等，用量在每公顷 1.5 万～3 万千克。绿肥翻压时间一般在每年的 8 月下旬至 9 月上旬。适时翻压，有利于提高鲜草植株养分含量；翻压覆土严密，以利于加快腐烂速度。

2. **秸秆还田** 即用机械，将小麦、玉米等作物的秸秆粉碎，撒入田间，随耕作翻入地下用作肥料。在 20 世纪 90 年代前，秸秆还田效果并不理想，有时还影响下一茬的播种质量。在大型小麦、玉米联合收割机投入使用，并增加秸秆粉碎装置后，秸秆还田才得到大面积推广，起到了减少化肥用量的作用。

3. **畜粪** 农场施用的畜粪主要有马粪、牛粪、羊粪、猪粪等。在 20 世纪 80 年代前，农场境内饲养的马、牛、羊、猪较多，利用稻草、玉米秸秆等粉碎青贮，与豆饼饲料混合喂养牲畜，同时也积造了大量的畜粪肥料。畜粪数量多时，一年施用面积超过数千亩。到20 世纪 90 年代，农场所饲养的牲畜大量减少，因此畜粪来源也随之减少。

4. **氮肥** 农场施用的氮肥主要有硫酸铵、尿素、碳酸氢铵等。20 世纪 70 年代前，化肥一般都作追肥使用，用量比较少。之后，氮肥的用量逐年增加，施用方法不断改进，改单一用作追肥为基肥、种肥和追肥三种方式使用。大田实验证明，基肥和种肥对促壮促早发育效果明显，同时还能提高肥料的利用率。

5. **磷肥与钾肥**　农场施用的磷肥与钾肥主要有磷酸钙、重过磷酸氨、磷酸二氨、氯化钾、硫酸钾、磷酸二氢钾等。20世纪80年代前，农场还没有施用磷肥与钾肥，土壤普查与土壤养分化验结果显示清水泊地区土壤缺少磷与钾。后经种植施肥对比实验显示，施用磷肥、钾肥的作物增产明显。到2000年后，磷肥与钾肥作为基肥和生育后期叶面喷肥使用。

6. **微肥**　农场施用的微肥主要有硫酸锌、硼肥等。1995年开始，施用微肥的作物面积不断扩大，到2020年，每年棉田都要施用不同量的微肥。

总体而言，农场使用的氮素化肥数量较大。经多年用肥实践证明，肥料施入土壤后，其有效成分一部分被作物吸收利用，还有一部分则经多种途径流失。因而必须根据各种化肥的特性，在使用方法上进行实验，以便提高化肥的利用率。

（六）病虫防治

病虫害防治的目的，是保护作物不受病菌侵染，减轻害虫危害，保证农作物获得较高的产量。农场防治病虫害的方针是"预防为主，综合防治"。建场初期，农场就成立了病虫害防治小组，负责搞好短期病虫害预测预报，指导大田防治工作。

20世纪50年代后期，农场成立科学种田实验室，其一项重要任务就是负责全场各种农作物的病虫害预测预报，指导使用黑光灯、频振式杀虫器诱杀多种害虫，指导科学使用农药，防治遇到的各种病虫害。后来实验室虽然改名，但其职责任务都未曾发生改变。

随着种植作物的变更和周围环境的变化，农场作物的病虫害也在发生着演变。20世纪50年代，农场境内小麦条锈病、秆锈病经常发作，腥黑穗病、线虫病也时有发生，杂粮中的玉米螟、三代黏虫、高粱黑穗等病虫害也较为流行。另外，东亚飞蝗、地下害虫在这一时期也对作物造成很大危害。进入20世纪60年代，前期由于雨水偏多，旱涝交替，造成蝗虫、黏虫、造桥虫、小麦条锈病接连爆发；中期棉铃虫、蚜虫危害加重，而以往危害严重的小麦黑穗、谷子白发病等则成为次要病虫害。

20世纪70年代，除了以往常见的病虫害外，一些次要病虫危害程度加重，如小麦叶锈病、白粉病、玉米蚜虫成为常发病，而且危害巨大。这一时期的棉花枯黄萎病也曾随种子调运进入农场内，引起传播蔓延。后来，随着施肥量的增加，浇水面积的扩大，以及一些新种植技术的应用，20世纪80年代，小麦蚜虫、白粉病发生面积扩大，危害程度加重，棉铃虫、棉花蚜虫也成为制约棉花生产的重要因素。而1990年开始，甜菜夜蛾、二斑叶螨对棉花、大豆的危害也在逐年加重。1995年后，美洲潜蝇传入境内，棉烟粉虱成为棉花生育后期的主要害虫，棉盲蝽象也从次要害虫变为主要害虫。

根据病虫害的这些变化，农场及时开展防治工作。20 世纪 50 年代，在"预防为主，综合防治"工作方针的指导下，做到治早、治小、治了。对小麦黑穗病、锈病和霉病，棉花的立枯病、炭疽病等多种病害，农场采用盐水选种、药剂处理、拔除田间病株等防治方法，生育期间用 25% 的 DDT 乳剂、20% 的六六六粉，晶体敌百虫喷洒，辅以人工捕捉害虫，都取得良好效果。

1975 年，农场开始推广病虫害综合防治技术，这是一项重大进步与发展。从棉花、小麦的综合防治入手，研究组配综合防治方案，建立样板，组织示范，并加强植保队伍建设，在每个分场建立 1～2 个测报点，形成由科室、分场、生产队技术员、植保员组成的病虫害防治网络。每年除印发《病虫情报》外，还通过广播和技术培训，宣传、普及病虫害防治知识，提高干部职工的防病虫的技术素质。在合理使用如马拉硫磷、甲基 1605、辛硫磷、久效磷、晶体敌百虫、三氯杀螨醇、敌杀死、粉锈宁、乙磷铝、百菌清、多菌灵、代森锌、敌唑酮、BT 制剂、多角体病毒等药剂外，农场还采用选育抗病品种、加强检疫、合理轮作换茬、用黑光灯诱杀等多种手段，进行病虫害的综合防治。这些措施取得了明显成效。

（七）成熟收获

当作物生长到某一阶段，要对其所需部分进行采收。作物种类不同，生长地区不同，收获的工具与方法也有很大差异。清水泊农场多年来种植的作物主要是小麦、玉米、大豆、高粱、水稻等。在建场之初的 20 世纪 50 年代，农场主要依靠人工收获，即用镰刀、锄头等小型农具，有时借助部分畜力来收取、采摘。人工收获用工多，劳动强度大，有时遇到恶劣天气，由于种植面积大，无法保证及时收取，造成损失浪费。进入 20 世纪 60 年代中后期，随着大中型机械在农场的使用，机械收获量逐年增多。机械收获显著提高工效，有利于缩短收获期，减少了因收取不及时而造成的损失，也为后茬作物及时栽种创造条件。

随着机械程度的提高，小麦、玉米、水稻等主要粮食作物的收获，在农场较早实现了多环节一次性完成。如小麦、玉米使用联合收割机后，可做到收割、脱粒、秸秆还田一次完成。这种作业方式，不仅收获及时，而且效率高。但有些经济作物如棉花等，由于种植面积分散，一直采用人工方法收摘。

二、种植状况

（一）小麦种植

冬小麦（图 2-3-1）是清水泊农场的主要种植作物，在近 70 年种植历史中的多数时间段内，种植面积和总产量均居全场粮食作物首位。随着生产条件的改善和种植经验技术的不断积累，小麦由建场初期的低产作物变为高产稳产作物。

图 2-3-1 农场种植的小麦

1959—1969 年，农场小麦种植面积占粮食作物总面积的 80％以上，最高时为 1965年，占比达到 95％。1970—1980 年，小麦种植面积占比为 68％，最高时为 1975 年，占比达到 89％，种植面积超过 1.5 万亩。1981 年以后，随着种植作物的多样化，小麦种植面积有些年份有所减少，比重有所下降，个别年份甚至取消小麦种植。1984 年，农场小麦种植面积为 1.06 万亩，总产 106 万斤；1985 年，作物种植面积 1.2 万亩，其中，播种小麦 7400 亩，总产量为 116 万斤；1986 年，小麦种植面积为 7000 亩，总产 111 万斤；1990—1997 年，小麦种植被棉花等其他农作物所代替，2014—2016 年，小麦种植又逐渐恢复，面积也有所增加。2016 年，农场的小麦种植面积达到了 8800 亩，总产量为 642.4万斤。1959—1986 年农场小麦播种面积详情见表 2-3-1。

表 2-3-1 清水泊农场小麦播种面积产量统计表

年份	耕地面积（亩）	种植面积（亩）	小麦面积（亩）	单产（斤/亩）	总产（万斤）
1959	11800	8350	2400	63	15
1960	14465	13245	2645	59	15.59
1961	11500	9890	1265	20	2.6
1962	10867	10112	1559	122	18.94
1963	15084	13032	4568	210	96.03
1964	13301	13189	8524	133	113.5
1965	14000	13389	12700	121	154.81
1966	23750	13389	9000	75	67.5

（续）

年份	耕地面积（亩）	种植面积（亩）	小麦面积（亩）	单产（斤/亩）	总产（万斤）
1967	13100	11787	8617	158	136
1968	13190	13100	7588	145	110
1969	12800	12750	9000	102	92.3
1970	18790	15448	5350	21	11.12
1971	22738	14749	10583	112	118.2
1972	18393	14708	10752	125	134.68
1973	25876	18495	11247	203	228.42
1974	28839	18651	13778	182	250.7
1975	27300	17327	15500	275	425.59
1976	27936	17715	14200	172	244.11
1977	30200	17715	12891	167	215.84
1978	22075	17715	9700	82	79.6
1979	19215	16535	9630	79	399.4
1980	17715	17234	9732	86	79.9
1981	24975	18380	14801	132	227.41
1982	23371	18380	11000	6	6.2
1983	21893	18380	10700	183	196.38
1984			10600		106
1985			7400		116
1986			7000		23.8

小麦平均亩产量总体呈现不断提高趋势。1959 年，农场种植小麦 2400 亩，当年亩产为 63 斤，总产量为 15.1 万斤，小麦产量比较低。直到 1962 年，农场小麦亩产突破 100 斤，达到了 122 斤，当年总产量近 19 万斤。1963 年，农场小麦实现大丰收，亩产突破 200 斤，达到 210 斤，加之种植面积扩大，当年小麦总产量达到 96 万斤。此后数年，有时受自然条件影响，小麦产量有增有减，但亩产基本稳定在 100 斤以上。同时，由于种植面积不断扩大，农场小麦总产量基本稳定在 100 万斤左右，最高时为 1975 年，总产量达到了 425.59 万斤（表 2-3-2）。到 1990 年，农场的小麦平均亩产量突破 400 斤，达到每亩 433 斤；1998 年，小麦亩产突破 500 斤；2016 年，农场的小麦亩产突破 700 斤，达到了每亩生产小麦 730 斤。2018 年，小麦种植面积增加至 1.1 万亩，生产小麦 717.2 万斤；2019 年，种植面积增加至 1.3 万亩，小麦亩产为 640 斤，总产量达 832 万斤。2020 年，农场种植小麦的面积未变，单产有所下降，当年生产小麦 650 万斤。

表 2-3-2 国营寿光清水泊农场小麦生产情况（1970—1978 年）

单位：万斤

年度产量单位	总场	巨淀湖分场	种羊场	王家庄分场
1970 年粮食总产	156	148.4	5.9	1.7
其中小麦总产	11.1	10.8	0.3	5.6
1971 年粮食总产	206	181.1	10	14.9
其中小麦总产	118.1	106.8	6.4	4.9
1972 年粮食总产	199.9	175.1	18	6.8
其中小麦总产	134.7	118.4	16.5	0.14
1973 年粮食总产	513	430.7	27.3	55
其中小麦总产	228.2	209.8	14.8	3.8
1974 年粮食总产	297.3	180.1	20.5	96.7
其中小麦总产	251.4	169.1	17	65.3
1975 年粮食总产	572.5	394.7	39.9	137.9
其中小麦总产	428.2	302.2	35.8	90.7
1976 年粮食总产	308.8	164.5	34	110
其中小麦总产	244	135.1	30	96.1
1977 年粮食总产	349	225.1	27.8	60.1
其中小麦总产	215	142.2	13.5	59
1978 年粮食总产	225	132.0	12.3	65
其中小麦总产	79.5	29.7	6.6	43.2

小麦实现稳产高产，选用合适当地种植的优良品种是前提。在清水泊农场，曾经种植过的小麦品种主要有碧玛 1 号、碧玛 4 号、石家庄 407 号等，小麦产量稳中有升。后来，选种鲁麦 21 号、济麦 22 号、烟农 15 号、鲁麦 14 号、鲁麦 15 号等高产小麦品种，这些小麦分蘖成穗率比较高，抗倒伏强，抗病性好，对提高小麦产量打下基础。

完善农田水利设施，改善水浇条件，加强田间管理等，都是提高小麦产量的方法措施，但农场受自然灾害的影响仍然很大。1979 年秋，农场播种小麦 1.5 万亩，计划亩产在 180 斤以上，总产超过 280 万斤。入春后，尽管农场采取镇压、划锄等一系列管理措施，但自小麦播种后，在长达 80 多天时间内基本无降雨。由于这期间是小麦根系生长发育和分蘖的关键时期，当时农场水浇条件不完善，造成小麦大面积干旱，次生根生长缓慢，小麦虽然已经形成 1~3 个分蘖，但基本无次根下扎，致使大量麦苗无法安全过冬。到 1980 年 3 月，农场地区仍无有效降水，干旱加重。加之 1979—1980 年冬，清水泊地区出现多年未遇的低温，当年气温较常年偏低 1~3 摄氏度，造成农场小麦出现大面积冻害。

干旱加冻害，致使大部分麦苗未能返青而死亡。1980年，农场小麦绝产超过6000亩，占播种面积的40%。至1980年4月份，清水泊地区阴雨连绵，光照不足，又对小麦生长产生不利影响。芒种后，连续多天干热风，使小麦不能正常成熟，造成千粒重量大大降低。农场种植的昌乐5号小麦，千粒重量只有29克，比1979年减少4克，仅此一项造成减产12%以上。由于当年多种灾害叠加，农场小麦严重减产。小麦总产量从1979年的399.4万斤减少至1980年的79.9万斤。

有减产，有丰收，经过数十年的种植实践，农场积累了小麦种植的不少经验技术。当地有"白露早，寒露迟，秋分种麦，正当时"的农谚，农场的小麦播种，也一直遵循着这一规律。同时，农场还根据当地当时的气候特点，确定更为准确的小麦播种时间，确保以合适的苗情过冬。农场还积极研究创建合理的群体结构，即做到基本苗情密度为每公顷180万～225万株，冬前总蘖数900万～1125万株，年后最大分蘖数1050万～1275万株，成穗数为450万～600万穗，以此提高小麦的平均亩产量。

在肥水运筹方面，做到施肥采取以产定量的原则。施肥方式采取"一基一追"或"一基二追"，即施用一次基肥一次追肥，或是一次基肥两次追肥。基肥占小麦总施肥量的30%～40%，追肥占60%～70%。中产田每公顷施用氮肥270千克，五氧化二磷105千克；高产田每公顷施用氮肥360千克，五氧化二磷140千克，缺钾地块施氧化钾30～45千克。

小麦生长进入中后期，麦蚜虫及小麦白粉病、锈病等病害危害增多，做好小麦后期病虫害防治至关重要。在防治病虫害方面，农场做到当小麦穗期平均单株蚜量达5头时，就及时进行药剂防治。防治可在无大风雨的晴天进行喷雾防治，用40%乐果乳油、氧化乐果、40%乳油等1500倍液喷雾防治，一般隔5天连续喷洒两遍即可。当田间植株白粉病发病率达5%时，用粉锈宁2000倍液进行叶面喷雾防治，每隔7～10天喷洒一次，连喷2～3次，防病效果达90%以上，同时兼治小麦条锈病。用50%甲基托布津800～1000倍液等叶面喷药，亦能起到较好的防病效果。在麦蚜虫与小麦白粉病等病虫害混合发生区，每亩用50%抗蚜威可湿性粉剂6～8克和20%的粉锈宁乳油50毫升混合兑水30～40千克喷雾，一次施药，防治效果可达90%以上。

以上经验技术，在农场小麦的种植实践中，都发挥过重要作用，为小麦丰收创造了条件。

（二）玉米种植

玉米（图2-3-2）是清水泊农场种植较多的另一种粮食作物。从建场到1959年，玉米种植面积占农场粮食作物播种面积的13%左右，玉米产量也一直在低产水平徘徊。1959年至1969年的10年间，平均每亩产量都在100斤以下。

图 2-3-2 农场种植的玉米

1970—1980 年，玉米的种植面积总体呈增加趋势，产量也在逐年提高。10 年间，平均每亩产量为 123 斤。1970 年，农场玉米种植面积为 1810 亩，总产量为 41 万斤，亩产量达到 226.9 斤（表 2-3-3），为 10 年中的最高单产量。1974 年由于遭受夏季水灾，玉米产量降到历史最低点，平均亩产仅有 90 斤。

表 2-3-3　1970—1979 年玉米种植情况统计表

年份	种植面积（亩）	单产（斤/亩）	总产（万斤）
1970	1810	226.9	41
1971	2448	161	40.6
1972	1525	167	25.6
1973	2380	175	41.8
1974	583	90	5.3
1975	2275	186	42.5
1976	2619	119	31
1977	2881	143	41.2
1978	2128	205.5	43.7
1979	610	174.6	10.1

进入 20 世纪 80 年代后，玉米的种植面积逐年减少，有的年份甚至取消了玉米种植。产量方面，由于大面积推广杂交品种，玉米的单产由徘徊不前到逐步提高。1990—1999 年，农场种植玉米又逐年增加，平均每亩产量提高到 445 斤；2000—2004 年，平均每亩产量达到 768 斤，最高时达到每亩生产 880 斤。

2010 年，农场的玉米种植面积为 638.3 亩，总产量为 58.7 万斤，亩产达到 920 斤；2013 年，农场的玉米种植面积增加到 2850 亩，总产量 239.4 万斤，亩产达 840 斤；2014

年，玉米的种植面积扩大到 7500 亩，总产 375 万斤，亩产 500 斤；2015 年，玉米种植面积增加到 1.21 万亩，总产量 641.3 万斤，亩产 530 斤；2016 年，玉米的市场价格有所提高，农场的玉米种植面积扩大至 1.39 万亩，总产量达到了 1113.6 万斤，亩产达到 800 斤。至 2020 年，玉米的种植面积基本稳定在 12000 亩左右。2018 年，玉米总产量为 312 万斤；2019 年，有所减产，亩产降为 200 斤，总产量为 240 万斤；2020 年，种植量增加到 12990 亩，生产玉米 1040 万斤，亩产提高至 800 斤。

玉米作为主要粮食作物在农场长期种植，农场人在实践中也积累了较为丰富的经验技术。玉米可以春播，也可在夏季套种。在农场春季种植的玉米面积很少，且多为零星种植。1980 年后，夏季麦收前，在麦地套种，是农场种植玉米的主要方式。一般每年 5 月下旬至 6 月上旬，是玉米最佳播种期。这一时期播种后，玉米的生长期恰为当地高温多雨季节，与玉米的生长发育需要相吻合，能最大限度地满足玉米对高温、光照、水分等条件的需求，又能兼顾到后茬小麦播种期。因此，种植玉米，一要在茬口安排允许的前提下尽早播种。麦收后要及时采取灭茬造墒播种，或采取播后灌水、播后等雨等措施，都能收到良好的效果。

二要合理密植。夏季玉米的留苗密度要根据品种、地力条件等因素确定。一般紧凑型品种每公顷适宜密度为 6.75 万～8.25 万株；半紧凑型品种适宜密度为 6 万～6.75 万株。土地肥力高宜密，反之则宜稀。

三要分类施肥，及时浇水。在高产田多采用轻追苗肥、重施穗肥、补追粒肥的三次追肥法，苗肥占总追肥量的 30%，穗肥占 50%～60%，粒肥占 10%～20%；中产田宜采用施足基肥、重追穗肥的二次追肥法，苗肥占总追肥量的 40%，穗肥占 60%；低产田多采用重追苗肥、轻追穗肥的方法，苗肥占总追肥量的 60%，穗肥占 40%。夏季玉米抽穗开花阶段对水分反应极为敏感，是需水高峰期，此时遇旱要及时浇水。

四要做好病虫害防治。玉米生长期间易发生多种病虫害，病害主要有大斑病、小斑病、青枯病等，防治措施主要是选用抗病品种辅以药剂防治。虫害主要有蝼蛄、蛴螬、金针虫等地下害虫，还有玉米螟、粟灰螟、高粱条螟等钻心虫，地下害虫可在出苗后用毒饵防治，钻心虫多用喷洒药液、毒土、颗粒剂灌心叶防治。玉米生长到中后期，玉米螟、像甲虫、棉铃虫等钻蛀性害虫，钻食玉米茎秆、雌穗，从而引起穗腐病，也会严重影响玉米品质。农场多采用"一喷多效"的综合防治技术防治病虫害，即在夏玉米初鞘期到灌浆乳熟期，使用植保无人机、自走式高地隙喷雾机等现代植保药械，一次性喷洒杀虫剂、杀菌剂、叶面微肥、植物生长调节剂，有效解决玉米中后期病虫害防治难题，同时能防止植株倒伏，促进玉米增产增收，提升玉米的品质品相。草害防治铲除最适宜的时期为播前土壤处理，苗后茎叶处理由于进入雨季，往往很难进行，特别是机械作业难度大，容易造成大量伤苗。播后苗前可施土壤处理剂，如喷洒 72％都尔乳油、48％拉索乳油、50％乙草胺乳油、乙阿合剂等灭除杂草。

（三）高粱种植

在 20 世纪 50—70 年代，高粱（图 2-3-3）是清水泊农场的主要种植农作物之一。因为对环境的适应能力强，高粱成为建场后较早种植的粮食作物，种植面积占农作物播种面积的 8％～10％左右，有的年份高一些，1974 年曾达到 23％（表 2-3-4）。

图 2-3-3　农场种植的高粱

表 2-3-4　1970—1979 年高粱种植情况一览表

年份	种植面积（亩）	单产（斤/亩）	总产（万斤）
1970	5077	150	76.3
1971	880	177	15.5
1972	1150	145	22.5
1973	5658	368	208.5
1974	2332	165	38.5
1975	3276	230	75.5
1976	1610	100	16
1977	1410	240	33.7
1978	1526	180	27.5
1979	540	277.7	15

由于清水泊地区地势低洼，土地盐碱化严重，高粱的产量一直比较低。作为口粮，高粱的口感差，所以在农场粮食作物种植中面积不是最大的。进入 20 世纪 80 年代，由于生产条件的改善、土地肥力的提高和品种的更换，高粱产量水平稳步上升。到 1980 年，平均每亩产量达 140 斤。1990 年，平均亩产猛增到 419 斤。2000 年以后，平均每公顷产量

已突 8000 斤，即亩产达到 544 斤。

虽然单产有了大幅提升，但与小麦、玉米等作物相比仍然比较低，所以高粱在农场的种植面积越来越小。1986 年，农场的高粱种植面积为 3000 亩，总产 60 万斤；1987 年，种植高粱 1500 亩，总产 52.5 万斤；1999 年，高粱种植面积仅有 450 亩，总产 22.6 万斤；2003 年，种植面积有所增加，达到 1750 亩，总产 52.6 万斤。此后，农场只在零星地块种植高粱，不再将其作为粮食食用。2016 年，农场又恢复种植高粱，当年种植面积为 1600 亩，亩产达到创纪录的 700 斤，总产达到 112 万斤。此后几年都有种植，且种植面积有较大增加。2018 年种植高粱 3495 亩，总产量为 79.2 万斤；2019 年种植 4995 亩，总产量为 74 万斤；2020 年种植 3450 亩，总产量为 100 万斤。

在农场，高粱的基本种植方法是，播种前要耕地或灭茬，在适种期内耙地 2～4 遍，以达到表土松散无明暗坷垃，以利于播种出苗，要抢时早种。同时，应在播种前进行选种、晒种和种子处理。播种时，行距多采用大小行种植方式，大行 70 厘米，小行 50 厘米。机械条播时，播种深度在 3～5 厘米之间。要及时定苗，高粱长到 3 叶 1 心时进行行间定苗，一般每公顷留苗在 7.5 万～10.5 万株之间。要适时中耕，中耕能够提高土壤透气性、消灭杂草。生长中后期可结合中耕进行培土作业，有利于防高粱的倒伏和浇水、排涝。

在施肥浇水等管理方面，一般采用两次追肥法追肥。第一次在 7～8 叶时进行，每公顷施纯氮 45～60 千克；第二次在 12～13 片叶时进行，每公顷施纯氮 70～100 千克。开花期，在土壤严重干旱时仍需浇水，如遇大雨要及时排涝。

20 世纪 50 年代，高粱基本不需要防治病虫害，到 1960 年代后，仅用毒土、毒谷，在苗期防治地下害虫就可以了。但到 1980 年代后，需要喷洒低毒有机磷，防治蚜虫，用毒砂防治条螟等。

（四）谷子种植

谷子，古时称粟、稷，脱皮后称小米，是一年生草本植物，其须根发达，秆茎粗壮，对环境的适应性强，广泛栽培于温带和热带，我国黄河中下游为主要种植地区，其他地方也有少量种植。谷子的产量低，营养价值高。清水泊农场将部分盐碱地改良后，开始试种谷子，但种植面积比较小。

1982 年，农场种植谷子的面积为 25 亩，生产小米 0.95 万斤，单产为 380 斤；1983 年，谷子种植面积增至 50 亩，但由于遭受自然灾害，谷子产量比较低，单产 192 斤，总产量为 0.97 万斤；1984 年，谷子种植面积增加为 100 亩，总产量 1.2 万斤。进入 21 世纪，随着田间管理水平和种植技术的提高，谷子的产量有所增加。2016 年，农场的谷子种植面积为 1060 亩，总产量达 63.6 万斤，亩产超过 600 斤；2018 年，种植谷子 795 亩，平均亩产为 176 斤，总产量为 14 万斤；2019 年，种植量没变，单产降为每亩 150 斤，当年少收 2 万斤；2020 年种植 90 亩，单产超过 330 斤，生产小米 3 万斤。

经过多年种植，农场在谷子种植方面所积累的主要经验有以下几点。一要合理轮作。谷子连作会病害加重，杂草频发，所需养分易缺乏。所以谷子不易重茬，必须合理轮作。二要适时整地保墒。一般采取秋耕或冬耕冬灌方法，春季保墒采取圆盘耙、钉齿耙进行细耙，以保持土壤墒情足，实现一播全苗。三要施足基肥。谷子是消耗土壤养分较多的作物，一般地力水平的地块，每公顷施厩肥 6 万～9 万斤，另外还要补充一些磷、钾肥就可以。四要适期播种。农场境内春播最佳播期在 4 月中旬至 5 月上旬，播种方式采用平播、垄播、沟播三方式都可，播种量一般每公顷 3～3.5 千克，每公顷留苗 45 万～90 万株为宜。播前要进行种子处理，如盐水选种和药剂拌种，播后要及时镇压。五要加强田间管理。在 4～5 片叶时，要进行第一次疏苗；增加两片叶子后，要进行定苗，定苗时要多留 10%～15% 的苗，行距 25～35 厘米，株距为 15～20 厘米。追肥要以氮肥为主，分三次追施为最佳，追肥总量为每公顷纯氮 165 千克。过旱浇水要及时。生育期间病虫害防治要跟上，当病害发生时，要用多菌灵等杀菌剂进行防治；当虫害发生时，要选用合适的杀虫剂进行防治。

（五）水稻种植

作为谷类作物的水稻，因为用水量大，较南方而言，我国北方种植面积比较小，且一年只能种植一季。清水泊地区在 20 世纪 60 年代末，即原炮兵第八师租用农场土地时，引用弥河水种植过水稻。1970 年，炮八师的稻田划归山东生产建设兵团四团，当时水稻种植面积为 551 亩，当年亩产为 139 斤，总产量为 7.7 万斤。1972 年，种植面积减少一半多，只有 200 亩，而单产增加近一倍，达到 253 斤，总产量为 5.05 万斤。1973 年，种植面积减少到 146 亩，单产提高到 330 斤，总产量为 4.82 万斤。1975 年，山东生产建设兵团撤销，加之弥河来水量大减，农场自此停止了水稻种植。

2014 年，农场充分利用南水北调库区的有利水浇条件，针对库区周围部分耕地土壤盐碱程度重的现实情况，大胆尝试盐碱地水稻种植模式。投资 120 万元，科学规划，平整土地，开挖排灌沟渠，配套农田水利设施，建设了 250 亩盐碱地水稻种植试验基地。当年试种水稻取得成功，当年生产水稻 16 多万斤。此外，农场三分场试种的水稻也获丰收，产量达 4 万余斤，农场水稻的总产量达 20 余万斤。

2015 年，农场以创建优质生态稻米品牌为目标，为达粮食增产、农业增收的目的，扩大水稻种植，面积为 290 亩。农场狠抓水稻种植生产管理，严把质量安全关口，当年水稻喜获丰收，平均亩产高达 1150 斤，总产量为 30 余万斤。此后每年水稻种植面积多为 250 亩左右，亩产在 1000 斤以上，总产量在 25 万斤左右。2017 年，农场水稻再获丰收，单产超过 1300 斤，生产稻米 30 万斤以上。

2018 年，农场对未承包土地进行集体耕种，发展高端稻米品种，引进试种"香米南粳 9108"取得成功，当年产量为 21 万斤。2019 年，种植高品质稻谷 220 亩（图 2-3-4），总产量为 23 万斤。

图 2-3-4 农场种植的水稻

（六）大豆种植

大豆，又称黄豆，适合在多类土壤中种植，但在温暖、肥沃、排水良好的沙壤土中生长更为旺盛（图 2-3-5）。在清水泊地区，大豆的种植方式有春种与夏播两种。因为用工省，便于机械收割，20 世纪 60 年代，大豆成为清水泊农场主要经济作物之一。

图 2-3-5 农场种植的大豆

由于土地条件和大豆品种等方面的限制，从建场到1969年，农场的大豆产量低而不稳，平均亩产仅有43.5斤，种植面积也不大，每年的种植量根据上级下达的计划而定，多数年份在1000亩左右。1970年，农场种植大豆2507亩，生产大豆12.9万斤（表2-3-5），次年虽然播种面积减少为1364亩，大豆单产却大幅提高，增产接近一倍，总产量达11.7万斤。1970—1983年，农场种植大豆进入稳定发展阶段，夏播面积逐渐上升，春播面积逐年减少。由于生产条件的逐步完善，机械化作业程度不断提高和品种的加快更替，大豆产量稳步提高，平均每亩产量稳定在86斤左右。

表2-3-5　1970—1979年大豆种植情况一览表

年份	种植面积（亩）	单产（斤/亩）	总产（万斤）
1970	2507	51.5	12.9
1971	1143	102	11.7
1972	891	57	5.1
1973	1545	106	16.4
1974	185	43	0.8
1975	1334	94	12.5
1976	1424	80	11.4
1977	1982	81	16.1
1978	2251	127	28.9
1979	1669	56	14.9

随着文丰7号、文丰5号、鲁豆1号等新品种的推广，此前种植的铁角青、齐黄1号、济南12号、宿县2号等品种逐步被替代。1984年以后，农场进入大豆种植快速发展阶段。多以夏播为主，不再播种春季大豆。其中，1984年夏季农场播种大豆2600亩，年产大豆17.57万斤；1985年，播种面积为2500亩，总产量为21.2万斤；1986年，播种面积达到5000亩，总产达47.2万斤。随着农场对农业综合开发资金投入的不断加大，大豆种植条件得到改善，种植技术水平不断提高，大豆产量逐年上升，到1987年，农场播种大豆5000亩，总产量达到78.2万斤。而在1998年，随着高产早熟品种鲁豆11号、鲁豆4号、科丰6号的推广，当年最高单产达到每亩300斤。

受市场价格影响，进入2000年后，农场的大豆种植量随市场价格波动而波动，总体呈现下降趋势，有的年份种植的品种多而杂。2016年，全场种植大豆1700亩，总产量为22.1万斤，平均亩产为130斤，而种植的品种除了黄色的多个品种外，还种植了几个黑色品种。而到2018年，农场的大豆种植量仅有855亩，2019年又减少至495亩，因受水灾影响，这两年的大豆产量极低，亩产仅有 20 多斤。到 2020 年，农场大豆的种植量减少至 450 亩，产量为 4.5 万斤，平均亩产 100 斤。

在大豆种植方面，农场积累的经验技术也不少。一是种前选好种备好耕。具有优良品质的种子，其发芽率高，出苗整齐苗壮。所以在播种前应将病粒、虫蛀粒、小粒、秕粒和破瓣粒拣出，还要根据所种品种的固有特征，如粒型、粒色、种子大小、种脐大小和颜色深浅等，将混杂其中的其他品种剔除，以提高种子纯度。采用人工选粒的效果好，但效率低，用种量大时，可采用螺旋式大豆粒选机进行选纯。播种前，还要对播种地块进行整理，需要通过耕耙，进行整平，然后起垄播种，若地块墒情不好，要适量灌溉，但不必大水漫灌，浸湿土壤即可，以利播后种子发芽。

二是出芽后合理疏苗。种植密度与产量有密切关系，所以在豆芽露出地面后，要及时进行疏苗，否则会影响豆苗的生长。豆苗的稀密，要根据品种的繁茂程度，如植株高度、分枝多少、叶片大小等因素而定。植株高大，分枝较多，株型开展，大叶型品种，种植密度宜小；植株矮小，繁茂性差的品种，或植株虽较高，但分枝少，株型收敛的品种，宜采用较大的密度。同一品种，在肥水条件较好时，植株生长繁茂，密度宜小；反之，肥水条件差，密度要较大。农场的种植试验表明，大豆的种植密度还须与土壤肥力相适应。在肥沃土地，种植分枝性强的品种，每亩保苗在 0.8 万～1 万株为宜；农场初期的土地比较贫瘠，开始种植分枝性弱的品种，每亩保苗 1.6 万～2 万株。农场选择种植早熟品种，每亩保苗 2 万～3 万株。豆苗密度与种植季节相适应，一般夏播大豆生育期较长，植株高大，种植密度宜稀；春种大豆生育期较短，植株也较矮小，宜适当密植。

三是田间除草需跟上。大豆发芽到生长初期速度慢，时间长，而夏季杂草生长快，所以对豆苗的影响危害较大。早期农场采用人工除草，后来采用机械作业。药物灭草推广后，农场多用喷洒除草剂灭除杂草。氟乐灵、拉索等除草剂可在播种前进行土壤喷雾，便会起到较好的除草效果。

四是病虫防治不能拖。蛴螬、地老虎、根蛆、根腐病等都是大豆苗期的病虫害，农场常用辛硫、灵丹粉、多菌灵加福美双、多菌灵加克菌丹等药物拌种，起到一定预防虫害作用。药剂拌种与铝酸铵微肥拌种同时进行时，需在钼酸铵拌种阴干后进行。还要注意采用根瘤菌拌种后，不能再拌杀虫剂和杀菌剂。

（七）棉花种植

棉花喜高温，耐盐碱，较早成为清水泊农场种植的经济作物（图 2-3-6）。种植初期，由于经验少，产量低，种植面积比较小，但随着种植技术水平的提升，新品种的推广，农场的棉花种植量呈总体增长趋势，种植最多时曾达 2 万亩，销售棉花一度成为农场最主要的经济来源。但受市场价格影响，到 2015 年后，农场的棉花种植出现转折。

图 2-3-6　农场种植的棉花

从建场到 1959 年，农场的棉花种植发展到 800 亩，当年单产仅有 48 斤，总产为 3.83 万斤。1960 年，棉花单产仅为 9 斤。由于地力薄，肥料少，棉花产量较低的现状一直持续到 20 世纪 60 年代末。1970—1980 年 10 年间，农场没有成规模种植棉花。到 1980 年，农场计划调整种植结构，农场再次开始成规模种植棉花，当年播种 50 亩，亩产籽棉 150 斤，总产达到了 7500 斤。1981 年，试种棉花 62 亩，收获 4300 斤。在两年试种取得经验的基础上，1982 年春，农场职工拉水点种棉花，春播面积扩大到 4000 亩，夏种增加 2000 亩，由于遭受灾害，最终保住了 2100 亩，总产皮棉 7.3 万斤。

这一时期，棉花产量虽然不稳定，但已经成为农场主要的经济作物，种植棉花成为农场职工的主要经济来源。为抓好棉花生产，确保职工收入稳定，春季干旱无雨时，农场班子成员经常开会部署，调度抗旱和棉花播种工作，解决棉花种植与灌溉水源问题。有时总场分管领导和分场管理人员牵头包靠，对抗旱工作及时进行调度，根据棉花生产各环节遇到的问题，做到随时出现随时解决。同时，还安排部分职工与技术人员，到位于江苏省的新洋、临海农场等地，进行实地参观学习，用以提高本场棉花种植水平。

1983 年，农场棉花种植面积扩大至 6500 亩，其中，春季播种 4551 亩，当年籽棉产量为 260 万斤，皮棉总产 45 万斤，实现年利润 15.4 万元。该年度，农场彻底摘掉了长期亏损的帽子。1984 年，农场棉花种植面积为 9172 亩，亩产皮棉达到 100 斤，总产为 83.3 万斤。1985 年，农场向国家交售 70 万斤棉花。

1986 年，农场计划进行产业结构调整，在棉花种植方面进行探索。为摸索经验，各科室都承担了责任棉田。1987 年，棉花种植面积恢复扩大至 8000 亩，总产量为 104.2 万斤。1988 年，继续扩大种植面积，增加至 1.12 万亩，总产量达 123 万斤。

受市场价格因素影响，1989 年棉花种植有所减少，面积为 6000 亩，生产籽棉 102 万斤。1990 年春，棉花播种又恢复至 1.1 万亩，当年生产皮棉 96.9 万斤。1991 年，经过多方考察和对比试验后，农场选择了衣分率高、产量高的"中棉 12"作为农场的主要种植品种，当年全场种植棉花 1.02 万亩，总产籽棉 377 万斤，平均单产籽棉 370 余斤，比 1990 年每亩增产 50 斤，销售总收入达到 489.8 万元。同时，根据土地集中的特点，农场大搞良种繁育，种植鲁 3389 优良品种 30 亩，共繁育鲁 3389 优良棉种 9000 余斤，为农场棉种换代奠定了基础。

20 世纪 90 年代，农场的棉花种植多在 0.5 万～1.2 万亩之间，除个别年份因受灾而减产外，棉花单产不断提高，最高达到了亩产籽棉 400 斤。1993 年，种植棉花 1 万亩，总产籽棉 223 万斤，皮棉总产量 120.85 万斤，产值达 388.9 万元，经济效益十分可观。1996 年，农场还整平造墒建立棉花良种繁育基地 1000 亩，投资 3 万元，引进鲁棉 12 号原种 1 万斤。

进入 21 世纪，相对于粮食作物而言，种植棉花的经济效益比较高。从 2001 年到 2014 年，农场棉花种植的面积多在 1 万亩以上。2001 年，全场春播棉花 1 万亩，2003 年春播棉花 1.3 万亩，到 2007 年达到最高值，棉花播种面积达到 2 万亩。这一时期，农场对棉花生产管理手段科学，棉花单产稳中有升。2001 年单产籽棉 450 斤，总产籽棉 450 万斤。2003 年，单产也达 400 斤，总产 520 万斤。2006 年，全场棉花播种 1.5 万亩，出苗率为 90%，棉花平均亩产籽棉 500 斤，总产籽棉 750 万斤。2010 年，尽管棉花生长遭受灾害，棉花总产依然达到 197.34 万斤。

2015 年，农场种植业结构发生较大调整，种植结构由单一向多业并重方向发展，当年种植棉花 5800 亩，总产量为 64.68 万斤。2017 年，棉花种植面积继续下降，当年播种不足 5000 亩。到 2020 年，农场将棉花的种植面积保持在数百亩左右，种植业实现了粮、棉、果、菜等多业并重的局面。

在近 70 年的种植实践中，特别是进入 21 世纪后，农场在棉花种植方面进行了较多研究与探索，积累了不少经验技术。2007 年，与山东省农科院加强合作，留出 2000 亩耕地，开展棉花良种的选育筛选工作，在鲁棉 21、鲁棉 27、改良 2 号的基础上，继续选育、筛选适合寿光北部生长的新品种，带动寿北的棉花生产。2007 年，农场播种棉花 2 万亩，平均亩产籽棉 460 斤左右，总产达到 920 万斤。这些技术做法，辐射农场周边 10 万亩棉花种植，使棉花单产提高到每亩 500 斤。

2009 年，农场摸索出棉花出苗成功率高的好办法，当年播种 1.5 万亩，出苗率稳定在 95％以上。在后期生产管理上，早施苗期肥，用足花铃肥，促其尽快成长，达到保住老桃、再生新桃、多留晚桃。农场组织职工科学整枝、打头、化控，并重点搞好三代棉铃虫的综合防治，病虫害防治及时有效，确保棉花苗壮生长，产量稳定。在棉花遭受涝灾的情况下，全场棉花籽棉平均亩产保持在了 500 斤以上，总产达 750 万斤。

在棉花种植上，农场舍得投入，确保棉田旱能灌，涝能排。改良土壤，建立良种繁育基地 1000 亩，引进推广多种优良品种。采用叶龄模式栽培、少免耕栽培、测土配方施肥及稀土微肥和新农药等国际先进的适用技术，有效提高了棉花单产。

在棉花常见病虫害及防治方面，农场也探索出一套经验。对棉蚜虫的防治，可选用吡虫啉、吡蚜酮、啶虫脒、氧化乐果药剂喷雾，均有良好防治效果；采用生物方法，用棉蚜的天敌，如瓢虫、草蛉、小花蝽、姬猎蝽、食蚜蝇、蜘蛛、蚜茧蜂、跳小蜂等，按与蚜虫 1∶40 的比例投放棉田，防治效果良好。对于烟粉虱的防治，即在发生初期，可合理施用农药，如阿维菌素类杀虫剂、昆虫几丁质酶抑制剂、扑虱灵等喷施，均有较好的防治效果。

（八）绿豆种植

绿豆是一年生草本植物，种子可入药，有清凉解毒的功效；绿豆可食用，也可提取淀粉制作豆沙等；在遮光条件下发芽，制成豆芽，可作蔬菜食用；全株可作绿肥。清水泊农场建场初期，曾种植少量绿豆，夏季用作绿肥使用。化肥推广使用后，绿肥弃用，农场种植少量绿豆，供本场职工食堂使用。

改革开放后，农场将绿豆作为经济作物小面积种植。1987 年，农场种植绿豆 20 亩，总产 6000 斤。1988 年，种植 300 亩，生产绿豆 10 万斤。由于经济效益不高，所以绿豆种植量一直比较小。到 1998 年，农场套种大豆 900 亩，总产达 169.2 万斤。2000 年，农场种植杂粮 3000 亩，其中很大一部分是绿豆。

在清水泊农场，绿豆的基本种植方式有春播与夏种两种。春播很少，一般为夏种，有时也有间作方式。1970 年，间作是主要种植方式，多数是绿豆与棉花间作，比例为 1∶2，有时也与其他作物间作。

在农场境内，从 4 月中旬到 7 月中旬绿豆都可播种，一般均能正常成熟。作绿肥使用时，一般在 6 月中下旬播种，8 月下旬和 9 月上旬翻压。绿豆间苗一般在幼苗达到两叶一心时进行，要剔除弱势幼苗。在 4 片叶时定苗，株距 13～16 厘米，行距在 30～40 厘米间，每亩留苗 1 万～1.25 万棵。从出苗到开花封垄，一般最少划锄 4 次，用以除去杂草。

在开花结荚期，需要肥水充足。此时遇旱要及时浇水，使土壤保持湿润状态。若遇大雨，田内要及时排水，保证绿豆正常生长。

（九）西红柿等蔬菜种植

初始耕种，清水泊农场就开始种植蔬菜，但由于地属盐碱荒地，缺少淡水，当时无法成规模种植。因而起初少量种植，自给自足，目的是供应本场职工食堂使用。当年，各分场都建有菜园，种植茄子、黄瓜、辣椒、西红柿、豆角、萝卜、白菜、丝瓜、芹菜、冬瓜等北方常见蔬菜，用以解决本单位职工的吃菜问题。

农场较大面积种植蔬菜并对外销售的时间较晚，直到 20 世纪 90 年代，随着种植技术的进步，土壤条件的改善，农场才开始成规模试种蔬菜。1999 年，农场种植蔬菜 2000 亩，当年创造产值 80 万元。2000 年，农场依靠先进科技，引进蔬菜新品种，改变了农场无法长期成规模种植蔬菜的局面。

采用配方施肥技术，田间套种蔬菜，在棉田闲置期内，成规模种植菠菜、芹菜等蔬菜。利用小拱棚技术，种植蔬菜不仅带来额外效益，而且对土地疏松，消灭病虫害等创造了有利条件，同时为种植棉花提供较好墒情。后来，农场成功引进蔬菜大棚技术，种植西红柿等高品质精细蔬菜，为农场打造品牌农业奠定基础。

农场种植蔬菜可分为三个阶段。首先是自给自足阶段。为解决自身吃菜问题，在建场后不久，农场各单位便开始根据各自实际，选择地势较高，水浇条件较好，离驻地较近的地块，种植当地适应性强的蔬菜。其主要有叶菜类、根茎类、茄果类等三大类十几个品种。叶菜类有白菜、菠菜、韭菜、香菜、大头菜等；根茎类有青萝卜、胡萝卜、芹菜、大葱、大蒜、圆葱等；茄果类有茄子、辣椒、黄瓜、西红柿等。此外，个别年份还种植过少量莲藕等。在计划经济年代，这些蔬菜成熟采摘后，直接送到农场各单位集体食堂，供应本单位干部职工食用。有些便于长期贮存品种，如大葱、白菜、胡萝卜等蔬菜，在秋天收获后进行贮藏，以便冬季食用。当初，受种植条件限制，在清水泊地区成规模种植蔬菜难度大，同时作为国有企业，尚不允许种植大规模蔬菜用以生产经营，所以农场的蔬菜种植虽然起步早，时间长，但对早期的种植情况少有记述。

其次是探索试种阶段。1980 年后，农场开始种植结构调整，变单一粮食作物种植为粮、棉、菜、果等多种作物种植格局。特别是在土地承包经营后，农场职工在棉田 5 个多月的闲置期内，采用间作套种蔬菜。1984 年，农场一分场部分职工，采用小拱棚技术，在棉田闲置期种植菠菜数十亩，获得较好收益。第二年，菠菜种植达到数百亩。还有职工在棉田间套种西瓜，也取得了不错的效益。1999 年，农场种植大田蔬菜 2000 亩，当年创造产值 80 多万元。在这一时期，农场成规模试种过大葱、白菜，还种植过荷兰豆。虽然这些蔬菜的种植都取得了成功，但受市场价格波动影响，多数蔬菜种植丰产后，却未取得丰收的效果。因此，成规模种植的时间比较短，都未形成长期大规模种植的局面。直到21世纪初，农场依靠新科技，引进新产品，蔬菜种植才逐步发展为大规模长期种植的局面。

最后是规模经营阶段。2004年，农场先后投入200多万元，在一分场将2000亩中、低产田改造成为蔬菜种植区。2012年，农场成功引进大棚蔬菜种植技术，投资230万元，在三分场建设无公害蔬菜基地，建成占地100亩的冬暖式蔬菜大棚，探索盐碱地上发展优质高效、绿色安全的蔬菜种植新模式。经过大量实践探索，成功种植出了黄瓜、西红柿等多种优质蔬菜。2013年11月，投资100万元，扩建冬暖式蔬菜大棚4个，并对以前建设的大棚进行配套改造。之后种植蔬菜及菌类200亩，生产蔬菜25万斤。种植辣椒200亩，生产鲜椒25万斤。2014年，种植辣椒114亩，生产鲜椒117万斤。2016年，农场在蔬菜大棚北区，新建4个高标准蔬菜大棚，宽为19米，长达210米，每个大棚投资21.5万元。新建无土栽培大棚1个。同时农场将草莓西红柿和毛粉西红柿作为主要种植品种。2013—2016年农场蔬菜种植情况见表2-3-6。2019年，农场再建大棚9个，园区内大棚总数达41个，并对园区道路升级改造，长度达3100米。在新建大棚区内（图2-3-7），推行蔬菜生产标准化、智慧化，完成园区内的物联网智能化改造，制定企业标准——日光温室番茄高品质栽培技术规程，购置农药残留快速检测设备，实现蔬菜质量安全可追溯。

图2-3-7　农场的蔬菜大棚区

表 2-3-6　清水泊农场蔬菜种植一览表（2013—2016 年）

年份	类目	个数（个）	当年新建个数	设施占地面积（亩）	设施内面积（亩）	种植面积（亩）	产量（斤）
2013	塑料大棚	12	4	60	36	36	100000
2014	日光温室	24	12	100	90	90	450000
	中小拱棚	22	22	30	24	24	135000
2015	日光温室（蔬菜）	51	27	173	141	73	547500
	中小拱棚（蔬菜）	82	60	90	66	60	360000
	中小拱棚（瓜果）	10	10	17	15	14	28000
2016	日光温室（蔬菜）	44	4	170	134	69	484000
	中小拱棚（蔬菜）	22	0	24	18	16	110000
	中小拱棚（瓜果）	10	0	17	15	14	70000

同年，农场高端蔬菜品牌建设成果显著。在草莓西红柿的种植方面，由于农场土壤条件特殊，在种植管理方式上，底肥全都选择豆粕和有机肥，同时选用熊蜂授粉，严格控制浇水量，使农场生产的草莓西红柿（图 2-3-8）口感好，糖度高，产品深受消费者喜爱。通过超市和微商销售，价格达到 20 元 1 斤，且在市场上供不应求。另外，使用环保酵素方法生产的茄子产量高、品相好、口感佳，得到菜商和消费者的认可。2019 年，农场高端蔬菜园区获得全国蔬菜质量标准中心试验示范基地认证证书，蔬菜产品通过绿色食品认证，参与申报粤港澳大湾区"菜篮子"产品供应基地。

图 2-3-8　农场种植的西红柿

（十）其他作物种植

清水泊农场还种植过其他不少作物，如花生、芝麻、苜蓿、芦竹等，这其中有些是本场生产生活需要，有些是为提高经济效益，有的种植仅有一年两年，有的种植长达十年以上，但这些作物都未从根本上改变农场的种植结构。

1. 因生活所需，种植花生、芝麻等作物

农场创建之初，虽然大部分生产生活用品依靠外部供应，但在较早期就开始种植一些本场急需的生产生活原料作物，像花生等就属这一范围内的作物。

（1）花生，是一种含油量较高的作物，既可榨油，也可直接食用，是清水泊农场较早种植的作物之一。1959 年，种植花生 8 亩，单产 225 斤，总产 1800 斤。此后多年，农场一直种植花生。资料记载，1971—1978 年，农场累计种植花生 971 亩，共计生产花生 9.67 万斤。1980 年，种植花生 100 亩，单产达到 400 斤，总产为 4 万斤。1988 年，种植花生 75 亩，总产 0.6 万斤。此后还有少量种植，但未有资料记录。

（2）芝麻，被称为八谷之冠，是主要的油料作物，具有较高的应用价值。芝麻也是农场较早种植的作物，但早期种植量非常少，生产的芝麻仅为本场使用。到 1981 年，农场种芝麻 100 亩，总产量达 1 万斤。1982 年，种植芝麻 150 亩，总产量为 6400 斤。2010 年，为发展多种经营，调整种植业结构，农场与崔子牌香油集团合作，引进试种黑芝麻 150 亩。

2. 为提高效益，试种苜蓿、红麻等作物

早在改革开放前，农场数次尝试调整种植业结构，用以提高生产经营效益，到 20 世纪末的近 30 年间，试种过苜蓿、芦竹、红麻等多种作物。

（1）苜蓿，作为饲料，农场在 20 世纪 70 年代，曾经成规模种植过。1976 年，农场种植苜蓿 3000 亩，但喂羊效果不理想。进入 1980 年后，苜蓿出口可创汇，农场开始规模性种植苜蓿。种植面积较大的年份，与外贸部门联系使用飞机进行播种。苜蓿收割粉碎包装后，运至青岛港，出口国外。

1985 年，农场生产苜蓿 36 万斤，创收 4.32 万元；1986 年，种植苜蓿 800 亩，总产量达 40 万斤；1987 年，种植苜蓿 2000 亩，产量高达 100 万斤；1988 年，种植苜蓿 2500 亩，产量为 125 万斤。1989 年，农场扩大种植至 3000 亩；2002 年，农场将种植苜蓿交由职工承包种植，面积扩大至 4400 亩。以后种植量锐减，外贸部门不再收购后，农场停止了苜蓿种植。

（2）红麻，适于沙土生长，成株后能耐涝洼盐碱。因为纤维粗糙硬挺，耐拉强度大，曾广泛应用于农田建设、水利设施、环境工程等诸多方面，因此红麻在清水泊农场也有多年种植历史。1962—1978 年，农场累计种植红麻 8016 亩，总产量 53.19 万斤。1980 年，种植红麻 1000 亩，亩产为 250 斤，总产达到 25 万斤，上交 20 万斤。1985 年，种植红麻达 2315 亩。在尼龙等化工产品得到广泛应用后，农场不再种植红麻。

（3）向日葵也是农场试种作物之一，一度作为主要栽培作物用以调整种植结构。1980 年，扩大经济作物向日葵和红麻的播种面积，其中向日葵的播种面积多达 8000 亩，总产 37.5 万斤。1981 年，种植向日葵 2674 亩，总产 29.42 万斤。1982 年，种植向日葵 3170 亩，总产 24.81 万斤。

为调整种植业结构，农场还曾试种过蓖麻、薄荷、莲藕、荷兰豆等作物，由于生产经营效益不理想，农场最终放弃了这些作物的规模性种植。

合作经营后，种植芦竹等作物。2002 年，晨鸣集团对农场实施托管经营，随即决定在农场种植芦竹，为其生产造纸原料。3 月，农场从晨鸣集团贷款 200 万元，采用地膜覆盖种植法，在农场一、二分场先后种植芦竹 4600 亩。为发展好芦竹种植业，增加职工收入，农场决定包产到户，按承包地的实有种植亩数，每亩 380 元付给承包户。起初预计，芦竹长至平均高度 2.5 米，每亩产量为 1 吨，亩产效益可达 400 元。后来由于土壤、气候等多方面原因，芦竹产量低，效益差，种植两年后，随将芦竹铲除，改种棉花。

三、良种选育

试种、选育、推广作物良种是清水泊农场农业生产的重要任务之一。农业院校与科研部门培育出的作物新品种常需进行适应性种植后才能进行推广种植。清水泊农场作为国有企业，过去经常进行实验示范种植，作物新品种试种成功后，向周边农村推广，从而带动当地农业发展。

1960 年，开始种植农大 183、石家庄 407 等小麦新品种，逐年取代建场初期种植的老旧麦种。1970 年，推广种植泰山 1 号、泰山 4 号，沿用石家庄 407，淘汰了此前种植的易倒伏、病害多的小麦品种。1980 年，试种推广昌乐 5 号、晋麦 21、滨州 4042 等小麦品种，取代了之前种植的品质差、抗病性差的老品种。1990 年，农场试种推广鲁麦 14、鲁麦 23、鲁麦 15、济南 17 等小麦新品种，获得成功后，及时向周边村庄推介，之后不久，鲁麦 14 等多个小麦品种得到当地农民的认可，促进了当地小麦的丰产丰收。在粮食作物中，农场还示范推广了掖单 22 号、农大 108、鲁玉 16、鲁单 50 等多个玉米品种。2004 年，以农大 108、鲁单 50、鲁玉 16 等为代表的玉米品种，因其抗病性较好、产量高，尤为当地农民欢迎。

在经济作物方面，1980 年代，农场引种了鲁棉 1 号、鲁棉 5 号与鲁棉 6 号，全面取代以前的棉花品种，之后又相继进行了中棉所 12 号、中棉所 17 号等抗病性棉花品种的试种，使棉花枯黄萎病的危害得到减轻，棉花产量得到提升。1997 年后，又相继引种鲁棉研 21 号、鲁棉研 22 号等抗虫性、丰产性棉花品种，随即这些优良品种得到大面积推广。

2007 年，农场留出 2000 亩耕地，与山东省农科院加强合作，开展棉花良种的选育筛选工作，在鲁棉 21、鲁棉 27、改良 2 号的基础上，继续选育、筛选适合寿光北部生长的新品种，带动寿北地区的棉花生产。2007 年，农场播种棉花 2 万亩，平均亩产籽棉达到 460 斤左右，总产达到 920 万斤。这些技术做法，辐射了农场周边 10 万亩棉花种植，使棉花单产提高到每亩 500 斤。

四、土壤改造

清水泊农场位于莱州湾畔，因长期受海水侵袭影响，土壤含盐量高，碱性大，必须进行改造后，方能种植作物。农场创建后，随即开始了挖沟控卤，灌溉压碱，植施绿肥，对境内土壤进行改造，从而使大片盐碱地成为稳产高产的良田。

当初，为降低土壤中的含盐量，农场将大片的盐碱荒地规划成长 1000 米（有的地块长达 2000 米），宽 50 米的方格，方格之间开挖上口宽 5 米，底宽 1 米，深约 1.5 米的水沟，农场称之为条田沟，而每个方格内的土地，称为条台田。然后利用自然降水，均匀渗入土中，使土壤中的可溶性盐类随水下移，随地表降水流入条田沟中，再顺沟排走。同时，在条台田里培植野草，增加地表覆盖物，减少水分蒸发，避免引起盐分上升，达到降低土壤盐分的目的。

除利用自然降水外，农场大力兴修水利工程，引入周边河流中的淡水，在丰水期蓄水，用以灌溉条台田，达到降低土壤中的可溶性盐类。经过压碱排碱，农场内的土地脱盐效果非常明显。灌溉前后化验对比显示，灌溉前土壤内的含盐量在 7.8% 的重盐碱地块，灌溉后降至 2.6%。建场之初，农场还修建一条防潮坝，阻挡海水南侵，对于农场改良土壤起到了保护作用。

从 20 世纪 50 年代起，农场开始种植绿肥，品种主要有田菁、绿豆等，采用一麦一绿肥轮作，有效增加了土壤中的有机成分，20 世纪 70 年代是农场种植绿肥最多的时期。随着化肥的大面积施用，农场绿肥的种植面积逐年减少，到 20 世纪 90 年代，基本无绿肥种植。当大型农业机械应用，特别是在小麦、玉米大型联合收割机使用后，同时对秸秆粉碎撒入田中，做到秸秆还田，也对土壤改良起到了较大作用。

第三节 林 业

农场林业的起步与农业种植几乎同时。起初，场内林木的种植主要用于保护农田与盐田，后来场区内道路两旁以及田间地头种植了防护林带。为了改变产业结构，农场还较早探索种植多种经济林木。为了改善生态，农场又建成万亩生态林场。伴随着现实需要的发展，农场的林木种植逐渐发展成独立的产业，到 2020 年年底，从苗木繁育到造林绿化，从林木管理到采收经营，基本形成了一条相对完整的产业链条。

一、始于保护农田，种植棉槐与荆条

清水泊农场区域地表大多被冲积物细沙、粉沙所掩盖，而且厚度较大。因受海水浸透，土地盐渍化严重，大部分土壤为盐化潮土。未经改良前，土壤含盐量高达2%～8%。在这样的土地上耕种，必须对地表土壤进行改良，降低含盐量，增加有机质。

自建场之初，农场就开始挖沟筑渠，建造条台田，利用沟渠渗漏卤水，借以排盐压碱，改良土壤。但沙土遇水见风易流动，田埂沟坡易坍塌，长期耕作，需林木植被对其加固。20世纪50年代，农场开始选择耐盐碱性强，适于当地生长的棉槐条与柽柳（俗称荆条），在田间地头、沟头崖岭，特别是在条田沟坡上，进行大规模种植，用以保护条台田，保护易坍塌的盐田埂坝。

在发挥保护作用的同时，每年收割的大量棉槐条，可对外出售，也可编制筐篓等农具，还可编制家具，为农场增加一项收入。当时，购买苗木不足，就在场内设立苗圃，进行棉槐繁育。

除保护条田与盐田，农场还不断试种多个树种，对总场驻地、分场办公区、住宅区内进行绿化。当地的榆树、柳树、刺槐、臭椿、紫穗槐，外地耐盐碱的毛白蜡等树种，都开始在场区成规模种植。到20世纪60年代末，农场在河堤、沟坡、办公区及居住区内，栽种各种绿化苗木面积累计超过1200亩。

二、用于路网防护，发展本地树种林带

进入20世纪70年代，农场一直坚持植树增绿。1974年，全场种植树木多达4.65万株。一方面继续扩大在排碱沟坡种植棉槐，如在1977年后的3年间，农场将22万米长的沟坡全部种上棉槐，面积达1400亩，年产棉槐条达200万斤。另一方面，在道路两旁大规模种植树木，保护场区路网，称为防护林。刺槐、榆树、柳树、国槐等本地树种，以及外地引入的毛白蜡等成为防护林带的主要种植树种。

1977—1980年，农场以刺槐与国槐为重点，混合种植其他灌木，营造防风林带20条，造林面积达2000亩，种植树木达120万株。其中，1979年，造林数百亩，植树24.5万株。1980年，种植刺槐、榆树等乔木3.2万株，栽种棉槐等灌木20多万墩。

虽经改造，但当年农场土质碱化依然较为严重，加之缺乏管理经验，1970年种植的乔木成活率偏低，道路两旁的防护林带发展较慢。针对这一问题，农场一方面加大科研力

度，积极探索林木的养护方法；另一方面，研究出台防护林的管护办法。春夏之际，病虫害易发多发，农场安排技术人员，对林木定期巡视，及早发现。针对不同病虫灾害，研究寻找对策，及时防虫治虫，打药治病。进入冬季，天旱风大，林带间杂草较多，易发火灾。农场分片到人，搞好检查，及时将火灾隐患消灭在萌芽状态。针对轻视绿化，出现的乱砍滥伐问题，特别在秋收之后，闲杂人员增多，林木被砍伐问题增多，农场增派人手，日夜巡逻。对盗伐树木人员严肃处理，对重大盗伐事件及时报案。

在落实措施上，农场形成制度，认真执行。如将防护林带种植的树木交由保卫部门负责，专人负责看管。每天不定时巡查，发现问题及时汇报，立即处理。分管同志及领导小组每周组织一次检查，每月进行一次普查并进行评议，年终进行总评。对工作认真，看护良好的先进工作者进行奖励；对看管不利造成损失者给予处罚。设立举报制度，对发现损坏树木行为，进行及时举报的人员，给予一定数额的现金奖励。

进入 1980 年以后，农场的防护林建设不断加速。1988 年，在途经第二、第三分场区域内的益羊路两侧，营造一条面积达 4.8 万平方米的绿化带；1990 年，建设防护林带面积 345 亩，植树 1.13 万株；1994 年，在场区内新海路两侧营造一条面积为 3 万平方米的绿化带；2000—2004 年，在途经场区内的省道路两侧，累计种植防护林木 10 万余株；2008 年以后，沿荣乌高速两侧，种植高大的速生杨、毛白蜡、刺槐、紫穗槐等树木，累计多达 50 余万株。

到 2020 年，场区内道路两旁基本种满树木，形成了较为完备的防护林网。现在，巨淀湖分场区域内，长达 5700 米的主干道路两旁，当年种植的刺槐和榆树挺拔粗壮，枝繁叶茂。

在大力建设防护林的同时，从 1970 年开始，农场还积极探索发展经济林木。除种植棉槐创造部分经济效益外，农场开始在一分场种植红星苹果。到 1980 年，果园面积达 300 亩，年产苹果 30 万斤；栽棉槐 20 万墩，年产棉槐条 280 万斤。林木总收入为 2 万元，比 1979 年增长 2 倍。

三、改善生态环境，建设万亩生态林场

进入 21 世纪，针对自身发展与生态需求，农场优化产业结构，培育新的经济增长点，制定加快发展林业的规划。

2002 年，农场计划大规模发展速生杨，与晨鸣板材厂签订速生杨成材林合同，合资建设速生杨林网 1 万亩。当年种植速生杨 20 余万株，其中，在益寿河坝两侧种植宽 50

米，长 2100 米的速生杨 10 万株。在一分场种植速生杨实验林 50 亩，目的为在寿北地区推广种植速生杨提供依据。在小清河扬水站，种植速生杨试验林 50 亩。

2003 年，农场投资 120 万元，对一分场区域内的条田沟、路、坝进行整修，在其两侧及棉田间，种植速生杨 25 万株，林网面积共计 6000 亩。其中，林棉间作 4000 亩，成片造林 2000 亩，林木成活率在 85% 以上。投资 3 万元，配合上级绿化工程，在羊临路两侧种植毛白蜡 2000 株。经过多年种植实践证明，在寿光北部地区，速生杨并不"速生"，项目发展未达预期，后来速生杨逐步被弃种。

2008 年，农场根据自身实际，在二分场、林海路（即普三路）以北 600 米、盐青路以西、张僧河以东，建设生态公益林，主要栽种刺槐 400 亩、毛白蜡 500 亩、柳树 100亩、红叶椿 100 亩、苦楝树 100 亩、国槐 100 亩，用以改善保护当地生态环境。

2008 年 2 月，成立植树造林工作领导小组，设立造林指挥部，加强农场造林绿化的领导力量。2008 年 4 月，农场成立清水泊生态林场，由李昌军担任林场主任。至 2009 年年底的两年间，农场累计植树 18.84 万余株，其中，速生杨 12.38 万株、毛白蜡 6.35 万株、枣树 1056 株、法桐 498 株，建成了占地 1 万亩的生态林场。2010 年，农场继续扩大林场种植面积，其中，种植毛白蜡近 2000 株、杨树 1.03 万株。

除不断增加传统树种的种植数量外，林场还持续引进试种多个外地新树种。2014 年，引进试种海棠 596 株、火炬 6300 株、五角枫 2151 株、金叶榆 1723 株。2015 年，按照上级林业部门要求，农场对速生杨进行间伐，共采伐病死树 7000 余棵，同时引种毛白蜡 1.43 万株，引进柳树苗 1570 株、香椿苗 1600 株。

在不断扩大生态林场种植规模的同时，农场按照上级要求，在其他可植树的地方继续造林增绿。2016 年 4 月，农场在织女河两岸造林 436 亩，植树 6.84 万棵，在东四区种植樱花 25 亩。

2018 年，寿光市政府设立"四路三场三区一河"绿化工程，即在林海路、巨大路、盐青路、胶济铁路客运专线两侧营造防护林；在弥河林场、寿光林场、清水泊林场建设生态林；在农业综合开发支持新农村建设示范区等三个区域打造绿化林；对丹河两岸进行绿化。农场在"四路"两侧长达 2 公里的路段内，种植树木 0.4 万株，在场属林场内造林3000 亩，植树 50 万株。截至 2020 年，农场绿化造林面积远超 1 万亩。

四、完善产业格局，形成农场独立林业

随着林木种植面积的不断扩大和种植品种的不断增加，在多年探索发展的基础上，到

2020年，农场基本形成了比较成熟的林业产业。在防护林、生态林发展取得明显效益的同时，经济林建设也取得较好收益。此外，农场的林下养殖也初具规模，林下经济成为新的发展方向。

20世纪60年代，为满足本场植树造林需要，农场在总场基本建设队设立苗圃一处，本着"自采、自繁、自育、自用"的原则，进行以本地榆树、槐树等树种为主的育苗试验与生产。

20世纪70年代，各农业分场设立苗圃，开始培育苹果、梨、桃等经济苗木。1979年，农场育苗场地面积有67亩，1980年，苗圃面积增至100亩。此后，苗圃生产主要采取个人承包经营，除满足本场植树造林所需外，大部分推向市场。培育的苗木除桃、梨、核桃、苹果等经济林木外，还引进繁育毛白蜡、臭椿、三叶松、五针松、橡子树、泡桐、合欢等树种，年育苗木数量曾达4.4万株。1990年，农场苗圃每年培育刺槐、白蜡、杨树、柳树、苹果等多种苗木达39万株。到2018年，农场苗木培育已取得较好的经济收益。

2001年，寿光市提倡发展冬枣。同年10月，农场组织160人到滨州市沾化区下洼镇考察冬枣种植情况。当年，投资150万元，从沾化购进冬枣50万株，与山东金瀚林果有限公司共同筹建冬枣基地，建立千亩冬枣园三处和冬枣示范园一处。其中，一分场2000亩，二分场600亩，三分场1000亩，冬枣示范园400亩，杨家围子村400亩。12月，农场验收实种冬枣4150亩。

2002年，农场加强对冬枣种植的管理，整枝、覆膜、除草等管理工作不断跟进。当年投资1万元，对400亩冬枣示范园架筑护栏。2003年，为进一步搞好冬枣的管理，场内先后三次组织在示范园召开冬枣管理现场会，并聘请有关专家传授冬枣管理经验与要点，以提高种植户的冬枣技术管理水平。在秋季冬枣宜栽季节，对缺苗的200亩地块进行补种，栽种冬枣树50亩。2004年，农场帮助种植户从沾化聘请技术人员，并组织参加寿光市寿北开发办组织的技术培训，使冬枣管理日趋正规。2006年，投资9万元，将三分场冬枣园进行整合，新扩建冬枣园面积80亩。

经连续几年种植后，由于技术、气候等多方面原因，农场的冬枣种植效益不理想，有些枣树只长高不结果，只好将其砍伐，余下百余亩枣树由个人承包经营管理。

2014年，农场决定在三分场试种苹果100亩，其中，烟台红富士三号81亩，美国八号19亩，共计6300棵果树。

原在一分场建园种植的红星苹果，到1980年已年产苹果30万斤。虽然后来因树龄老化，病害增多，1992年将其伐除，但这为农场管理果园、种植苹果培养了人才，积累了经验。2014 年在三分场种植 100 亩苹果树后，当年成活率高达到 98%，到 2015 年，亩产苹果便达 300 千克。于是农场正式决定建立清水泊农场苹果园。2018 年，随着种植技术日趋成熟，苹果亩产达到 800 斤；2019 年亩产达 1200 斤；2020 年亩产 1500 斤，农场生产的红富士苹果得到消费者认可。

2016 年，农场继续深化产业结构调整，围绕农业供给侧结构性改革，着眼市场需求，开发建设沙果园 31 亩。2016 年共种植沙果 2600 棵，每亩产量 6000 斤。沙果属于蔷薇科苹果属植物，果实秋天成熟，外形扁圆，味似苹果。农场土质适合沙果种植，2017 年，扩建种植沙果 300 亩，当年取得了较好的经济效益，成为林果种植增收的又一新项目。

除大力发展经济林木外，农场还积极探索林下经济。2013 年 4 月，林场投资 150 万元建设畜牧小区，建设鹿舍，饲养梅花鹿 26 只，实现林下饲养新模式。2018 年，在林场内散养蛋鸡 5000 只，养猪 50 头。中粮集团在林场承包林下场地两处，散养肉鸡。

第四节　畜　牧　业

一、发展概况

1953—2020 年，近 70 年的发展历程，虽然几经调整，养殖业始终是农场重要的经济来源。几十年栉风沐雨，养殖业潮起潮落，其发展大致可分四个阶段。

第一阶段：1956—1964 年。1956 年 4 月 2 日，根据上级发展方针，在距离清水泊农场 7 公里处（现农场三分场域内），新建昌潍地区共青团集体农庄。时任寿光县县长王士明在大会上发表了建庄贺词，并带来两头大肥猪与 2000 斤面粉支援农庄建设，共有 500 余人参加了建庄大会。后来农庄改为养猪场，最后并入清水泊农场。自农庄成立后，建起马棚、牛棚、马车库共 20 间，买羊 100 余只、牛 50 多头、骡 6 头、马 22 头以及 3 辆马车。当时饲养牲畜的重点是配合大田劳作，出积厩肥，促进土壤改良，保证农业增产，同时改善人员的日常生活。

1964 年上半年，国家畜牧总局和山东省畜牧局对寿光清水泊农场附近进行实地勘察，得知此处北有小清河，西有劳改河，东有弥河分洪渠，南有引黄灌渠，地面生有多种野草。认为该地区饲草丰富，水利条件较好，投资改造后，可成为良种羊繁育发展基地。因此，与原寿光县政府协商后，确定将官台养猪场，即原共青团第一建设农庄，改为寿光种羊场，并作为良种羊繁育基地。种羊场拥有 1.7 万亩放牧基地，主要以放牧形式饲养良种羊。同年 5 月，山东省农业厅将全省良种细毛羊调往清水泊地区，其中包括胶东的栖霞、临沂的郯城及泰安三处畜牧场的良种羊，羊种有高加索、沙里斯、德国美利奴等，并随即配备放牧人员和技工。从此，官台养猪场改为寿光种羊场。

第二阶段：1965—1974年。本阶段为种羊场发展时期（图2-3-9、图2-3-10）。1965年，种羊场投资9800元，购置小尾寒羊320头；投资1700元，建羊药浴池一个，用来预防和治疗绵羊疥癣病。为安全起见，在全部羊群药浴前10天，少量羊只进行试浴，观察药液的安全性。在夏初绵羊剪毛14天后（伤口愈合，毛茬长出），才能进行药浴。给羊药浴是饲养中的重要环节，每年给羊药浴都要全员参加，做好准备。药浴前，让羊喝足水，以免误饮药液。将羊只按顺序赶入盛有药液的浴池内，漫过全身一分钟，再将羊头压入药液中1～2次，提出后放在围栏中，滴净羊身上的药液。将羊群赶入通风荫凉处，观察羊只情况；发现中毒羊及时治疗。1小时后，没有中毒羊只，可进入正常管理。

1966—1967年，国家从英国、德国、新西兰、苏联等国家引进大罗姆妮、小罗姆妮、林肯、美利奴、高加索、沙力氏等6个品种的细毛、半细毛良种羊。当时，引进这些良种羊中，有的每只价值1000元以上，最贵的每只价值高达2400元。从建场到1981年年底，国家为发展良种羊，在种羊场投资多达206万元。其中，改造饲草饲料基地45万元，改造牧场15万元，建房屋、羊舍、购置机械设备40万元，产役畜10万元，亏损补贴96万元。

1971年9月，由国外进口良种羊1655只，有英洛、新洛、林肯、德美、高加索、沙力氏等7个品种，其中公种羊290只，母羊1366只，全部调拨给山东生产建设兵团负责饲养。

1974年，大型牲畜总头数达到94头，羊总头数达到1854只，向外推广良种羊1950只，向国家提供细羊毛19.84万斤，以此支援国家经济建设。

图2-3-9　二十世纪六七十年代农场饲养的羊　　　图2-3-10　二十世纪六七十年代农场饲养的羊

第三阶段：1975—1999 年。由于各种因素影响，种羊场引入的种羊生产性能降低，仅有个别年度较好。特别是引入的半细毛种羊，生产性能不够理想。羊群喂养在夏秋季一般实行青草放牧喂养，或间掺杂粮食喂养。到冬季以后，靠玉米、高粱及少量的豆饼混合，制作成良种羊精饲料。技术人员认为，普通喂养饲料仅够满足良种羊热能需要，蛋白质饲料的供应尚感不足。

1978 年，技术人员通过对当时冬季饲料营养价值的全面分析，对照饲养标准，决定利用尿素，实行尿素科学饲养，补充蛋白质饲料的不足。从农场现有羊群中选出沙力斯、德国美利奴、英国罗姆尼和新西兰罗姆尼大母羊各两群，育成罗姆尼公母羊两群，分别作为实验群和对照群。经过多次实验，取得经验，更好地利用了尿素解决蛋白质饲料的来源。

1980 年，良种羊存栏 1500 只，产羔 700 只，产毛 1.5 万斤，积肥 250 万斤，畜牧总产值 16 万元。1981 年，羊羔成活 600 只，产毛 1.2 万斤。1982 年，良种羊的生产有了更大发展，为国家的养羊事业做出一定贡献。

1986 年，农场因地制宜发展畜牧、林果、养鱼，形成多业并举生产新布局，此时，种羊场的种羊减少至 620 只。

1988 年，良种羊存养量 1040 只，羊羔 300 只，比 1987 年同期增长 31%。畜牧业良种羊产羊羔成活 320 只，产毛 8000 斤。1989 年，良种羊存栏 967 只，羊羔成活 294 只，生产羊毛 7800 斤。发展良种羊是农场的一大优势，有天然牧场、丰富的技术知识和管理方法，又是国家定点良种羊场地，通过自繁、自育、自养，到 1990 年达到 1500 只，推广良种羊 1150 只，良种羊存栏 862 只，羊羔成活 270 只，生产羊毛 6000 斤。图 2-3-11 为农场饲养的羊。

图 2-3-11　农场饲养的羊

1992年，因牧场减少，畜牧队只保留良种羊262只，产羔211只，生产羊毛4800斤。

第四阶段：2001—2020年。农场大力发展畜牧业生产，引导和鼓励职工发展牛、羊、猪、鸡等畜牧生产。2020年，引进了中慧集团商品鸡规模化养殖项目，以此引导带动农场养殖业生产向规模化、专业化方向发展。

二、生猪饲养

1959年10月，共青团集体农庄改为官台养猪场。随后规模逐渐扩大，到1960年春，养猪场就地取土，盖起简易猪圈100多间，分为两个管理区。后来由于条件所限，防疫问题未解决，新引进的猪仔将猪瘟带进场内，引起生猪成批死亡。1963年，农场内生猪基本全部死光。1964年，官台养猪场正式改名为寿光种羊场，1970年并入山东生产建设兵团，后改属清水泊农场。

1975年，为落实中央精神，农场再次掀起养猪热潮。这一时期，农场养猪全部是圈养。农场加强防疫，实施分群管理，精饲喂养，形成一条龙育肥体系。生猪快速催肥，育成95千克重的肥猪，所需时间由以前300多天缩短到190天。1975—1978年，农场共向国家出售肥猪2300头、仔猪2400头。

后来，农场的养猪规模逐渐缩小。2002年，存栏量为300头。2013年，农场投入150万元，规划建设畜牧小区一处，其中，引进莱芜黑猪100头。2020年，农场引进黑毛猪和小香猪共52头（图2-3-12）。

图2-3-12 农场饲养的猪

三、家禽饲养

建场初期，农场养鸡数量有限，且多为散养，鸡苗需外购。

1983年2月，农场派人到寿光慈伦鸡场学习电器化孵化技术，3月份从北京购进电孵化器2台组，进行鸡苗孵化。每次孵化数量为4000只左右，21天孵化一排。孵化的雏鸡除本场喂养外，多余的对外销售。1984年，由于市场饱和，雏鸡价格偏低，加之雏鸡欠款难回收，供电企业超负荷经常停电，自主发电成本太高，1984年下半年停止孵化雏鸡，1985年设备处理，农场雏鸡孵化工作终止。

1985年，在养有蛋鸡2000只的基础上，扩建饲养10万只肉食鸡的养鸡场。1987年，投资4.5万元，购买雏鸡苗3万只，投资6万元用于改建新建鸡舍。

1988年，养鸡1.05万只，其中种鸡2000只，肉食鸡8500只。当年出栏5500只，总重量达1.3万斤。产蛋8000多斤，比1987年同期增长20%。

1989年，养鸡存栏量1400只，产蛋3.9万千克，种鸡560只。1990年，鸡存栏400只，产蛋2500千克，当年购入良种鸡雏1400只。

1992年，因牧场减少，保留鸡的饲养量为1000只，产蛋1万千克。

2001年，国家出台文件，鼓励发展家庭农场。农场利用丰富的农业资源，发挥自身优势，扩大了蛋鸡养殖规模。2002年，3户家庭农场养殖蛋鸡5000余只。

2004年，加大招商引资力度，联合投资300万元，建成两处占地70亩的现代化养鸡场，蛋鸡存栏量3000只。2006年，增加养殖母鸡5000只。2007年，投资15万元，高标准建造鸡养殖小区一处。

2010年，农场在原有畜牧业传统养殖的基础上，充分发挥农场地大、饲养成本低等优势，积极引进名优品种，建立饲养小区，培植养殖大户、蛋鸡存栏2300只。2011年4月，投资50万元，建设万只土笨鸡养殖场一处。

2015年，投资新建一处占地100亩的肉鸡养殖基地，年可出栏肉鸡200万只。新养土笨鸡5000只，鸭500只，鹅800只。存栏鸡5500只，鸭640只，鹅920只，年出栏肉鸡200万只。

2016年，增加土笨鸡饲养量，新上笨鸡苗5000只。2019年，翻盖更新鸡舍，新上土笨鸡6000余只。2020年，家禽饲养场面积120亩，养有3200只黑柴鸡、300多只鸭子、200多只大白鹅（图2-3-13）。

图 2 - 3 - 13　农场饲养的鹅

四、其他动物饲养

清水泊农场虽然地势低洼，地广人稀，但周围饲草资源丰富，开展养殖成本低，而场内农牧技术人才多，发展多种养殖是自身一大优势。

2002年，农场建设肉牛养殖场一处，开展肉牛养殖试验工作。2003年，开展狐狸养殖，并发展狐狸和紫貂养殖户15户，发展养殖海狸鼠、鹌鹑20多户。当年全场畜牧业总收入达200多万元。

2010年9月，在二分场建设鹿场一处，购买梅花鹿20只。2013年4月，林场投资150万元建设畜牧小区，其中建设数间鹿舍，饲养梅花鹿26只，开始实验林下饲养模式。

第五节　渔　　业

虽然场址邻近大海，但清水泊农场没有组建捕捞队伍从事海洋捕捞作业，渔业生产主要是从事水产养殖与蟹苗繁育。

一、淡水养殖

20世纪60年代，农场选择条件较好的地方，开挖池塘，蓄积淡水，在被抬高的地块试种蔬菜，又利用池塘蓄积的淡水，开始养殖水产品，自此水产养殖未曾中断。

1986 年，农场利用闲散盐碱化严重的地块，开挖鱼池 700 亩，发展淡水养鱼，当年增收 35 万元。当时，养殖的主要鱼种有鲤鱼、鲫鱼、黑鱼、鲶鱼、鲢鱼、草鱼、黄鳝、泥鳅等。其后，农场开始试养其他经济效益相对较高的水产品。

2002 年，农场利用两个废弃的蓄水池及弥河西大坝的取土坑，改造建成南美白对虾养殖场 250 亩，年创收达 90 多万元。2003 年，农场继续大搞淡水养殖，在杨家围子村及总场发展养殖南美白对虾，利用洼地建成南美白对虾养殖场 200 亩，当年收入 30 万元。

2005 年，继续发展淡水养殖，将原有池塘改造修建成 100 亩的养虾池，用于养殖南美白对虾。后来，农场逐步将池塘承包给职工个人进行水产养殖。至 2018 年，农场淡水养殖发展达 500 多亩。

二、海水养殖

1986 年，农场经科学论证及反复实地勘察，决定在原道口乡北部，莱州湾畔防潮坝内侧养虾场群地带，投资 40 万元承包养虾场一处。1987 年，占地 400 亩的养虾场建成，主要用于养殖渤海大对虾。

1988 年，农场总结往年养虾产量低的教训，认真分析、论证，并多方面学习养殖经验，认为虾场产量低的主要因素是养殖面积大，水体浅，虾苗不足。针对这些情况，农场在春季实行旧虾池改造，增修一坝两闸，将原来 200 亩的虾池"一分为二"，加深水体深度。同时，多方购买虾苗，于 5 月份全部放养。每个虾池放养虾苗 35 万尾，亩产达百斤以上。

三、繁育蟹苗

1997 年，根据养殖需要，农场新上河蟹繁育项目，投资 63 万元，新建 1000 立方米水体的高标准河蟹育苗室一座，占地 200 亩，用于繁育河蟹幼苗。采用新式育苗工艺，开采地下卤水进行河蟹育苗。因地下卤水没被污染，整个育苗过程不使用任何抗生素，育苗产量高，所育苗种健壮，生长性能好，成活率高。聘请羊口水校的有关教师进行授课，培训蟹苗养殖技术，农场参加人员 22 人。

当年，共育河蟹苗 409 斤，平均每立方米水体育苗 0.43 斤，实现营业收入 85 万元。在育苗过程中，农场自始至终将其当作一项大事来抓来管，并为育苗购进亲蟹 433 斤，共计 4351 尾，其中雌蟹 3663 尾，雄蟹 688 尾。

1998 年，蟹苗孵化场繁育蟹苗 440 斤，实现营业收入 116 万元，折旧费 11 万元，纯利润 50 万元。农场自 1997—1999 年，累计生产蟹苗 1250 斤，销售收入 280 万元，直接成本 150 万元，纯收入 130 万元。

2000 年 6 月，蟹苗场对外承包经营。此后由于竞争激烈，运输成本上升，于 2015 年终止了蟹苗场的运营。

第四章　第二产业

第二产业虽不是清水泊农场的主业，但起步较早。借助当地卤水资源丰富的优势，农场的采盐业创办很早，并一直持续发展到现在。后来农场所在地发现石油，农场配合胜利油田等部门发展石油开采。此外，农场还发挥自身生产小麦的优势，办过面粉加工厂、酿造厂、榨油厂、红砖烧制厂等场办企业。

由于技术力量薄弱，企业竞争日趋激烈，专业分工越来越细，农场退出自身不具优势的行业，专心发展第一产业和兼具优势的采盐业。几十年来，从几副小盐滩，曾发展到拥有两个盐场，生产面积达近3万公亩（100平方米为1公亩）的规模。

同时，农场根据自身优势，不断探寻新产业，如依靠本场种植优质大米的优势条件，近几年开始大米加工，向消费者推销本场种植的优质稻米。

第一节　采盐业

清水泊农场所在的寿光北部地区，自古就是著名的海盐生产地。周边有3000多年前商周时期的盐业遗址，有元代至明清时期的官台盐场，因此，制盐是当地的传统产业。所以农场建场不久，就创建了本场的晒盐点，生产少量海盐。

1970年，山东生产建设兵团成立，将之前一军工小盐场并入兵团一师四团，盐场面积仅有300亩，包含7个小盐滩，其中，4个面积为37.5公亩，3个面积为33公亩。滩外面积约占51公亩，建有房屋43间。1974年12月，山东生产建设兵团撤销，恢复清水泊农场体制后，盐场成为农场一部分。兵团期间，基本维持其军工盐场规模，位置大致在总场以北6千米，羊口镇西南10千米，原寿光县卫东盐场以西3千米处。自兵团恢复农场体制至2020年，盐场大致经历了规模持续扩大、达到生产高峰、经营理性调整三个发展阶段。

一、持续扩产阶段

从1975年1月恢复农场体制，到1985年的10年间，由于农场及周边的交通条件持续改善、社会经济快速发展、原盐需求不断增加，盐场规模得以持续扩大，原盐产量不断提高。至 1984 年，所属盐场已建有盐田超过 1 万公亩，拥有 19 个盐业生产班组，年产原盐能力达到 2.5 万吨。

1976 年，扩建盐田 550 公亩，当年设立盐场七班，全场共有盐田 5000 公亩。1977 年，又扩建盐田 550 公亩，设立八班。

1978 年，农场投资 1.29 万元，征购原杨庄大队耕地 184.42 亩，扩建盐田 1280 公亩，设立盐场九、十班；增加投资 10.36 万元，增加复晒盐滩面积 400 公亩。

1979 年，再次扩建盐田 4500 公亩，增加盐滩面积近 1 倍，当年生产原盐 1.08 万吨，比 1978 年增产 4080 吨，增收 9.63 万元。该年设立盐场十一班、十二班、十三班，新建房屋 74 间。

1980 年，又扩建盐田 3400 公亩，总面积达 1 万公亩，年产原盐 8500 吨。设立盐场十四班、十五班、十六班、十七班，新建房屋 16 间。到 1980 年年底，盐场累计生产原盐 7.29 万吨，当时每吨原盐价格为 159 元。

1981 年，扩建盐田 1500 公亩，设立盐场十八班、十九班。全年生产原盐 2.4 万吨，盈利 18 万元。

随着生产技术的不断创新，当时出现原盐产量逐年大于社会所需的现象。1983 年，盐场生产原盐 6042 吨，年创产值 14.38 万元。到 1984 年，盐场的生产能力已达年产原盐 2.5 万吨，农场对其限产为年产原盐 5000 吨。1985 年，依然维持限产 5000 吨的规模，当年产值为 14.15 万元。

二、达到高峰阶段

为充分利用当地盐业资源，1986 年，以原盐为主要生产原料的纯碱厂在寿光北部动工兴建，随即带动了当地原盐产业新一轮发展，加之塑苫法生产原盐技术的推广应用，极大促进了农场盐业的产能提升，至 1992 年，盐场的原盐总产量达到 5.3 万吨，创造产值 424.3 万元，其中一级优质盐为 3.7 万吨，达到了盐场发展的新高峰。

大型纯碱厂的开工建设，很快拉动了寿光盐价的上涨。1986 年，盐场扩大了原盐生产，当年生产原盐 8000 吨，比 1985 年增加 3000 吨。盐场只用半年时间便完成全年指标，当年创造产值 144 万元，是上年度的 10 倍多。

1987 年 6 月，经原寿光县人民政府同意，在原有盐田 1 万公亩的基础上，农场计划扩建盐田 3.5 万公亩，将其命名为第二盐场。当年投资 52 万元，恢复第一盐场旧滩 3700

公亩，实际新建盐田 3000 公亩。

1988 年 6 月，盐场上半年完成新建盐田 7500 公亩。上半年已生产原盐 1.01 万吨，比 1987 年同期增长一倍。农场下设的第一、第二两个盐场，全年生产原盐 3.03 万吨，比 1987 年增产 5890 吨，产值达 262.6 万元，上缴利润 23.9 万元，产值、利润分别比 1987 年增长 67.8％和 174.7％。1989 年，农场的原盐产量达 3.5 万吨，同比增长 8.6％。全年工农业生产总值达 1010 万元，比 1988 年增长 12％，其中盐业贡献功不可没。

1990 年，盐场年产原盐能力可达 5 万吨。到这一年，农场附近发展有卫东盐场、菜央子盐场、第一联营盐场、第二联营盐场、第三联营盐场、第四联营盐场、羊口镇盐场等 8 家较大规模盐场。

由于一直沿用传统的制盐工艺——平滩晒盐法，盐场自建场以来，原盐产量始终处于极不稳定的状态，遇上干旱年份，每公亩产量最多可达 2.5 吨，一旦遇上降水较多的年份，每公亩产量则降至 1 吨左右。特别是 1990 年春季，降雨多达 21 次，降雨量达 647 毫米，致使盐场 2.7 万公亩盐田只生产原盐 8800 吨，造成巨额亏损，给农场带来沉重经济负担。为改变这一现状，农场决定采用塑苫法晒盐新工艺。1991 年，新增的 900 公亩塑苫盐田，生产原盐 7700 吨，创造产值 111.6 万元，公亩单产 8.5 吨，比平晒滩公亩全年增产 5.5 吨，每公亩多创产值 797 元。事实证明，塑苫滩成本低，效益高，具有很大推广价值。

1992 年初，盐场在原有 900 公亩塑苫盐田的基础上，新建塑苫面积 1600 公亩，仅用两个月时间就投入生产。盐场塑苫面积达到 2500 公亩，收到巨大的经济效益。公亩单产 14.7 吨，比平晒滩每公亩增产 5.3 吨，年总产原盐 5.3 万吨，产值达 424.3 万元，其中一级优质盐 3.7 万吨。

1993 年，盐场原盐产量 4.27 万吨，其中塑苫法生产原盐 2.96 万吨，而当年销售原盐 3.1 万吨，产值 337.1 万元。由于原盐滞销，1994 年，盐场调整生产计划，当年生产原盐 2.7 万吨。次年 8 月，农场决定，第一盐场撤滩 4 副，保留 7 副，面积为 5053 公亩。第二盐场撤滩 2 副，保留 4 副，面积为 5230 公亩，保留盐田总面积为 1.03 万公亩，全年生产原盐 2.6 万吨。

三、理性调整阶段

到 1995 年年底，寿光全市共有市属盐场 3 个，即菜央子盐场、卫东盐场、岔河盐场；联营及其他盐场有 11 家，即羊口镇盐场，清水泊农场盐场，一、二、三、四联营盐场，杨庄、卧铺、道口、岔河、侯镇联营盐场，系统内共有原盐生产企业 14 家，原盐产能出现过剩。根据产业形势，农场及时进行调整。

1996 年，农场将第一盐场以西的 8、9、10、16、17 号盐田，共计 510 亩土地承包给杨家围子村，签订为期 20 年的承包合同，由杨家围子村改造成耕地种植农作物。该年，盐场计划产原盐 2 万吨，而实际生产 1.87 万吨，完成计划的 94％。1997 年，盐场生产原盐 2.15 万吨，创造产值 200 万元。

1998 年，原盐价格大幅下跌，每吨售价为 80 元，有时更低，上半年盐场经营出现较大亏损。农场不得不进行调整，一是压减原盐产量，二是改革盐业生产方式，由集体经营改为个人承包，采用投标、拍卖等形式，把盐业机械一次性折旧卖给个人使用。当年盐场集体产盐 5000 吨，创收 40 万元。

1999 年，根据盐田承包后的实际情况，在原有承包合同的基础上，重新签订盐田承包合同，将承包期限延长 10 年。当年生产原盐 7500 吨，总收入 57 万元。2000 年生产原盐 1 万吨，2001 年原盐生产 5 万吨，收入 30 万元。这一年，农场先后投资 20 多万元，对盐田生产技术进行提升改造，提高全场 1.2 万公亩盐田使用塑苫工艺占比率。

2002 年，盐场新上塑苫盐田 3000 公亩，全场年产原盐 2.3 万吨，比 2001 年增长 40％。同时，引进资金 56 万元，在三分场新建高标准盐田 2300 公亩，实现利税 30 多万元。

2003 年，加大投入，进一步提升塑苫盐田占比率，全场 1.2 万公亩盐田有 80％的面积采用塑苫工艺，全年生产原盐 5000 吨，同时提高了原盐产量和质量。同年，场属杨家围子村投资 6 万元，对 1000 公亩村办盐田进行改造，新上塑苫 800 公亩，年产原盐 5000 吨。

2004 年，农场投资 20 多万元，继续提升塑苫盐田的占比率，原盐产量达 1.4 万吨，实现产值 230 万元，同比增长 360％。当年招商引资 80 万元，在三分场建设占地面积 2000 公亩的盐田一处，并全部使用塑苫工艺。2005 年，农场把原来废弃的两副盐田，共计 1500 公亩进行修复，其中 1000 多公亩盐田采用塑苫工艺，年产原盐 1 万吨。

2006 年，农场积极抓好原盐生产及盐田的技术改造，先后投资 20 多万元，使全场 2.2 万公亩盐田中采用塑苫工艺的面积达到 65％。2006 年原盐产量达 3.5 万吨，实现产值 234.5 万元；2007 年全场 2.24 万公亩盐田，原盐生产 5.3 万吨，实现盐业化工产值 1000 万元。

2009 年，农场继续将原有盐场采用招标方式，整体对外承包租赁经营，经营体制的转变，既保证了农场的经济收入，又最大限度地提高原盐产量，原盐生产又上新台阶，全场 2.24 万公亩盐田，生产原盐 6.2 万吨，采盐业成为农场第二产业的主业。2010 年，农场原盐生产又获丰收，全年生产原盐 6.3 万吨。2011 年，原盐生产再获丰收，在盐田面积不变的情况下，原盐产量达到 6.4 万吨，创造了年产盐量的新高度。2013 年，原盐生产基本稳定，原盐产量为 4.5 万吨。

2012 年，农场在抓好原盐生产的同时，又合作开发溴盐，当年溴素产量达 300 吨，原盐产量达 5.5 万吨。为充分利用卤水资源，上级主管部门出台政策，要求溴盐必须联产，就此，农场将盐场整体对外承包，从 2013 年起，未再统计原盐生产情况。

第二节　石油开采业

一、油区管理

20 世纪 80 年代初期，中国石油化工股份有限公司胜利油田分公司，经过多次勘探，确定寿光羊口镇八面河村周围地下蕴藏大量石油。经上级部门批准，获得开采资格，于 1986 年正式成立石油开采队伍，石油开采工作由此展开。开采期间，积极对周围地区进行勘探。发现寿光清水泊农场域内地下也蕴藏大量石油（图 2-4-1）。

图 2-4-1　农场土地上的油田开采

为便于开展工作，1986 年 5 月，中国石油化工股份有限公司胜利油田分公司，决定将地区勘探及石油开发项目整体承包给江汉油田。同年 6 月，江汉油田成立了清河会战指挥部（本指挥部隶属胜利油田分公司清河采油厂）。

1986 年，国营寿光清水泊农场四大条田土地被油田征用。1988 年，油田实现年原油生产 100 万吨的能力。1989 年，达到最高产量 91.6 万吨。1989 年 12 月，撤销会战指挥部，改为采油厂建制，在清水泊农场共打油井 142 口，开井 83 口，打水井 6 口，占地 426 亩。国营寿光清水泊农场大力支持油田建设，认真协调油田与地方关系。油田开采指挥部积极修建道路，方便运输的同时也为当地居民提供了交通便利，以此达到双赢目的。

（一）管理机构设置

2003 年，随着油田规模不断发展，寿光市政府成立油区管理办公室，国营寿光清水泊农场副书记、纪委书记李振华，负责协调油田和农场的关系。清水泊农场领导参与协调。

2005 年 2 月 28 日，国营寿光清水泊农场成立油田开发政策处理领导小组，李振华任组长，毛国太、邵军任副组长。成员有：常茂明、晋来明、刘永海。领导小组主要工作任务是：协调处理好油田开采与当地关系，做好本场职工、外来承包户的工作，确保油田开发正常进行。在不违背国家政策前提下，争取农场利益最大化，严格执行市政府有关文件，依法办事，协调处理好涉及土地纠纷的油田开发工作，严禁接受油田开发单位的个人吃请及礼物馈赠。

（二）双方关系处理

中国石油化工股份有限公司胜利油田分公司，在清水泊农场石油开发以来，占地面积逐年增加，由此引起的工农矛盾和纠纷逐渐增多。特别是实行联产承包责任制和两费自理以后，农场职工与土地利益关系直接化，增加了关系处理的难度。

1986—2019 年，农场领导和相关机构及时为承包户兑现补偿款项，为油田的生产和生活提供了有力的保障。1986 年开发时，指挥部、油建处、供应处等单位设在农场，农场为其提供使用土地、房屋等。

2000 年 11 月 27 日，寿光市油区管理办公室与江汉油田物探处第四指挥所签订《野外施工补偿合同》。江汉油田物探处应清河采油厂要求，在寿光市菜央子盐场、卫东盐场、清水泊农场、卧铺乡等地进行冬季野外地震采集工作。根据国家地震勘探法的有关规定，结合寿光市具体情况，经寿光市油区办与江汉油田物探处协商，签订以下施工补偿合同规定：

1. 炮眼补偿费　在麦田内 15 元；在白茬地内 10 元；在盐池畦埂处 40 元；在盐池 50 米范围内（池埂除外）15 元；在废弃土地内 10 元。

2. 线路补偿费　根据山东省施工青苗补偿规定：麦田青苗补偿 1200 元/亩×60％＝

720 元；白茬地补偿 700 元/亩×30％＝210 元；荒地、无收益土地不予补偿；盐田池畦埝线路补偿按麦田补偿标准执行。

3. 补偿结算方法　由施工单位与受损害单位直接结算，施工过程中所造成的损害，应于当日结清补偿。施工单位要严格遵守国家有关规定和地方法规做到安全施工、文明施工，不得损坏地方有关设施，包括水井、盐井、桥涵及水利设施等，建筑物 60 米范围内严禁放炮。施工过程中，严禁施工车辆超范围行驶，如违规行驶，所造成的损失由施工单位自负。施工单位在盐田内施工时，禁止用重型炸药，一律用轻型炸药，如违规作业，造成的损害由施工单位负责。

2001 年，清河油田采油厂水电安装公司投资 660 万元，占地 1200 亩，建设氯化钙化工厂项目。经农场领导协调，为第一分场接上油田使用的电力。

2003 年 10 月 25 日，国营寿光清水泊农场，制定《关于清河采油厂在农场范围内进行油田开发相关工作协调意见》（下以简称《意见》）。《意见》明确如下：

今后，凡涉及油田开发、勘探、打井定位的协调工作，包括巨淀湖分场、王庄分场、清水泊农场总场"普三"路以北，"普四"路以南，及农场职工耕种的土地，一律委托寿光市油区管理办公室负责协调。

农场总场"普四"路以北的土地，绝大部分由杨家围子村村民，及卧铺乡郭井子村村民长期承包耕种。为便于协调，维护社会稳定，确保清河采油厂油田开发的顺利进行，经场班子扩大会议研究，凡涉及油田开发与农场土地承包户的任何事宜，完全委托卧铺乡油区管理办公室负责协调。

2011 年，随着油田开发的拓展延伸，农场遇上了新的发展机遇，对此，清水泊农场积极配合油田开发，以互惠互利方式，带动农场的经济发展，增加农场经济收入。2011 年，仅油田开发一项就给农场带来百余万元的收入。

二、环境保护

农田开垦和环境保护一直受到上级领导和场办的重视。尤其是 1986 年，油田开发以后，对环境保护更加重视。1986 年下半年，清水泊农场成立了环境管理机构。清河采油厂积极配合环境保护工作，制定了一系列环境管理制度。

2009 年至 2016 年 11 月 2 日，中国石油化工股份有限公司、胜利油田分公司清河采油厂，分别印发《清河油区油地工作协调管理规定》（清河采油厂〔2009〕57 号文件）和《清河采油厂环境保护工作实施细则》，其主要目的是加强和规范清河油区、油地关系，统一协调油田生产过程中污染防治措施，有效防范和妥善应对环境事件，减轻或消除环境事件造成的危害和损失，创造和谐有利的生产和生活环境。

针对在油气采集、运输过程，钻井、管线穿孔，清罐以及设备运转，废水、废气、固体废物运输过程中，作业及其他工程施工中，不断产生油气污染等问题的环境污染防治工作，油地协调管理办公室规定：一是在油气采集、运输过程中产生的废水、油泥砂等及时治理；二是钻井、作业等废液、废物治理与施工作业同步进行；三是各采油管理区必须使用专业开采队伍，设环保专职管理员。

2016—2021年，根据河长制办公室的要求，油区积极落实辖区内的河长制工作，成立了河长制领导小组和河长制办公室，明确责任人，具体负责辖区内的河长制工作，对辖区内河流、沟渠排污口全部封堵，及时消除环保安全隐患。

第三节　面粉加工及其他行业

一、面粉加工业

农场能够生产粮食后，不再完全依赖外部供应，不少口粮需由自身加工生产。为此，农场建立本场的粮食加工作坊，但加工方式比较原始落后，主要依靠畜力与人工，采用推碾拉磨的方式生产。1979年，农场购置5台磨面机，到场安装后随即开始加工粮食，从而结束了以往人推畜拉加工粮食的方式。每日加工粮食量达到1万斤，是原来日加工量的50倍。

20世纪80年代，是农场大力发展粮食加工业的阶段。新建面粉加工厂房，购置新型面粉加工机械。1980—1985年，连续6年增加磨面机36台。投资40万元，新建面粉加工车间288平方米，配有较为先进的高频筛、振动筛、打麦机、去石机、选磁机、洗麦机、磨粉机、高放筛、刷麸机、风机闭风器、输送及其他配套设备，全部采用150运、三筛一打一去石、两磁一选一洗麦、四皮三心制粉新工艺，日加工量达6万斤。

1986年，面粉加工厂加工粮食500万斤，1987年增加至600万斤。1988年，加工面粉保持在600万斤左右，这不但保障了全场干部职工的口粮供应，而且对外加工服务创造效益6000元。1989年之后，面粉加工量大幅下降，当年加工粮食150万斤，获利5万元。1990年，上半年加工面粉55万斤。1991年，上半年实现粮食加工46万斤，创产值12万元，商业营业额8.9万元，运输收入4万元。

1991年之后，农场的粮食加工业根据面粉厂的运营情况，对其生产经营形式进行了调整。1992年，加工面粉200万千克。1993年，加工面粉28.5万千克，营业收入10.47万元。之后实行承包经营，粮食加工与营销由承包方自行决定，场方不再做经营情况统计。

除面粉加工厂外，农场还于1980年购置1台碾米机，用以解决农场自产部分稻谷的脱壳问题。1981—1985年，先后购置碾米机17台。2014年11月，农场购进大米加工设备1套，日加工稻谷8000斤，解决了农场自产稻谷与谷子的脱皮问题，为创设本场优质稻谷品牌打下了基础。

二、红砖制造业

烧制红砖，是农场凭借自身丰富的土地资源特征，试图打造自身优势的另一产业，曾一度经营十分红火，成为农场重要经济来源之一。

1980年，城乡建设快速发展，建材需求十分旺盛。1980年11月，农场与原寿光县建设委员会签订协议，在农场二分场营子沟以东、八米沟以西、普四路以南联合建设砖厂一座，场名为寿光县砖瓦厂清水泊分场，由车间主任孙玉田主持砖场工作。后来，寿光县砖瓦厂迁至侯镇郭家洼，清水泊分场保留不动，仍属农场之分场。

1984年10月，农场在三分场建设砖厂1处，当年竣工并正式投产。1985年，砖厂生产红砖600万块，创产值24万元。1986年，红砖产量550万块，产值23.5万元。

1987年，砖厂生产红砖1000万块。与此同时，农场在狠抓红砖生产的前提下，瞄准建材市场，利用留成资金新上水泥预制设备，当年建设，当年投产，当年见效。

1988年，砖厂生产红砖1183万块，比上年增产183万块，总产值达79.4万元，上缴利润9万元，产量、产值和利润分别比上年度增长18.3%、81.2%和50%。1989年，砖厂升格为正科级单位，总场成立路管基建科。当年生产红砖1250万块，创产值105万元。

1990年，农场加强了经营管理，在保证质量的前提下，狠抓"双增双节"和产品销售工作，上半年连创三个历史同期纪录，即生产红砖440万块，销售330万块，创造产值39.6万元，年产红砖1200万块。

1991年，生产红砖1200万块，销售收入达93.8万元。1992年，生产红砖1120万块，销售957万块，销售收入89.3万元。1993年，生产红砖831万块，销售收入69.4万元。1991—1993年，砖厂创造产值254.9万元，完成利税35.5万元。

1993年之后，红砖的生产量总体呈下降趋势，1994年生产红砖890万块。1999年，生产红砖350万块，创收42万元。2001年，生产红砖300万块，产值40万元。2004年，生产红砖 350 万块，实现产值 63 万元，同比增长 60%。

2005 年，砖厂对外承包经营，决定到期后，不再提供土场，只承包场房、设备，承包期 3 年。2006 年，生产红砖 300 万块。2007 年，生产红砖 400 万块，实现产值 68 万元。

之后，由于红砖烧制不符合国家的产业政策，农场自觉遵守上级相关规定，主动关停了红砖烧制业务。

三、其他产业

（一）棉花加工

农场于 1983 年购进新型 90 片锯齿轧花机 1 台、脱绒机 1 台，分成轧花、榨油、脱绒、锅炉 4 个车间，年加工皮棉 250 万千克。产品有皮棉、棉种、棉籽饼、棉籽油、棉油皂等。在生产经营上，形成收购——加工——销售一条龙生产方式，年均创利 100 万元以上。

1984 年、1985 年，农场又分别购进轧花机 1 台。该机械设备能很好地将籽棉上的纤维与棉籽分开，同时把一定数量的不孕籽、尘土等杂质排除，得到较为洁净的皮棉和一定含量的棉籽，为下年度播种打下基础。

（二）油料榨制

农场榨油厂始建于 1980 年。从 1980 年开始，农场连续 6 年每年购置 1 台 200 型榨油机，共计 1788 马力，逐步形成具有一定规模的榨油厂。

1988 年榨油厂进行技术改革，加强经营管理，提高出油率，增加加工量，年榨棉、豆油 10 万斤。

2014 年，新上榨油设备 1 套，日处理大豆 2000 斤左右。形成日加工大豆 2000 斤的榨油能力。

第五章　经营管理

第一节　经营综述

1953 年，农场创建后，本着边垦荒边建设边改造的方针，有步骤有计划地开发清水泊一带。1954 年，农场修筑一条防潮坝，用以阻挡海潮南侵，为改造盐碱荒地、建设房屋等创造了条件。当年，农场严格遵照中央提出的"边垦边建，自力更生，积累资金，扩大再生产"的建场方针，加强经济核算，降低成本，增产粮食，积累资金，支援工业建设。

到 1961 年，农场拥有耕地 1.15 万亩。1962 年，农场拥有职工 302 人，粮食播种面积 1.05 万亩，粮食总产为 34.95 万斤，单产仅有 33 斤。经济作物 57 亩、油料作物 760 亩，产量都很低。全场总产值为 9.3 万元，人均产值 296 元，全年亏损 16.72 万元。

1965 年，《关于改革国营农场经营管理制度的规定（即十六条）》的贯彻落实，使各项经营管理规章制度进一步充实完善，生产建设进入健康发展的轨道。"文化大革命"开始后，动乱的局面使农场的经营管理遭受到严重干扰与冲击，正常生产难以进行，财产物资大量流失，经营效益下滑。

1970 年，组建山东生产建设兵团，继续贯彻"以粮为纲、多种经营、全面发展"的方针，财务管理实行"自收自支、结余留用"的政策，加大了土地改良治理力度。这一时期，人员、机械、生产能力等都有较大发展。

1974 年年底，"兵团"撤销，1975 年 1 月，恢复农场体制，并移交给原寿光县管理，土地、房屋、机械、设备等物资财产移交当地政府，财务计划及基本建设、劳动指标同时划归地方管理。农场当年粮食播种面积为 2.34 万亩，总产量达 568.27 万斤，粮食单产243 斤，全场总产值达 91.40 万元。

党的十一届三中全会后，农场坚持以经济建设为中心，以经营管理为重点，以提高效益为目标，推行财务包干制度，实行定额上交，推行生产责任制，实行责、权、利相结合，改变了高度集中的管理模式，扩大了经营自主权，着力于经济结构调整，推广技术应用，挖掘潜力，充分发挥农场优势，改单一粮食种植为多种经营，确立了"以棉花为主，粮棉并举，林牧副渔全面发展，农工商贸综合经营"的方针。逐步把农场建成农工商一体化、产供销一条龙、全面发展、综合经营的联合企业。全面系统地进行经济体制改革，本着"精干、高效"的原则，重新设置管理机构，实行各行业生产责任制，其中，农业生产责任制经历了由不联产到联产，由联产奖赔到联产承包，由垫支生产、生活成本兴办家庭农场到实行两费自理成为真正意义上的家庭农场的过程，形成了大农场套小农场的经营格局。到 1983 年，农场的棉花种植面积扩大至 6500 亩，当年生产籽棉 260 万斤，皮棉总产达 45 万斤，当年实现利润 15.4 万元，彻底摘掉了长期亏损的帽子。此后，棉花种植成为当时农场与职工的主要经济来源。

1984—1993 年，个人承包生产，即家庭农场生产经营资金、生活资金全部由农场借支和垫付，家庭农场的产品全部上交，由农场统一加工或销售，然后从上交产品款中扣除垫付的资金。由于部分职工出现未全部上交产品，即将部分农产品私自出售，造成部分家庭农场出现挂账现象，致使总场形成坏账，造成资金紧张。1994 年，对家庭农场实行两费自理，自主经营，产品自行销售处理。

后来，由于本场退休职工增多，部分人员年龄逐年偏大，农场的土地逐渐向种田能手集中，因而承包大户增多，为减少频繁变动，农场将承包期延长，多数在 5 年以上，有的承包时间更长，承包费用每年年初上交。

为发挥自身资源优质，实现以农为主，多业并举的格局，农场兴办了盐场、面粉加工厂、红砖厂等多个第二产业项目。

20 世纪 90 年代，农场以经济建设为中心，调整产业结构，推进产权制度改革，建立产权明晰、权责明确、政企分开、管理科学的现代企业制度。在农业上，采取土地承包，收取租赁费，实现合同管理的办法，家庭农场实行自主经营，自负盈亏。在第二产业上，采取租赁、承包等形式，进行改革，对盐场、砖厂等进行招标承包经营，从而降低了风险，提高了生产效率，增加了收入，实现了国有资产的保值增值。

第二节　计划与统计

一、计划

1953 年，建场之前，上级便对农场的垦荒范围、面积，区域内的道路、水利、房屋等设施进行了规划。农业技术人员对土壤的改良、耕作的方式、房屋的建设等诸多方面制定了方案。后来，制定各种作业和人力、畜力工作定额、材料用量、农产品成本核算、机械作业成本定额等。制定了农场计划管理暂行办法规定。1963年，农场编制了发展总体计划。后来在总体规划的基础上，制定了阶段性目标，如分段作业计划、成本计划、库存材料计划、采购计划、流动资金定额计划等。

1975年制定劳动工资计划和规定。1977年，编制"六五"规划，明确自下而上编制、自上而下审批的程序，形成计划网络。但此5年规划，不少内容脱离实际，多数内部未落实。

1979年，实行财务包干，打破了指令性计划为一统的格局，采取指令性与计划相结合的管理办法。根据各行业生产发展的需要，经综合平衡后，制定生产财务计划，下达产量、产值、利税等指标。

1980年，按各单位前3年平均生产水平加上一定幅度的递增率下达任务，结果出现"鞭打快牛"的现象。

1988年，随着改革进程的不断深入，农场的计划工作逐步弱化，指标体系大量简化，大部分内容仅作为指导性指标。到1994年，指令性责任指标、承包指标代替计划指标，农场不再做系统计划。

2000年后，农场已无整体计划，间或有单项阶段性、短期项目性计划，农场走向合同式管理，农牧副渔生产全部以家庭为经营单位，工业以租赁、承包等形式运营。农场只按合同收取约定的费用，年初仅做一个财务收支预算，计划管理时代结束。

二、统计

统计是对某一现象有关数据的搜集、整理、计算与分析。可帮助人对其形成某种认识，以指导针对这一现象的工作。农场的统计工作自建场之日起随即开始。统计的内容也由少到多，从垦荒数量、播种面积，到生产进度、物资消耗等情况都记录在案。

1956年，农场出台相关规定，对统计工作进行系统的规范，对各原始统计数据与业务报表的填写和上报程序进行了明确规定。

1958年，农场的统计范围进一步扩大，除了生产方面的农林牧副渔、工商交建外，党政工团、科教文卫与人口等方面也被纳入了统计范围，建立了相应的统计报表制度，明确了不同内容填报时间，并要求数据真实准确，资料完整翔实。

1963年，上级有关部门下发文件，对农场统计工作做出指导，明确了统计工作的程序。"文化大革命"开始后，农场的统计工作受到干扰，不少内容未做记录。1978年，统计工作进入正轨，当时此项工作隶属生产科，各分场生产队及工副业单位都设有兼职统计员。

1984年，随着联产、承包到家庭农场的体制形式变化，统计方法也做了相应改变，对产品、产量、作物成本等数据采用抽样调查的方法完成。

1989年，统计工作隶属场长办公室，设有专职计划统计员，各分场（厂）设有兼职统计员。统计资料与财务决算资料都成为农场经营决策的重要信息来源。

1992—1995年，统计工作隶属财务科。1996年，统计工作隶属生产科。2002年统计工作划归农场办公室。

第三节　人员与工资

一、人员构成

相对其他农垦企业而言，清水泊农场的人员构成相对复杂。创建之初，作为劳改农场，其组成人员主要是管教干部与服刑犯人。成立生产建设兵团时期，部分现役军人与社会青年加入其中。恢复农场体制后，所属干部职工的来源趋于多元化，不少领导干部是从外单位调入，技术人员多来自大中专院校，职工是社会青年，后来也有少量职工子女在本场就业。进入21世纪，随着生产效率的提高，经营方式的变化，农场在职员工日趋减少，人员构成更趋多元。

1953年，农场建立时，人员由三部分构成，一是来自公安与部队的管教干部；二是来场进行劳动改造的服刑犯人；三是极少量后勤保障人员。之后，又有少量农业技术人员调入农场，对本场的农业生产进行技术指导。

1956年，由来自原寿光县的共青团员与先进青年，成立昌潍地区共青团集体农庄，后来成为清水泊农场的一部分，他们大部分成为农场职工，是农场建设的重要力量。

1962—1974年，济南、青岛、淄博等地的知识青年相继到场，其中一部分成为农场骨干，大部分于1976年回原籍工作。兵团撤销后，1975年7月，经原寿光县劳动部门批准，农场从各公社招收亦工亦农合同工600人，以充实职工队伍。1976年5月，又从丰城等6个公社招收136名预约工，用以补充盐场用工问题。

1980年12月，根据山东省下达的《关于国营农林牧渔场圃工人调动及职工子女就业问题的通知》精神，农场招收61名老职工（工龄20年以上）的子女进场工作。

1981年，寿光县农业委员会批准关于清水泊农场20年以上工龄干部职工家属户口转场的请示，解决了部分职工子女及家属的户口问题。同年12月，农场落实政策，招收老职工子女 10 人进场工作。

1988 年 2 月，经寿光县劳动局批准，从农村招收 250 名临时工，充实盐场职工队伍。

二、工资制度

农场干部、职工的工资制度在不同的时期有很大不同，在体现多劳多得原则基础上，农场的分配制度日趋合理，干部、职工的工资得到不断提高，特别是改革开放后，农场人的收入增速越来越快，增加幅度越来越大。

（一）20 世纪 80 年代前，收入维持较低水平

从建场到改革开放初期，农场人员的工资收入一直维持在较低水平，收入多年未有大幅增加。

1953—1970 年，在负责改造服刑人员，以及成立"五七"干校时期，管教干部的工资待遇实行供给制，劳改人员不发工资。组建生产建设兵团时，现役军官享受国家供给待遇，其他各级领导享受干部待遇，兵团战士发放生活津贴。

场内职工的工资，经上级批准，于 1953 年全部改为薪金制。1956 年，进行工资改革，实行等级工资制。农场执行三类工资区标准。对农牧工人按照技术标准评定工资等级，干部逐步实行职务工资制。改革前，人均月工资为 36.05 元，改革后，人均月工资为 44.15 元，增长了 22.47%。

1962 年 3 月，农场对机工实行部分计件计时与奖励相结合的办法。规定将机车组全年工资提出 20% 摊入各项作业，以确定计件单价。非作业时间发计时工资。

1963 年，实行"四包一奖"工资发放办法。即包工作量、包耗油指标、包修理费、包利润。节油按油料价格的 30% 计奖。修理费节省按 10% 奖。超利润按 20% 奖。

1964 年，实行工资制度改革，在全场农牧林业工人中，取消等级工资制，实行评工记分，按劳分配，同工同酬。机务、修配、机电、加工技术工人及其他技术工人仍执行技术工人等级计时工资制度。

1971 年 12 月，根据山东省下发的《关于调整部分工人和工作人员工资的通知》规定，农场对职工工资进行调整。于 1957 年年底前参加工作的三级工、1960 年年底前参加工作的二级工、1966 年年底前参加工作的一级工和低于一级工的工资，分别上调一级，人均增资 3.6 元。于 1957 年年底前参加工作的二级工、1960 年年底前参加工作的一级工和一级工以下人员的工资上调两级。

1972 年 9 月，山东生产建设兵团四团，根据山东省劳动局 1964 年 8 月编印的职工工

资标准，对全团各工种职工进行工资调整，统一标准，达到同级同薪，人均增资 4.2 元，职工月均工资为 37.6 元。现役军人和兵团战士发放生活津贴，人均每月发放 5.6 元。

（二）改革开放后，薪资进入上升通道

改革开放后，农场的经营状况实现扭亏为盈，个人的工资收入开始逐步增加，但为更好体现多劳多得原则，农场个别岗位人员收入出现不稳定现象。

1980 年 9 月，根据（79）国发 70 号文件规定，农场为职工晋升一级工资，人均增加 6 元左右。10 月为职工调整工资区类别，农场执行四类工资区标准。

1983 年，农牧工工资标准均改为全省通用标准。1985 年 7 月，职工由现行工资标准套改全国工人工资标准。农场执行五类工资区标准。1985 年后，农场农业单位实行家庭农场联产承包责任制，包干到户，自负盈亏。工副业单位实行优化组合，竞争上岗，工资与单位经济效益挂钩。

1987 年 12 月，农场制定《关于百分之三的晋级和适当解决企业职工工资问题升级方案》，对符合条件的干部职工上调了工资。1988 年 7 月，进行职称改革。同年 9 月，根据山东省企业工资改革精神，提高部分中年专业技术人员的工资待遇。

1989 年 7 月，农场职工浮动工资标准，由工人工资 36 元、干部工资 37 元统一调为起点 39 元。同时适当为企业中年专业技术人员晋升工资。1990 年 1 月，根据上级关于调整企业工资工作的实施意见，确定了增加标准工资的范围、增加标准工资的指标和方法、增加标准工资的资金来源，为 225 人增加了奖励工资，月增资总额为 2475 元。为转正定级的在职职工晋升一级工资，人均月工资增加 8.9 元。

1990 年 1 月，农场成立技术工人考工定级、晋级领导小组，并成立 5 个行业的考评委员会，制定《清水泊农场技术工人考工定级晋级试行工作方案》，其目的是为更好地贯彻按劳分配的原则，把技术工人的工资同本人劳动贡献、技术水平紧密联系起来，逐步清除现行工资分配中存在的"大锅饭"现象。1991 年 5 月，考试、考核合格 39 人，之后为他们调整了工资待遇。1991 年 10 月，农场按照调整企业职工工资标准，为员工调整了工资，起点由 39 元调为 45 元。

1992 年 10 月，为政工专业人员晋升了工资，月增资总额为 468 元。12 月，职工晋升了工资，人均月增资约 6 元。11 月 26 日，农场发布《劳动工资制度改革试行办法》，要求：一是实行全员劳动合同制，依法签订劳动合同；二是全面考核，竞争上岗；三是按劳分配，多劳多得。

1993 年 4 月，启用 3％奖励工资晋升工资办法，为部分工作热情高、贡献大的职工晋升了半级工资。1994 年 1 月，在职及离退休职工纳入社会统筹，职工所增长工资均计算

为缴费工资。12月，农场执行三类企业中档工资，工资起点标准为85元，人均增加88.8元。

1996年10月，农场出台《关于后勤管理人员岗位职责及工资待遇的有关规定》，对后勤管理人员开始执行全额工资、半额工资、岗位低工资指标和工资自理（自己交保险、上交管理费）等形式的管理模式，以此发放后勤不同岗位人员的薪金。

1999年，农场职工的工资起点标准由90元调为120元，人均增加116元。

2000年3月，在用工方面，打破各种身份界限，实行合同化管理，按劳定酬。6月，实行工资改革，转岗人员减发工资，自理人员自交社保，上交管理费用。

（三）进入新世纪，人员工资快速增长。

进入21世纪，农场人员的收入快速大幅增长

2001年，职工工资起点标准由120元调为130元，人均增加22元。2002年4月，制定农场管理及后勤工资发放标准，工资发放采取基本工资加奖惩的办法。正场级月工资2500元，副场级1800元，助理员1008元；中层正职月工资最高868元，最低830元，中层副职月工资最高764元，最低740元；一般人员月工资最高714元，最低644元；半脱产人员月工资最高437元，最低200元；修路工月工资最高350元，最低300元。全场累计月工资总额为44067元。奖惩工资根据个人职责，即工作量大小、工作业绩及工作完成情况，年终经场办公会批准后执行。

2004年，参照潍坊市有关规定，全场人均增资90元，并增加艰苦地区补助。

2005年7月，场领导班子研究决定，原则上不再为班子成员增加基本工资。后勤管理人员分两个档次增加基本工资，一是管理后勤发全额工资的、农业一线的队长按基本工资的15％增加工资；二是管理后勤不发全额工资的、农业一线的副队长等按工资的5％增加工资。

2016年，农场根据上级关于国有企业工资调整有关规定，对全场干部职工的工资待遇分别进行调整。包括中层正、副科长及一般人员每月普遍上调500元；场长、副场长、场长助理每月增加1000元。

2017年6月28日，农场按照上级有关部门要求，参照全省平均基数5297元，根据场里经济实际情况，决定最低基数调整为5500元。并按照比数，上调正科以上人员基数，一般人员（包括正科、副科级）工资每月统一上调300元，场级领导工资每月统一上调500元。

2018年1月8日，农场根据工会工资集体协商意见，经研究决定，一般人员工资上调200元，为每月4500元，中层正职岗位工资上调700元，副职上调500元，班组长上

调 200 元，蔬菜办公室人员工作补助暂保持 100 元不变。

2019 年 6 月，农场上半年平均绩效工资为 5500 元，正科级增加 500 元，副科级增加 300 元，班组长增加 200 元，其他职工发 2500 元生活补贴。10 月 10 日，农场按照寿光市国有资产管理局核定的 2018 年高管薪酬发放标准和总额，制定了薪酬方案，基本年薪从 8.8 万~11 万元，绩效年薪从 11.13 万~13.92 万元，薪酬合计 19.93 万~24.92 万元。12 月 20 日，经研究决定，2019 年平均奖励绩效工资为 5000 元，在绩效奖励基础上，中层正职上浮 600 元，副职上浮 400 元，班组长上浮 300 元，自理人员发放 2800 元生活补助。

第四节　福利与保险

一、社会保险

1994 年 7 月 5 日，全国人大常委会通过《中华人民共和国劳动法》，规定自 1995 年 1 月 1 日起，建立社会保险制度，设立社会保险基金，使劳动者在年老、患病、工伤、失业、生育等情况下获得帮助和补偿。

1995 年 1 月，农场将职工离退休费纳入社会统筹，社会化发放达 100%。

2002 年 7 月，农场将离休职工纳入全市医疗保险体系，医药费在规定范围全额报销。

2004 年 1 月，将退休职工纳入寿光市医疗保险体系，实现医疗统筹。农场共有离休退职工 864 人。

2006 年，由总场直接负担新增的职工养老保险金、医疗保险金，总计 49.8 万元。2008 年，农场为职工缴纳"五险一金"，企业应缴纳部分共计 135 万元。

2011 年，根据寿光市政府下发文件规定，农场为职工实际缴纳"五险一金"，企业应缴部分全部由总场缴纳，共计缴纳 224 万元。

2012 年 1 月，农场按国家政策规定比例，为自理收入职工缴纳养老、医疗、失业、工伤、生育保险金和住房公积金。2013 年，农场大幅提高了职工"五险一金"缴费基数。

2015 年 7 月 6 日，农场经研究调整"五险"基数，按照寿光市调整基数比例为 10.5% 的方案进行调整。7 月 22 日，农场决定工资补差补齐从 2005 年 4 月开始至今的工资，自理人员的自理费每月加 300 元，至 2015 年 12 月止。

2016 年 7 月 7 日，农场将当年"五险一金"缴费基数调为全省平均基数，按职位分级调整。住房公积金以养老保险缴费基数为参考进行调整。2018 年，农场再次大幅度提高职工"五险一金"缴费基数。

二、福利待遇

农场职工福利一直参照国家有关规定执行。正式职工享受公费医疗、病假、事假、妇女产假。因工因病死亡后供养亲属享受抚恤金、丧葬费、一次性救济费。

1983年12月，为方便职工，农场自办食堂、学校、卫生室、医院、幼儿园、理发室、图书室等场所为干部职工提供服务。

1985年12月，根据（85）鲁劳管字092号文件，农场为杨显龙等7名在20世纪60年代初精简退职人员办理按月发放生活补助费的手续。

1986年9月23日，农场下发《关于调整职工洗理费标准的通知》，对干部职工的洗理费标准进行调整，即由原来的男每人每月1.60元、女每人每月2.40元，调整为男每人每月4元、女每人每月5元。

1987年3月12日，农场决定对全场离休老干部的大豆、食用油供应标准相应提高。在每人每月口粮定量之内，供应3斤大豆，食用油在定量以外增加豆油1斤，价格与定量供应相同。

1989年8月18日，农场下发《关于调整夏季防暑降温和洗理费用标准的通知》。对从事一般高温和经常露天作业的职工，其防暑降温费在原来9元标准的基础上调整为18元；从事一般作业的职工（含机关科室人员）在原6元标准的基础上调整为12元。草帽费在原1元标准的基础上调整为2元。男性洗理费，在每人每月4元标准的基础上调整为4.6元，女性每人每月调整为5.4元。在职的大专毕业或取得中级（含中级）以上技术职称且工作满18年的知识分子，每人每月发放5元图书补助费。

2001年3月，为改善职工福利待遇，提高职工的经济收入，农场成立"一会三部"，即职工参议理事会、职工理财工作部、职工家务工作部、职工福利待遇工作部。

2001年，农场根据上级对医疗卫生制度改革的有关精神，对全场各类人员的医疗费用制订了新的方案。规定在职承包人员的医疗费用原则上自理，但年医药费超过5000元以上的部分，场里可酌情报销；管理后勤人员的医药费根据工龄长短给予补贴，并随当月工资发放；退休人员的医药费每月补贴30元，每季度初把本季度的医药费发至个人，如因重病住院医药费较高者，场里可酌情增加补贴；离休人员的医药费原则上全额报销，但一年内医药费超过1500元以上的部分，可根据总场收入情况，予以报销。

2004年1月，农场专设老干部科，成立老年活动中心，离退休老干部享受住房、医疗、体检、旅游等待遇。

2005年1月14日，农场领导班子研究决定，对7名困难职工进行救济，每人补助200～300元。特困职工8户，享受寿光市民政局的低保政策。2006年，减免由职工个人负担的义务工、教育附加费、兵役费、绿化费等费用。职工福利费人均达到900多元。

2007年10月，农场为在职职工投入住房公积金21万元。2008年，职工福利费年均达1300多元。2009年1月5日，农场为干部职工发放春节物资，祝贺节日。

2011年，对未承包土地的职工予以生活补助。男年满58岁、女满48岁，以及因病丧失劳动能力的职工，每人每月发放生活补贴600元。其余年龄达不到相关条件的，每人每月补助300元。全场在职职工福利人均达2800元，当年为每位在职职工发放生活补贴3000元。

2013年12月，农场完成土地增减挂钩、危房改造项目，实现异地安置职工78户，原地安置222户。

2014年，对未承包土地的职工继续给予生活补助。男年满58岁、女年满48岁，或因病丧失劳动能力的职工，每月生活补助的标准提高至900元，其余未达到相关条件的，每人每月发放生活补助的标准提高至700元。此外，在场内成立爱心救助基金，资金来源于场里经济收入拨付、工会会费和职工自愿捐助。启动之初场里一次性拨付50万元，工会会费拨入2万元，职工捐助2.88万元，共计54.88万元。此后视情适当持续地拨入资金。救助基金主要用于救助场内困难职工。

2015年4月，提高职工每月生活补助标准，将前期确定的生活补助标准分别调整到1000元和1200元。积极开展走访慰问和困难救助，累计发放各类慰问金、救助金11万余元，其中场内爱心救助基金发放6万余元。

2017年1月5日，农场决定对职工困难户进行救助，具体办法分三类情况实施。一是确实有大病的（癌症），一次性救助3000元。二是住院花费多，其中自付2万元以上的（含2万元），一次性救助3000元；自付1万元以上，2万元以下的（含1万元），救助2000元；自付3000元以上，1万元以下的（含3000元），救助1000元。三是生活确实困难的，一次性救助500元。

2018年，农场职工就医、居住、养老等福利水平明显提高。走访慰问在职职工80岁以上父母，走访慰问省劳动模范、寿光好人、烈军属、干部遗属，"七一"和重阳节期间，走访慰问老干部、老党员、困难党员。走访慰问困难职工及家属，每户发放困难救助金1000～3000元不等。

2019年，在原来发放的基础上，干部职工的各项福利待遇都所提高，如工会经费按在职职工每人1000元拨入工会账户，中秋节为每位干部职工发放价值400元以上的过节物资。

第五节 财务与审计

一、财务管理

（一）管理体制

建场之初，农场主要任务是改造服刑人员，财务由总场集中管理，无系统成本核算。

1960年，农场财务实行三级管理二级核算，即总场、分场、生产队三级实施管理，由总场与各生产队进行核算。之后，实行过三级管理三级核算，不过只有数年时间，随后恢复以生产队为基层核算单位，进行三级管理二级核算。

1970—1974年，即在生产建设兵团时期，实行团、营、连三级管理，团、连两级核算。1975年1月恢复农场体制后，仍实行三级管理两级核算。

1985年，农场在联产计酬的基础上推行大包干责任制，创办了家庭农场，核算体制相应变为三级管理三级核算，即总场、分场、生产队三级，此时分场成为经济实体，进行全面核算，生产队改为统计核算，家庭农场在生产队的指导下建立台账，核算生产成本和收益。

1990年，农场逐步实行放权搞活，给予各级单位相应的经营自主权，家庭农场实行自主经营，单独核算，定额上交，自负盈亏。

2000年后，随着经济体制改革的进展，核算体制相应变化，对租赁承包、股份制企业实行在总场指导下的自主经营、独立核算，农场对其进行合同管理。对农业和其他企业单位实行分级管理，分级核算，定额上交。

2002年，账务集中到总场计财科，由计财科代理记账。

（二）管理办法

建场之初，生产资料由上级供应，分配方面实行供给制，农场没有系统的成本管理办法与制度。

20世纪60年代中后期，农场实行"五定一奖"计件工资，即定耕地面积、定管理人员、定成本收入、定劳动力与农机具，以此确定职工工资。

1979年，农场执行"国营农场五项财务制度"，国家对农垦企业实行财务包干，农场实行定额上交，自负盈亏。

1980年，农场将各单位占用的流动资金、固定资金实行有偿使用，按照银行贷款利息收取占用费，固定资产归口管理，坚持谁使用、谁管理、谁受益。建立经济活动分析和财务检查制度，每季度进行一次。

1981年5月，根据山东省农业厅有关文件，农场实行"独立核算，自负盈亏，盈利不交，亏损不补"。

1982年1月，农场出台《关于财务包干和生产责任制的试行草案》。决定实行统一经营，专业定包奖赔，推行生产责任制，实施财务保障等。4月，与各经营单位签订财务包定合同。为扭亏增盈，加快建设步伐，以合同的形式落实生产责任制。8月，下发《关于财务、保管人员业务工作守则（试行）办法》，从现金管理、报销发票、记账规则、填制凭证、凭证审核、账薄运用、成本核算等21个方面，对财务、保管人员的业务工作进行了规范。

1985年，改生产队核算为分场核算，生产队指导家庭农场做好统计核算。

1987年，执行国家财政部、农牧渔业部新颁发的财务会计制度，提取的奖励基金计入成本。家庭农场生产、生活费用由农场垫支，产品统一交农场。垫支费用从产品中扣回。4月，下发《关于生产挂账随职工调动转账的通知》，要求本场职工凡在场内进行工作调动，本着"账随人转"的原则对其生产挂账，由调出单位分欠款年度与其核对清楚，由欠款本人签字，然后以转账通知书转入调入单位，由调入单位按户（人）设置账户，分年度登账。

1988年1月，印发《农场事业费管理的几项规定》，决定各项事业费计划表格和结算表格，严格按照财政部、农牧渔业部1986年颁布的《国营农场财务会计制度》执行。

1993年，执行国家财政部、农业部颁发的农业财务会计制度，记账方法改为借贷法。

1994年1月，制定《关于深化改革中有关问题的补充规定》，对家庭承包土地的职工上缴利润问题做出规定。凡承包土地的职工，必须在当年2月底前先上缴全部承包费用（上缴总场利润、分场管理费）的三分之一。场内存款单职工超过2000元，双职工超过4000元的承包土地的职工，可缓交2月底前上交的部分，但是到10月底前一次交清全部承包费用。

1995年，对家庭农场实行两费自理，农场不再给予垫支。

1999年，出台《关于费用开支的有关规定》，要求各项费用开支，一律采取先写报告审批，待批准后方可支出的办法，未经审批支出者，后果一律由个人承担。

2019年11月，制定《关于差旅费报销的规定》，要求出差时高铁乘坐二等座、飞机乘坐经济舱、轮船乘坐经济舱，出租车费在寿光市外据实报销、市内不报销，住宿费原则为380元/天，标准间，不超过寿光市财政规定的据实报销。

（三）成本核算

农场初创时，场内没有正规体系的核算办法，生产区设统计员，按播种面积作简单统计，作为农场计算成果的依据，费用按面积分摊。后来生产单位设立成本账，各产品直接成本纳入账内归集，共同生产费、企业管理费按直接费用总额百分比分摊。各项作物产品成本管理制度和成本定额进一步完善细化，农产品成本按作物种子、化肥、农药、人工、畜力、机械作业费、工具费等来核算。

如1962年，当时全场职工302人，耕地面积1.01万亩，粮食总产34.95万斤，单产为33斤。经济作物种植57亩，油料作物播种面积760亩，农场的工、农业及总产值见表2-5-1。

1980年后，农场各单位自主经营、自负盈亏，定额上交，或按合同上交。成本定额成为一项指导性措施，不再作为考核指标。农业采用对家庭农场随机抽样调查统计的办法估算各作物产品成本。

2000年后，总场只对各单位管理费用进行定额控制和考核，对生产经营进行指导和服务。

表2-5-1 农场的工、农业及总产值一览表

年份	总产值（万元）	农业产值（万元）	工业产值（万元）
2020	2104	2013	63
2019	1960	1844	82
2018	1744	1649	67
2017	1357	1208.5	133.9
2016	1199.6	1070	116
2015	1370	1204	155
2014	1211	897	306
2013	938.7	683	249
2012	799.5	574.5	218
2011	506	456	45
2010	871	619	248
2009	821	664	150
2008	716	577	132
2007	742	617	118
2006	699	618	76
2005	612	535	72
2004	525	379	136
2003			150.6
2002	416	294	98

（续）

年份	总产值（万元）	农业产值（万元）	工业产值（万元）
2001	391	308	55
1999	331	238	55
1998	345	227	106
1995	517	207	298
1988	961	473	418.7
1987	256.2	152.51	103.69
1986		175.2	
1978	90.1	73.1	17
1977	81.4	60.7	20.7
1976	79.2	71.3	7.9
1975	83.3	75.6	7.7
1974	73.99	66.4	7.59
1973	99.4	99.4	0
1972	61.1	61.1	0
1971	49.65	49.65	0
1970	36.12	36.12	0
1969	18.6	18.6	0
1968	23.5	23.5	0
1967	24.1	24.1	0
1966	14.57	14.57	0
1965	27.69	27.69	0
1964	15.91	15.91	0
1963	14.13	14.13	0
1962	12.4	12.4	0
1961	15.7	15.7	0
1960	25.7	25.7	0
1959	21.8	21.8	0

注：此表内容仅为场方财务统计数字。

二、审计管理

根据上级要求，1990年，农场成立财务审计小组，设有专职审计人员，对场内实行审计监督。有时配合上级财政、审计等部门开展一年一度的财税物价方面的检查工作。农场制定了有关内部审计工作的暂行规定，对审计工作的任务、人员的职责、工作的范围、方式与程序等内容做了明确规定。6月，农场对内部财务、库存物资、食堂账目等进行审计检查，对发现的问题提出了整改意见。

1993年，审计组与财务科合并，设有专职审计人员，财务检查与财经法纪审计结合进行，财务分析与经济效益审计同时开展。4月，总场对各分场财务进行历时10天的检查，对全场所属单位的生产经营财务、生活管理财务两个方面进行检查。发现的主要问题：一是盘点之日现存金额超过场规定；二是账目记录不规范；三是有自行坐支现象；四是记账原始凭证有个别报销单据没有业务经手人签字；五是记账不及时现象。5月，下发《关于加强现金管理有关补充规定》，对现金管理提出具体规定。6月，农场财务科对固定资产、更新改造基金、固定资产报废处理等进行审计检查。

1998年，调整了审计的职能范围，定期不定期检查核算单位会计凭证、账簿报表；对财务、计划、预算及合同的签订和执行情况进行调查、取证，并提出对违纪事项的处理意见。

2000年，农场改制，审计业务由企业与财务科共同办理，增加了对二级单位应收项的坏账情况、库存材料物资的盘亏及固定资产出售报废情况的审计，清产核资，摸清家底，为农场主要领导的经营决策提供资料。

2002年12月，配合上级审计部门对农场固定资产及所有账款、账目进行审计，理清及审计全场应收往来账款。

2017年3月，上级审计部门对农场财务、物资进行全面审计。2019年9月，农场要求所有总场物资盘点造册，加强仓库物资管理，规范物资出入库，加强车辆管理，维修保养前必须申报，按照申报项目进行。规范财务管理，账实相符日清月结，每年至少抽查6次财务账目。

第六节　物资及管理

建场初期，农场成立采购、运输、保管3个物资保障小组。保管组负责生产物资管理，物资供应主要为开荒建场服务，以工具设备与建筑材料为主。物资采购由主管部门统一负责，根据全场需用计划分期采购，重要物资由上级协调。由于当时对经济核算重视不够，物资管理不科学，因此农场花钱向上要、亏损向上报、采购大一统、闲置有不少。

20世纪60年代后，农场耕地面积逐年扩大，为适应农业生产及基本建设的需要，农场需用物资大量增加，其中农药、化肥等农业生产物资占很大比例。各生产单位（队）结合年度生产财务计划，编制物资需求计划，定期不定期对库存物资进行清点，即清仓查库，年终以报表形式向主管领导报告物资收支结存情况，以便制定下年度物资采购计划。

1970年，农场实行军事化管理，组建生产建设兵团后，团部设供销股、财务股等，统配物资由兵团组织供货，二类产品物资由所在地区供应，各单位每月申报物资需求计划，由主管首长同财务股、供销股审核，供销股统一办理，按计划供应。

1974年12月，生产建设兵团撤销，次年1月恢复农场体制，由供销科负责生产物资管理，南仓库改为生资站。总场供应农业单位生产资料，统配物资由生产队提出申请计划，如化肥、农药、种子均按作物种植计划供应，生资站组织采购，按生产部门批准指标供应，零星物资由生产队直接购买。

1984年，农场实施大包干、兴办职工家庭农场。科学种田成为家庭农场致富的主要手段，农药、化肥需求量大增，同时又增加了农用塑料薄膜等生产物资。重要农用物资实行综合价格分配供应，各分场、生产队对家庭农场进行产前、产中、产后服务，形成一体化服务网络。

1987年7月，农场下发《关于个人占用场内物资作价给个人有关规定的通知》，对农用物资的作价范围、作价标准、作价办法和时间、收款办法、注意事项五个方面做出规定。

1988年2月，农场制定《场规场纪》，规定物资管理人员，不准利用工作之便私自占用、送人、以劣换优、以少充多。要账物相符，违者除追回物资外并给予处罚。因管理不善物资损坏、霉烂等，要酌情给予罚款和处分。总场购进的一切紧缺物资和材料，不经场长同意一律不准随意出售。各部门使用的设备，只有使用权和管理权，不经场长批准，不得以任何借口和方式买卖或转借。一切公用物资（除专用工具外），任何人不得以任何借口带回家。任何人不经批准，不准使用公家设备、材料给个人或他人做私活。

1994年，农场改革进一步深化，实行职工家庭农场承包经营两费（生产费用和生活费用）自理，家庭农场可自行购买生产资料。随着个体生产资料商店的快速增多，农场原有的物资站、生资站在激烈的市场竞争中步入低谷。物资站、生资站于1997年11月合并。1998年底，生资站与粮站合并。2001年底，粮油生资公司停业。

1994年3月，农场报废处理旧农具。如一分场机务队，车辆农具固定资产原值30.02万元，累计折旧为19.2万元，净值10.81万元。

1998年7月，对盐田的生产经营采取对职工公开招标承包，所有盐田承包给个人经营，盐业机械拍卖给个人。9月，对全场房屋进行估价，出售给住房户，全场400余户，900多间房屋全部售给个人。

2002年3月，晨鸣集团对农场托管经营，农场机构不变、财务独立、资产不变、人员管理权不变、班子不变、人员待遇不变，而生产、经营权交由晨鸣集团管理。

2005年11月，农场决定出售杨庄办公楼。由潍坊正德资产评估所对杨庄办公楼等资产进行评估，评估资产为98.37万元，最终以101万元出售。

中国农垦农场志丛

第三编

组织机构

中国农垦农场志丛

第一章　农场党组织

自 1953 年 1 月建场（原山东省第四劳动改造总队，对外称"山东省地方国营清水泊农场"）以来，农场党组织建设不断加强，党员教育、党风党纪不断完善与发展，每年都有一批优秀分子被吸收到党组织内，特别是党的十一届三中全会召开以来，农场党组织建设得到进一步加强。农场各级党组织在带领全场干部职工进行经济建设和精神文明建设中，都发挥了坚强的战斗堡垒作用。

第一节　农场党的组织建设

1953 年 1 月，山东省地方国营清水泊农场成立，同时，建立党支部，在山东省公安厅劳改局党总支领导下，负责所属人员的思想政治工作。

1955 年 5 月，第四劳动改造总队改名为第四劳动改造管教队。1957 年 5 月，山东省第四劳动改造管教队撤销，改为刑满释放就业人员专场，由山东省劳动教养所迁驻。至1958 年 12 月，清水泊劳教所党支部至少拥有党员 32 名，他们多是 1949 年前参军入党，后由部队转隶至山东省公安系统工作的干部，负责管理在清水泊农场进行劳动改造与教养的人员。

1970 年 7 月，在清水泊农场基础上，成立山东生产建设兵团一师四团，隶属于济南军区领导。同时建立团党委，党委下设政治处，着手组建营、连党组织。全团下设 3 个党总支、13 个党支部，共有党员 120 人，张甦任兵团一师四团团党委书记、政治委员，郝宗周同志任团党委副书记、团长。

1974 年 12 月，生产建设兵团一师四团撤销，恢复农场体制，经中共潍坊地委研究决定，成立中共国营寿光清水泊农场临时委员会。1975 年 1 月，农场党组织正式开展工作。中共国营清水泊农场临时委员决定，成立巨淀湖、种羊场、王庄分场 3 个总支委员会，下设巨淀湖分场等 18 个党支部。11 月 6 日，经原中共寿光县委研究决定，成立中国共产党国营寿光清水泊农场核心领导小组，张绪益任组长，侯延禄任副组长，成员有宋焕文、刘恩恕、郝本成。

1976年2月，中共国营寿光清水泊农场核心小组，向上级党委请示成立农场党委。12月，农场党组织调整为3个党总支、18个党支部，拥有党员207名。1977年10月，经中共寿光县委研究决定，成立中国共产党国营寿光清水泊农场委员会，由张绪益、侯延禄、宋焕文、黄礼碧、常俊玉、王佐庆、郝本成共7人组成，张绪益任书记，侯延禄、宋焕文为副书记，其他为委员。之后几年，随着企业的改革发展，组织机构有所调整。

1978年2月，原中共寿光县委研究决定，取消种羊场党总支和王庄分场党总支，同意建立种羊场和王庄分场两个党支部，由王佐庆任王庄分场党支部书记。4月26日，经上级组织研究决定，由赵森林任种羊场党支部书记、场长。8月，任命李茂华为农场党委书记，丁世钦同志任党委副书记。取消五连、六连、畜牧连、七连、八连、九连、种羊场、分场部8个党支部，农场党委所属党支部总数由原来的18个减少为12个，党总支数量减少为1个。至1981年，党支部数量再次调减，辖属11个党支部，拥有党员193名。

1986年4月，经上级组织批准，农场增设砖厂党支部，由牟文恩同志任党支部书记。农场辖属党支部增加为12个。1987年2月，经上级组织批准，农场增设总场机务队党支部，孙立修任机务队党支部书记，农场党委所属党支部数量增加为13个。

1987年6月10日，农场实行场长负责制，上级任命常连海为农场场长，免去其党委书记职务，由赵森林任党委书记，韩宝贵任农场纪委书记。至1988年7月9日，上级又任命常连海为寿光县清水泊农场党委书记。

1988年11月，经上级研究决定，撤销盐场党支部，同意建立第一盐场、第二盐场两个党支部，曹尊堂任第一盐场支部书记，孙奎岳任第二盐场支部书记。农场基层党组织由13个党支部增加为14个。到1990年底，全场建有1个党总支、14个党支部，拥有党员180人。

1994年1月，农场党委下属有一分场党总支委员会，由马锡庆任书记。有第一、二、三、四生产队党支部，一、二、三分场党支部，第一、二盐场党支部，砖场党支部，农场直属机关党支部和杨家围子党支部，共计12个基层党支部。伴随经济建设的发展，农场基层党组织时有增减。1995年1月，农场党委研究决定，增建开发区居委会党支部委员会，由韩宝贵任书记，高华国任副书记。1996年8月，投资60万元筹建河蟹育苗场，任命李乐新为蟹苗场党支部书记。

2002年3月，寿光市政府研究决定，农场由晨鸣集团托管经营，场牌子机构不变、财务独立、资产不变、班子不变、人员管理权不变，生产、经营权由晨鸣管理。2004年2月，上级组织任命晨鸣集团王志军同志为农场党委书记。

2005年10月，中共国营寿光清水泊农场委员会研究，决定撤销第一分场党总支，调整为党支部，撤销一、二、三、四队及分场部党支部，分别调整为党小组。

2014 年 4 月，成立林场管理办公室党支部，辖林管办、蔬菜办两个党小组，张黎明任党支部书记。2016 年 2 月，经上级组织批准，林业管理办公室党小组和蔬菜管理办公室党小组分别改建为党支部，张黎明同志任蔬菜管理办公室党支部书记，王曰俭同志任林管办党支部书记。2017 年 7 月，按照寿光市委组织部、老干部局通知要求，经农场党委研究决定成立清水泊农场离退休干部党支部。

2019 年 3 月，农场杨家围子村党支部划归羊口镇党委领导。至 2020 年 10 月，清水泊农场党委辖有 7 个党支部，139 名党员。

第二节　农场历届党代会

中国共产党的代表大会分为：党的全国代表大会、党的地方各级代表大会和党的基层代表大会。党的基层代表大会，是党在基层组织的最高领导机关。

多年来，在上级党组织的领导下，清水泊农场在 1980 年召开了第一届党的代表大会（以下简称"党代会"），从此，农场党组织工作日趋完善正规，截至 2020 年年底，清水泊农场共计召开 6 次党代会。

1980 年 11 月 13 日，清水泊农场第一届党代会召开，出席代表 40 人（图 3-1-1）。大会通过李茂华所作的《加强和改善党的领导为加速四化建设而奋斗》报告。大会选举李茂华为书记，丁世钦、韩宝贵、孙乐友为副书记，郝本成、常俊玉、赵森林、杨国太、王讯彦为委员。出席此次会议的 40 名党员代表，是从全场 188 名党员中选出的。

1984 年 11 月 8 日，农场第二届党代会召开，出席代表 39 人，代表全场 158 名党员参会（图 3-1-2）。大会选举产生新一届党的委员会，马汉杰当选为书记，韩宝贵为副书记，赵森林、高华国、孙乐友、徐冠三、张允福为委员。

1987 年 6 月 19 日，农场第三届党代会召开，出席代表 41 人，代表全场 156 名党员参会。会议通过赵森林所作的工作报告；大会选举赵森林为书记，赵世祥、韩宝贵为副书记，常连海、高华国、孙乐友、徐冠三为委员；大会选举产生新一届党的纪律检查委员会，韩宝贵为纪委书记，孙乐友、徐冠三为委员。大会还选举产生了出席寿光县第七次党代会的农场代表：常连海、张盛炳、赵相华。

1990 年 3 月 2 日，清水泊农场第四届党代会召开。出席代表 43 人，代表全场党员175 名参会。会议通过了张琴伍所作的工作报告；选举产生新一届党的委员会，张琴伍为党委书记，常连海、韩宝贵为副书记，赵世祥、高华国、徐冠三、孙乐友为委员；大会选

图 3-1-1 清水泊农场第一届党的代表大会合影

图 3-1-2 清水泊农场第二届党的代表大会合影

举韩宝贵为纪委书记，孙乐友、徐冠三为委员。

1994年7月18日，清水泊农场第五届党代会召开，选出代表50名，实际到会49名，代表全场195名党员参会。会议选举张绳贤为党委书记，李振华为副书记，李昌军、徐冠三、孙奎岳、王西君、王光勋为委员。会议听取场纪委工作总结报告；通过张绳贤所作的工作报告，选举李振华为纪委书记，毛国太、邵军为纪委委员。

2016年8月30日，清水泊农场第六届党代会召开。会前，充分发挥了民主，尊重选举人的意见和民主权利，严格按照党章规定的程序办事。代表候选人预备名单都是先经过反复酝酿，经所在单位党组织多数党员同意后提出的。初步名单提出后，各选举单位都对代表候选人预备人选在各方面的表现进行了认真考察，特别是对代表在坚持党的路线、方针、政策和政治路线、遵纪守法等的表现情况进行了严格审查，没有发现任何问题。各单位在选举代表过程中，从酝酿候选人预备名单，到最后选举正式代表，都严格按照《党章》和《基层党组织选举工作暂行条例》规定的民主程序，在广泛听取各方面意见的基础上，召开全体党员大会，以无记名投票方式，按20％的差额选举产生了农场第六次党员代表大会的代表。

这届党员代表是从全场153名党员中选出的43人，当选代表都是农场各方面的领导骨干和优秀分子，在建设农场、创新发展农场中做出了突出贡献。其中，一线党员10名，占比23.3％；管理岗位党员代表11名，占比25.6％；妇女代表2人。大会审议通过李昌军同志所作的工作报告；选举产生了中共清水泊农场第六届委员会。

图3-1-3 清水泊农场第六届党的代表大会合影

表3-1-1 农场历任党委书记、副书记委员统计表

职务	姓名	性别	任职起止时间	备注
核心小组长	张绪益	男	1975—1977.9	
副组长	侯延禄	男	1975—1977.9	
成员	宋焕文	男	1975—1977.9	
成员	刘恩恕	男	1975.1—1977.9	

（续）

职务	姓名	性别	任职起止时间	备注
成员	郝本成	男	1975—1977.9	
书记	张绪益	男	1977.10—1978.4	
副书记	侯延禄	男	1977.10—1978.8	
副书记	宋焕文	男	1977.10—1978.8	
委员	黄礼碧	男	1977.10—1980.1	
委员	常俊玉	男	1977.10—1981.12	
委员	王佐庆	男	1977.10—1979.2	
委员	郝本成	男	1977.10—1981.12	
委员	孙乐友	男	1978.4—1980.11	
委员	杨国太	男	1978.4—1981.10	
书记	李茂华	男	1978.8—1984.10	
副书记	丁世钦	男	1978.8—1984.10	
副书记	王佐庆	男	1979.2—1980.3	
副书记	韩宝贵	男	1980.11—1994.6	
副书记	孙乐友	男	1980.11—1984.10	
委员	郝本成	男	1977.10—1981.12	
委员	常俊玉	男	1977.10—1981.12	
委员	赵森林	男	1980.11—1987.6	
委员	杨国太	男	1978.4—1981.10	
委员	王讯彦	男	1980.2—1981.11	
委员	麻相芹	男	1981.11—1983.11	
委员	高华国	男	1982.3—1994.6	
委员	张允福	男	1982.3—1986.1	
副书记	马汉杰	男	1983.1—1984.9	
委员	徐冠三	男	1983.11—1998.3	
书记	马汉杰	男	1984.10—1986.10	
副书记	韩宝贵	男	1980.11—1994.6	
副书记	赵世祥	男	1986.1—1987.9	
委员	赵森林	男	1980.11—1987.6	
委员	高华国	男	1982.3—1994.6	
委员	孙乐友	男	1984.10—1994.6	
委员	徐冠三	男	1983.11—1998.3	
委员	张允福	男	1982.3—1986.1	
书记	常连海	男	1986.10—1987.6	
书记	赵森林	男	1987.6—1988.7	
副书记	韩宝贵	男	1980.11—1994.6	
副书记	赵世祥	男	1986.1—1987.9	
委员	常连海	男	1987.6—1990.3	

（续）

职务	姓名	性别	任职起止时间	备注
委员	高华国	男	1982.3—1994.6	
委员	孙乐友	男	1984.10—1994.6	
委员	徐冠三	男	1983.11—1998.3	
书记	张琴伍	男	1989.2—1994.3	
副书记	常连海	男	1990.3—1992.11	
副书记	张绳贤	男	1992.11—1994.3	
书记	张绳贤	男	1994.3—2003.3	
副书记	李振华	男	1994.6—2018.5	
委员	李昌军	男	1994.6—2016.8	
委员	徐冠三	男	1983.11—1998.3	
委员	孙奎岳	男	1994.6—1998.3	
委员	王西君	男	1994.6—2016.9	
委员	王光勋	男	1994.6—2016.9	
副书记	田友龙	男	2002.3—2008.1	
书记	王志军	男	2004.2	
书记	丁汉亭	男	2012.9—2016.9	
书记	李昌军	男	2016.9至今	
副书记	李振华	男	2016.9—2018.5	
委员	胡振军	男	2016.9至今	
委员	常茂明	男	2016.9至今	
委员	崔小青	男	2016.9至今	
委员	张炳国	男	2019.12至今	

第三节　农场纪律检查工作

一、农场纪检机构建设

1985 年 7 月，组建农场纪检组织，由原中共寿光县委任命农场副书记韩宝贵兼任农场纪检委员。1986 年以后，农场在上级纪委的领导下，建立纪律检查委员会，配备专职纪委书记，协助同级党委抓好党风廉政建设、受理群众来信来访、处理本单位党员违纪，以及开展党风党纪教育，惩治腐败等工作，就此发挥重要作用。

1987 年 6 月 20 日，在清水泊农场三届党代会上，选举产生清水泊农场纪律检查委员会。新的纪委由 3 人组成，大会选举韩宝贵为纪委书记，孙乐友、徐冠三为委员。

1990 年 3 月 2 日，清水泊农场四届党代会选举韩宝贵为纪委书记，孙乐友、徐冠三为委员。

1994 年 7 月 18 日，清水泊农场五届党代会选举李振华为纪委书记，毛国太、邵军为委员。

2012 年 2 月，寿光市纪委第三纪检组监察室派驻农场。2014 年 2 月 11 日，经农场党委研究决定，成立农场纪委办公室，李振华兼任办公室主任。次年 2 月，寿光市委研究决定，市直部门不再设立纪委书记，农场纪委书记自行免职。同时，市纪委第二纪检组监察室派驻。

2016 年 8 月 30 日，清水泊农场六届党代会选举产生新一届纪律检查委员会，李振华任书记。2017 年市纪委第五纪检组监察室派驻。

2019 年 12 月，按照寿光市管企业、市属高校纪检监察机构改革会议精神，进一步充实纪检监察力量，设立农场纪委，设立监察专员办公室，内设纪检监察科、案件审理科。张炳国任纪委书记、监察专员。田彦梅任农场有限公司纪委副书记、纪检监察科科长。

二、农场纪检工作

1985 年，农场纪检机构成立后，为适应改革开放的需要，查处了一批违反计划生育政策的违纪事件。

1988 年 7 月，农场纪委对种羊场 1 名队干部组织纪律涣散，乱搞男女关系一事进行查处，对当事人做出停职检查，其间停发其工资，只发生活费。

为预防和纠正干部职工违法违纪问题，1988 年 8 月 18 日，农场制定出台《行政纪律处分的暂行规定》（以下简称《规定》）。《规定》对违反财经纪律，挥霍浪费，损害国家或集体财产；腐化堕落，道德败坏等诸多违法违纪行为做出规定，并明确相应处罚标准。

为纠正公款请客送礼、大吃大喝等歪风，1991 年 12 月 26 日，农场党委出台《关于坚决制止用公款请客送礼、纠正不正之风、廉洁从政的几项规定》，对于接待来访、因公出差等行为做出规范，明确了陪餐、住宿等费用标准。

从 1990—1994 年的 4 年间，农场纪委协助政法部门查处党内各类违纪案件 5 起，处分党员 4 人，其中开除党籍 2 人，党内警告、严重警告 2 人。

1996 年 3 月，农场纪委根据《中华人民共和国劳动法》，查处一批无视农场劳动纪律，擅离岗位，长期在外不归的职工。对 30 多人做出停止为其缴纳养老保险金，解除劳动合同的处理。

1997年3月，为加强党风廉政建设，努力做好反腐败工作，农场纪委制定下发《1997年反腐败工作实施意见》。

1998年9月，在场党委领导下，纪委查处个别干部私自出售农场为干部职工在城区建设的房屋，对当事人进行罚款和退还房款的处罚，并给予其行政降级的处分。

2000年，农场以实行场务公开，促进党风廉政建设。这一年，制定出台车辆管理使用、通信工具配备使用和制止公款吃喝等多项制度规定，大力压缩非生产性开支，将业务招待费等20多项职工最为关心的内容进行公开，并定期向职工代表大会报告，从而促进领导干部的廉洁自律。农场纪委一年接待群众来访13人次，只要符合政策规定，都得到解决落实，全年未发生一起集体上访和越级上访事件。

2004年，农场党委召开领导班子扩大会议，认真学习上级关于党风廉政建设的文件，决定把廉政建设列入年度整体工作目标，组织党员深入学习"三个代表"重要思想、《中国共产党章程》和《江泽民论党风廉政建设和反腐败斗争》等文件。在人事调整、工程建设、财务支出等重大事项决策中，严格执行民主集中制原则。在日常工作中密切联系群众，关心群众生活。从2004年起，投入30余万元，为全场在职和退休干部职工缴纳医疗保险金；投资102万元，新建98套职工宿舍，先后为34户职工解决了住房难题；投资11万元，改造了低压电线路；投资20万元，新打1眼水井，解决了干部职工的生活用水难题。

2009年3月9日，农场制定出台规定，要求党员干部全面贯彻党的十七大和十七届三中全会精神，严格执行党风廉政建设责任制；严格遵守党的政治纪律，维护党的团结统一；执行党的群众路线，做到到一线、到现场、到基层；落实"八个坚持、八个反对"，不断增加党性修养；认真落实"七项要求"，加强资产转让等重大事项的监督，防止国有资产流失。

2013年1月，农场纪委高度重视党风廉政建设和反腐败工作，在实际工作中，在土地承包经营和工程项目建设上，严格采用招标程序，力求公平、公正、公开操作；在财务支出上，逐级审核，严把签字关；在公务接待和公车使用方面，严格登记，严禁公车私用，严禁大吃大喝；坚持场务公开，接受各方面监督。

2015年，农场党委对党风廉政建设更加重视，1月份，成立以党委书记为组长的党风廉政建设领导小组。3月，对班子成员党风廉政建设岗位职责进行调整，决定由党委书记对全场的党风廉政建设负总责，确立为第一责任人，之后制定出台《建立健全惩治和预防腐败体系2015年实施意见》，以加大对党风廉政建设的工作力度。7月，针对身边存在的"四风"问题，农场开展"纠风专项治理"工作，以解决群众反映强烈的突出问题，化解基层矛盾纠纷，推进和谐企业建设。

为贯彻党的十八大和十八届三中、四中、五中全会精神，严格落实党风廉政建设责任制，2016 年 3 月，农场党委出台《建立健全惩治和预防腐败体系 2016 年实施意见》，以加强廉政法规制度建设，努力把权力关进制度的笼子。之后又制定了对巡查工作反馈意见的整改措施，以便党风廉政建设制度落到实处。对"为官不为"等严重官僚主义，又进行专项整治。

2017 年，农场党委继续加强党风廉政建设。4 月份，进一步完善领导班子成员党风廉政建设岗位职责制，对班子成员党风廉政建设的目标任务进行分解。借"两学一做"活动之机，开展"作风建设年"活动，以解决党员干部队伍中存在的问题，增加党组织的凝聚力和战斗力。

三、农场党风建设

对于党风廉政工作，农场自建场起，一刻也未曾放松，多数老同志对此印象深刻，但记录资料缺失。改革开放以后，农场党风建设更加严格规范。

1988 年 8 月 18 日，为预防和纠正干部职工违法违纪，农场制定出台《行政纪律处分的暂行规定》，对违反财经纪律，挥霍浪费，腐化堕落，道德败坏等诸多违法违纪行为做出规定，并明确相应处罚标准。

1996 年 8 月，农场做出规定：机关一般干部因公外出要乘公交车，原则不派车，场级领导干部因公用车须经办公室统一安排；因私用车必须经场长批准，并按规定收费；严禁领导干部、工作人员利用工作便利参加营业性歌舞娱乐场所；严格控制通讯、招待等方面的支出，干部所配备的"大哥大"，费用实行定额包干，每部每月费用不得超过 200 元，超出部分由个人负担。一系列措施的实施，加强了党员领导干部的作风建设。

1997 年 3 月，农场党委和纪委制定《1997 年反腐败工作实施意见》。

1998 年，农场不断加强廉政建设，深入反腐败斗争，这一年撤销副场级移动电话 1 部、家庭电话 1 部，处理小车 2 部，严格控制开支，降低办公用费，仅电费一项节支 8000 元。领导干部在住房、用车等各方面都没有发生违纪问题。

2001 年，农场认真落实上级《关于落实党风廉政建设责任制的实施细则》，成立以党委书记张绳贤为组长，纪委书记李振华为副组长的党风廉政建设责任制领导小组，并设立专门的办公室。建立了领导班子"廉政档案"，签订了党风廉政建设责任书，形成"人人受监督，人人抓落实"的局面。

2002 年 3 月，农场制定《清水泊农场 2002 年党风廉政建设和反腐败工作意见》，界定了党委班子成员的职责，建立了班子成员廉政档案，层层签订党风廉政建设责任状。11 月 10 日，场纪委组织全场 30 多名党员干部到潍坊科技学院参观寿光市委举办的反腐倡廉展览，以正、反两方面的典型警示教育大家。

2004 年，农场党委召开领导班子扩大会议，认真学习上级关于党风廉政建设的文件，决定把廉政建设列入年度整体工作目标，制定了《清水泊农场党风廉政建设和反腐败工作意见》。组织党员深入学习"三个代表"重要思想、《中国共产党章程》和《江泽民论党风廉政建设和反腐败斗争》等文件。在人事调整、工程建设、财务支出等重大事项决策中，严格执行民主集中制原则。在日常工作中密切联系群众，关心群众生活。

2005 年 9 月，在党员先进性教育中，农场党委制定了《党风廉政建设工作制度》，明确了廉政建设的组织领导、监督检查和相关责任，以确保党风廉政建设得到持续落实。

2008 年 10 月，农场根据中央下发的《建立健全惩治和预防腐败体系 2008—2012 年工作规划》，利用党团学习时间，开展宣传教育，要求每名党员做好学习笔记，写出 1000 余字的学习心得，并进行相互交流。

2013 年 1 月，农场成立新的廉政风险防控工作领导小组及工作机构，李昌军任组长，李振华为副组长，王西君等 8 名同志为组员，工作机构成员由李振华等 7 名同志组成。

2015 年，农场党委对党风廉政建设更加重视。1 月份，成立以党委书记为组长的党风廉政建设领导小组。3 月，对班子成员党风廉政建设岗位职责进行调整，决定由党委书记对全场的党风廉政建设负总责，是第一责任人，之后制定出台《建立健全惩治和预防腐败体系 2015 年实施意见》，以加大对党风廉政建设的工作力度。

2016 年 3 月，为贯彻党的十八大和十八届三中、四中、五中全会精神，严格落实党风廉政建设责任制，农场党委出台《建立健全惩治和预防腐败体系 2016 年实施意见》，以加强廉政法规制度建设，力争把权力关进制度的笼子。

2017 年，农场党委继续加强党风廉政建设，4 月份，进一步完善领导班子成员党风廉政建设岗位职责，对班子成员党风廉政建设的目标任务进行分解，出台《建立健全惩治和预防腐败体系 2017 年实施意见》。

四、查处农场违纪案件

协助党的委员会加强党风建设和组织协调反腐败工作，查处违法违纪案件是农场纪委的一项重要职责。

在 1988 年 6 月至 7 月，农场财务科 1 名出纳员贪污公款 1350 元。1989 年 7 月，场纪委领导与原寿光县检察部门查清事实，与这名出纳约谈。此人对所犯错误供认不讳，并退赔所有款项，组织决定给予其免予起诉，行政记大过处分。

1987 年，盐场进行为期两年的技改和扩建。其间，项目部分负责人违规违纪，收受贿赂，其中 1 名同志受贿金额达 1200 元，给农场带来较大经济损失，在干部群众中造成很坏影响。1990 年 12 月 2 日，经纪委查实后，农场决定给予 1 名同志行政记大过、2 人行政警告处分。

1989 年，农场建滩期间，有 2 名负责人收受贿赂，农场纪委与公安部门对其进行查处，最终 2 人被原寿光县人民法院判处有期徒刑 1 年 6 个月，缓刑 2 年。

从 1990 年到 1994 年的 4 年间，农场纪委协助政法部门查处党内各类违纪案件 5 起。此后，纪委在继续查处违反计生政策事件的同时，加大了对违反劳动纪律、作风不严、生活腐化等方面问题的查处力度。

1996 年 3 月，农场纪委根据《中华人民共和国劳动法》，查处一批无视农场劳动纪律，擅离岗位，长期在外不归的职工，对 30 多人做出停止为其缴纳养老保险金，解除劳动合同的处理。

进入 21 世纪，农场纪委在反腐倡廉方面做了大量工作，连续多年协助党委制定出台农场《建立健全惩治和预防腐败体系实施意见》。由于工作到位，农场未发生严重违法违纪案件。

五、纠正农场错案

20 世纪 80 年代初，农场党委根据上级指示精神，抽调干部组成政策落实办公室，对在"文化大革命"期间历次政治运动中，受到不公正对待的党员干部进行深入细致地调查。纪委工作人员本着有错必纠的原则，发现一件，纠正一件。对在"文化大革命"期间制造的冤假错案进行复查复议，一批错案得到纠正。

1983 年 3 月，遵照党中央、山东省和潍坊地区有关指示精神，本着实事求是、定性准确、处理得当、手续完备的原则，会同有关部门对大部分历史遗留案件进行复议。

1984 年 7 月，农场党委对 1 名在"文化大革命"期间被错划右派分子的人员进行改正，恢复其政治名誉，恢复原工资级别。

1986 年 11 月，根据中共山东省委办公厅〔1984〕30 号文件精神，为在"文化大革命"期间由历史原因被遣送回原籍的 30 名职工，补发了工资。

第四节　农场党员教育

从 20 世纪 50 年代建场之初，农场党委就十分注重思想政治工作，特别对党员教育尤其重视，这为带领全场职工完成各项劳动生产任务打下坚实基础。农场党员教育，主要以日常教育、集中学习和培训整顿等形式组织实施。

一、日常教育

日常教育主要通过"三会一课"制度，即以党小组会、支部党员大会、支部委员会与上党课的形式，对党员进行教育。党课的主要内容是学习党的基本知识与基础理论。

1960 年 4 月，农场党委将学习《人民公社若干问题的决议》、学习毛泽东思想和共产主义两个阶段如何过渡问题等作为"三会一课"的主要内容。

1966 年，"文化大革命"开始后，党员的日常教育工作受到极大影响，一度处于停顿或半停顿状态，到 1976 年"文化大革命"结束后，党员教育才逐步恢复正常。

1977 年 4 月，根据上级安排，农场总场党的核心小组带领党员深入开展学习《毛泽东选集》第五卷，提高广大党员运用辩证唯物主义理论，分析问题解决问题的能力。

1979 年 12 月，针对部分党员对党的十一届三中全会所确定的路线、方针、政策不理解、思想不解放，个别党员缺乏基本知识、不懂党纪党规、党员观念淡薄、作风不正、组织纪律性不强的问题，在全场党员中开展认真学习党的十一届三中全会和五届人大二次会议精神，统一党员思想，提高党员素质，确保党的路线、方针、政策得到贯彻执行。

1980 年 3 月至 8 月，农场党委要求广大党员，以"党的基本知识"、党的十一届五中全会精神和《关于党内政治生活的若干准则》为主要内容，认真开展党课教育。每名党员都要联系实际开展"五查"，即查执行党的路线，查入党动机，查党性锻炼，查自己思想、工作和作风，查党员的先锋模范作用等方面存在的问题，努力争做一名合格共产党员。

1982 年 10 月，农场党委发出学习、宣传党的十二大文件的通知，要求各级党组织迅速掀起宣传热潮，利用党团活动日，学习党的十二大精神。

1984 年，为做好党员教育工作，农场出台《思想政治工作制度》（以下简称《制度》），明确了思想政治工作的根基：就是通过进行共产主义教育，提高大家的正确认识，提高职工的政治素质，从而不断改造人生观与世界观。《制度》明确了思想政治工作的方法，即密切联系大家的思想实际，因人制宜，循序渐进，疏导为主，以理服人，使受教育者心情舒畅。提出必须坚持的几项制度：党委、支部每月至少召开一次思想分析会，分析包括党员在内的思想动态；党员干部每月要找1名重点人员谈心；党、政、工、团各级负责人定期走访职工及家庭；坚持"三会一课"，党员每月汇报一次思想。

1988年8月26日，根据党中央要求，清水泊农场党委决定，利用二至三年时间，在全场党员中开展社会主义初级阶段理论和党的基本路线教育。教育以党的十三大报告和中宣部编写的《党的基本路线通俗读本》《党的基本路线简明教程》为基本教材，用以解决党员思想不解放，改革承受能力差等问题。

当年物价上涨较快，社会分配不公，少数国家机关工作人员利用改革方案不完善而以权谋私的问题严重，引起部分党员干部思想混乱。为适应当时形势任务的需要，进一步加强思想政治工作，根据上级指示精神，1990年3月，农场党委研究决定成立"思想政治工作研究会"。张琴伍任会长，常连海、韩宝贵任副会长，孙乐友等6名同志任会员。研究会的主要任务是，了解、收集、掌握全场干部职工的思想动态，为党委制定教育计划提供依据。

1991年7月，农场组织党员干部进行党规党纪教育。7、8两个月，组织党员在每周六下午与每月15日进行学习。1993年，场党委经常组织学习相关文件，自觉抑制自由主义、官僚主义和拜金主义，提高党员干部的觉悟，并自觉同不良行为作斗争。

1994年6月，农场各级党组织分别召开一次以廉洁自律为主要内容的专题民主生活会，以落实江泽民总书记在中纪委第三次全会上的重要讲话精神和中央部署的反腐败斗争任务。同年6月，农场成立党员电化教育领导小组，由党委书记任组长。在次年3月，农场开始党员电化教育。这是在教育过程中运用投影、录音、录像、电影、电视、计算机等技术，传递教育信息，并对党员教育过程进行设计、研究和管理的教育形式，用以提高教育质量。在党员电化教育过程中，农场设立电教室，购置放像机1台、电视机5台以及28盘电教片，保障党员电教工作顺利开展。

1998年3月11日，农场党委发文，要求所属党员每周必须安排两小时以上时间进行学习，机关党支部安排在每周五下午3点至5点，基层组织可根据生产、工作等实际情况妥善安排时间，用以学习邓小平理论和党的十五大及十五届二中全会精神，以加强党员党性，改进党风，增强党纪。

2000年，农场利用每周党员活动日，组织党员干部学习党的基础理论，提高党员干部的思想素质和政治理论水平。学习《中国共产党章程》《中华人民共和国经济合同法》和场规场纪，提高党员干部驾驭市场经济的能力和遵纪守法的自觉性。学习身边典型王乐义，争做实践"三个代表"的模范，牢固树立共产主义世界观。

2001年4月27日，农场党委进一步明确，每月15日为党员活动日，每周五为党员学习日。各党支部书记、党小组长要认真负责，按规定的学习日组织党员学习，每月不少于2次，并及时向党总支及党支部汇报情况。基层各支部可根据生产、工作实际妥善安排学习时间，每次必须在2小时以上。

为增强党员先锋模范作用，2002年6月，根据寿光市委组织部要求，农场在全体党员中开展以"带头学习理论、带头执行决定……"为内容的"十带头"活动，以促进物质文明和精神文明建设健康发展。

2003年6月，在农场党员干部中开展"解放思想读书月"活动。学习以邓小平理论和党的十六大精神为主要内容，阅读社会主义市场经济理论、WTO基本知识、现代科技等相关书籍。

2005年9月，在党员先进性教育中，农场党委制定了《党员学习培训制度》。将党员坚持日常学习的时间安排、学习内容、纪律要求等做了规定。

2008年5月，全场党员缴纳特殊党费1.23万元，以实际行动支援四川地震灾区建设。6月，组织全场党员召开一次以"践行科学发展观，永葆党员先进性"为主题的党员组织生活会。生活会按照"一人谈、众人帮、逐个进行"的方式实施，要求每名党员根据生活会主题，开展批评和自我批评，找出自身存在问题和不足。

2015年1月，开展以践行"三严三实"为主题的专题民主生活会，以解决现实中存在的"四风"方面的突出问题。其间，收集到干部职工对领导班子的意见和建议共有25条，在专题民主生活会期间及会后不久全部得到解决落实。

2016年7月，成立"两学一做"学习教育领导小组。全场党员对照党章党规，对照先进典型，结合自身工作、思想和生活实际，召开以"两学一做"为专题的组织生活会。次年2月，农场党员开始"两学一做"专题组织生活会，对照学习方案，查找存在问题，开展批评和自我批评。4月，出台《关于在"两学一做"学习教育中加强过硬支部建设的意见》，以便"两学一做"教育制度化、常态化。7月1日、14日，农场开展"作风建设"专题民主生活会，要求党员干部主动作为、主动担当、依法作为。

2018年6月22日，农场党委召开专题民主生活会，认真学习领会习近平新时代中国特色社会主义思想，坚定维护以习近平同志为核心的党中央权威和集中统一领导，全面贯彻落实党的十九大各项决策部署。专题民主生活会进行了深入的谈心交心，对照党章进行自查互查。在6月29日、9月29日、12月17日，又分别召开庆祝七一、巡视整改和"回头看"专题民主生活会。

2018年4月20日，领导班子成员对农场党风廉政建设目标任务进行分解，对书记、副书记等班子成员所担负的廉政建设和反腐败工作进行分工。5月8日，制定出台《落实党风廉政建设责任制检查考核办法》，明确了考核的11项内容，制定了4种考核形式和方法。8月15日，农场党委下发了《关于开展廉政谈话的工作方案》，要求班子成员每年对所负责与分管单位、科室负责人至少进行1次廉政谈话，并对谈话内容进行规范。10月11日，场党委制定《党务公开制度》，以保障和促进党风廉政建设工作的有效进行。

2019年1月25日，农场各级组织召开树牢"四个意识"，坚定"四个自信"，勇于担当，有所作为的专题民主生活会。5月28日，又召开以巡视整改为主题的民主生活会。2月22日与5月28日，还分别召开一次组织生活会。

二、集中学习

除日常教育外，农场党委还定期不定期地组织所属党员进行集中教育。1976年10月，农场党员开展了以学习马列主义、毛泽东思想为内容的教育学习活动。

1977年8月，农场党委召开会议，传达中共中央〔1977〕第20、21、22号文件，全场掀起学习、宣传、落实中央文件的热潮。1979年5月，场党委发出关于继续学习党的十一届三中全会决议的通知。

1981年2月12日，组织全场47名党员干部，利用3天时间，认真学习当年中央1号文件，使干部党员统一了思想认识，认清当时全国上下的政治、经济形势。

1982年8月，农场组织所属181名党员，进行以党性、党风、党纪为主要内容的反腐倡廉教育，并利用5天时间进行教育总结，召开民主生活会，评出先进支部和模范党员。

1983年，农场购买180册《邓小平文选》，组织党员干部学习《邓小平文选》，集中听取了5个专题辅导报告，分场以上领导干部分期分批参加原寿光县委举办的学习班。

1985年6月开始部署，10月，农场党委发出《关于在全场党员中深入进行党性教育的意见》，主要学习马克思列宁主义基本原理和党的十一届三中全会以来党的路线、方针、政策，清除"左"的思想影响，要求在10月、11月、12月，普遍深入地进行一次党性教育，从根本上提高党员的觉悟。

1991年7月，农场组织党员干部进行党规、党纪教育，认真学习江泽民总书记的《七一讲话》。从10月到次年第三季度，在全场党员干部中，集中开展反和平演变和"科技是第一生产力"专题教育。

1992年，组织全场党员干部认真学习邓小平南方谈话和党的十四大会议精神，进一步解放思想，转变观念，提高对改革开放的认识。7名场级干部参加原寿光县委举办的学习党的十四大文件培训班。同时，对全场党员干部进行学习党的十四大文件测验，及格率达99％。

针对不断出现的新事物、新矛盾、新问题，1997年5月，农场组织党员干部开展以学习邓小平建设中国特色社会主义理论、党的十四届六中全会通过的《关于加强社会主义精神文明建设若干重要问题的决议》等为重要内容的活动，提高全体党员干部的理论水平。

1998年4月至10月，为贯彻中央纪委二次全会和山东省纪委九次全会精神，农场党委下发《关于开展党员干部素质教育活动的实施意见》，组织全体党员集中开展学习党的基本理论，学习党的十五大精神和相关业务知识，提高思想修养、理论素养和业务水平，增强法制意识、廉政意识和服务意识。

1999年11月，农场领导班子和所属干部，集中开展以"讲学习、讲政治、讲正气"为主要内容的"三讲"党性党风教育。活动分为"动员学习""自我剖析""征求意见""交流思想""开展批评""认真整改""总结巩固"等阶段，教育活动至次年1月结束。2000年4月，又进行"三讲"教育回头看，至4月底活动结束。

2002年7月，举办庆祝建党81周年纪念活动。组织老党员、老干部谈话，有30多名离、退休的老党员、老干部参加。10月，农场领导班子和领导干部重点学习《江泽民论"三个代表"学习辅导》《干部思想道德教育读本》。开展党员登记活动，并建立党员基本情况资料库。11月8日，党的十六大召开后，党委及时组织广大党员干部进行学习，继而带动全场干部职工掀起学习党的十六大精神的热潮，并将全场人员的思想统一到党的十六大精神上来。

2004年10月，围绕学习宣传、贯彻党的十六届四中全会精神，树立和落实科学发展观，学习《完善社会主义市场经济十三讲》《中国共产党纪律处分条例》等内容，不断加强党的执政能力，实现农场经济发展新突破。

2005年7月开始，农场党委所属3个党支部，75名党员参加第二批党员先进性教育。活动开展前，成立了以李振华为组长、马锡庆为副组长的农场党员先进性教育领导小组。至12月，在其他党员中开展第三批党员先进性教育。教育活动以胡锦涛同志讲话精神为指导，把党员先进性体现在促进企业发展上，党员的整体素质明显提高，在为群众办实事、办好事、办真事等方面取得明显成效。

2007年11月，在全场党员中开展为期3个月的"学习贯彻党的十七大精神"活动。活动以学习《胡锦涛同志在中国共产党第十七次全国代表大会上的报告》为主要内容，同时配合读书会、事迹报告、征文比赛、理论考核、知识竞赛等活动，加深对党的十七大精神的理解。

2009 年 3 月，农场召开深入学习实践科学发展观活动动员大会，下发 2009 年度反腐倡廉建设实施意见。

2012 年 5 月至 10 月，围绕农场工作中心和改革发展大局，发扬党的优良作风，全场开展以"恪守从政道德、保持党的纯洁性"为主题的教育活动。

2014 年 3 月至 9 月，针对党员干部中存在的形式主义、官僚主义、享乐主义和奢靡之风这"四风"问题，农场开展以务实清廉为主题的"党的群众路线教育实践活动"，通过专题民主生活，相互开展坦诚的批评和自我批评，彼此揭短亮丑，以落实上级提出的"照镜子、正衣冠、洗洗澡、治治病"的总要求。其间，对全场党员进行培训，每名党员参加培训时间不得少于 24 个学时。对正式党员进行登记，不愿登记的，向党组织写出放弃登记申请。

2015 年 5 月至 10 月，农场开展以"守纪律、讲规矩、做表率"为主题的教育活动，每周五下午，利用半天时间，党员认真学习党章、党纪国法，以增强党员意识和纪律意识，解决个别党员干部不守纪律、不讲规矩等问题。

2016 年 5 月，根据上级组织安排，农场开展以"学党章党规、学系列讲话、做合格党员"为主题的"两学一做"学习教育活动。其间，成立了以党委书记为组长的领导小组，进行动员部署，明确活动内容、方法和目标要求。

2017 年 6 月，农场在党员干部中开展以"主动作为、主动担当、依法作为"为主题的作风建设年活动，着力增强党组织的战斗力、凝聚力。

2019 年 9 月至 11 月，在全场党员中开展以"不忘初心、牢记使命"为主题，为期 3 个月的专题教育活动。

三、整顿培训

1981 年 9 月，农场开展了两期，每期 10 天的党员干部学习培训，共有干部骨干 69 人参加，主要学习党的十一届六中全会决议，统一党员干部的思想，提高党员认识水平。

1983 年 3 月，韩宝贵等农场党委领导参加潍坊地委组织的马克思列宁主义理论轮训班，以提高马克思列宁主义理论水平，增强做好理论工作的能力。

1984 年 12 月至 1985 年 5 月，根据上级指示精神，农场党委决定在全场党员中开展整党活动。在此次整党活动中，广大党员学习《中共中央关于整党的决定》《中国共产党章程》《在中国共产党第十二次全国代表大会上的开幕词》等文件，主要解决党内"三个不纯"的问题。全场 11 个党支部，155 名党员，平均每人学习时间 280 多个小时以上，召开大小型经验交流会 8 次，有 58 人次发言交流。其间，出黑板报 3 期，写决心书 150 余份，走访烈属、荣军、老党员 137 人次。党员重读党章，树立了良好形象，提高了认识，统一了思想。

1985 年 3 月，农场利用 8 个月时间，进行整党工作。系统学习整党文件，狠抓党性党风教育，每名党员进行对照检查，使全体党员受到一次马克思主义的系统教育。

1990 年 4 月，根据原中共寿光县委通知，在全场开展"三学一整顿"，即学习党的十三届六中全会决定、学习党章、学习"三英一强"，整顿机关作风的活动。11 月，在全场党员中进行集中教育整顿。教育以"坚定信念、立足本职"等 4 个专题进行，以解决党员队伍中存在的突出问题，让广大党员以更加积极的精神状态投入到农场改革和第二轮承包工作中。

1995 年 5 月，农场党委决定，利用两个月时间，对全场党组织和党员、干部进行一次集中教育整顿。活动以"两学两整顿"，即学习建设中国特色社会主义理论、学习党章、整顿党员和干部的思想作风、整顿健全党组织为主要内容，以提高党员素质、增强管党意识、提高党组织的战斗堡垒作用。

第五节　农场党员发展

1953 年 1 月，地方国营清水泊农场建立之初，主要负责劳教人员的改造，没有发展新党员。至 1958 年 12 月，农场改为清水泊劳教所，所在党支部至少拥有党员 32 名，他们多为 1949 年前参军入党，后由部队转隶到山东省公安系统工作的党员。

数年后，随着党组织的不断健全，农场经济规模的不断扩大，职工队伍中渴求进步的人数不断增加，党组织也加大了对他们培养教育的力度，其中部分优秀分子，被吸收加入党组织。

进入 20 世纪 60 年代后期，特别是在"文化大革命"期间，农场发展的新党员数量较多，而质量不高。1973 年山东生产建设兵团时期，共有党员 120 人，其中 25 岁以下的青年党员 64 人，占比超过 50%，年龄超过 55 岁的只有 6 人，占比只有 5%，初中以下文化程度的有 101 人，而大学文化的党员只有 3 人。到 1974 年，发展党员 40 名，党员总数增加为 167 人。在 1976 年，农场发展新党员 25 人。之后几年，由于人员流动增多，农场党员的数量有所起伏变化。截至 1979 年年底，全场实有党员 188 人。

党的十一届三中全会以后，党员发展逐步趋向稳定正规。1978 年，农场共发展党员 4

名。1983—1987 年，对新发展党员的标准要求更高，数量控制更为严格，发展对象主要来源于知识分子之中。同时，农场党组织还增加了在中青年中发展党员的比例。1983 年，农场发展了 9 名新党员，多数来自组织培养的青年干部。

1984 年，申请入党的积极分子多达 30 人。其中，35 岁的中、青年为 20 人，农场组织了两期训练班，培训非党员积极分子 25 人。1978—1988 年的 10 年间，全场共发展新党员 59 人，平均每年 5 至 6 人。

自 1987 年开始，农场每年都组织党员发展对象参加入党积极分子培训，学习党的基础知识，规定未参加培训人员一般不得发展为新党员。

1989 年，党员发展工作更加规范。组织部门拟定发展党员工作程序，从确定发展对象，到培养考察、履行发展手续，以及预备党员的管理教育与转正，都有具体规定。当年，农场发展新党员 4 名，拥有党员总人数达 170 人。

1993 年，坚持在每月 15 日党员活动日，举办入党积极分子培训班，参加学习的优秀青年 40 多人，考试及格率达 100％。1996 年 7 月，参加学习培训的人数达 37 人，全年发展新党员 7 名。1997 年 9 月，举办入党积极分子培训班，有 60 人次参加培训，考试合格率达 100％，有 3 名优秀员工被吸收进入党组织。

2000 年，农场按照"三个代表"的要求，把政治素质好，拥护和贯彻党的路线、方针、政策坚决，廉洁自律，爱国奉献并得到党员、群众公认的优秀分子吸收到党内来。同时，注重做好在妇女和生产一线职工中发展党员的工作。建立和坚持发展公示制度，增强发展党员工作的民主程度和透明度。

2003 年，各级组织积极培养优秀职工，让他们努力向组织靠拢。全年有 2 名政治思想好，业务素质硬，工作出色的同志加入党组织，为党组织增添了新活力。

2013 年，场党委严格党员工作程序，严把发展党员"入口关"，畅通出口关，同时更加注重年轻同志的教育培养，全年发展党员 1 名，为年轻女同志。

第六节　农场干部工作

建场之初，农场的主要任务是对服刑人员进行劳动改造，场属干部绝大多数来源于公安系统，少量技术干部来源于农业战线其他单位或大专院校毕业生。

1958 年 1 月，地方国营清水泊农场改为"山东省第一劳动教养所"，所址在原寿光县北部的清水泊（下半年迁往淄博王村），后来，清水泊农场对内仍称"清水泊劳教所"。至 12 月，所内至少拥有干部 32 人（摘自 1958 年 12 月 26 日，"清水泊劳教所支部"统计资料）。1959 年 7 月，设在济南七里山的山东省少年犯管教所改为收容少年劳动教养人员的场所，所址迁往寿光清水泊，少年管教所改名为"山东省寿北劳动教养所"，对外称"山东省地方国营寿北农场"，至 1961 年 6 月撤销，农场仍保留少量干部。

1963 年 4 月，农场召开党员干部代表大会，为进行"社教"训练干部骨干力量做准备。1964 年，在"社教"运动中，生产队以上干部接受群众的批评帮助。1965 年 9 月，"四清"运动开始。少数干部因被定为"四不清"干部而离开领导岗位。1967 年到 1970 年，一些干部在"文化大革命"中受到错误批判，遭受不公正对待，工作生活受到不同程度的冲击。

1970 年，农场实行军事化，组建生产建设兵团一师四团，连以上主管主要由部队干部担任，隶属济南军区管理，原农场中层以上干部大部分被降职，主要担任营、连队副职。1973 年，山东生产建设兵团时期，清水泊所在的一师四团，共有管理干部 50 名，其中教师 4 人，到 1974 年，干部总数增加为 52 人。1974 年 12 月，山东生产建设兵团撤销，部队干部先后撤离。

农场体制恢复后，不少技术干部被充实到农场生产岗位。至 1978 年 6 月，农场拥有科技干部 21 人，其中，有 20 世纪 50 年代从西北农学院毕业的大学生，也有从昌潍卫生专科学校毕业的医疗专业的专科生。

1979 年年底，为深刻领会和认真贯彻党的十一届三中、四中全会精神，农场党委书记、副书记于 1980 年 1 月 3 日参加原寿光县委党校组织的培训，主要学习党的十一届三中、四中全会公报。另外，还学习了叶剑英的《一九七九年国庆讲话》、毛泽东同志的《人的正确思想是从哪里来的?》、马克思的《共产党宣言》等内容。1979 年 4 月，农场实有国家干部 59 人，其中女干部 6 人，分布在 3 个分场、盐场和总场机关。

1980 年 8 月，有 3 名部队复员干部在 20 世纪 60 年代末至 70 年代初到农场工作，享受地方同等级别干部的待遇，在提升等方面与当地干部一视同仁。

1982 年 12 月，农场实有管理干部 39 人。1983 年，总场领导班子实行精兵简政，总场设党委书记 1 人，副书记 2 人，场长 1 人，副场长 2 人，其他科室该减的减，该压的压，尽量将干部充实到基层，增加分场、生产队的领导力量。

1984 年，农场干部队伍的来源更加多元。8 月，高华国等 32 名符合以工代干条件的人员转为正式干部。11 月 9 日，原寿光县人民政府任命赵森林为农场场长，高华国、王金亮为副场长。

1985 年，农场党委在企业整顿和整党中培养干部，提拔一批符合"四化"标准的年轻干部，让他们走上领导岗位。2 月 2 日，农场党委决定对 11 个基层生产的队长、副队长进行调整，曹尊堂等20多名同志分别任队长、副队长。实践证明这些干部绝大部分使用正确，这一年农场建设取得了良好的经济效益。

1986年6月10日至7月底，农场组织全场干部进行为期近两个月的正规化理论学习。在场党委直接领导下，全场干部除利用业余时间进行自学外，每周抽出3天时间进行脱产学习，主要学习马克思《资本论》中有关商品和货币、资本和剩余价值、社会主义经济制度和经济体制的论述等内容，以提高农场干部的正规理论水平。

1989年8月31日，经原寿光县委农工部政工系列职称评聘指导小组审核同意，农场郝玉山被确认为初级政工师职务。

1990年5月14日，农场成立"老龄工作委员会"，负责老干部的管理服务工作。孙乐友为老龄委主任，徐守俭为老龄委副主任，孙奎果为老龄委委员。12月，根据上级党委要求，利用1年左右时间，抽调部分35岁以下青年干部、青年党员（青年职工），以短期脱产的形式，参加上级组织的政治轮训，以提高广大青年干部职工的政治觉悟，激发爱国热情，提高自身素质和主人翁意识。

1992年，改革干部任用制度，实行干部聘任制。对中层干部进行民主评议，考查其德、能、勤、绩。在全面考评的基础上实行聘任上岗。层层签订合同书，形成一级抓一级，层层抓管理的干部工作体系。具体是：生产队正职，经分场推荐，民主评议后，由场长聘任，其他行政副职，由正职提名，场长同意后任用，或由场长直接任命。总场机关科室正副职一律由总场直接考核任用。打破干部、职工的界限，不拘一格使用人才，其中1992年就有3名工人提拔使用为干部。对于干部的聘期一般为1年。

2000年8月，农场进行机构改革，大幅减少机关后勤干部职工名额，卫生院、学校与蟹苗场部分人员进行转岗分流。大部分干部的工资待遇有所调整，有的每月工作11天，发放原工资数额的50％，有的每月工作7天，只发原工资的30％。广大干部经历了经济改革带来的多次阵痛。

2009年，农场在全体干部中开展学习实践科学发展观活动。活动提高了全场干部对科学发展观深刻内涵和本质要求的认识，为建设富裕文明和谐新农场，促进科学发展、和谐发展打下了良好的思想基础。通过开展活动，进一步增强了农场干部建设富裕文明和谐新农场的自觉性和坚定性，树立起长远发展、科学发展、和谐发展的观念，坚定了在实践中自觉走科学发展道路的信心。

2012年，农场组织干部开展创先争优活动。在活动中，全场干部科学发展的理论素质提升到了一个新水平，对科学发展、创新发展的认识达到了一个新境界。建立健全领导干部及重要岗位人员的廉政档案。根据寿光市纪委和第三纪检组的要求，按时上报当月纪检工作情况，重大事项、开支、会议、干部任免等及时汇报。坚持场务、财务、党务公开制度，提高工作透明度，落实干部廉政制度。

2014年，农场强化干部队伍建设。首先强化党员干部作风建设和党风廉政工作。3月8日，农场按照中央、山东省委、潍坊市委及寿光市委的要求，开展党的群众路线教育实践活动。以为民务实清廉为主要内容，以"照镜子、正衣冠、洗洗澡、治治病"为总要求，坚持高标准、严要求、高质量，抓紧每一个环节，抓细每一项工作，活动扎实深入推进、有序有效开展，相继完成了规定环节的工作。抓好干部的党风廉政建设和反腐败工作。按照寿光市委、市纪委工作部署，制定了《建立健全惩治和预防腐败体系2013—2017年工作实施规则》，及时上报每月工作情况，及时上报落实党风廉政建设责任制季度报表，坚持"三重一大"事项上报制度和领导干部个人重大事项上报制度。

2017年，农场在全体干部中开展"两学一做"学习教育。按照"两学一做"学习教育制度化、常态化要求，落实"三会一课"制度，落实理论中心组学习，利用支部生活日和党员集中学习日，认真组织广大党员干部学习党章、党规及习近平总书记系列重要讲话，认真学习中央、省市有关会议讲话精神，加强党员干部党性教育和党性修养。认真开展"作风建设年"活动。积极开展"结对学访"活动，全面考察学习标杆单位的经验做法，积极实施提标达标行动，近学高密胶河农场，远学江苏云台农场，掀起干事创业的热潮。健全完善选人用人机制，规范选人用人程序。按照发展需要确定拟选岗位，采取基层单位、科室民主推荐后备干部人选，再经中层及以上干部会议民主评议通过，最后由班子会结合民主推选、评议情况研究决定。

2018年，农场党委加强对所属干部，特别是场级领导干部的管理，坚决落实党风廉政建设责任制。农场主要负责人与班子成员、班子成员与分管各单位（科室）负责人，对范围内的党风廉政建设负主要责任，并逐一签订责任书。主要负责人听取班子成员、各单位负责人落实党风廉政建设责任制情况汇报，并开展集中廉政谈话，各班子成员就分管单位党风廉政建设落实情况进行调度检查。凡属"三重一大"事项的决策，一律按主管部门要求，按程序上报审批，并及时上报寿光市纪委派驻纪检组备案。

2019年，农场党委带领全场干部深入学习党的十九大及十九届二中、三中、四中全会精神，以习近平新时代中国特色社会主义思想为指引，贯彻全面从严治党、从严管干的要求，坚持把党的政治建设放在首位，教育引导全场干部树牢"四个意识"、坚定"四个自信"，自觉做到"两个维护"，践行初心使命，全体党员干部职工在场党委的坚强领导下，深入贯彻新发展理念，突出优势特色产业发展，经过不懈的努力奋斗，取得了工农业生产总值3936万元，利税318万元的成绩。

第二章　农场群众团体和共青团

第一节　农场工会组织

工会组织，是中国共产党联系职工群众的桥梁与纽带，是职工利益的代表者和维护者。在党的领导下，工会组织在社会主义革命和建设事业中都发挥了巨大的推动作用。

多年来，根据《中华人民共和国工会法》和《基层工会法人资格登记办法》，清水泊农场的工会组织得到了长足发展，为维护入会员工的合法权益做出了重要贡献，得到了广大会员职工的大力支持。

一、农场工会的建立与发展

建场之初，农场内除管理人员外，多数为服刑改造的人员，农场没有工会组织。1970年，农场改建为山东生产建设兵团后，也未建立工会组织。

1979年，经原寿光县总工会批准，组建清水泊农场工会。11月13日，召开农场首届工会会员代表大会（以下简称"工代会"），国象贞当选工会主任，孙汝才、常龙来、胡守家、郝佩贤、王俊娥、刘宗贵为工会委员。

1985年8月23日，第二届农场工代会召开，孙乐友当选为工会主席，王志道为副主席，王光勋等5名同志当选为委员。

自成立后，工会工作日趋正规，活动内容不断丰富，工会组织和工会成员不断壮大，工会工作不断向前发展，在农场经济和工会建设中，涌现出不少先进典型。1986年8月29日，农场马万山被原寿光县总工会表彰为1985年"工会财务先进个人"。1988年，农场职工高允平、张同尚、李振华被原寿光县总工会表彰为"优秀工会积极分子"。1989年12月，农场工会会员唐士元当选为原寿光县人大代表。农场职工程义福等4名同志荣获1989年全省"贡献棉花模范户"称号，出席全省表彰大会。

在1991年1月19日召开的第三届工代会上，孙乐友再次当选为农场工会主席，王志道、孙文生为工会副主席，周爱娟等8名同志当选为委员。当年3月，农场赵焕一被原寿光县总工会表彰为"学雷锋、学铁人、做积极分子"先进职工。1992年1月18日，农场一盐场工会委员会被原寿光县总工会表彰为"先进职工之家"。1992年12月，农场被原寿光县委县政府命名为文明单位，有42名工会成员被表彰为"工会积极分子"。

1994年8月，农场第四届工代会召开，王西君当选为工会主席，马锡庆为工会副主席。1998年8月10日，第五次工代会召开，王光勋当选为工会主席，马锡庆为副主席。在2003年12月30日召开的第六届工代会和2012年1月5日召开的第七届工代会上，王光勋再次当选为工会主席，马锡庆为工会副主席，李乐新等5名同志当选为第六届工会委员，田彦梅等4名同志当选为第七届工会委员。

2017年1月6日，第八届工会代表大会召开，出席代表50人。大会选举产生第八届工会委员会，崔小青当选为工会主席。表3-2-1为农场历届工会负责人。

表3-2-1　农场历届工会负责人一览表

职务	姓名	性别	任职起止时间	备注
主任	国象贞	男	1979.11—1981.8	
副主任	王志道	男	1981.8—1984.9	
主席	孙乐友	男	1984.9—1994.6	
副主席	王志道	男	1984.9—1992.12	
副主席	刘慎武	男	1993.1—1993.12	
副主席	孙文生	男	1988.1—1992.12	
副主席	刘在和	男	1993.1—1993.12	
副主席	隋汉三	男	1993.8至今	
主席	王西君	男	1994.6—1998.3	
副主席	马锡庆	男	1994.6—2015.10	
副主席	郝佩贤	男	1997.1—1997	
主席	王光勋	男	1998.3—2016.9	
副主席	马锡庆	男	1994.6—2015.10	
主席	崔小青	男	2016.9至今	

二、农场工代会

经原寿光县总工会批准，组建清水泊农场工会后，1979年11月13日，首届工会会员代表大会召开，国象贞当选为工会主任，孙汝才、常龙来、胡守家、郝佩贤、王俊娥、刘宗贵为工会委员。

1985年8月23日，第二届农场工代会召开，出席代表39人。会议选举孙乐友为工会主席，王志道为副主席，王光勋、高允平、宋英珍、张德先、周爱娟为委员。

1991年1月19日，召开第三届工代会，出席代表49人。会议审议通过第二届工会委员会工作报告，选举产生第三届工会委员会，孙乐友为工会主席，王志道、孙文生为工会副主席，周爱娟、马锡庆、张同尚、张金玉、胡守家、孙安会、王志勋、李振华为委员。

1994年8月19日，第四届工代会召开，出席代表46人。大会选举王西君为工会主席，马锡庆为工会副主席，马茂林、孙健、李乐新、胡振军、唐士元、常全海、翟晓台为委员。

1998年8月10日，召开第五届工代会，出席代表36人。大会选举王光勋为工会主席，马锡庆为副主席，孙继奎、孙奎果、张民、赵春亮、贾静为委员。

2003年12月30日，第六届工代会召开，出席代表35人。大会选举产生第六届工会委员会和经费审查委员会，王光勋为工会主席，马锡庆为工会副主席，李乐新、刘景山、张黎明、郝增功、贾静为委员。2004年12月22日，六届二次工代会召开，会议审议通过工会工作报告。2009年1月5日、2010年1月5日、2011年1月5日，分别召开六届三次、四次、五次工代会。

2012年1月5日，第七届工代会召开，出席代表30人。会议审议通过工会工作报告，选举产生清水泊农场第七届工会委员会，王光勋当选为工会主席，马锡庆为副主席，田彦梅、刘文胜、苏炳武、张祥明为委员。2013年1月9日、2014年1月6日、2015年1月6日、2016年1月6日，分别召开七届二次、三次、四次、五次会议。

2017年1月6日，第八届工会代表大会召开，出席代表50人。大会选举产生第八届工会委员会，崔小青为工会主席，田彦梅、王磊磊、张祥明、李志伟、孙奎果、刘文涛为委员。2018年1月8日、2019年1月8日、2020年1月4日，分别召开八届二次、三次、四次工代会。

三、农场职代会

职工代表大会（以下简称"职代会"），是职工群众当家作主，参加企业经营决策、管理、监督干部、行使民主权利的机构，是企业实行民主管理的基本形式。职工代表大会制度，于1957年后在全国普遍推行。它接受企业党的基层委员会的思想政治领导，并在法律规定的范围内行使职权。职代会有权定期听取企业负责人的工作报告，审议企业经营方针、年度计划、财务决算、资金分配和使用等重大事项，还可评议、监督企业所属各级领导干部，提出任免和奖惩等建议。

在农场党委的领导下，农场第一届职工代表大会于1981年5月召开。大会通过了《1981年经营管理奖惩办法》，通过以超额完成1981年生产计划，迅速改变农场亏损面貌为主要内容的《首届职工代表大会决议》。其后不久，又召开一届二次会议。1982 年 8 月 31 日，召开一届三次职工代表大会。

1985 年 7 月 29 日，农场第二届职工代表大会召开。会前选出 52 名职工代表，代表全场 600 余名干部职工参加会议。大会听取了赵森林所作的工作报告。同年 12 月 25 日，二届二次职代会召开。

1987 年 3 月 21 日，农场第三届职工代表大会召开，出席代表 49 名，代表全场 665 名职工参会。会议听取了场长工作报告；通过了财务决算报告；讨论了相关决议。12 月 27 日，三届二次职代会召开，听取常连海所作的工作报告，收到职工代表提案 20 条。1988 年 8 月 18 日，三届三次职代会召开，听取常连海的工作报告，收到职工代表提出议案 57 条，通过了多项条例。1989 年 8 月 30 日，召开三届四次职代会。会议听取了农场负责人的工作报告；通过《加强对 1989 年农副产品管理搞好收交入库的规定》《1989 年效益工资浮动升级方案》，会议收到提案 41 条。1990 年 3 月 28 日，召开三届五次职代会，大会听取了常连海的工作报告，讨论通过相关决议。

1991 年 1 月 16 日，第四届职工代表大会召开，出席代表 66 人，会议通过《参加管委会职工代表的选举办法》、场长工作报告和财务工作报告。四届二次职代会于 12 月 30 日召开，会议报告提案办理情况，通过了场长工作报告。1992 年 3 月 4 日，四届三次职代会召开，会议讨论通过《工资升级方案》和其他相关决议。12 月 28 日，四届四次职代会召开。1993 年 3 月 22 日，召开四届五次职代会。12 月 30 日，四届六次职代会召开，会议通过农场《医疗卫生制度改革方案》。

1994 年 8 月 15 日，农场第五届职工代表大会召开，出席代表 49 人，会议选举产生企业管理委员会；通过徐冠三所作的提案落实情况报告；通过了场长工作报告与财务工作报告。1995 年 7 月 12 日，五届二次职代会召开，通过场长张绳贤的工作报告；审议通过《关于寿城开发区建房有关问题的规定》。1996 年 1 月 12 日，五届三次职代会召开，应到代表 51 人，实到 48 人，会议讨论通过《清水泊农场滚动固定升级和百分之三晋级实施方案》。9 月 4 日，五届四次职代会召开。1997 年 1 月 22 日，五届五次职代会召开，大会通过《农场在寿城开发区建房有关问题的规定修改意见》《农场计划生育工作的有关规定》《农场对户口管理及调出人员的有关规定》。1998 年 1 月 14 日，五届六次职代会召开。会上，职工代表评议中层以上领导干部。

1998 年 8 月 10 日，农场第六届职工代表大会召开，代表全场职工的 39 名代表参会。会议通过《清水泊农场岗位工资实施方案》《清水泊农场关于职工住房改革的有关规定》《清水泊农场关于计划生育工作的有关规定》《清水泊农场医疗卫生制度改革实施方案》；

选举产生第六届农场管理委员会。1999 年 8 月 6 日,六届二次职代会召开,出席代表 42 人,审议通过《关于筹建 1000 方水体蟹苗场的方案》《关于修建一分场柏油路的情况说明》《国营寿光清水泊农场场务公开实施细则》《关于寿城建楼情况的说明》《关于修改医疗卫生制度实施方案的意见》等。同年 12 月 25 日,召开六届三次职代会,通过了场长工作报告;审议通过毛国太所作的财务工作报告。2000 年 7 月 25 日,召开六届四次会议,通过场长工作报告;通过(补充)压缩机关后勤人员的决定;审议通过工资改革方案。2001 年 3 月 29 日,六届五次职代会召开。会议审议通过场长工作报告;通过财务工作报告;审议关于成立"一会三部"的有关规定及职工参议理事会建议名单。2001 年 9 月 7 日,六届五次职代会召开,这次会议审议通过《关于修改医疗制度改革实施方案的意见》《关于兴建农场新区及总场机关搬迁的初步议项》《关于以地抵债的情况说明》。2002 年 9 月 6 日,六届七次职代会召开,会议通过《关于对企业职工违反劳动合同的有关规定》等议项。

2003 年 12 月 30 日,农场召开第七届职工代表大会,出席代表 40 人。会议通过田友龙所作的工作报告;审议通过毛国太所作的财务工作报告;选举产生第七届农场管理委员会;民主评议中层(正职)以上领导干部。2004 年 12 月 22 日,七届二次职代会召开。会议讨论通过《集体合同》《场规场纪》《关于修建一分场三队、三分场七队柏油路的意见》;民主评议中层(正职)以上领导干部。2006 年 12 月 26 日,七届三次职代会召开,审议通过田友龙所作的工作报告以及毛国太所作的财务工作报告。2009 年 1 月 5 日,七届四次职代会召开,审议通过李昌军所作的工作报告,大会还对 2008 年度农场先进工作者和"和谐家庭"进行了表彰。2010 年 1 月 5 日,七届五次职代会召开,会议通过王光勋所作的工会工作报告;审议通过《劳动安全卫生协议书》《女职工特殊权益保护专项集体合同》;表彰 2009 年度先进工作者和"和谐家庭"。2011 年 1 月 5 日,七届六次职代会召开。大会通过了财务、工会工作等报告;表彰 2010 年度先进工作者和"和谐家庭";评议中层以上领导干部;审议通过工资专项集体协议。10 月 14 日,召开七届七次职代会,审议通过《国营寿光清水泊农场寿城新建职工宿舍楼的有关规定》和《国营寿光清水泊农场关于第五轮职工土地承包的规定》。

2012 年 1 月 5 日,农场第八届职工代表大会召开,35 位代表出席。会议审议通过李昌军场长作的工作报告和常茂明所作的财务工作报告;选举产生第八届企业管理委员会;审议通过《工资集体专项协议书》《集体合同》;民主评议中层以上领导干部。2013 年 1 月 9 日,八届二次职代会召开,审议通过《工资专项集体协议书》《企业女职工特殊权益保护专项集体协议》《劳动安全卫生协议》;对 2012 年度先进工作者和"和谐家庭"进行表彰；民主评议中层以上领导干部。2014年1月6日，八届三次职代会召开，全场234名职工，选出代表35名参会。会议通过了农场、工会、财务等工作报告；审议通过《清水泊农场工资专项集体协议》；一致同意废止"六届四次职代会通过的《'一会三部'有关规定》"；决定建立"爱心救助基金"组织机构。八届四次职代会于2015年1月6日召开，会议审议通过农场工作、财务、工会工作报告；审议通过《集体合同》《工资专项集体协议书》。八届五次职代会于2016年1月6日召开，审议通过《劳动安全卫生协议审查意见书》《企业女职工特殊权益保护专项集体协议书》；表彰2015年度先进工作者和"和谐家庭"；民主评议中层以上领导干部。

农场第九届职工代表大会于2017年1月6日召开，出席代表53人。会议审议通过农场工作、财务与工会年度工作报告；选举产生第九届企业管理委员会、第八届工会委员会和女职工委员会；审议通过《工资专项集体协议书》。九届二次职代会于2018年1月8日召开，审议通过《寿光市清水泊农场有限公司章程及实施方案》《工资专项集体协议》《集体合同》。九届三次职代会于2019年1月7日召开，审议通过清水泊农场蔬菜高端品牌园区建设方案；审议通过清水泊农场休闲农庄建设方案；审议通过清水泊农场职工工资调整方案；审议通过《工资专项集体协议》《劳动安全卫生协议书》《企业女职工特殊权益保护专项集体协议书》。2020年1月4日，九届四次职代会召开。会议审议通过农场工作、财务、工会年度工作报告；审议通过清水泊农场职工工资调整方案；审议通过清水泊农场2020年主要经济指标与计划；审议通过《工资专项集体协议》；表彰2019年度先进单位、先进工作者和"文明家庭"；民主评议中层以上领导干部；对职工代表提案进行解答。

四、农场工会工作

1979年11月，农场工会组织成立后，随即开展相关工作。1980年，根据国家农垦部的要求，工会在农场党委的领导下，开始调查员工素质情况。在被调查的200名职工中，文盲与半文盲占比达7%，小学与初中文化程度占76%，拥有大专以上文化的职工只有2人，占比1%。为此，工会与相关部门制定农场职工长期教育规划，并有针对性开展教育培训，提高员工的文化理论素养，增强农场管理水平。

1981年9月，农场工会举办两期，每期10天的骨干训练班，组织学习《党的十一届六中全会决议》。参加人员主要是生产队以上的领导干部、政治和宣传部门负责人，共69人。同时，全场广大干部职工利用周一、周三、周五晚上工余时间，进行较为系统的理论学习。

1982年2月，农场党委做出《关于开展向马亮英同志学习》的决定后，工会及时组织带领全场职工向马亮英学习。马亮英同志不怕苦，不怕累，急人所急，帮人之需，解人之难，勤奋工作，无私奉献的事迹激励农场广大职工努力争做英雄式的好员工。

为规范相关工作，1984年，工会协助党委出台《国营寿光清水泊农场职工代表大会暂行条例》（以下简称《条例》）。《条例》指出职代会的任务；明确职代会的职权，即代表职工参与决策和管理，监督干部正确行使权力；提出职工代表大会的组织原则，即民主集中制原则。

1984年，农场工会会同相关部门制定出台《职工教育工作细则（讨论稿）》（以下简称《细则》），对职工教育的任务、指导思想和工作内容进行明确。《细则》要求，农场各级要把职工教育工作列入议事日程，形成党委、工会、共青团等组织齐抓共管此项工作的局面，力争经过数年可以解决职工队伍中存在的"三低一少"问题，将"文化大革命"期间耽误的学习补回来。

为丰富全场职工的业余文化生活，1986年，农场工会购买放映机一部。随着文化生活的不断丰富，教育培训的不断加强，职工中的先进代表不断涌现。1986年，郝佩贤被评为原寿光县劳动模范。8月，马万山被原寿光县总工会表彰为1985年度"工会财务先进个人"。1988年，农场职工高允平、张同尚、李振华被原寿光县总工会表彰为"优秀工会积极分子"。1989年12月，唐士元当选为原寿光县人大代表。当年，农场被山东省农业厅评为省农垦系统先进企业。程义福等4名同志荣获1989年全省"贡献棉花模范户"称号，出席山东省表彰大会。

从1990年上半年开始，根据上级要求，农场工会组织对35岁以下青年职工进行以基本国情与基本路线为内容的"双基"政治轮训，全场青工受训率达98％以上。在轮训中，农场工作表现突出，于1991年4月8日被原寿光县委宣传部表彰为"双基"教育先进单位，徐冠三被评为"双基"教育优秀教师，青年职工王光平被评为优秀学员。

1990年3月，为稳定大局，防止"和平演变"，促进文明建设和健康发展，农场工会组织开展学雷锋，学"三英一强"活动。活动中，全场职工听取了模范人物刘自强的事迹报告。此次活动中，农场工会组织职工举办"三八"汇演、义务植树、文体比赛和劳动竞赛，进行"双学"经验交流会等多个大型活动。

1991年3月，农场赵焕一被原寿光县总工会表彰为"学雷锋、学铁人、做积极分子"的先进职工。1992年1月18日，农场一盐场工会委员会被原寿光县总工会表彰为"先进职工之家"。12月，农场被原寿光县委县政府命名为文明单位，有42名工会成员被表彰为工会积极分子。

为进一步提高职工的文化素质，1992年，农场工会组织21人参加会计学习和农经大专培训班。针对农场职工有人参与到官台村取"圣水"的迷信活动一事，1994年1月，工会带领全场职工开展"精神文明建设及移风易俗教育"活动，以此抵制封建主义及资产阶级思想影响，清除落后、愚昧、保守习惯。通过移风易俗教育，使农场职工提高了思想认识，改正了落后错误言行。

为提高广大职工的政治、文化、技术、业务等综合素质，推动企业不断进步，提高农场经济效益，在1994年，场工会还组织开展以岗位培训为重点的职工教育工作。

1995年3月4日，农场职工马锡庆被寿光市职工教育管理委员会表彰为"职工教育先进工作者"。1995年4月，在寿光市开展的"争五手、创名牌、增效益"社会主义劳动竞赛中，农场职工王光勋被市总工会表彰为"销售能手"。

1995年8月，农场成立以党委副书记李振华为组长，工会主席王西君、副主席马锡庆为副组长的职工教育领导小组，指导全场职工的宣传教育工作。1999年，进一步建立健全职工教育的组织领导，工会、团委等组织积极参与，农场安排足额教育经费，确保职教工作的顺利开展。结合岗位培训，丰富职教内容。全年举办田间栽培管理培训3期，参加职工168人次。组织蟹苗养殖技术培训，有22人参加。组织开展"职工文明之家"评比活动，增加职教工作的吸引力。

在精神文明建设中，农场舍得投入，不断完善职工之家等场所设施，1998年购买放像机、影碟机，丰富职工文化生活，改善办公环境。投资200余万元，为职工建设宿舍楼，努力改善职工的生活环境。

1998年2月26日，农场工会委员会被寿光市总工会表彰为"先进职工之家"，工会女工委主任王海臻被寿光市总工会表彰为"优秀女职工工作者"，场长张绳贤被表彰为"模范职工之友"。8月28日，农场工会财务科被寿光市总工会表彰为"工会财务工作先进单位"，王海臻被寿光市总工会表彰为"工会财务先进个人"。

1998年8月10日，在农场召开第六次职代会和第五次工代会期间，工会带领全场干部职工开展向长江洪涝灾区捐款活动。

2000年2月26日，国营寿光清水泊农场工会委员会被寿光市总工会表彰为"先进职工之家"，场长张绳贤被表彰为"模范职工之友"。

2003年，农场党委书记亲自抓，副书记全面抓，工会主席王光勋任组长，具体负责职工教育工作。这一年全场出资购买电教片200多套（册），组织冬枣管理技术培训等多个培训班。印发《公共道德建设实施纲要》450份，促进了"两个文明"建设。

2004年2月，农场制定下发《关于加强职工教育培训工作的意见》（以下简称《意见》）。《意见》以提高干部职工队伍素质为目标，以实用、实效为原则，狠抓干部职工的教育学习。结合学习党的十六大会议精神，开展了《速生杨栽培技术要点》《优质抗虫棉推广介绍》等内容培训。

第二节　农场共青团

共青团的全称是中国共产主义青年团。她是中国共产党领导的先进青年的群团组织，担负为党培养、输送新生力量和工作骨干的任务。

一、农场共青团建设

1953 年 1 月，农场建立后，对共青团组织的成立与发展缺乏记载。1956 年 4 月 11日，共青团昌潍地区工委在原寿光县北部成立共青团集体农庄，同时建立党、团组织，后来农庄并入清水泊农场。有资料记载，1959 年 4 月，杨勇义同志任巨淀湖农场，即现清水泊农场第一分场团支部书记。可见，建场之初，农场便建立共青团组织。自此，农场青年在共青团组织的带领下开展活动。

1956 年 4 月，共青团集体农庄成立时，共有共青团员 42 人，占农庄庄员总数的近50%。1966 年，"文化大革命"开始后，团组织办公地点一度被抢占，团组织被取消，团的正常活动被停止。

生产建设兵团时期，1973 年 12 月，共青团工委建有 17 个团支部，拥有团员 635 人，其中少数民族团员 6 名。1974 年 12 月，团支部总数增至 18 个，团员人数减少为 536 人。

1975 年 1 月，经中共国营清水泊农场临时委员决定，成立"共青团国营寿光清水泊农场委员会"，从此，农场共青团的活动逐步得到恢复。

1979 年 4 月，刘慎武同志任农场团委书记，杨星堂任副书记。1981 年 12 月，王一甦任农场团委书记，解廷兰任副书记。1985 年 1 月，赵培胜任共青团农场委员会书记，至1986 年 12 月。1987 年 1 月，李振华任农场团委书记。

1990 年 12 月 3 日，农场召开共青团第六届代表大会。出席代表 30 名，代表全场 130名团员。会议选举产生以李振华为书记的共青团清水泊农场第六届委员会。1990 年前的 3年里，共青团共发展团员 63 名，为党组织输送 6 名优秀团员，他们成长为中国共产党员。

1994 年 8 月 24 日，共青团农场第七届代表大会召开，出席代表 30 人，会议选举孙健为团委书记。1995 年 1 月 28 日，孙健同志被上级团组织正式任命为农场团委书记，孙利华任副书记，主持团委日常工作。同时，建立健全基层团组织，机关团支部由刘景江任书记，一盐场团支部由韩斌任书记，二盐场团支部由刘伟任书记，一分场团支部由杨相辉任书记，杨家围子团支部由杨光辉任书记。12月，刘景江任农场团委书记，孙健同志不再担任此职务。

1997年10月，王立艳任团委书记。2000年2月，王立艳兼任团委书记。表3-2-2为农场历任团委书记名单。

表3-2-2 农场历任团委书记统计表

职务	姓名	性别	任职起止时间	备注
书记	杨勇义	男	1959.4—1970.4	原巨淀湖
书记	刘慎武	男	1979.4—1980.3	
书记	王一甦	女	1980.5—1984.12	
书记	赵培胜	男	1985.1—1986.12	
书记	李振华	男	1987.1—1994.6	
书记	孙健	男	1994.6—1995.11	
书记	刘景江	男	1995.12—1997.10	
书记	王立艳	女	1997.10—2000.1	

二、农场共青团的活动

农场共青团组织成立后，带领所属团员青年开展多种活动。1956年4月，共青团集体农庄成立，后来并入清水泊农场，共有团员42人。农庄初建时遇到很多困难，团支部召开形式多样的座谈会，宣传教育团员青年，克服眼前困难，开荒种田，为国家创造财富，支援国家经济建设。

1960年前后，农场团委经常组织团员青年配合党的中心工作，开展生产突击活动。同时，组织文艺宣传队、篮球队等开展多种文体活动，丰富农场职工的业余文化生活。开展以"增产节约，搞好生产"为中心内容的社会主义劳动竞赛，并开展"五好青年""五好团干部"评比活动和"学雷锋先进事迹，走雷锋成长道路，做雷锋式英雄"的活动。

1970年，生产建设兵团成立后，团政治处注重抓好团员青年的政治思想工作，组织团员青年学习马克思列宁主义和毛泽东思想，带领青年团员战斗在生产一线，并组织青年团员成立文艺宣传队、篮球队等，开展文化活动。同时积极开展科学试验活动，把所学知识运用到生产中。

1976—1978年，农场团委带领团员青年坚持四项基本原则，开展"五讲四美三热爱"活动，在活动中培养树立正确的人生观、价值观、世界观。

进入 1980 年代，共青团组织又带领农场广大团员青年开展争当"新长征突击手"活动。农场有多名团员被上级团组织授予"新长征突击手"称号。1983 年，开展"学雷锋，树新风""学海迪，做新人"活动。

自 1988 年起，农场团委坚持"面向四化、面向青年、面向时代、面向未来"的原则，加强和改进了团的思想政治工作，带领全场团员青年开展"学雷锋、学赖宁"活动。共组织学雷锋小组 8 个，参加便民服务的团员青年达 156 人次，为群众办好事 80 余件。组织团课，学习邓小平、江泽民关于坚持四项基本原则，反对资产阶级自由化的论述。至 1990 年年底，全场 85％以上的青年参加教育活动，撰写心得 300 余篇，开办学习专栏 10 余块、板报 90 余期。有 3 个共青团集体受到原寿光团县委的表彰，2 名团员被寿光团县委表彰为"先进个人"和"新长征突击手"。组织团员青年开展以"双增双节"为主要内容的劳动竞赛和技术比武，参赛青年职工 40 多人。组织参加义务植树活动，创建"青字号"绿化工程 2 处，共植树 1.5 万余棵。许多团员青年开拓进取在社会与企业建设中发挥先锋突击作用，圆满完成上级交给的工作任务，为社会与单位建设做出了突出贡献。1990 年 11 月 13 日，农场团员杨相辉被原寿光县团委表彰为"新长征突击手"。

1990 年 12 月，在农场共青团第六届代表大会上，通过了《关于在全场青少年中开展"学雷锋精神，树时代新风，做文明青年"活动的决议》。1991 年，农场一盐场团支部发挥自身政治优势，激励鼓舞广大团员青年奋力进取，在企业改革和经济建设中，取得明显成绩，于 1992 年 2 月 10 日受到共青团原寿光县委的表彰。1992 年 12 月，农场被原寿光县委、县政府命名为文明单位，全场有 17 名团员被表彰为优秀团员。

1992 年，农场广大团员青年认真落实邓小平南方谈话和党的十四大精神，勇于开拓，积极进取，一盐场团支部带领所属团员青年，在农场建设中做出突出成绩，于 1993 年 2 月被原寿光县团委表彰为先进团支部。

1995 年 8 月 15 日，成立以党委副书记李振华为组长，工会主席王西君、副主席马锡庆为副组长，团委副书记孙利华等为组员的职工教育领导小组，指导全场职工的宣传教育工作。

1996 年 4 月，农场第一盐场团支部被共青团寿光市委授予"青年文明号"称号，农场二盐场职工高山阁被授予"青年岗位能手"。1996 年 3 月 14 日，农场机关团支部被团市委评为"先进团支部"。1997 年 3 月，农场机关团支部被团市委评为"先进团支部"，农场劳资科刘景江被评为"青年岗位能手"。1998 年 10 月，农场被寿光团市委表彰为"希望工程志愿者劝募行动先进单位"。1998 年 2 月 20 日，农场机关团支部被团市委表彰为"先进团组织"。2000 年 3 月 24 日，农场总场办公室被寿光团市委表彰为"青年文明号"，政工科副科长刘景江被表彰为"青年岗位能手"。

2001 年，农场团委在广大团员青年中开展中国特色社会主义理论教育，使农场团员青年加深了对建设社会主义市场经济体制意义的理解，增强了参与改革开放和经济建设的自觉性和紧迫感。开展争做"青年岗位明星""青年文明号""青年文明能手"活动，引导团员青年强化岗位意识，热爱本职工作，争做岗位明星。开展崇尚科学，反对邪教活动，以"青年、科技、文明"为主题，宣传农业科技，反对邪教、反对欺诈传销，传播科学思想、科学精神，发放宣传材料 400 多份，解决技术难题 60 多个。

2001 年，涌现出了王宗武等许多优秀团员青年。王宗武同志在工作中不怕苦、不怕累、爱岗敬业，而且自愿献血 200 毫升，带动了其他同志的献血热情。他还认真履行团员义务，自觉带领广大青年，做一名"有理想、有道德、有文化、有纪律"的四有新人。此外，在农场还涌现出了机关团支部等多个先进团集体。

第三节　农场妇联工作

妇联是中华全国妇女联合会的简称，是中国共产党领导的为争取妇女解放而联合起来的中国各界妇女的群众组织，具有广泛的群众性和社会性，是中国共产党和人民政府联系妇女群众的桥梁和纽带，是中华人民共和国的重要社会支柱之一。

农场组建后，妇联也是较早成立的组织之一，但因对其活动资料保存不够重视，所以农场较早时期所开展的妇女工作缺乏记录，很难为后人所知，直到近些年，才有少量资料对妇联工作有所记述。

1998 年 2 月，因工作成绩突出，农场工会女工委主任王海臻被寿光市总工会表彰为"优秀女职工工作者"。次年 2 月，农场妇联带领广大妇女，开展庆祝国际"三八"劳动妇女节 88 周年活动。其间，农场举办演讲会、座谈会、报告会和多项文体活动，对 1997 年度在女职工工作中做出突出成绩的先进集体、优秀女职工工作者和在"女职工双文明建功立业竞赛"中涌现出的先进女职工进行表彰。

1999 年 3 月，农场工会女工委员会主任贾静，组织妇女开展工作，成绩突出，被寿光市总工会表彰为"优秀女职工工作者"。

2010 年 1 月，农场妇联协助有关部门出台《女职工特殊权益保护专项集体合同》，并在七届五次职代会上得以通过。此后，又对这项政策进行完善，并在 2013 年 1 月 9 日召开的八届二次职代会上，审议通过了《企业女职工特殊权益保护专项集体协议》。

2016 年 2 月，田彦梅同志出任总场妇女联合会主任。在 2017 年 1 月 6 日召开的工会代表大会上，选举产生新一届女职工委员会。2018 年 7 月，由张静出任妇女联合会主任。

第三章 农场法制建设

第一节 农场机构设置

农场的政法部门一直是地方派出机构，主要负责宣传和执行国家有关法律法规，维护社会稳定，保护农场集体及个人的合法权益，依法处理各种违法案件。其机构主要由农场的公安与保卫两个部门组成。

一、农场公安

建场之初，农场本为公安系统的分支机构，负责服刑犯人的劳动改造工作，场内只设警卫组，配备有1名警卫人员，配备枪械，负责防敌防特、安全保卫，保障生产建设的顺利进行。

1958年6月，经原寿光县委批准，在清水泊教养所建立公安分局，名称为寿光县公安局清水泊分局；在巨淀湖农场建立派出所，名称为寿光县公安局巨淀湖派出所。

1970年，生产建设兵团时期，实施军事编制，兵团内未设公安部门。1974年12月，山东生产建设兵团撤销，军队人员撤出，恢复农场体制后，根据治安形势和社会稳定情况的需要，又逐步建立公安机构。

1984年5月，农场向上级申请设立由7人组成的公安派出所，以保护国家财产，维护社会秩序，不久得以批准，后来一度被撤销。

1996年2月，农场再次申请成立派出所，开始户籍管理，对全场人员进行人员统计、建档，以维护全场正常的社会秩序。

除此，公安部门与农场成立保卫科一起做好农场及周边安保工作。

二、农场保卫

安全保卫工作，是维护社会安全稳定，保障经济建设顺利进行的一项重要措施。安保工作服务于群众，也必须依靠群众，才能搞好。只有把内部治安与加强企业管理有机结合起来，才能保障生产、生活的顺利进行。

农场原本是劳改机构，内部并无专职治安机构，也无专职的安保人员，后来改为地方企业后，才在总场设有1名警卫人员，配备枪械，维护治安，保障生产建设的顺利进行。

1970年1月至1974年12月，在生产建设兵团时期，在清水泊的山东生产建设兵团一师四团政治处设有保卫股，负责全团的安全保卫工作。

1976年，农场成立人民武装部，分管保卫工作，称为人保科。进入20世纪80年代后，保卫科与人民武装部分开设置，其后保卫科又一度隶属于人武部。

1988年7月，农场成立安全保卫委员会，制定出台《安全保卫岗位责任制》，将安全保卫工作责任落实到每一个部门、每一个单位、每一个岗位。

1995年保卫科撤销，后因安保形势需要，又设立保卫科。1999年6月，刘文涛任保卫科科长。2001年6月，孙业军任保卫科指导员。2006年1月，郝增功调总场保卫科工作。2008年8月，刘永海任保卫科科长。2009年4月，郝增功任总场保卫科副科长，享受正科级待遇。2012年4月，李志伟任保卫科科长。2013年10月，刘爱忠任保卫科科长。2015年7月，刘文涛任保卫科科长。

第二节　农场社会治安

清水泊农场所在的寿光地区，地处鲁北平原边缘，北濒莱州湾畔，过去曾是成片涝洼盐碱地，有人形容这里是"晴天白茫茫，雨天水汪汪"，"白茫茫"的是地表盐碱，"水汪汪"代指地势低洼易涝。这里河泊众多，沟渠纵横。夏秋时节，芦苇遍布，荆棘丛生。中华人民共和国成立前，这里曾匪患猖獗，危害乡里；中华人民共和国成立后，特别是改革开放以来，当地经济得到快速发展，人民生活得到持续改善，再经农场公安、保卫部门的不断治理，现在的寿北，包括清水泊在内，可谓是社会安定祥和，人民安居乐业。

回顾初创之时，农场本是劳改机构，后来改为地方企业，在总场仅设1名警卫人员，负责防敌防特，维护治安，保障生产建设的顺利进行。

"文化大革命"期间，各种秩序受到严重冲击，社会治安十分混乱，"造反有理"之风盛行，部分干部群众遭受不公正的对待，造成一批冤假错案。1970年，搞所谓的阶级队伍清理，一批人受到错误批判。

20世纪70年代末至80年代初，社会秩序一度混乱。农场土地遭受周边村民侵占，农场作物有时遭到不法分子偷盗、哄抢，场内生产、生活秩序时常受到破坏。"三夏"及秋收季节，农场的小麦、棉花、葵花、苇草、苹果以及蔬菜等时有被盗被抢事件发生，曾给农场带来较大损失。防盗防抢，成为当时公安、保卫部门的重点工作。

由于缺乏必要的治安保卫措施，致使农场与周边村庄多次发生纠纷。1983年前，发生数次哄抢、盗取事件。1981年，农场种植的向日葵被附近村庄村民抢去5.5万斤之多，且农场职工被打伤。损坏农田设施的事件也时有发生，严重影响农场的正常生产秩序。

改革开放之初，受各方面因素影响，经济类案件增多。根据上级指示，1982年年初，农场开始打击经济领域犯罪专项活动，成立由1名党委副书记为组长，2名委员组成的领导小组，抽调5名有经验的会计参与具体工作，对群众反映的经济问题线索进行清查，最终查清农场种羊场会计刘某某贪污的问题。

1982年，农场拥有人口1279人，土地总面积7.4万亩，其中耕地面积为1.77万亩，盐田1万公亩，国家进口良种羊1000只。总场下设4个分场，分布在巨淀湖、清水泊、王庄和以北八千米处，地界与寿光、广饶两县接壤，周围与台头、码头、卧铺、杨庄、道口5个乡镇相邻，周边村庄有新村、央上、码前、马后、寇家坞、南洋头、北台头、牛头、郑埝、官台、齐庄、菜央子、郭井子、丁家、单家、任家庄子、郑家庄子等20多个。农场有时水闸、桥梁被拆，树木被伐，每年损失约有七八万元。农场财产遭受损失，基础设施遭到损坏，生产、生活秩序受到严重影响。

1983年5月，农场安保部门根据群众揭发，配合农场公安部门查处了数起刑事案件。农场1名职工李某某长期不爱学习，缺乏思想改造，导致其品质恶劣、道德败坏，发展至糟蹋幼女的刑事犯罪，公、检、法部门对其进行逮捕、审判。

到1985年10月，农场实有干部职工661人，其中党员149人，团员68人。具有中专以上文化程度的30人，高中88人，初中文化程度328人，初小文化199人，文盲16人，25岁以下青年47人。自"严打"起，发生刑事案件2起，1984年发生治安案件5起，在1985年1—9月，发生治安案件8起。为减少治安与刑事案件的发生，1985年10月，农场党委研究决定，成立由副书记韩宝贵分工主抓，抽调党委秘书、人事干事、内保干部、工会干事5名同志组成的检查小组，负责全场的综合治理检查工作。

1986年7月，在农场党委领导下，农场治安部门带领全场干部职工，根据上级指示精神，参与配合严厉打击严重刑事犯罪和严重经济犯罪斗争，以维护社会治安秩序，保障人民群众生命财产安全。

1987年11月16日，原南河乡孙家庄村部分村民在个别人的组织煽动下，出动300多人和部分车辆，哄抢了清水泊农场所辖杨家围子村苇草87.7亩，造成损失3.98万元。农场保卫科协同公、检、法等部门，查处孙家庄随意哄抢的违法行为，并要求孙家庄赔偿全部损失。

为维护社会治安稳定，保证"四化"建设顺利进行，1988年7月18日，农场成立安全保卫委员会，制定出台《安全保卫岗位责任制》，将安全保卫工作责任落实到每个部门、每个单位、每个岗位。

1990年3月10日，农场1名冯姓职工，利用工作之便，偷盗盐场潜水泵一台和其他物资一宗，在盗运途中被联防人员发现，从而避免损失。

由于当年法制并不健全，人们的法制意识淡薄，一些治安案件多以行政手段进行处理。1996年2月，农场再次申请派出所成立后，开始户籍管理，对全场人员进行人员统计、建档，以维护全场正常的社会秩序。

1998年1月5日，保卫干部围绕维护稳定这一中心任务，在安全预防、目标保卫等方面做了大量工作，农场保卫科科长郝玉山被寿光市公安局表彰为1997专度"先进保卫干部"。

1998年6月1日至9月10日，根据上级统一布置，农场开展"百日严打斗争"和"百日安全防范"活动。其间成立严打严防集中行动领导小组，由场领导李振华为组长，胡振军为副组长，设立了办公室。主要以"破大案、挖团伙、打流窜、追逃犯"和"防火、防劫、防盗、防爆炸、防交通事故"为主要内容，达到维护社会安全稳定的目的。

2001年，农场从社会上招聘6名保卫人员，加强保卫科的治安保卫力量。投资5000元配备公安巡逻车一部，安排保卫人员24小时值班，在全场范围内定期巡逻。农场当年被寿光市评为"2001年度安全单位"。

2002年3月，由于晨鸣集团托管农场，引起了部分职工思想混乱，发生部分职工到潍坊上访事件。寿光市委及时调整农场党委班子。新班子上任后，采取走访座谈、召开会议等多种形式向职工阐明相关情况，打消上访人员的思想顾虑，解除他们的后顾之忧。5月23日，又组织30多名中层以上干部到晨鸣集团参观学习，提高大家的思想认识，最终稳定了大家的思想。

2003年3月，农场治安部门配合寿光市政府对土地纠纷工作进行调查。1988年前后，有关乡镇、单位在寿北盐田开发建设中，占用农场部分土地，后来形成遗留问题，影响农场利益和职工稳定。4月，羊口镇杨庄村与农场杨家围子村因土地纠纷发生械斗。寿光市政府专门成立土地纠纷工作组，对此进行深入调查，并于7月2日下发〔2003〕51号文件，形成处理意见。

为将刑事案件、安保事件消灭在萌芽状态，根据上级指示精神，农场公安与保卫部门还认真做好信访工作。2004年2月，农场强化政法综合组织建设，集中专项治理，做好信访工作，解决群众反映强烈的问题，做到"机构、人员、场所、制度"四落实，采取治安防范责任制。2004年12月，成立农场治安保卫领导小组，王西君任组长，副组长刘文涛，成员有孙业军等6名同志。

2006年12月，农场三分场因修路引发王庄村民哄抢农场土地，当天出动20多台小型拖拉机，70多名村民参与其中，农场保卫科协同公安部门对此进行查处。

2007年7月，原寿光县砖厂占用农场土地与官台村发生纠纷，后经农场保卫部门与之协商解决。

第三节　农场普法教育

《中华人民共和国宪法》是国家的根本大法。自1966年以来，农场广泛开展以学习《中华人民共和国宪法》为主要内容的普法宣传活动，宣扬人民当家作主，提倡农场移风易俗，破除封建迷信，树立婚姻自由、男女平等社会主义新风尚。

"文化大革命"开始后，农场法制建设受到严重冲击与破坏。党的十一届三中全会以后，农场的普法宣传工作逐步得到加强，农场派出所、保卫科、宣传科等机构得以健全，此后宣传工作不断深入，分场、学校等所属单位的普法活动得到广泛开展，干部、职工及家属子女的法纪意识普遍增强。

1985年11月，中共中央、国务院转发中宣部、司法部《关于用五年左右时间向全体公民基本普及法律常识的五年规划》。12月，全国人大常委会做出《关于在公民中基本普及法律常识的决定》，由此展开了一场全民普及法律知识的学习教育活动。

根据上级要求，结合自身实际，农场制定在1986年1月至1990年12月间普及法律常识的五年规划。成立普法领导组织，确定了总体目标，即用五年时间，在全场普及法律常识，使全体员工了解《中华人民共和国宪法》《中华人民共和国刑法》《中华人民共和国刑事诉讼法》《中华人民共和国民事诉讼法》《中华人民共和国婚姻法》《中华人民共和国兵役法》《中华人民共和国经济合同法》《中华人民共和国森林法》《中华人民共和国治安处罚条例》等重要法律法规的主要内容，让大家知法、懂法，守法、用法，逐步养成依法办事的观念和习惯。

"一五普法"工作开始后，根据农场普法教育规划以及普法实施方案，农场领导带头参加上级组织的法制教育轮训，之后组织农场管理人员参加法制培训，在全场组织法律知识讲座，同时，在全场干部群众中，采用集中学习与个人自学相结合的方式，开展法律知识学习。利用宣传栏、黑板报、标语牌等多种形式，广泛开展宣传。自此之后，农场根据上级普法规划，深入开展普法活动，通过广泛的法制宣传教育，在全场普及了法律常识。1986 年 10 月，农场对 307 名干部职工进行法律知识考核，其中干部 63 人，职工 244 人，平均成绩达 94 分以上。1988 年后，全场各行业还根据自身特点，建章立制，干部职工学法、用法的法制观念明显增强。

1991 年 1 月，"二五普法"开始，农场宣传教育的力度进一步加大。1992 年，新版《中华人民共和国工会法》颁布后，全场开展了普及《中华人民共和国工会法》的宣传教育。1994 年 8 月，农场副科级以上领导干部参加《中华人民共和国农业法》《中华人民共和国公司法》的学习培训，开展《中华人民共和国劳动法》学习，并通过了寿光市委全民普法工作领导小组的考核。1995 年 12 月"二五普法"圆满结束。次年 1 月，农场李振华同志被寿光市司法局表彰为"普法先进个人"。

在后来的普法教育活动中，普法活动的领导力量得到不断加强。2000 年 7 月，场长张绳贤任农场普法领导小组组长，胡振军为副组长，成员有张宝坤、刘文涛、李良景、邵军、马茂林、国芳勇 6 名同志。

2008 年 3 月，结合"五五普法"规划，农场开展社会主义法治理念教育，以提高干部职工的法律意识和法律素质，增强各级党组织依法执政的意识，增加干部职工依法办事能力。

第四章　农场治安机构

第一节　农场民兵组织

一、农场民兵组织

建场初期，农场没有领导民兵建设的专门机构。当年，农场依然在上级人武部门的领导下，按照"全民皆兵"的要求，大力开展民兵建设，农场凡18岁至50岁的职工、机关干部等都参加民兵组织。机构下设营、连、排三级，连以上干部多由各级党政主要负责人担任。

1964年1月，"社会主义教育运动"开始后，农场将整顿民兵组织作为一项政治任务落实，民兵的思想教育基础得到加强。1967年3月，在认真搞好民兵整组的同时，农场加强了军事化管理。

1970年4月至1974年12月，农场改建为山东生产建设兵团一师四团。全团设有3个营，9个普通连，军民联防工作得到进一步加强。

1976年5月，农场成立了人民武装部，孙乐友任部长。民兵建制为总场建有团级机构，分场建营，生产队建连，生产班组建排。除专职人武干部外，其他民兵干部由分场、生产队各级党政主要负责人兼任。民兵组织主要维护社会治安，带头完成各项生产工作任务。

1978年8月，农场成立清水泊农场民兵团，孙乐友担任团长，侯延禄任政治委员，韩宝贵任副团长，常俊玉任副政治委员。

1980年2月，王讯彦任农场人武部部长。1981年后，民兵组织简化为普通民兵和基干民兵两个层次。凡年龄在18周岁至35周岁的男、女职工，均列为民兵。其中18周岁至28周岁的男、女职工，参照应征青年的政治、身体条件，登记，列编为基干民兵。

1981年11月，麻相芹任人武部部长，12月，又被任命为农场基干民兵营营长，李茂华任政治教导员。

1983年11月，徐冠三被任命为人武部部长。1984年，全场深入学习新《中华人民共和国兵役法》，贯彻民兵制度，并与预备役制度相结合，以调整民兵编组和整顿基干民兵队伍为重点，简化了整组程序。

1985年2月，徐冠三被原寿光县人民武装部任命为清水泊农场基干民兵营营长，马汉杰为该营政治教导员。

1985年12月，民兵组织整顿，把调整民兵编组和基干民兵队伍作为重点，民兵编组以队、厂、村为单位，建立民兵连，以分场或公司建立营或直属连，营或直属连由农场人武部直接领导。对于职工严重老化、民兵人数较少的单位，本着就近连片的原则，几个单位联合编组。各单位民兵营、连长按照专兼结合的原则调配，选拔比较年轻的干部担任营、连长，人数较少的民兵营、连，干部只配正职，不配副职。队、厂企业单位的民兵连长一般由队长、厂长（经理）担任，教导员、指导员分别由各单位党总支书记、党支部书记担任。

1986年2月，农场虾场民兵连被原寿光县人武部表彰为先进民兵连，民兵曹安之被表彰为"民兵标兵"。

1986年，根据国务院、中央军委关于"减少数量、提高质量、抓住重点、打好基础"的指示，民兵数量进一步压缩。1987年，突出抓好民兵的政治教育，在多数民兵连建起了"民兵青年之家"。

1988年，农场积极组织所属民兵开展"双文明建设"活动。1990年5月，张琴伍被任命为基干民兵营政治教导员。1994年12月，刘文涛被任命为农场人武部部长。

1994年6月10日，为加强企业民兵、预备役建设，结合农场实际，按照上级规定，凡职工人数1000人以上3000人以下的单位，一律配备专职武装干部，设立武装部，配部长、助理员各1人，负责民兵预备役工作。农场配备人武部部长1名，为本单位中层干部并参加党委，享受同级管理人员工资福利待遇，后经寿光市人武部审批任命。由农场党委提出人选，市人武部党委审批，以部长、政治委员名义公布专武干部1名。

1998年，确定年内民兵组织整顿工作的重点是抓好基干民兵、应急分队、专业技术民兵的编组工作。同年2月，张绳贤被寿光县人武部任命为农场基干民兵营政治教导员。

1999年后，随着企业管理体制改革和经济责任制的推行，民兵工作的组织领导纳入书记、场长责任制。同时，继续精简基干民兵数量。之后，农场民兵组织日趋正规，教育训练等日趋规范。

二、农场民兵训练

农场的民兵训练坚持"劳训结合"的原则，采取适当集中与小型分散结合的方法，因地制宜，小忙多训，大忙少训，有突击任务停训，生产空隙抓紧训，提高了民兵训练的质量，增强民兵的军政素养。

1976—1978 年，农场的民兵训练由潍坊地区军分区指导，统一制定训练计划。农场每年春秋季节组织营、连实施，采取集中与分散两种形式训练，内容主要是队列、射击、刺杀和投弹等课目，时间多为 1 个月。

1980 年，根据工农业生产的不同规律和特点，农场结合自身实际，安排"三防"常识学习与队列训练。

1986 年，训练时间按新《中华人民共和国兵役法》的规定执行，专武干部在任职期间要进行 60 天的军事训练，基干民兵连（排）长进行 35 天的军事训练，基干民兵一般学员不少于 30 天。训练项目是队列、射击、投弹、爆破和战术。

1989 年 1 月、1990 年 2 月，在上年度民兵预备役工作和"争先创优"活动中，第一盐场民兵连表现突出，被原寿光县人武部两次表彰为"先进民兵连"。1989 年 1 月，民兵王西彬被评为"民兵标兵"。

1992 年 12 月，农场被原寿光县委县政府评为文明单位，有 7 名民兵被表彰为优秀民兵。

1994 年 6 月，农场坚持党管武装的原则，把民兵、预备役工作作为企业工作的组成部分，纳入管理计划，实行党政共管，并确定一名分管党务的领导具体负责。把民兵组织建设纳入内部生产结构调整计划，把民兵预备役人员政治教育纳入职工政治教育计划，把民兵军事训练纳入劳动管理计划和工时利用计划，保证民兵工作"组织落实、政治落实、军事落实"。同时，将企业人武工作经费纳入企业财务管理计划，计入企业管理费用，保证武装工作的正常开展。

1997 年下半年，农场抓好民兵工作三落实，及时组织民兵整顿和培训工作，保证各项工作的开展。6 月 3 日，农场人武部组织全场民兵开展"带头讲'三德'，争当精神文明建设尖兵"活动。"三德"内容是，以"热爱祖国，建设家乡"为主要内容的带头讲社会公德；以"爱岗敬业，乐于奉献"为主要内容的带头讲职业道德；以"尊老爱幼，男女平等"为内容的带头讲家庭美德。

1998 年，民兵预备役工作在原有基础上有了新的发展和进步，在"双争"活动中涌现出了不少先进单位与个人。1999 年 3 月，农场机关民兵连被寿光市人武部表彰为 1998

年度"民兵预备工作先进单位"。2000年2月，机关民兵连再次被评为先进，农场刘景江被寿光市人武部表彰为"民兵预备役工作先进个人"。

农场民兵预备役工作不断取得新进展，在党管武装、文明建设、征兵整组、民兵教育、富民工程、预备军人学校招生等工作中，涌现出了不少先进典型。2000年3月，农场人武部被中共寿光市委表彰为"民兵富

图3-4-1　富民兴寿劳动奖状

民工程先进单位"，人武部部长刘文涛被表彰为"通讯报道工作先进个人"。2012年农场人武部获寿光市总工会颁发的"富民兴寿劳动奖状"（图3-4-1）。

第二节　农场人民武装部

人民武装部简称为人武部，其主要任务是带领民兵维护社会治安，教育民兵带头完成各项生产任务和民兵训练、组织整顿工作。清水泊农场成立之初，负责服刑人员的劳动改造，并未设立人武部。

1976年5月，清水泊农场成立人民武装部，孙乐友任部长。除专职人武干部外，其他民兵干部由分场、生产队各级党政主要负责人兼任。

后来，农场人武部一度被取消，不久又重新设立这一部门。1980年2月，王讯彦任农场人武部部长。

1981年11月，麻相芹任人武部部长。12月，他又被任命为农场基干民兵营营长，李茂华同志任政治教导员。

1983年11月，徐冠三被任命为人武部部长。1984年，农场人武部带领全场民兵深入学习新《中华人民共和国兵役法》，贯彻民兵制度，并与预备役制度相结合，以调整民兵编组和整顿基干民兵队伍为重点，简化了整组程序。

后来，农场人武部再度被取消。1994年6月，为加强企业民兵、预备役建设，上级规定凡职工人数1000人以上3000人以下的单位一律配备专职武装干部，设立人武部，配部长、助理员各1人，负责民兵预备役工作。清水泊农场应配备人武部部长1名，为本单位中层干部并参加党委，享受同级管理人员工资福利待遇。1994年12月，经农场党委研究上报，上级人武部门审批，刘文涛任农场人民武装部部长。由场党委提出人选，市人武

部党委审批，以寿光市人武部部长，政治委员名义公布专武干部1名。表3-4-1为农场历任人武部部长名单。

表3-4-1　农场历任人武部部长统计表

职务	姓名	性别	任职起止时间	备注
部长	孙乐友	男	1976.5—1980.1	
部长	王讯彦	男	1980.2—1981.11	
部长	麻相芹	男	1981.11—1983.11	
部长	徐冠三	男	1983.11—1994.11	
部长	刘文涛	男	1994.12—2005.2	

第五章 人 物

第一节 历届党委书记、场长
（含副书记、副场长、工会主席）

张绪益

张绪益，男，汉族。1922 年 7 月生，江苏省宿迁市人，1940 年 11 月加入中国共产党。

1940 年 9 月—1945 年 6 月，中国人民解放军三师九旅当兵；1945 年 6 月—1948 年 12 月，华东荣军三校任政治指导员；1948 年 12 月—1949 年 9 月，山东荣军局协理员；1949 年 9 月—1950 年 8 月，荣军三校任组织股副股长；1950 年 8 月—1952 年 8 月，荣管局五分校任教导主任；1952 年 8 月—1956 年 4 月，任荣军三中、一中校长；1956 年 4 月—1959 年 4 月，任国营单家寺农场副场长；1959 年 4 月—1968 年 10 月，任国营巨淀湖农场党支部书记、场长；1968 年 10 月—1970 年 3 月，任清水泊农场革委主任；1970 年 4 月—1975 年 1 月，任山东生产建设兵团四团副团长；1975 年 2 月—1978 年 4 月，任清水泊农场党委书记；1978 年 4 月—1979 年 12 月，任原寿光县委统战部部长；1979 年 12 月—1986 年 5 月，任原寿光县政协副主席、统战部部长；1986 年 5 月离休。

侯延禄

侯延禄，男，汉族。1930 年 11 月生，山东省莱芜市人，初中文化，1946 年 3 月加入中国共产党。

1948 年 4 月—1949 年 4 月，任寿光六区委青年干部；1949 年 4 月—1949 年 9 月，任四连政治指导员；1949 年 10 月—1950 年 3 月，任原寿光县委组织部组织干部；1950 年 4 月—1952 年 6 月，任县委政研室政研员；1952 年 6 月—1954 年 9 月，任原寿光县侯镇党工委工委书记；1954 年 10 月—1956 年 6 月，任原寿光县三区委区委书记；1956 年 7 月—1957 年 3 月，任原寿光县文教部副部长；1957 年 4 月—1958 年 12 月，任原寿光县朴里区委书记；1959 年 1 月—1962 年 5 月，在原寿光县畜牧局工作；1962 年 6 月—1964 年 8 月，任原寿光县田马公社党委书记；1964 年 9 月—1965 年 9 月，任海阳张前七队社教组长；1965 年 9 月—1966 年 9 月，任原胶南县薛家岛公社社教大队长；1966 年 9 月—1970 年 11 月，任原寿光县侯镇公社党委书记；1971 年 12 月—1974 年 12 月，任原寿光县城关公社党委书记；1974 年 12 月—1978 年 9 月，任清水泊农场党委书记；1978 年 10 月—1979 年 11 月，任原寿光县工办副主任、盐务局局长；1979 年 12 月，任原寿光县人大常委会副主任。

李茂华

李茂华，男，汉族。1930 年 8 月生，山东省寿光市岔河乡李家官庄人，小学文化，1956 年 1 月加入中国共产党。

1937 年—1949 年 3 月，于原寿光县岔河乡李家官庄务农；1949 年 4 月—1952 年 7 月，在原寿光县侯镇区公所工作；1952 年 7 月—1953 年 6 月，任原寿光县侯镇区公所通讯员；1953 年 6 月—1954 年 2 月，任原寿光三区区公所民政干部；1954 年 2 月—1955 年 8 月，任原寿光县侯镇供销社指导员；1955 年 8 月—1956 年 7 月，任寿光渔业局生产干部；1956 年 7 月—1958 年 3 月，任寿光渔业局农技站站长；1958 年 3 月—1958 年 10 月，天津稻作研究所学员；1958 年 10 月—1960 年 2 月，在寿光农业局工作；1960 年 2 月—1963 年 3 月，任寿光农科所副所长；1963 年 3 月—1965 年 5 月，任原寿光县前杨公社农技站站长；1965 年 5 月—1966 年 7 月，任原寿光县官台公社党委宣传委员；1966 年 7 月—1970 年 1 月，任原羊口公社副社长；1970 年 1 月—1978 年 8 月，任原道口公社党委委员；1978 年 8 月—1984 年 6 月，任清水泊农场党委书记；1984 年 6 月—1988 年 7 月，任寿光农业局调研员。

丁世钦

丁世钦，男，汉族。1938 年 8 月生，山东省潍坊市滨海区筏子口村，大学本科，1961 年 4 月加入中国共产党。

1957 年 3 月—1963 年 2 月，在济南当兵；1963 年 3 月—1975 年 8 月，在临沂市沂源县燕崖公社任党委副书记；1975 年 9 月—1978 年 8 月，任寿光县原南河公社组织委员；1978 年 9 月—1984 年 9 月，在清水泊农场任党委副书记、场长；1984 年 10 月—1995 年 4 月，任菜央子盐场党委副书记、书记；1998 年 7 月退休。

马汉杰

马汉杰，男，汉族。1933 年 1 月 24 日生，山东省寿光市牛头镇人，初中文化。

1952 年 9 月—1953 年 8 月，任原寿光县政府材料科干事；1953 年 9 月—1954 年 5 月，任原寿光县朴里乡材料科干事；1954 年 5 月—1956 年 3 月，任原寿光县朴里乡财经会计；1956 年 3 月—1957 年 6 月，任原寿光县专卖公司文书；由于工作努力，成绩突出，1957 年被评为县、省商业系统先进工作者。1957 年 6 月—1958 年 11 月，任原寿光县台头乡会计辅导员；1958 年 11 月—1960 年 9 月，任原寿光县台头公社会计辅导员；1960 年 9 月—1965 年 12 月，任原寿光县台头公社党委秘书；1965 年 12 月—1971 年 10 月，任原寿光县田马公社副社长；1971 年 10 月—1975 年 2 月，任原寿光县前杨公社党委秘书；1975 年 2 月—1980 年 4 月，任原寿光县前杨公社党委副书记；1980 年 4 月—1982 年 12 月，任原寿光县古城公社党委副书记；1982 年 12 月—1986 年 11 月，任清水泊农场党委书记；1986 年 11 月—1993 年 1 月，任原寿光县畜牧局工会主任。

赵森林

赵森林，男，汉族，1937 年 12 月生，山东省寿光市田柳镇赵家村人，1968 年 12 月加入中国共产党。

1955 年 4 月—1964 年 6 月，先后在原寿光县田柳乡、寿光畜牧场工作；1964 年 7 月—1966 年 4 月，任清水泊农场财务会计；1966 年 5 月—1970 年 10 月，在城关公社任文书；1970 年 11 月—1974 年 12 月，任山东生产建设兵团一师四团三营七连指导员；1975 年 1 月—1988 年 7 月，任清水泊农场场长、党委书记；1988 年 8 月—1998 年 1 月，任寿光市林业局副局长；1998 年 1 月退休。

常连海

常连海，男，汉族。1946 年 12 月生，山东省寿光市田柳镇常家村人，大学本科，

1978 年 10 月加入中国共产党。

1974—1982 年，任原寿光县稻田公社团委书记、副主任、主任；1982 年 4 月—1983 年 10 月，任原寿光县道口公社副书记；1984 年 4 月—1985 年，任原寿光县岔河乡党委书记；1985 年 10 月—1986 年，任原寿光县丰城乡乡长；1986—1992 年，任清水泊农场场长、书记；1989 年 2 月，荣获潍坊市农林牧系统"先进工作者"称号。1992 年 12 月—1993 年 11 月，任原寿光县农委副主任；1993 年 11 月—2000 年，任寿光市蔬菜局局长；2000 年退休。

张绳贤

张绳贤，男，汉族。1949 年 3 月生，寿光市洛城街道于家尧河村人，1978 年 4 月考入山东莱阳农学院；1982 年 1 月大学本科毕业，获学士学位；1983 年 8 月加入中国共产党。

1982 年 1 月—1983 年 10 月，任原寿光县农技站技术员；1983 年 10 月—1985 年 12 月，任原寿光县农业局技术员，1984 年，因生产技术创新成绩突出，获原寿光县科技进步三等奖；1984—1989 年，曾 5 次荣获原寿光县先进工作者；1985 年 12 月—1986 年 7 月，任原寿光县农业局办公室副主任；1986 年 7 月—1989 年 2 月，出任原寿光县农业局副局长，1988 年，因工作成绩突出，获潍坊市农业系统先进工作者，同年，荣获农业部玉米丰收计划三等奖。

1989 年 2 月—1992 年 12 月，任原寿光县卧铺乡党委副书记、乡长，在职期间，主持的棉花生产工作，所在卧铺乡成为全省乡镇人均贡献皮棉第一名，该乡因此获全省植棉先进乡镇称号；1992 年 12 月—1994 年 3 月，任清水泊农场场长，主持的科研项目获 1994 年省科技进步奖三等奖；1994 年 3 月—2001 年 3 月，任清水泊农场场长兼党委书记，其间的 1995 年 6 月，获市级优秀共产党党员称号；1996 年 3 月，获农垦系统先进党员；1997 年 1 月，获寿光市"九五"计划建功立业活动先进个人二等功；1997 年 6 月，荣获优秀共产党员称号。2001 年 3 月后，不再兼任农场场长职务。

张琴伍

张琴伍，男，汉族。1949 年 10 月生，山东省羊口镇宅科村人，中专文化，1974 年 6 月加入中国共产党。

1970 年 6 月—1979 年 6 月，在寿光县第一中学从事教育工作；1979 年 6 月—1984 年 4 月，在原寒桥乡党委工作；1984 年 4 月—1989 年 6 月，任原寿光县卧铺乡政府乡长；1989 年 6 月—1994 年 4 月，任清水泊农场党委书记。

袁兰清

袁兰清，男，汉族。1956 年 10 月生，山东省寿光市洛城街道贤村人，大学本科。

1974 年 6 月—1974 年 11 月，在原寿光县寒桥乡贤村小学教学；1974 年 12 月—1984 年 12 月，在福建省 32305 部队服役；1984 年 12 月从部队转业，在原寿光饮食服务公司工作；1985 年 11 月，在原寿光县委党史办任秘书；1990 年 2 月，任原寿光县岔河乡党委副书记；1992 年 12 月，在寿光市原卧铺乡政府任乡长；1994 年 12 月，出任寿光市棉麻公司经理；1998 年 12 月，任寿光市开发办公室副主任；2001 年 2 月—2002 年 4 月，任清水泊农场场长；2002 年 4 月—2016 年 12 月，任寿光市农机局副局长，2015 年 1 月后，享受副处级待遇，2016 年 12 月退休。在福建 32305 部队工作期间，分别在 1976 年、1979 年、1980 年荣获三等功各一次。1989 年，因工作积极努力，成绩突出，分别被潍坊市党史委、山东省党史委评为先进工作者。在寿光市棉麻公司工作期间，于 1995 年被山东省农业厅评为三等奖获得者。1997 年，被潍坊农委表彰为先进工作者；1991 年、1992 年、1993 年分别被寿光市委、市政府评为先进工作者。

田友龙

田友龙，男，汉族。1961 年 11 月生，山东省寿光市田柳镇田柳村人，大专文化，1985 年 12 月加入中国共产党。

1985 年、1986 年、1987 年、1988 年、1990 年、1991 年先后被原寿光县委、县政府授予先进工作者和记功奖励；1996 年荣获寿光市人民政府记三等功；1998 年、1999 年、2000 年连续三年获寿光市人民政府嘉奖；1999 年被潍坊市委、市政府授予社会治安综合治理先进个人；2002 年被潍坊市总工会授予优秀工会工作者；2004 年被授予寿光市"富民兴寿"劳动奖章；2005 年被寿光市市委、市政府授予优秀企业思想政治工作者荣誉称号；2006 年被山东省农业厅授予全省农垦系统先进个人；连续当选寿光市第 14 届、第 15 届人民代表大会代表。

1979 年 8 月—1981 年 8 月，在寿光市第二中学读书；1981 年 8 月—1984 年 9 月，于寿光市田柳镇田柳村务农；1984年10月—1992年11月，在原寿光县南河乡政府任文秘助理；1992年12月—2001年2月，在寿光市卧铺乡党委政府任党委组织委员、副书记；2001年3月—2002年2月，在寿光市原道口镇任党委副书记；2002年3月—2008年1月，在清水泊农场任党委副书记、场长；2008年1月—2010年12月，在寿光市广播电视局任副局长（正科级）；2018年4月至今，在寿光市文化和旅游局任正科级干部，六级职员。

李昌军

李昌军，男，汉族。1960年7月生，山东省寿光市孙家集街道人，大专文化，1987年12月加入中国共产党。

1975年8月至1977年8月，在寿光前杨中学学习；1977年8月—1978年11月，在寿光前杨中学复读；1978年11月—1981年11月，在部队服役；1981年11月—1984年8月，在寿光原前杨乡供销社工作；1984年8月—1992年12月，在原寿光县政府招待所工作；1991年6月12日，任原寿光县招待所副所长；1992年12月4日，任清水泊农场副场长、党委委员；2012年9月1日任农场场长，2017年5月至2021年6月任农场党委书记、场长。

李昌军自主持农场工作以来，认真落实市委、市政府的有关工作部署，团结带领农场领导班子锐意创新、与时俱进，创造性地开展工作，使农场经济建设、改革开放和各项社会事业取得了突破。2008年，农场工农业总产值达到2556万元，职工人均总收入达到1.6万元。具体工作中主要有以下几方面的突破：

认真抓好清水泊生态林场的建设，认真落实上级大力建设生态公益林的工作部署，严格按照规划要求，周密组织，周密施工，带领农场广大干部职工克服资金不足、经验技术严重缺乏及各种困难和阻力，坚持科学种树，保证各项技术措施到位，严密组织，严格实施，使植树造林工作有条不紊地进行。2008年，投资700.9万元，共完成植树面积8500亩，植树93.5万株。2009年，投资164万元，完成植树面积3500亩，植树40万株。

抓农场管理，推动各项工作的顺利开展。自主持农场工作以来，李昌军坚持以人为本、和谐发展的管理理念，积极为职工办实事、办好事。2008年至今，多方筹集资金，切切实实为职工群众办了实事。一是投资60万元，通过与羊口镇自来水公司协商，为二分场接入自来水，职工群众喝上了甘甜的自来水，结束了多年喝咸水的历史；二是为职工着想，急职工所急，切实落实上级有关政策，落实资金300多万元，为职工按规定缴纳

"五险一金"，确保缴纳比数，受到了职工的称赞；三是提高职工福利待遇，关心职工的身心健康，特别是筹集 10 多万元资金为在职职工进行健康查体，建立健康档案；四是倾听职工呼声，解决职工所想之事。2008 年，根据职工的提议及农场工作的需要，及时组织人员进行调研，推出农场第四次职工土地承包有关办法，推动了全场土地承包工作。根据居委会职工的意见建议，对农场二处居委会住户用电情况进行了调研，在此基础上，召开班子扩大会议，讨论研究出台了《清水泊农场寿城居委会水电管理补充规定》，促进了居委会的规范化管理。

坚持领导干部的模范带头作用。在具体工作中，时时处处发挥领导和党员干部的模范带头作用，以实际行动带动全场干部职工，促进了农场各项工作的健康发展。2009 年 4 月、2019 年 4 月分别两次荣获寿光市"富民兴寿"劳动奖章。

王佐庆

王佐庆，男，汉族。1926 年 9 月生，山东省寿光市营里镇七里庄人，中专文化，1949 年 12 月加入中国共产党。

1950 年 2 月至 12 月，在原寿光县九区七里乡工作；1957 年 12 月—1960 年 1 月，在原寿光县道口公社任党委秘书；1960 年 1 月—1973 年 1 月，在原寿光县五台公社任党委委员；1973 年 1 月—1974 年 12 月，在原寿光县古城公社任党委委员；1975 年 10 月—1979 年 2 月，在清水泊农场王庄分场任党总支书记；1979 年 2 月—1980 年 3 月，任清水泊农场党委副书记。

韩宝贵

韩宝贵，男，汉族。1935 年 11 月生，山东省莱芜市人，初中文化，1959 年 7 月加入中国共产党。

1956 年 2 月至 5 月，67 军 200 师 599 团新兵连战士；1956 年 6 月—1956 年 9 月，200 师 599 团机枪连战士；1956 年 10 月—1960 年 4 月，在 200 师 599 团 5 连任司务长；1960 年 10 月—1969 年 2 月，任 200 师 599 团后勤处会计；1969 年 3 月—1970 年 2 月，任 200 师 599 团 2 营 5 连指导员；1970 年 2 月—1975 年 1 月，任山东生产建设兵团 1 师 4 团 2 营 5 连指导员；1975 年 1 月—1980 年 1 月，于清水泊农场办任办公室主任；1980 年 1 月—1994 年 6 月，担任清水泊农场党委副书记、纪委书记。

高华国

高华国，男，汉族。1940年1月生，山东省莱阳市团旺镇人，中专文化，1974年5月加入中国共产党。

1960年2月，在清水泊农场任驾驶员；1961—1974年，于清水泊农场巨淀湖分场机务队任会计；1975—1978年，于清水泊农场巨淀湖分场任党支部书记、经济主管会计；1979—1980年，于清水泊农场生产科分管机务；1980年11月，在清水泊农场任副场长；1981年1月—1984年12月，任清水泊农场副场长兼巨淀湖分场党总支书记；1985年1月—1994年6月，任清水泊农场副场长，分管机关、财务供销工作；1994年6月，任清水泊农场助理员。1989年3月，荣获全省农垦系统先进企业工作者；1993年4月，荣获农业部农牧渔业荣誉。

迟曰温

迟曰温，男，汉族。山东省烟台市福山区迟家村人。1948年9月加入中国共产党。

1943年—1947年1月，在原烟台市福山县回里乡迟家村务农；1947年2月—1948年2月，在福山县一区任助理；1949年1月—1956年4月，任济南荣军军校总务处主任；1956年5月—1959年5月，任山东省滨州农场生产科科长；1959年6月—1982年8月，任清水泊农场副场长；1982年9月—1984年12月，任原寿光县林产品公司经理。

孙乐友

孙乐友，男，汉族。1937年2月生，山东省潍坊市滨海区榆园村人，小学文化，1958年10月加入中国共产党。

1958年在部队立三等功，1965年选为枣庄市党代会代表，1993年被评为政工师，后来曾多次被农场评为先进工作者或优秀共产党员。

1956年3月—1960年2月，在0053部队服役；1960年2月，在山东省煤炭管理局601厂工作；1962—1973年，在枣庄矿务局魏庄煤矿历任档案员、组织干事、武装部副部长；1973年8月—1976年6月，调到原寿光县南河公社任武装部副部长；1976年6月—1980年12月，任清水泊农场武装部部长；1980年12月—1986年，任清水泊农场党委副书记、盐场书记；1986 年—1994 年 6 月，任清水泊农场工会主席、党委委员。

赵世祥

赵世祥，男，寿光市羊口镇宅科村人，小学文化。

1958 年 3 月—1966 年 6 月，在德州军分区工作；1966 年 6 月—1980 年 5 月，任齐河县原宣章公社武装部部长、副书记；1980 年 5 月—1981 年 11 月，任原寿光县羊口镇武装部部长；1981 年 11 月—1984 年 4 月，任原寿光县羊口镇武装部武装部长、副书记；1984 年 4 月—1986 年，任原寿光县南河公社党委副书记；1986 年—1994 年 6 月，任清水泊农场党委副书记；1994 年 6 月—2000 年 12 月，任卫东盐场副场长。

王金亮

王金亮，男，汉族。1954 年 10 月生，寿光市营里镇王家柳杭村人，高中文化，1976 年 8 月加入中国共产党。

1961—1968 年，在王家柳杭村上小学；1969—1971 年，在王家柳杭初中就读；1972—1974 年，在原寿光县第九中学就读；1975 年 8 月，在清水泊农场盐场任晒盐工；1976 年 3 月，在清水泊农场盐场任仓库保管员；1976 年 10 月，任盐场党支部副书记兼团支部书记；1980 年，当选为农场第一届职工代表大会代表；1984 年 11 月，任清水泊农场副场长，负责农场砖厂和巨淀湖分场三连滴灌工程建设，1986 年分管第二盐场的筹建工作。1991—2014 年，调任济南军区潍北盐场副场长；2014 年退休。工作期间，因表现突出，多年被评为模范共产党员。

徐冠三

徐冠三，男，汉族。1945 年 8 月生，山东省寿光市双王城李家坞村人，初中文化，1969 年 9 月加入中国共产党。1995 年，被山东省农垦总局评为安全生产先进工作者；多次被清水泊农场评为先进工作者。

1964 年 12 月—1970 年 1 月，在北京卫戍区服役；1970 年 12 月—1973 年 1 月，在菜央子盐场工作；1973 年 2 月—1977 年 2 月，在原寿光县台头公社武装部工作；1977 年 3 月—1979 年 6 月，任台头公社武装部副部长；1979 年 7 月—1980 年 1 月，任原寿光县南河公社武装部副部长；1980 年 2 月—1981 年 10 月，任原道口公社武装部部长；1981 年 11 月—1983 年 10 月，任原寿光县王高公社武装部部长；1983 年 11 月—1994 年 2 月，任清水泊农场武装部部长、党委委员；1994 年 3 月—1997 年 6 月，任清水泊农场副场长、党委委员；1997 年 7 月，退居二线任场长助理；2005 年退休。

李振华

李振华，男，汉族。1958 年 5 月生，山东省滨州市惠民县胡集镇人，大专文化，1986 年 12 月加入中国共产党。

1975 年 12 月，卫东盐场三工区工人；1977 年 11 月，任卫东盐场工会放影员；1985 年 7 月，调任清水泊农场工会放影员、会计；1988 年 7 月，任清水泊农场团委副书记、工会会计；1993 年 8 月，任清水泊农场办公室主任；1994 年 6 月，任清水泊农场党委副书记兼纪委书记。

孙奎岳

孙奎岳，男，汉族。1956 年 2 月生，山东省潍坊市滨海经济开发区人，大专文化，1983 年 12 月加入中国共产党。

1975 年 12 月—1978 年 3 月，在吉林省通榆县良井子畜牧场工作，工人；1978 年 4 月—1980 年 10 月，在吉林农机学院学习；1980 年 11 月—1985 年 9 月，在国营寿光清水泊农场工作，一般干部；1985 年 10 月—1987 年 9 月，在原寿光县委党校学习，学员；1987 年 10 月—1994 年 5 月，任清水泊农场场长助理兼分场场长；1994 年 6 月—1998 年 2 月，任清水泊农场副场长、党委委员；1998 年 3 月，任寿光市机械林场副场长。

王西君

王西君，男，汉族。1956 年 10 月生，山东省寿光市营里镇西浊北村人，1983 年 12 月加入中国共产党。

1974—1976 年，在寿光第九中学读高中；1976 年 9 月—1978 年 10 月，在原寿光县良种场工作；1978 年 11 月—1980 年 10 月，在清水泊农场盐场工作；1980 年 11 月—1984 年 11 月，为清水泊农场财务科会计；1984 年 11 月—1988 年 1 月，任清水泊农场党委秘书；1988 年 2 月—1994 年 5 月，任清水泊农场政工科科长；1994 年 6 月—1998 年 3 月，任清水泊农场工会主席、党委委员；1998 年 3 月—2016 年 9 月，任清水泊农场副场长、党委委员。

王西君作风正派、遵守党纪、廉洁奉公、工作大胆，业务过硬，自觉维护班子团结，按照自己的分工和岗位职责，出色完成分管的各项工作任务，深受领导和职工的好评。在 2004 年的民主评议党员中，优秀票占 98％以上。2004 年，他和农场领导班子成员，带领全场广大干部职工，实现工农业总产值 1966 万元，实现利税 126.6 万元，职工人均纯收入 1 万元。促进了农场经济的持续、稳定、健康发展，加快了农场全面建设小康社会的步伐。王西君自担任农场副场长以来，立足本职，爱岗敬业，用自己的实际行动引导广大职工在场党委的领导下，解放思想，抢抓机遇，积极投身改革开放，大力发展经济建设。他在负责全场的工农业生产工作期间，大力调整产业结构，推广科技种田，积极拓展农场经济新的增长点，使一个负债累累、经营困难的农场重新运转起来，焕发了新的活力和生机，经济效益连年提高，使农场由过去单一种植向多元化经营发展，逐步形成了农、林、牧、盐、水产养殖等多层次、多产业共同发展的格局。充分发挥了种植、养殖、工业的互动效应，促进了农场经济的良性循环，提高了农场经济的整体效益。王西君在负责全场的安全生产工作中，严格落实国家有关安全生产工作的法律、法规、政策和标准，认真抓好企业安全生产管理工作，健全各项规章制度，不论是对安全生产岗位责任制的落实，还是对安全生产管理工作的每一个细小环节，他都认认真真，一丝不苟，做到"安全生产，人人有责"。近几年来，农场没有发生一起大的安全事故，安全生产率达到了 100％。全面完成了上级部门下达的各项安全生产管理目标，有力地保障了集体和职工的生命财产安全，受到了上级领导和全场职工的好评。在工作中，王西君始终与党中央保持一致，充分发挥了新时期一个共产党员的先锋模范作用，为振兴农场经济，加快农场小康社会建设步伐，不断密切党群、干群关系，做出了自己应有的贡献，具备了一个优秀共产党员的标准，做出了干部群众公认的显著成绩，2005 年，王西君被寿光市评为共产党员先进典型。

胡振军

胡振军，男，汉族。1966 年 2 月生，山东省即墨区七级镇西七级东村人，大学本科，获植保专业学士学位，1993 年 7 月加入中国共产党。

1987 年 9 月—1991 年 7 月，在江苏农学院植物保护系植物保护专业学习，学生；1991 年 8 月—1993 年 1 月，任国营清水泊农场生产科科员；1993 年 1 月—1994 年 12

月，任清水泊农场一分场副场长；1994 年 12 月—1998 年 3 月，任清水泊农场办公室主任；1998 年 4 月—2002 年 3 月，任清水泊农场副场长；2002 年 4 月—2005 年 8 月，任良种场副场长；2005 年 8 月，任清水泊农场副场长；2016 年 9 月，任清水泊农场副场长、党委委员。

王光勋

王光勋，男，汉族。1956 年 12 月生，寿光市营里镇孙家村人，大专文化，1983 年 12 月加入中国共产党，多次被评为农场优秀共产党员、先进工作者。1998 年以来连年被寿光市总工会授予优秀工会工作者。1994 年被寿光市政府授予销售能手称号。2012 年被寿光市政府授予老龄工作先进个人。2016 年被潍坊市总工会授予全市优秀基层工会主席称号。

1976 年 12 月—1980 年 12 月，在原寿光县营里公社孙家庄村任教，民办教师；1980 年 12 月—1982 年 9 月，任清水泊农场盐场晒盐工、文书；1982 年 10 月—1983 年 2 月，任农场办公室统计员、文书；1983 年 2 月—1987 年 2 月，任农场办公室副主任；1987 年 2 月—1992 年 1 月，任农场办公室主任、场长助理；1992 年 2 月—1994 年 3 月，任农场盐场书记、场长助理；1994 年 3 月—1998 年 3 月，任清水泊农场党委委员、场长助理；1998 年 3 月—2016 年 10 月，任清水泊农场工会主席、党委委员。

常茂明

常茂明，男，汉族。1965 年 12 月生，山东省寿光市纪台镇人，大学文化，1995 年 11 月加入中国共产党。2011 年 4 月，获寿光市"富民兴寿"劳动奖章。

1974 年 8 月—1980 年 7 月，就读于原寿光县纪台公社东常村小学；1980 年 8 月—1983 年 7 月，在寿光纪台中心联中读初中；1983 年 8 月—1986 年 7 月，在寿光第八中学就读高中；1986 年 8 月—1989 年 8 月，在清水泊农场工作，工人；1989 年 8 月—1995 年 12 月，任清水泊农场农业生产队会计；1995 年 12 月—1998 年 7 月，任清水泊农场政工科副科长；1998 年 7 月—2005 年 2 月，任清水泊农场审计科科长；2005 年 2 月—2008 年 12 月，任清水泊农场政工科科长；2008 年 12 月—2010 年 10 月，任清水泊农场三分场场长；2010 年 10 月—2011 年 10 月，任清水泊农场一分场场长；2011 年 10 月—2016 年 9 月，任农场场长助理、一分场场长；2016 年 9 月至今，任农场副场长、党委委员。

崔小青

崔小青，男，汉族。1966 年 4 月生，山东省寿光市营里镇人，大学本科，1991 年 8 月加入中国共产党。2018 年 4 月获寿光市"富民兴寿"劳动奖章。

1986 年 7 月—1992 年 10 月，在中共青海省乐都县委政策研究室工作；1992 年 11 月—2004 年 4 月，在寿光市牧工商实业公司工作；2004 年 5 月—2007 年 2 月，在国营寿光清水泊农场办公室工作；2007 年 3 月—2008 年 11 月，任国营寿光清水泊农场办公室副主任；2008 年 12 月—2010 年 2 月，任国营寿光清水泊农场办公室副主任兼二分场党支部书记；2010 年 3 月—2011 年 9 月，任国营寿光清水泊农场办公室主任；2011 年 10 月—2016 年 8 月，任国营寿光清水泊农场场长助理兼办公室主任；2016 年 9 月至今，任国营寿光清水泊农场党委委员、工会主席。

张炳国

张炳国，男，汉族。1974 年 9 月生，山东省寿光市化龙镇张屯村人，大学本科，1997 年 7 月加入中国共产党。

2002 年 5 月、2004 年 5 月、2006 年 6 月、2012 年 11 月、2013 年 12 月，分别五次被寿光市委、市政府授予菜博会先进个人；2003 年 5 月被寿光市委办、市府办授予档案工作先进个人；2005 年 11 月被潍坊市第一次经济普查领导小组授予经济普查先进个人；2006 年 6 月受寿光市政府嘉奖；2007 年 11 月被寿光市委组织部授予党内统计先进工作者；2008 年 6 月被寿光市委授予优秀党务工作者；2010 年 10 月被寿光市委组织部、宣传部授予市"双创双争"读书学习竞赛优秀征文奖；2020 年 1 月被寿光市委、市政府授予"双联双帮"先进个人；2020 年 6 月荣获寿光市委、市政府"圣都文化奖"。

1994 年 7 月—2006 年 12 月，在寿光市台头镇人民政府工作；2006 年 12 月—2009 年 1 月，任寿光市台头镇党委组织委员；2009 年 1 月—2020 年 1 月，任寿光市环保局副主任科员；2020 年 1 月，任清水泊农场党委委员、纪委书记、监察专员。

丁汉亭

丁汉亭，男，生于 1960 年 2 月，寿光市羊口镇单家庄子村人，硕士，中共党员。

1967 年 9 月—1976 年 9 月，在羊口镇单家庄子村读初中；1976 年 9 月—1979 年 9 月，在寿光市六中读书；1979 年 12 月—1981 年 8 月，在县水产公司工作；1981 年 8 月—1984 年 12 月，在县广播站工作；1984 年 12 月—1992 年 12 月，在县委办公室工作；1992 年 12 月，任牛头镇党委副书记；1995 年 12 月，始任牛头镇镇长、留吕镇镇长；2001 年 3 月，始任田柳镇党委书记、稻田镇党委书记；2006 年 3 月，始任环保局长、劳动局长、发改局长；2012 年 9 月，任清水泊生态农场党支部书记（副处级），清水泊农场党委书记。多次被寿光市委、市政府评为先进工作者；1987 年至 1992 年连续 5 年被评为省委办公厅、潍坊市委办公室优秀党务工作者。

第二节　劳动模范

一、"富民兴寿"奖章获得者

李昌军

李昌军，男，汉族。1960 年 7 月生，山东省寿光市孙集街道人，大专文化，1987 年 12 月加入中国共产党。2009 年 4 月、2019 年 4 月两次荣获寿光市"富民兴寿"劳动奖章。（简历同前，略）

常茂明

常茂明，男，汉族。1965 年 12 月生，山东省寿光市纪台镇人，大学文化，1995 年 11 月加入中国共产党。2011 年 4 月，获寿光市"富民兴寿"劳动奖章。（简历同前，略）

崔小青

崔小青，男，汉族。1966 年 4 月生，山东省寿光市营里镇人，大学本科，1991 年 8 月加入中国共产党。2018 年 4 月获寿光市"富民兴寿"劳动奖章。（简历同前，略）

国芳永

国芳永，男，汉族。1963年8月生，山东省寿光市候镇人，高中文化，1994年9月加入中国共产党。荣获寿光市"富民兴寿"劳动奖章。1978年9月在清水泊农场工作；1979年1月—2013年6月，在农场盐场工作；1999年，任盐区主任；2013年6月至今在农场二分场工作，任分场场长。

刘永海

刘永海，男，汉族。1958年8月生，山东省寿光市羊口镇人，高中文化，2002年7月加入中国共产党。2014年4月荣获寿光市"富民兴寿"劳动奖章。1975年10月—2003年，在清水泊农场一、二分场机务队工作；2003—2011年，在清水泊农场保卫科任科长；2011年—2018年6月，在清水泊农场林场任管理办公室主任。

马锡庆

马锡庆，男，汉族。1952年6月生，山东省寿光市田柳镇人，高中文化，1986年12月加入中国共产党。2007年4月荣获寿光市"富民兴寿"劳动奖章。1969年10月—1978年6月，在原田柳公社赵家村任民办教师；1978年6月—1988年11月，在内蒙古自治区大兴安岭农管局古里农场工作；1988年—2015年6月，在清水泊农场工作。

张黎明

张黎明，男，汉族。1959年10月生，山东省曹县人，中专文化，1994年10月加入中国共产党。2016年4月，荣获寿光市"富民兴寿"劳动奖章。1981年12月—1982年4月，在清水泊农场巨淀湖分场工作；1982年5月—1993年12月，在清水泊农场巨淀湖分场任二队会计；1994年1月—2003年12月，任清水泊农场巨淀湖分场会计；2004年1月—2010年2月，任清水泊农场巨淀湖分场速生杨办公室主任；2010年3月—2010年10月，任清水泊农场审计科科长；2010年11月—2014年4月，任清水泊农场二分场场长；2014年5月—2016年1月，任清水泊农场林业管理办公室党支部书记；2016年2月—2020年4月，任清水泊农场蔬菜管理办公室主任；2020年5月至今任清水泊农场一分场场长。

二、"寿光好人"和"红旗标兵"

（一）李玉金

李玉金，男，汉族。1947年8月生，山东省寿光市田柳镇卢家村人，1968年5月加入中国共产党。1965年12月—1969年12月，在炮兵6051部队服役；1970年11月—1980年10月，在淄博建筑公司任工会主席；1980年11月—1982年10月，在清水泊农场盐场工作；1982年11月至退休，任农场一分场场长。2012年，被评选为第四届寿光市"助人为乐"提名奖，获"感动寿光人物"荣誉称号。

附：新闻报道

"寿光好人"李玉金：领回一个"爹"，一养30年

这是一个看似普通的家庭，儿子、儿媳无微不至地照料年过八旬的患病老人，一日三餐，端屎端尿，日出而作，深夜而息。然而，这却是一个极其特殊的家庭，"儿子""儿媳"和这个老人没有半点血缘关系，30年前的一句"老郭，你跟着我们一起吃饭吧"的邀请，延续至今，从那以后的32850顿饭，老郭和这家人没有分离过。近些年，老郭走不动了，60多岁的"儿子""儿媳"也老了，但是一日三餐依旧按时奉上，除此以外，还经常带他住院看病，每天伺候大小便。

这个超越血缘、感人至深的故事发生在清水泊农场一分场家属院，老郭叫郭延山，今年83岁，济阳人；"儿子""儿媳"分别叫李玉金和马龙英，均已66岁。家属院距离市区50多里*路，周围被万亩棉花地和芦苇荡所环绕，远离尘嚣，一片静寂。也正是如此，30年来，这个故事并未广为流传，只是在小范围内扩散、熟知。

身边人对李玉金夫妇的做法有不同的看法，有人质疑他们贪图老郭的退休金，有人说他们傻，还有人好意提醒他们是否考虑过后果。对此，他们都一笑而过。凭良心做事，是他们一辈子的信仰。

老郭喜欢吃山楂，他的桌子上一年四季少不了山楂。除此以外，他的房间里放满了各种点心和零食，大多都写着"无糖"。

在去年的一次查体中，老郭被查出患有糖尿病。得了这种病，老郭饭量大减，日渐消瘦。李玉金夫妇看在眼里，急在心里。李玉金的一个外甥在外省定居，他曾听外甥说过那

---

* 里为非法定计量单位，1里＝0.5千米。——编者注。

里有一种治疗糖尿病的药不错，于是，他恳请外甥回家探亲时，给老郭带来了大量药物。

老郭行动不便后，大小便经常解在裤子里。马龙英想了个办法，把老郭的裤子做成开裆裤，外面再套上裙子，既方便又遮丑。这一招，解决了老郭大小便困难的大问题。

现在，李玉金夫妇两头的父母也都去世了。这些年他们照顾父母的时间比照顾老郭的时间还要少，操的心也要少很多。"父母没有埋怨我们，母亲去世前曾对我说：老郭一辈子不容易，一定要好好待他。"马龙英说。

冬日的农场满眼萧瑟，广袤的土地鲜有人烟，更看不到超市的影子。家属院的人，要吃蔬菜必须得到集市上买。距离这里最近的集市有 20 里路，但是马龙英每集不落，风雨无阻。马龙英说，老郭年纪大了，每天必须得吃蔬菜，否则大便就成问题。这些年，马龙英骑坏了五六辆摩托车，现在 60 多岁了，依然骑着摩托车去赶集。

4 次住院，200 元一天也雇不到保姆

近些年，老郭的身体越来越差了，光住院就四次。2013 年春节前，老郭一下住了 18 天院。这段时间，李玉金在农场施工走不开。马龙英一个人在医院忙不开，打算请一个保姆，但是对方一听说要伺候大小便扭头就走，最后，一天出到 200 元钱也没请到一个保姆。于是，马龙英的儿媳、儿子、孙子和她轮流来给老郭值班。老郭的幸福让病友们羡慕不已，他每次都和病友们炫耀说："这是我的儿媳，孙媳和重孙，他们都可孝顺了。"

听到老郭这样称呼自己，马龙英的眼睛也湿润了，这么多年来从未叫出的称呼，实际上在他们的心中早就已存在了。

在"免费饭店"老郭吃着吃着就不想走了

2 月 28 日上午，在清水泊农场领导的带领下，我们从公路拐入土路，在尘土中前行十多里，才在一望无际的土地中，隐约看到了三座崭新的楼房，这里就是农场一分场家属院。

我们到达时，李玉金夫妇刚伺候老郭吃好了早饭，接着，李玉金给老郭打扫房间，马龙英又开始准备午饭。一日三餐，马龙英变着花样给老郭做。老郭行动不便有三四年了，但是身上一直很利索，屋子里也非常整洁。他们拿老郭当自己的"亲爹"。

老郭与李玉金一家结缘，还要从 30 年前谈起。1982 年，老郭退休后，和李玉金做了近邻。老郭不会做饭，李玉金向他发出邀请，"老郭，你跟着我们一起吃饭吧。"马龙英做的饭菜可口，老郭体验到了从未享受过的家庭温暖。1983 年的一天，他主动提出：以后要跟他们生活在一起。他说："我老了，一个人终究不是办法，总得找一个可靠的人依靠着，你们就不错。"

此后，10 年间，整整 32850 顿饭，老郭一直是家里的座上客。"事实上，那时我也做过思想斗争，当时两个孩子都小，每天再加上一个人吃饭，肯定是个不小的负担。"马龙

英说。但是丈夫十分爽快："吃就吃吧，人不是被吃穷的。"

从那以后，每天做好了饭，老郭按时上桌吃饭。不久，李玉金套起了一个院，老郭住在北屋，李玉金一家住在西屋，正式成为了一家人。老郭也拿出自己的退休金，象征性地交点饭钱。

1988 年，农场建起敬老院，老郭搬到敬老院居住。因患有严重的静脉曲张，一天，老郭倒在了房间里。李玉金听说后，赶紧让儿子把他接回了家中。此后，就再也没走过。

一次，老郭动手术住进医院，要交一笔钱，可是平时老郭把钱到处埋藏，等到急用时，根本就拿不出。于是，在场领导的协商下，老郭的退休金交由李玉金管理。现在，老郭每月的退休金涨到了 2000 元，只要不住院，满足日常开支没有问题。

放弃城市生活，守着农场守着老郭

2013 年除夕夜，李玉金夫妇彻夜无眠，泪眼相望。每当团圆的日子，对他们来说都是煎熬的。因为，他们太思念 8 年前因车祸离世的大儿子。

大儿子对老郭十分孝顺，有了好吃的第一个就想到他，老郭生病了，拉着他到处就医。大儿子也是夫妇俩的顶梁柱，家里大事小事都由他来拿主意。白发人送黑发人的悲剧，彻底打垮了他们。他们也曾想躺在床上彻底消沉下去，但是想到老郭，他们又振作了起来。他们是老郭的全部寄托，他们倒下了，这个可怜的老人又该怎么办？

李玉金的小儿子在寿光市区买了房，邀请父母去居住。其实，他们也很想离开农场，因为这里有太多大儿子的影子。但是，再看看老郭，他们就放弃了这个念头。

这些年，为了照顾老郭，李玉金夫妇几乎未离开过农场，即使有重要的事，也要留一个人在家。他们说，既然管了就要一管到底，为老郭养老送终，体面送走。

（原载于《寿光日报》2013 年 3 月 6 日 A5 版，记者：马春晓、刘敏）

（二）隋沛明

隋沛明，男，汉族，山东省寿光市化龙镇务本村人，1956 年 11 月生，高中文化，中共党员。1975 年 8 月—1990 年，在清水泊农场二分场四队工作。1990 年 12 月—2011 年 3 月，任农场一分场二队队长；2011 年 3 月—2012 年 3 月，在总场林场工作；2012 年 3 月—2015 年 3 月，任农场二居委主任；2015 年 3 月—2016 年 11 月，任农场三居委主任。2013 年，被寿光市委、市政府评为"寿光好人"。

附：新闻报道

寿光好人隋沛明：他是居民眼中的"好管家"

在秋实小区有这样一个人，他是小区物业工作人员，又是居民眼中的"好管家"。调解民事纠纷、修太阳能、通马桶、修暖气……在居民眼中他无所不能，只要居民有请求，不管多晚、不管他在干什么，都会第一时间赶到。

他就是隋沛明，今年58岁，从事物业工作3年多，居民生活中的大小事务他都看在眼里、记在心上。做工作任劳任怨，生活中乐于助人。

"沛明，我家暖气怎么不热了？你给看看吧。"一大早，居民杨爱荣来到物业办公室，隋沛明听说后，二话没说拿起修理工具就走，一番检查后，隋沛明说："没有大事，暖气片中有气，放放气就好了。"

"我们小区有沛明，大家都很省心。"杨爱荣说，她和隋沛明在清水泊农场共事了二三十年，在她印象里，隋沛明一直非常热心，后来他们搬到秋实小区，隋沛明也调任到小区物业，小区里无论大小事，大家首先想到的就是隋沛明。

小区里有太阳能漏水，隋沛明发现后不等居民说，自己就爬到楼顶检查、维修；冬天还没开始供暖，隋沛明总会挨家挨户查看暖气片，临走时还会跟居民介绍使用方法，遇到常见问题时该怎样解决；马桶堵了，只要找到他，隋沛明从不嫌脏……

"小区里有个这样贴心的人，我们住得也安心。"今年78岁的孙乐友说起隋沛明连连竖大拇指。他说，隋沛明对老年人尤为照顾，有时居民还没想到的，他已经做完了。"有天隋沛明跟我说，大爷，别人家的下水道都改造了，你家没改，我给你通一下吧，免得到时堵了麻烦。"孙乐友说，从这么一件小事，就能看出隋沛明对工作的态度。

"他每天5楼来回不知道跑多少趟，我们心里过意不去，让他来家里歇歇喝口水，他总一句话'我不累'。"79岁的马道英说，她搬到秋实小区6年了，小区里因为有了隋沛明这样的物业管理人员，大家既省心又放心。

"小区里的事他很上心，居民家中的事他依旧很热心。在我们小区老人、孩子比较多，有次半夜家里的小孩病了，大人不在家，找到沛明后，他二话没说开起车拉着孩子去了医院。到了医院后，从挂号到找医生都是隋沛明跑前跑后。"杨爱荣说，隋沛明曾干过司机，家里也有车，他的车经常被当成"公车"，开着义务为居民办事。

"平时孩子们忙于工作，大多时间都是我一个住，有次我的手机掉到水里不能用了，怕家里人联系不到我着急，我来到物业办公室找到沛明后，他二话没说给我买来一个新的，安上电话卡教我怎么使用。"马道英说，"不管谁遇到事，只要跟隋沛明说一声，他办事儿从不打折扣，几年来一直如此……"

"沛明人好，只要他出面解决问题，大家也都很给他面子。"杨爱荣说，除了负责小区里的大小事，隋沛明还常常出面担当调解员。"待得时间长了，邻里间难免会有矛盾，不管是邻里矛盾还是家庭矛盾，只要沛明出面，大家都虚心接受，所以我们小区越来越和谐。"

面对大家伙的称赞，隋沛明总是不好意思地笑笑，不善言谈的他总是那句话，"居民的事就是自己的事，这是我应该做的。"隋沛明说，因为小区物业人员少，他和小区的居民大多都是二三十年的同事，他愿意为大家服务。

（原载于《寿光日报》2014年2月14日B1版，记者：桑宏香）

红旗标兵马茂林

马茂林自1975年参加工作以来，认真学习，不断提高自身思想政治素质和业务工作能力，在全面系统地做好本职工作的同时，注重加强思想政治素质和业务工作能力的培养。他带头崇尚科学，反对迷信，坚持科学的世界观。

马茂林自担任三分场场长后，立足本职，爱岗敬业，用自己的实际行动引导广大职工投身到经济发展中去。他大力推广科技种田，多方联系，从高等院校引进棉花优良品种中棉23原种1万余斤，引进"面包麦"新品种2000多斤，引进"美国黑"大豆新品种4000多斤，为促进农业丰产丰收打下良好的基础。他组织农业科技人员和医务人员，对棉铃虫的活动规律，打药的方法及用量，打药中毒的预防和救护等问题做了详细的指导，这一措施，收效甚大，既有效地预防了农药中毒事件的发生，又大大提高了劳动生产效率。他还自费订了《农技推广》《棉花种植技术》等书刊，增强业务能力。冬灌期间，三分场由于受所处的地理条件影响，灌地难度大，为保证水源充足，他和领导成员积极联系市水利部门和杨庄水电站，理顺本场同外单位的关系，仅用几天的时间将1733亩地冬灌一遍。在冬灌过程中，他不分白天黑夜，不顾天寒地冻，坚持工作在一线，为职工带了好头，树立了榜样。在日常生产管理工作中，他以安全教育为重点，加强安全生产的组织领导。充分利用广播、黑板报和小会、大会相结合的方式，使广大职工认识到安全生产的重要性。

马茂林同志时刻牢记全心全意为人民服务的宗旨，密切联系职工，为职工办好事办实事。他清正廉洁，不谋私利，踏实务实的作风，赢得了大家的好评。他到三分场工作后，经常走访慰问离退休职工，深入职工家庭，对职工的生活、住房等热点问题及时研究处理，积极为职工排忧解难。他了解到职工黄新文家妻子有病，生活困难，就带领分场后勤人员给他家送去油、面，为黄家解决实际困难，当他听说黄新文种地缺少资金，无钱购买农肥农药时，马茂林同志亲自担保，为其贷款3000元，使黄新文一家的生活有了转机，开始扭亏为盈，走向富裕。马茂林同志就是这样，带走了职工的烦恼，留下了党组织的温暖。1999年12月10日，马茂林荣获寿光市红旗标兵。

红旗标兵张绳贤

张绳贤，男，1949年2月生，中共党员，1982年毕业于莱阳农学院，农学本科，高级农艺师，潍坊市第十三届人大代表，清水泊农场原场长兼党委书记。张绳贤带领党委领导班子成员与全场广大干部职工，出色完成了农场的各项工作任务。2000年全场实现工农业总产值1360万元，实现利税41.8万元，职工年人均收入5800元。在旱、涝交加的大灾之年取得这样的成绩确实来之不易。参加工作以来，开拓进取，勇敢大胆，深受广大干部职工的赞扬。特别是在担任农场场长以来，他带领全场干部职工深化改革，锐意进取，顽强拼搏，在市领导和省农垦部门的正确领导下，几年来，所在单位的各项工作在全省农垦系统和寿光市都保持着领先水平。并善于将国内新技术、新成果，运用到实践中，在1988年山东省八县区玉米大面积综合丰产技术开发中，寿光县为八县之首，获农业部丰收三等奖（张绳贤列第一位）；濒海盐碱地十万亩棉花综合丰产技术开发，经专家验收鉴定，创省内先进水平，获省科委科技进步三等奖（张绳贤列第一位），1990年获潍坊市科技进步三等奖（张绳贤列第二位），获寿光市科技进步一等奖、三等奖各一次；1995—1996年被山东省农垦系统评为先进工作者；1997年荣获寿光市"建功立业"三等功，被评为寿光市科技拔尖人才，还连续三年被授予寿光市优秀党员称号。他担任农场场长兼党委书记以来，带领广大干部职工奋发图强，讲政治、顾大局，以国家人民利益为重，以市场经济为导向，把农场的经济建设推入了一个新的阶段。不断探索新路子、新方法，在发展中以提高促发展，重点向结构优化要效益，向规模经济要效益，向科技进步要效益，向科学管理要效益。忘我工作，把党政、干群关系融为一体，充分调动了全场干部职工的积极性，保证了各项工作的顺利进行，并制订了民主评议、民主监督等一系列制度和规定，把领导的活动置于干部职工监督之下，赢得了大家的信任。他任农场场长以来，创造性地开展工作，通过调整内部结构，实行承包责任制，精简机构，下放后勤人员，实行"两费自理"等一系列重大改革措施，使一个负债累累、接近倒闭的农场重新运转起来，经济效益连年提高，各项工作在全省农垦系统和寿光市都保持领先水平。在以家庭农场为基本经营方式的条件下，积极探索如何使国营农场和国有资产不断增值的新办法，他带领场领导班子"一班人"对农场经济进行了结构调整，由过去的单一种植业向多元化经济发展，逐步形成了农、副、工三足鼎立的大农业发展格局，充分发挥了种植、养殖、场办工业的互动效应，促进了农场经济的良性循环，提高了农场经济的整体效益。他先后办起了化工厂和铜艺品厂，实行对外承包、租赁经营。投资 60 万元，建起河蟹养殖孵化场，投产 4 年来，连年取得良好的经济效益。在逐步还清内外欠款的同时，还为职工实实在在的办了几件事：盖小学校，使职工子弟有了良好的学习环境；打深水井，职工家庭用上了自来水；在寿城区征地建楼房，使退离休干部职工颐养天年。由于他在处理人事安排事务中，秉公办事，一视同仁，带头正确处理国家、集体、个人三者利益，得到了广大职工的支持和信任，在连续 5 年民主评议党员中，优秀票都占 98% 以上。"正人先正己"是张绳贤的座右铭。张绳贤思想觉悟高，工作成绩大，具备了一个优秀共产党员的标准，做出了干部群众公认的显著成绩，2000 年，张绳贤被寿光市评为先进标兵。

三、省、市级劳动模范及各项荣誉获得者名单表（表 3-5-1）

表 3-5-1　省、市级劳动模范及各项荣誉获得者名单表

姓名	称号	授予单位	授予时间
马汉杰	商业系统先进工作者	山东省商业厅	1957 年
孙乐友	部队荣获三等功	0053 部队	1958 年
孙乐友	枣庄党代会代表	枣庄矿务局	1965 年
李景坤	省工交财贸系统先进工作者	山东省财政局	1966 年 6 月
袁兰清	部队荣获三等功	福建 32305 部队	1976—1979—1980 年
张绳贤	科技进步三等奖	寿光市科技局	1984 年
张绳贤	先进工作者	寿光市委、市政府	1984 年、1985 年、1986 年、1987 年、1989 年
田友龙	先进工作者	寿光市委、市政府	1985—1991 年
马万山	财务工作先进个人	寿光市总工会	1986 年 8 月 29 日
张绳贤	农业系统先进工作者	潍坊农业局	1988 年
张绳贤	玉米丰收计划三等奖	山东省农业部	1988 年
袁兰清	先进工作者	潍坊市党史委	1989 年
袁兰清	全省先进工作者	山东省党史委	1989 年
常连海	潍坊市农林牧先进工作者	潍坊市政府	1989 年 2 月
韩宝贵	优秀政工干部	寿光市委、市政府	1989 年 10 月
王西彬	民兵标兵	寿光市人民武装部	1989 年 4 月
张绳贤	科技进步奖一等奖	寿光市科技局	1989 年
杨相辉	新长征突击手	寿光市共青团	1990 年 11 月 13 日
袁兰清	先进工作者	寿光市委、市政府	1991—1993 年
隋沛明	振兴寿光劳动奖章	寿光市人民政府	1991 年 2 月 24 日
张绳贤	科技进步奖三等奖	山东省科技局	1994 年
孙乐友	政工师、先进工作者	寿光市委、市政府	1993 年

（续）

姓名	称号	授予单位	授予时间
王光勋	销售能手称号	寿光市委、市政府	1994 年
袁兰清	三等奖获得者	山东省农业厅	1995 年
徐冠三	安全生产先进工作者	省农垦总局	1995 年
田有龙	荣获三等功奖励	寿光市委、市政府	1996 年
袁兰清	先进工作者	潍坊市农业委员会	1997 年
王光勋	优秀工会工作者	寿光市总工会	1998 年
田有龙	荣获嘉奖	寿光市委、市政府	1998—2000 年
王西君	优秀工会工作者	寿光市总工会	1998 年 6 月 26 日
张绳贤	模范职工之友	寿光市总工会	1998 年 6 月 26 日
王海臻	优秀女职工工作者	寿光市总工会	1998 年 8 月 28 日
张绳贤	先进个人	山东省农业厅	1999 年 1 月 15 日
田友龙	社会治安综合治理先进个人	潍坊市委市政府	1999 年
刘景江	市级青年岗位能手	寿光市	2000 年 3 月 24 日
张炳国	菜博会先进个人	寿光市委、市政府	2002 年、2004 年、2006 年、2012 年、2013 年
田友龙	优秀工会工作者	潍坊市总工会	2002 年
田友龙	优秀企业思想政治工作者	寿光市委市政府	2005 年
田友龙	全省农垦系统先进个人	山东省农业厅	2006 年
王光勋	老龄工作先进个人	寿光市委、市政府	2012 年
王光勋	全市优秀基层工会主席	潍坊市总工会	2016 年
张炳国	圣都文化奖	寿光市委、市政府	2020 年 6 月

四、清水泊农场所获荣誉一览表（表 3-5-2）

表 3-5-2　清水泊农场所获荣誉一览表

单位名称	称号	授予单位	授予时间
寿光清水泊农场	全省农垦系统先进企业	山东省农业厅	1989 年 3 月 15 日
寿光清水泊农场	农牧渔业先进单位	山东省农业厅	1993 年 4 月
寿光清水泊农场	计划生育先进单位	寿光市委、市政府	1993 年 5 月 4 日
寿光清水泊农场	劳动关系和谐企业	寿光市总工会	2009 年 3 月
寿光清水泊农场	2009 年度劳动保障诚信单位	潍坊市劳动和社会保障局	2009 年 12 月
寿光清水泊农场	十星级工会模范职工之家	寿光市人力资源和社会保障局、寿光市总工会	2011 年 2 月
寿光清水泊农场	潍坊市劳动关系和谐企业	潍坊市人力资源和社会保障局、潍坊市总工会、潍坊市企业联合会	2011 年 3 月
寿光清水泊农场	2010 年度和谐企业	寿光市和谐企业创建工作领导小组	2011 年 9 月
寿光清水泊农场	2011 年度全市工会工作示范单位	寿光市人力资源和社会保障局、寿光市总工会	2012 年 3 月
寿光清水泊农场	富民兴寿劳动奖状	寿光市总工会	2012 年 4 月

（续）

单位名称	称号	授予单位	授予时间
寿光清水泊农场	2011 年度和谐企业	寿光市和谐企业创建工作领导小组	2012 年 8 月
寿光清水泊农场	寿光市老龄工作先进单位	寿光市人民政府	2012 年 9 月
寿光清水泊农场	2013 年度星级工会先进职工之家	寿光市总工会	2014 年 3 月
寿光清水泊农场	2015 年度全市工会工作先进单位	寿光市总工会	2016 年 3 月
寿光清水泊农场	2015 年度先进职工之家	寿光市总工会	2016 年 3 月
寿光清水泊农场	富民兴寿劳动奖状	寿光市总工会	2016 年 4 月
寿光清水泊农场	老龄工作先进单位	寿光市人民政府	2016 年 9 月
寿光清水泊农场	2016 年度全市先进基层工会	寿光市总工会	2017 年 3 月
寿光清水泊农场	2016 年度全市工会综合考核工作先进单位	寿光市总工会	2017 年 3 月
寿光清水泊农场	敬老模范单位	寿光市老龄工作委员会	2017 年 10 月
寿光清水泊农场	2017 年度全市先进基层工会	寿光市总工会	2018 年 3 月
寿光清水泊农场	寿光市清水泊农场清水泊草莓西红柿荣获 2018 年度寿光优品蔬菜	中国寿光国际蔬菜科技博览会组委会	2018 年 4 月
寿光清水泊农场	文明单位	寿光市精神文明建设委员会	2018 年 10 月
寿光清水泊农场	2019 年度文明单位	寿光市精神文明建设委员会	2019 年
寿光清水泊农场	2019 年度品质农业发展先进单位	中共寿光市委、寿光市人民政府	2020 年 2 月
寿光清水泊农场	2020 年度品质农业发展表现突出单位	中共寿光市委、寿光市人民政府	2021 年 2 月

第四编

科教文卫

中国农垦农场志丛

第一章 科 技

第一节 科技机构

清水泊农场在建场初期就成立专职部门机构，用以指导科学种田，兼以进行农业科研，从而提高粮食产量。

1970年，农场改建为生产建设兵团后，由原来的技术科与生产科合并，成立技术生产科，配有15名科技人员，负责兵团科学种田的技术指导，为垦荒治碱进行跟踪服务，同时，收集积累各种农业技术资料，当好科技参谋。

恢复农场体制后，1980年农场成立农场科研站，张德先任科研站站长，站内拥有科技人员10人，其中，负责农艺栽培的2人，土壤化验2人，气象服务2人，林果栽培2人，蔬菜种植2人。科研站的主要任务是，农业种植、水利建设、畜牧饲养、农田测量、良种推广、研发项目、病虫害防治，担负生产试验、品种试种、良种保纯、肥料农药试用、土壤化验、地下水位观测及气象观测等工作。同时，承担上级业务部门下达或委托的联合科研工作任务。

1984年，农场实行包干责任制后，农场干部职工为搞好农业生产，出现学科技用科技的"科技热"。农场党委因势利导，于10月份成立植棉科技领导小组，场内安排2名领导具体负责棉花种植等方面的技术学习。为培养本单位技术人才，农场不惜重金，从外地或其他单位聘请专业技术人员，来场传授科学种植技术。由3名技术人员分点包靠，负责组织300多人参加棉花种植技术培训。

1989年，为增强科技力量，壮大科技队伍，提高科学种植水平，农场增派外出培训技术人员62人，其中大专函授学历5人，中专学历57人，用以充实农场科技机构。

1990年，农场成立盐业技改领导小组，对所属盐场晒盐技术进行科研攻关，不断改进传统工艺，采取塑苫新工艺，提高了原盐产量和质量。

为尽快掌握蟹苗养殖技术，农场在蟹苗场成立蟹苗养殖技术指导小组。1999年12月20日，农场利用冬闲时节，聘请科技人员来场，为职工传授蟹苗养殖技术以及种田知识，共举行蟹苗养殖与无虫棉栽培技术培训班4期，每期参训人员达30多名。

2011—2020 年，农场进行种植业结构调整，建设高端品牌蔬菜园区，稳步推进冬暖式蔬菜大棚建设，为此成立蔬菜生产办公室，用以指导蔬菜种植技术学习与运用。智能化蔬菜大棚建成后，应用智慧农业技术，发展引进试种高品质蔬菜种植技术。为指导学习运用林业育苗技术，农场成立了林业办公室。

第二节　科技队伍

1970 年，技术生产科科长孙家生带领北京农业大学毕业的朱明浩、畜牧技术员李乐新等 10 余名专业技术人员，投入到农场农业科技生产中，使农场在种植、畜牧、农机、园艺、水利等方面的技术力量得到充实与加强。

1978 年，农场恢复科研人员职称评审晋级工作。6 月 3 日，农场畜牧医师李乐新、农业技术员孙加生、兽医朱明浩、驾驶员刘序雷等技术人员代表全体科技人员出席原寿光市科技代表大会。

自 1980 年起，农场不断从外地引进各类科技人才，壮大科技队伍。另外，国家统一分配的毕业生与电大、职大、业大、函大和夜大这"五大"毕业生，陆续走上生产技术岗位，使得农场科技力量进一步增强。

1980 年 9 月 23 日，经原寿光市农业办公室审批，农场朱明浩套改为助理畜牧兽医师。

1981 年，为让科技人员解放思想，开阔眼界，农场组织科技人员赴江苏省新洋、临海两农场参观学习，了解借鉴他人在棉花科学种植方面的先进经验，提高本场农业科技人员的认知水平。

1988 年 4 月，农场一批文化科技人员有了自己的正式职称。张琴伍、韩宝贵、孙乐友、赵世祥、徐守俭、刘慎武、王志道 7 人被评定为政工师；徐冠三、李振华 2 人被评定为助理政工师。9 月，陈运恒、牟文恩、孙明生、孙继奎、郭照晨、孟庆令、卢光华、孙立修、孙安会、王志乾、刘坤玉、滕秀志、李月松 13 名技术人员被评定为工人技师。1988 年，农场共有科学技术人员 47 名，其中，兽医师 1 人，助理工程师 8 人，技术员 11 人，而有学历无职称的科技从业人员有 27 名。

1989 年 7 月，李西仁、丁凤卿被有关部门评为助理农艺师。12 月，农场根据自身需要，重新调整内部技术人员管理结构，农业工、养羊工、机务工、司机等技术工人的培训、考核，由总场生产科具体负责。晒盐工、盐业技术工人的培训、考核由盐场具体负责。打破定期评定晋级的大锅饭弊端，进行公平竞争，提高农场技术队伍的内在品质。

1991年，农场科技队伍逐渐扩大，各方面科技人员共有87人。经济方面有20人，其中，中级职称3人，助理经济师11人；农业方面有5人，其中，高级农艺师1人，中级农艺师3人，助理农艺师1人；畜牧方面有6人，其中，中级畜牧师5人，助理畜牧师1人；财会方面有18人，其中，中级会计师1人，助理会计师14人；统计方面1人，为中级职称；卫生方面9人，其中，医师1人，助理医师4人，护理人员4人；教育方面13人，其中，中级教师5人，助理教师4人；工程技术方面有3人，都为助理工程师；政治工作方面有11人，其中，中级政工师8人，助理政工师3人。

1994年，仅在农牧科技和工程技术方面，农场拥有技术人员42人，其中，农业科技人员16人、高级职称1人，中级职称3人，初级职称1人。农场具备较强的科技力量。农场建起农业科研站和土壤营养、盐分、作物病虫测报系统，已形成较完善的农业技术服务网络。

1996年，农场科技人员队伍不断发展壮大，拥有各类专业技术人员115人，其中，具有高级技术职称的5人，中级技术职称的30人，初级技术职称的80人。

1998年，上级科技部门组织农场张绳贤等3名管理科技人员，赴美国参加为期21天的高层次人才培训。

1999年11月，农场从上级部门聘请农业技术人才，为农场技术人员传授科学种田知识、无虫棉栽培技术。从羊口水校聘请专业技术人员，来场传授蟹苗养殖技术。此次培训，共举办4期，有近100人参加，农场发放科技教材200套。

2002年，农场拥有农牧科技和工程技术方面人员42人，其中，农业科技人员16人，具备较强科技实力，形成较完善的农业技术服务队伍。与此同时，全场职工的总体文化程度也有较大提高。职工中拥有大专及以上文化程度的7人，中专文化程度52人，高中文化程度92人。

2003年3月，农场采取"请进来走出去"方式，举办不同类型技术培训班。6月13日，选派技术骨干30人参加寿光市林业局举办的农业专家传授冬枣管理技术培训。10月11日，分别举办抗虫棉栽培技术、芦竹种植技术、速生杨育苗技术和栽培技术不同类型培训班，共办6期，参训人员高达515人次。

2018年，清水泊农场不定期开展技术人员学习培训6次，每次人数不少于30人。

2020年9月，农场组织全场45名职工参加大棚蔬菜种植技术培训，提高广大职工高品质蔬菜管理种植技术。

第三节　科技成果

为增强小麦、玉米、高粱等作物在盐碱地区的适应性、抗逆性，提高粮食作物产量，从建场之初，清水泊农场就因陋就简，开始进行引种栽培、土壤改良、试用肥料等多项种植技术试验。自 1966 年起，农场在科学种田方面，以应用技术为主，主要围绕种植业、养殖业、农副产品加工和农业机械化等方面进行技术开发。后来，随着生产发展的需要，相应引入其他应用和实用技术，逐步由单一的农业科技实验发展到多方面相配合的综合性生产技术创新。

1993—1995 年，农场以土地改良、土壤化验、气象观测、作物栽培、畜牧养殖以及林果、植保、农机等为主题，进行大量富有成效的科研实验，为滨海盐碱地开发建设，积累了大量科研资料，在多个领域取得成果。

一、改进工艺　农场变基地

清水泊农场位于寿光市北部，离海岸较近，自古就是重要的海盐生产地。这里地处高矿化地下咸水地带，土壤属高矿化地下水型滨海盐渍土，适于"农、盐、牧结合"综合开发。

1990 年，农场成立盐业技改领导小组。技术人员通过实验，改进传统工艺，采用塑苫法晒盐，提高了原盐产量。1996 年，农场开辟 2.5 万亩试验田，配备农场技术力量，成立科技人员队伍，农业、盐业、畜牧产业相结合，以种植为主，应用山东寿光试验区的国家科技攻关成果，即高矿化地下水型滨海盐渍土"农、盐、牧结合"综合开发治理与开发配套技术，在农场建成"农、盐、牧结合"综合开发商品生产基地。

二、良种繁殖　棉花获丰收

1994 年，农场技术人员与上级部门安排的棉花科技工作者深入基层，根据多年栽培经验，提前对种子进行发芽实验，科学确定每亩用种量，增加出苗率；在全场推广棉花地膜覆盖、配方施药等技术，全场地膜覆盖种植 9017 亩，占棉花面积 73%。这些种植技术实施后，比一般棉花种植增产 15% 左右。农场利用本场优势，对植棉人员每年进行 6 次技术培训，在 1 万亩普通农田的基础上，将其改造为棉花良种繁殖基地，棉花原种产量达

11.25万斤。

此后，清水泊农场不断扩大良种棉种植面积，10万亩棉花综合丰产技术实验取得成功，并由此荣获寿北濒海盐碱地开发三等奖。此项技术开发获山东省科委科技进步三等奖。

三、尿素喂羊　实验有成果

羊属于反刍动物，其瘤胃微生物能将饲料中的非蛋白含氮饲料如尿素中的氮素合成菌体蛋白，经消化吸收后供本身机体利用。用尿素喂羊，理论讲是可行的，但具体如何操作，需要进行大量技术实验。

1977年12月，农场技术人员从当时农场羊群中，选出沙力斯、德国英利奴，英国罗姆尼和新西兰罗姆尼大母羊各两群，育成罗姆尼公母羊两群，分别作为尿素喂羊试验群和对照群。技术人员开始利用本省生产的尿素，补充到喂羊的饲料中，以弥补部分蛋白质的不足。冬季属于舍饲补料、补草阶段，母羊正是怀孕中后期，到1978年3月底为止，母羔羊生产基本结束，共喂饲4个月。技术人员每日将尿素定量一次混入饲料中喂给，群与群之间的补草按定量补给，缩小差距，通过4个月的实践取得初步成果。尿素喂养，节省了一部分原始饲料的消耗，能减轻冬季饲料紧缺状况。

1995年，清水泊农场场长张绳贤被评为山东省农垦系统先进工作者。1996年，原寿光市获山东省八县夏季玉米大面积综合丰收技术开发三等奖，清水泊农场位列首位（图4-1-1）。

图4-1-1　蔬菜大棚运用的新技术

2011 年 12 月，农场科技人员先后完成高端品牌蔬菜园区、冬暖式蔬菜大棚智能化改造，将智慧农业技术等应用到了农场的蔬菜种植上，并综合多项种植技术进行推广。

2014—2020 年，农场成立蔬菜种植基地，结合寿光蔬菜种植优势，从外省引进新品种"草莓西红柿"，经过多次土壤考察，草莓西红柿种植成功，并建立了日光温室番茄高品质栽培生产技术标准。

第二章 教　育

第一节　学前教育

1956 年，清水泊农场设立幼儿园 1 处。之后，各分场相继成立托儿所。总场及各个分场共招收幼儿 300 多名，幼儿园归原寿光市直属幼儿园统一管理，统一教材。各幼儿园配备幼儿教师 3 名，保育员 1 名，幼儿园设施比较简陋，目的只为职工安心工作，解决职工后顾之忧。入托儿童占全场 1～6 岁幼儿的 90％以上。1956—1970 年，儿童入托情况基本保持原状。幼儿园生源主要来自清水泊农场和菜央子盐场职工子女。

1976 年 10 月，根据幼儿教育纲要的规定，结合农场实际情况，开设大、中、小三个阶段幼儿课程，3 岁入小班，4 岁升中班，5 岁升大班。各幼儿园根据不同班级，开设语文、算术、音乐、体育、美术等课程，并学做各种幼儿游戏。

1977—1985 年，农场招收部分亦工亦农青年职工，随着他们结婚生子，幼儿入托数量增加 20％。

1985 年 12 月，清水泊农场幼儿园被评为县级先进单位。

1989 年 2 月 20 日，清水泊农场幼儿园以大合唱《祖国多美丽》、表演唱《小松鼠》等节目，参演原寿光市教育局组织的文艺节目，并获奖项。

1989 年 3 月，各保育员的工作培训、考核由总场工会具体负责。

1989 年，农场重修幼儿园教室，添置幼儿课桌，为幼儿园购买大批图书玩具。农场工会定期组织对三个托儿所幼儿进行简单的认字、唱歌、跳舞成绩考核。实行讲文明、讲礼貌等礼节方面测试，根据幼儿表现智能水平，评定幼儿教师工资等级和奖金发放等情况。通过公平公正竞争，幼儿园各方面工作大幅度提升。

1996 年，王金凤负责总场幼儿的管理及学前班教学工作。

2000 年 11 月总场幼儿园撤销，幼儿教师王金凤、刘晓玲等人的教学工作由农场重新分配。

第二节　中小学教育

一、小学教育

20 世纪 50 年代，农场成立农场小学，当时因条件所限，学校只有 4 间房屋，2 个复式班，3 名教师，教学设施简陋，学生课桌用土坯垒砌。后来，随着干部职工人数增多，农场教学设置逐步完善，教师队伍不断加强。

1970 年，农场分别在总场、巨淀湖和王庄分场建立 3 所职工子弟小学，直属于原寿光市教育局管理。学生来源主要以农场和菜央子盐场职工子女为主，周边村庄学生占一小部分，教职人员由县教育局抽调和本场职工两部分组成。总场开设 3 个复式班，共有 1 男 3 女 4 名教师，在校学生 60 名左右，基本解决了农场职工子女上学问题。

1983 年，农场及各分场学校逐渐发展为五年制小学，当时在校学生共计 400 多人。

为适应"四化"建设需要和教育形势发展，尽快提高全场教师素质和教学质量，从 1985 年起，学校教师开始试行聘任制，招聘对象面向全场在职职工，包括亦工亦农类职工，通过个人申请与组织推荐，经过严格考试招聘，择优录取，颁发聘任证书。

1988 年，农场张汝芬获小学高级教师职称；赵秀芹、尹增水、吴西元、丁学志、崔树勋 5 位教师获小学一级教师职称；孙月亮、隋兴兰两位教师获小学二级教师职称。

1996 年 6 月 26 日，农场出台小学教师考评政策。规定：一是教师按时出勤，按时上下班。上班时间不能随便处理个人家务，各学校实事求是地记好考勤，没有考勤，或弄虚作假的单位，年终扣发应得奖金 20%。二是学生的升学及留级严格按教育部门规定，参照杨庄乡学校办法，并报经县总场工会审批后办理，否则，每留级 1 名学生，扣班主任全年奖金的 10%。三是对教师的业绩考评、奖励办法，每学期，期中、期末考试均采用教育局命题试卷，由总场工会统一组织校外人员监考，请杨庄学校教师阅卷。四是以杨庄小学同级考试成绩的平均分数为考核标准，达到标准的任课教师，享受总场机关人员年终平均奖金，达不到标准分数，每低 1 分，扣全年平均奖金 2%，全年各科平均不及格者，不享受奖金，并调离教学岗位。成绩高于标准分数增加奖金，每高 1 分，加平均奖金的 2%，最高加奖额不得突破平均奖金的 20%。

1996 年，农场辖属于原寿光市杨庄乡，全乡共有 15 所小学，巨淀湖分场小学年终考核成绩名列第一，总场小学成绩排名第六。

1998 年，农场小学教学设施逐渐改进，按照国家教委规定，教学科目齐全，共有语文、数学、音乐、体育、美术、常识、思想品德、劳技等课目内容。

2000年6月29日，因生源欠缺，农场小学停办，将小学四年级12名学生归并到原杨庄乡官台村小学就读，农场小学副校长尹增水、高级小学教师丁学志的教学工作由教育局统一安排，学校其他人员分流到总场从事后勤工作。

二、初中教育

为农场干部职工子女小学毕业后方便就读初中，1970年，农场成立国营寿光清水泊农场学校初中部，配有教师4名，在校就读学生60名，开设3个复式班。

1971年，农场组建初中班1个，招收学生40名，取消复式教学方式，单独配备初中教学老师。

1975年，全场共有教师18名，其中公办教师7名，以工代教6名，民办教师5名。在校学生总计320余名，配有物理实验器材室1间，化学实验器材室1间，按照国家教委规定，开设有语文、数学、体育、音乐、美术、常识等所有教学课目。

1985年7月，因生源不足，农场初中部撤销，农场部分职工子女升初中后到杨庄、牛头、台头等地学校就读。

第三节　成人教育

一、农业学校

清水泊农场位于寿光北部的盐碱地带，这里村庄稀少，过去交通不便，群众文化生活落后，农场将提高职工群众文化，纳入全场学习规划中。

1957年秋，根据中共中央提出的"实行半工半读，专业与劳动相结合的两种教育制度"的指示精神，经山东省政府批准，清水泊农场成立农业学校。

为争取提前开学，学校于1957年5月先期招生，同年6月开始紧张筹建，1957年9月正式开学。校园占地面积100亩，校舍17余间，学校建有党支部、校长室，下设三处一室，即教务处、总务处、生产试验管理处与政治办公室。成立之初，招收专业学生227人。1958年增加新生152人。从建校至1958年秋，共有6个班，实有学员295人，教师9人，校长1人，校委会3人。学校建有实习基地，规模根据招收学生人数调整。

农业学校生源以省内为主，面向全国招收初中、高小毕业生入学，学制二至三年。根据勤工俭学的精神，1957 年 9 月开学后，学校实行半日制，学生边劳动边学习。

二、成人夜校

1960 年，农场腾出房屋两间，设立文教卫生办公室，负责文化扫盲及成人教育工作。

夜校设在办公区东侧小会议室，每周一至周五晚上，向干部职工传授马列主义、历史文化知识等内容。每周六晚上，学习汉字，开展扫盲工作。识字扫盲工作由校长与本场小学教师姜建才负责，而干部职工的文化学习，多数聘请外单位人员来教授。

1969 年 3 月，昌潍师范学校分派一部分干部教师，来农场帮助开办"五七"干校学习班，至当年 11 月中旬返校，其间，部分教师参与夜校的教学工作。农场夜校除举办成人扫盲外，还利用一部分时间学唱革命歌曲，举行象棋、乒乓球比赛、知识竞赛等活动。不管是扫盲识字，还是学习文化知识，其中多数内容深受广大职工欢迎，夜校课堂每晚座无虚席。

经过夜校学习，以及后来不定期开展的成人文化教育，农场原来文化程度较低的老职工，其文化水平绝大多数达到初中以上。

第四节　职工教育

20 世纪 60 年代之前，农场 70％的职工没有达到初中文化水平，而且多数管理人员的文化程度也不高，缺乏相应的专业知识和管理技能。

1966 年 10 月至 1974 年 2 月，农场以"搞好生产办教育，办好教育促生产"为指导思想，将职工教育工作列入重要议事日程，总场与各分场均建立文教委员会，共设立 5 个业务传授站，每个站点选聘 1 名业务水平较高的小学教师，作为授课老师，根据实际情况，为进场新职工开展专业知识与文化课程培训。

农场机务人员，每年进行两次轮训，多以生产班为单位组织，个别人数少的班，以小组为单位进行学习。后来又设立文化班、技术班、政治班，每晚学习两小时，19：00—21：00 上课。每次轮训时间为 15～30 天，每次参加学习的人数超过 30 人。

1978 年 11 月，农场开设职工扫盲班 1 个，招收数名文盲职工学习识字；开办初小班 2 个，有五六名文化程度低的职工参加；开办高小班 3 个，共有 36 名职工参加学习；初中班 1 个，有 75 名职工参加学习。全场共组织 350 名职工参加文化学习。其次，还组织了 2 个技术班，有 20 名职工参加学习专业技术。

农场在组织干部职工学习文化与技术的同时，也十分注重提高职工的政治思想觉悟。1981年10月，设立1个政治理论班，加强干部职工爱国主义、集体主义和社会主义思想教育，从根本上提高职工的政治思想觉悟。其间，重点组织学习了《中国近代史》《科学社会主义常识》《中国工人阶级》3门课程，全年办班6期，每期有80多名职工参加学习。

1984年冬，农场制定新的学习计划，总场与各分场统一执行，教师来自农场的大中专毕业生。计划对全场各类人员分期分批进行培训，每期培训时间3～6个月，在3年内将全场干部职工普训一遍。在教学方面，遵循先易后难，由简到繁，循序渐进，逐步提高的原则，通过3年努力，使多数原本目不识丁的职工，能够读书看报，书写简单家信。干部职工的知识水平和工作能力得到提升。

1987年1月，农场组织部分青壮年职工进行文化补习。在册学员30人，而参加旁听的人数达50余人。青年职工除学习文化知识外，还学习了其他一些课程。

1990年10月1日至11月30日，农场组织职工开展本职业务学习，每周脱产学习3天。设立总场、巨淀湖分场、王庄分场3个学习小组，每组设组长1名，具体负责安排本组职工学习与成绩考核。方法采取以小组为单位，分组实施，每学完一部分，便进行阶段性考核，全部课程学习完毕，进行综合考试。

1993年7月，农场引导和鼓励干部职工脱产或不脱产参加进修班、广播学校、电视大学、业余大学、函授等多种类型进修学习。不少人每月的学习时间不少于15天。与此同时，农场组织全场35岁以下青年职工，开展学习马克思主义基本理论知识及全民国防常识等内容。办班11次，共有1120人次参加学习。

1996年1月，农场开展职工技术培训活动，针对青年职工的自身特点，进行文化与技术方面培训，全场500多名职工参加，后经考核，99％的参训职工合格，并颁发证书。

1996年10月，农场对干部职工进行全面考核，结果显示，80％职工已达到初中文化程度，35岁以下的文盲或半文盲职工不复存在。农场要求具有初中及以上文化程度的职工，也要参加农业广播学校，或是函授与自学，在1997年年底前达到中专或更高文化程度的，一律承认其学历，并按照标准相应调整其工资待遇。

1999年，农场采用多种形式，利用各种时机，组织干部职工进行业务培训与专业学习。全场职工有500人次参加培训与学习。其中，对植棉工、机务人员、财务会计等进行专业技术培训3期。当年，全场大中专函授学习结业人数达54人。

2004—2020年，农场不断推进职工教育工作，成立5人职工教育领导小组，修订职工教育管理制度，完善职工教育设施，配备专职、兼职教师2名，购进专业技术教材及电教片200套，不定期开设农作物栽培技术培训班。

第三章 文　　化

第一节　群众文化

农场历届党委都十分重视全场文化事业的发展。从建场之初开始，篮球、排球、乒乓球等体育设施与场地不断增加完善，广播站、电影队、图书室，象棋室、军棋室等文化活动组织相继健全。改革开放以后，农场的集体文化建设方面投入有所减少，进入21世纪后，农场文化事业在"百花齐放、百家争鸣"方针指导下，职工群众的文化生活日趋丰富，群众文化队伍不断扩大，群众文化事业得到进一步发展。

一、图书室

1956—1976年，农场总场及各分场都建立了图书阅览室，为干部职工订阅大量报刊与图书。《人民日报》《大众日报》《参考消息》《前卫报》《人民画报》《红旗》《山东文艺》《解放军歌曲》《连环画报》等报纸杂志常年供大家阅读学习。

2010年以后，农场根据群众需求，不断丰富完善以图书阅览室为主的文化设施。2016年3月投资3万元，完成4个党员活动室及两处群众文化阅读室的建设，成为农场群众多层次多角度组织开展各项活动的精神家园。

2018年2月，农场与寿光市文广新局合作，建成寿光图书馆清水泊农场分馆。针对农场的特点，市图书馆专门配送种植、养殖等方面的专业图书，并作为市图书馆分馆，纳入图书借阅"一卡通"服务范围，向持有市图书馆有效借阅证的读者，提供图书外借服务。市图书馆向农场分馆共配备各类图书8000余册。农场图书馆的成立，让文化服务更加贴近基层、贴近群众，让农场职工在家门口就能享受到"精神食粮"，极大拓宽了职工的阅读领域，丰富了职工的业余生活。

除阅览室外，1970年以后，农场职工俱乐部内还设有球类室、展览室、棋牌室和电子游戏室等活动场所，节假日、课余时间都对全场干部职工开放，供大家休闲娱乐。

二、放映队

1970—1974 年，农场改为山东生产建设兵团一师四团，兵团编制有电影组，除负责团队内的放映工作外，有时到周边村庄，为村民放映电影，以丰富兵团干部职工以及周围村庄群众的业余文化生活。

1974 年年底，根据国务院、中央军委关于撤销山东生产建设兵团"交还地方，恢复原建制"的指示精神，在上级部门领导下，清水泊农场对山东生产建设兵团一师四团的人员、资产等进行接收。1975 年 3 月，建设兵团一师四团电影组编入农场，3 名放映技术人员成为农场职工，电影组改为放映队。同时接收 F16 毫米放映机和"甘光" 35 毫米放映机各 1 台，另有 55E 型 1.5 马力发动发电机 1 台。

放映队放映的电影片，原由部队供给，后改为由原寿光市电影公司提供。1975 年，农场拥有干部职工及家属共 2000 余人。总场和各分场及周边村庄共有 17 个生产大队，约 3 万余人。电影队每周从县电影公司取 1 次影片，分为 6 个放映点，轮流放映电影。电影片有京剧《红灯记》《杜鹃山》，有故事片《小兵张嘎》《潘东子》等。

1986 年 9 月 18 日，农场组织电影晚会，利用幻灯片、广播，丰富群众业余文化生活。同年 12 月，农场新购进放映机 1 部，充实放映队的设备。

后来，由于电视机进入家庭，并逐步普及，电影观众大量减少，电影放映场次也逐渐减少。随着新科技的不断发展，电视、网络视频等早已取代传统电影放映模式，2000 年以后，农场电影队走村串乡放映电影的时代基本结束。

三、广播站

1965 年 3 月，农场成立广播站。成立初期，拥有 1 台 100～200 瓦的电子管扩音机。1966 年 7 月，购置 1 台上海广播器材厂生产的 500 瓦广播功放机。

1974 年年底，农场落实毛泽东主席关于"努力办好广播，为全中国人民和全世界人民服务"的号召，农场广播事业有了快速发展。

为做到户户通广播，保障播音效果，1975 年 12 月 10 日，农场设置广播线路和 1 个放大站，由原寿光市广播站增设 1 个架线（信号线）点，直达农场的总场，再由总场向外伸延 3 条主干线。第一条主干线由总场经寿光林场至巨淀湖分场，全长 20 千米；第二条主干线由总场至农场盐场，全长 8 千米；第三条主干线由总场至王庄分场，全长为 9 千米，共计全长为 37 千米，地下简易电缆线全长 7.4 万米。

1975 年 12 月 16 日，农场安装第一部座机电话，拥有了当时最先进的通信设施，方便上级会议精神的及时传达与接收。

1976 年 4 月，全场小喇叭入户高达 2700 余只，信号均用电话线传送，广播站播音时间是每天 3 次，早上 6：30 开始广播，晚上 21：00 结束。至 1978 年秋，广播开始曲改为奏《国歌》，广播站播放的主要内容是转播山东台节目、农场会议内容、农业知识讲座、卫生知识讲座，并在秋收春种时召开有线广播动员大会。

第二节　文学艺术

一、文学创作

清水泊农场所处的寿光北部，地域文化底蕴深厚，民间故事流传众多。随着农场干部职工的进驻，再加各级组织的重视，地域文化得到更快发展，涌现出不少文学人才。由于建场早期单位隶属变更较频，有关记录资料多数缺失。1975 年以后，农场各项工作逐渐步入正轨，这期间出现了一批文学爱好者，创作出不少优秀作品。

2018 年 9 月 2 日，郭居祥主编的农场 50 周年战友文学作品集《匆匆那年》出版。书中收录散文、诗歌 500 余篇，其中包括孙启昆等多位清水泊农场老职工创作的文学作品。作品多取材于二十世纪五六十年代清水泊农场职工的现实生活，记述了一群朝气蓬勃、怀揣梦想的青年，面对新中国遇到的物资匮乏、粮食紧缺等诸多困难和压力，他们挺身而出，勇于担当，用年轻的臂膀，在盐滩、草场，在原本荒芜的土地上，为国家开荒辟壤，生产粮食；为农场奉献了青春，为社会创造了财富……他们用手中的笔，真实地再现了那段峥嵘岁月，给后人留下一笔宝贵的精神财富。

自 2003 年起，刘万起创作了大量的文学作品，其中包括诗歌、散文、论文、小说、回忆录等，部分作品被知名报纸杂志刊登录用。2014 年 2 月，刘万起创作的《刘万起回忆录》正式出版发行。书中生动详实地记述了农场当年发生的一些重大事件和感人故事，展现了农场人胸怀国家，不怕艰苦，勇于奋斗的艰难历程。这既是一部珍贵的史料，又是一笔难得的精神财富。

二、文艺活动

二十世纪五六十年代的农场职工，有不少是来自青岛、济南、淄博等地的有知识有文化的年轻人，可以说当时的农场是块人才荟萃之地。

20世纪70年代初，生产建设兵团成立后，农场从各个连队选拔一批具有音乐、舞蹈、演唱、表演、器乐等一技之长的文艺骨干20余人，成立了文艺宣传队。文艺宣传队平时驻在兵团六连，实行双向管理，即宣传队员平常除了排练演出外，其他时间仍由其所在连队管理。平常，根据需要和上级要求，宣传队要到各个连队演出，以丰富连队官兵的业余文化生活。通常一台节目演出两三个小时，每年，宣传队还要参加全师的文艺汇演。

20世纪80年代末，是农场文艺创作的鼎盛时期。这一阶段的文艺创作内容丰富，形式多样，有歌曲、小品、相声、山东快板、山东快书、锣鼓唱，还有诗歌朗诵等。这些作品大多在节假日时，在农场安排的文艺汇演中演出。

1990年5月1日，农场以自编、自导、自演的方式，开展"五一""五四"文艺演出活动。农场知识青年表演的"对歌"、唱小曲，农场职工自己创作的《清水泊之歌》受到了全场干部职工的喜爱。歌曲唱道："奋斗在茫茫的盐碱地，披星戴月早出晚归，然而这就是我们的第二故乡啊，我爱清水泊一草一木……"

农场文艺骨干李圣林，自编自演了多个节目，有快板书、二人转等。与本场职工李玉梅合作演出的山东吕剧《小姑贤》《李二嫂改嫁》等节目，在演出时曾引起全县观众的轰动。

除此以外，农场干部职工的书法、美术创作也小有成就。2008年2月，刘万起的书法作品，在第二届全国离退休老干部书法大赛中荣获金奖，在庆祝改革开放30周年中国书画艺术展中荣获金奖。2014年，他的书法作品被收入《建党90周年老干部书画集》。2003—2015年，他共参赛投稿75次，其中获奖42次，作品在《寿光日报》刊登13次，寿光电视台播放5次，深受广大读者及观众的认可与喜爱。

三、未来发展

社区文化一直是我国社会主义文化的重要组成部分。清水泊农场一直将弘扬农垦文化作为文化事业发展的主旋律。多年来，在发展中展现农场特色、传播农场精神、讲述农场故事，以传承弘扬农垦文化为己任，努力探索农场文化事业建设的新路子。

自20世纪50年代成立以后，农场在山东生产建设兵团时期，各项文化事业已打下了较好基础，到1974年年底兵团撤出时，许多人才、设施与文化传统保留了下来，这为日后农场文化事业的繁荣发展奠定了基础。

为发扬传承清水泊农场文化，2020年10月11日，由寿光市文化和旅游局、寿光市清水泊农场有限公司主办，寿光文化报社、寿光市作家协会承办的"讲好清水泊故事，传承农垦人精神"清水泊农场采风活动在清水泊农场举行。寿光市清水泊农场场长、党委书记李昌军主持召开文化活动座谈会，寿光文化报社总编郭红梅，寿光市作家协会主席李桂华及10余位寿光作家协会会员参加。本次文学活动贴近生活、贴近人民，展示清水泊农场自然风光、历史人文和发展成就，突出农垦精神，让人们进一步了解清水泊农场改革发展进程。借此机会，农场也规划了未来文化事业发展的目标方向。

第三节　档案管理

在建场早期，农场就比较注重档案材料的收集整理，虽无专人管理，但档案材料收集整理较为完整规范，并进行立卷。

1976年3月，农场正式建立档案室，从机关抽调3名工作人员，进行档案的收集与整理。先整理了1960年档案，又将1950年至1960年期间所立300余卷档案进行规范整理。

1978年，农场建立健全文书档案处理、借阅、库房管理及查找工具等规章制度。2000年，农场档案室对长达22年，即1978—2000年间，散存于各单位、各科室以及私人手里的文件材料进行收集清理，共清理出文件4728份，全部制成电子档案交由寿光市档案馆保存。

2000年，农场配备了2名专职档案管理员，制定了保密规则，农场的档案管理工作初步走向正规化。从20世纪70年代开始整理资料，至2020年11月，单位库存档案200余卷。1950—2003年的文书、会计、气象、植物栽培、土壤普查、良种对比试验、植物保护和基建水利、照片和声像10个门类的档案共3328卷（册盒）。其中，文书档案中永久的1063卷，长期的258卷，短期的291卷。档案室达到了防火、防盗、防虫、防霉、防尘的要求，制定了严格的档案管理规章制度，如保管制度、阅档制度、借阅制度，保证了正常工作的开展和档案的安全保护。

第四章 卫　　生

第一节　医疗机构

农场成立后不久，就建立医务室，负责所属人员的卫生健康工作。农场医务室成立初期，只有两间房子，没有病房，药品仅有几十种，没有相应的急救设备。

医务室工作人员多为部队军医转业后到农场工作的退役军人。如建场之初的 3 名医务骨干，都是来自部队医疗机构。医生吴向楼由部队转业进入巨淀湖农场，即现在农场第一分场工作。医生王德玉，参加过抗美援朝战争，回国后进入巨淀湖农场工作。而另一位姓刘的大夫，则是原国民党部队的一名军医。

1970 年，山东生产建设兵团一师四团在农场成立，在农场医务室的基础上成立卫生队。人员设有队长 1 人，副队长 1 人，医生、护士、药剂师与后勤人员十几人。各营配备 1 名医生，负责所属人员的卫生健康工作。1974 年 12 月，生产建设兵团撤销，农场恢复原来体制，卫生队随之撤销，改为农场卫生医院。这为后来农场卫生事业的发展打下良好基础。

1976 年，农场卫生机构医疗力量得到加强。抗战时期入伍，参加过抗美援朝战争的王春生进入农场工作；韩海亭从北京医学院毕业后到巨淀湖分场医疗机构工作。当年，巨淀湖分场卫生所已有医生 5 名、护士 6 名、司药 2 名、药品业务员 1 名。

到 1977 年，农场的医疗条件已有较大改观。总场卫生院已有门诊、病房等 16 间，设有内科、外科、门诊、药房、检验、妇产、理疗、手术等科室。农场拥有医疗技术人员 13 名，其中，内科医师 2 名，内科医生 1 名，外科医师 1 名，外科医生 2 名，妇产科医师 1 名，中医 1 名，护士 1 名，卫生员 4 名。

1996 年，农场开始实施医疗制度改革。场内卫生院（所）实行承包经营，独立核算。同时，将医疗费用由原集体全部承担，改为由集体和个人共同负担。对离退休人员和在职人员的药费分别作新规定，防止"一人公费，全家吃药"的现象发生。

1997 年，农场卫生院辖有 4 个卫生所，拥有医务人员 13 人。4 个卫生院（所）由 4 人承包经营，自负盈亏。所有医务人员通过竞争上岗，未能通过竞聘上岗者，返回农业生产一线或办理待遇自理。

2000 年，根据寿光市卫生局要求，全场 4 个卫生所改为 2 个。2016 年 12 月，农场巨淀湖分场职工卫生所、国营寿光清水泊农场职工卫生所，在寿光市民政局办理注销。

第二节　医疗状况

一、外科

农场医务室成立初期，只能处理一般外伤，多数医务人员掌握缝合包扎技术。限于当时医疗条件，高压消毒等措施还不到位，一般的医疗器械只能采用酒精浸泡消毒。

1960 年，成立卫生科，医疗设施日趋完善，配备高压消毒锅，医疗技术水平有所提高，能够处理较重的外伤，进行切除脓肿等手术。农场设立卫生院时，能开展简单的其他手术。

1983 年，农场在外科技术方面有了较大突破，开始能做一些普外手术。当年 3 月，第一例阑尾切除手术在农场卫生院成功完成。

二、内科

农场医务室成立之初，内科医生能诊治一些常见病、多发病。因当时药品稀缺，医疗条件有限，缺少辅助检查和抢救设备，对一些疑难急重病症的救治存有较大困难。

从生产建设兵团时期，再到后来的农场卫生院，经过几十年的发展，院内的医疗条件不断改善，一些先进辅助设备不断增多，到 20 世纪 90 年代，除诊治各种常见病、多发病外，对多种急危重病的治疗，也已达到较高水平。如对心肌梗死、脑梗死、脑出血、糖尿病等病症早期的抢救治疗，都取得较好效果。

农场因为棉花种植面积大，历史长，有机磷农药的使用量大，因使用不当造成的中毒事故较多。农场卫生院在农药中毒治疗抢救方面，积累了丰富经验，探索出的解毒方法比较成熟，有些技术成效显著，个别方面具有独到之处。

三、妇产科

妇产科技术水平也随农场卫生事业的发展而不断提高。由开始够能诊治一般常见妇科疾病，完成正常接生工作，逐渐发展到能够独立完成剖宫产等手术。

妇产科初创之时，条件比较差，没有消毒设备，接生器械只能用酒精棉球擦拭消毒，照明设备用手电筒代替。在特殊困难时期，周边农村缺医少药，农场医务人员经常出诊，为农场及周边村庄妇女孕检接生。

1964 年，卫生院建立后，能够进行普通妇科手术。1983 年 5 月份做了第一例剖宫产。2004 年妇产科能诊治临床各种常见病、多发病及对急危重病人的抢救治疗等。

四、护理

建场初期，全院只有 1 名护士，从事护理工作，只能做一般注射。后来，随着农场卫生院规模的扩大，逐步有了主管护师、护师和护士，能够严格按照基础护理规范工作。对危重症病人的护理能力得到提升，如职工及周围村庄群众遭遇农药中毒时，在医生实施洗胃吸氧等抢救措施后，护理人员能够轮流值班，规范操作，清除呼吸道分泌物，使病人转危为安。

五、医疗技术设备

农场卫生院的医疗技术设备，从建院初期的 2 把镊子、3 把剪子、8 个注射器、发展到后来，拥有心电图仪 1 台，在心电工作站拥有 1 台心电监护仪 1 台、二氧化碳激光治疗仪 1 台、显微镜 2 台、尿十项分析仪 1 台、半自动生化分析仪 1 台、变检测仪 1 台。

到 1977 年，卫生院已有门诊、医药与病房 16 间，设有内科、外科、门诊、药房、检验、妇产、理疗、手术等科室，财务、药库、药房等配套设施齐全。

1993 年 12 月后，农场医疗卫生制度进行改革，场内各卫生院（所）实行承包，独立核算，自负盈亏。至 2016 年 12 月，农场医疗机构全部取消。设备折旧处理，转由个体医疗单位使用。

第三节　防　　疫

建场初期，农场成立医务室，机关设立卫生科，安排 1 名医生、1 名护士兼管卫生防疫工作。

为防止流行病的传播，1971 年，农场卫生院设立专职人员，担负全场的卫生防疫工作。依照免疫程序，负责对全场适龄儿童进行卡介苗、脊灰糖丸、百白破三联、麻疹乙脑、流脑、乙肝等疾病的免疫接种工作。每年累计接种 800 多人次，其中包括部分流动人口。平时，利用宣传栏、黑板报等进行预防知识的宣传。对饮用水源每年检测、消毒 2 次。对获批养犬户所养犬进行预防接种，凡被犬咬伤者一律进行清创消毒，注射狂犬疫苗，截至 1995 年底，农场未发生狂犬病。

1987 年，甲肝病毒肆虐全国。这是一种传染性强、流行面广、发病率较高的病毒，严重危害人民的身体健康。针对上述情况，农场卫生部门根据上级部署要求，立即采取有效措施，切实抓好甲型肝炎的防治工作。由于预防措施得当，该病未在农场传播流行。

2003 年 4 月，传染性"非典型肺炎"在国内一些地区发展流行。农场根据上级指示，立即召开职工和村民大会，在各单位开展预防"非典"的宣传教育工作，并对饭店、小卖部、卫生室、办公室、车辆等进行全面消毒，要求各单位人员尽量不外出，少到或不到人群密集的地方，饮食要注意卫生，尽量不与外来人员进行接触，不提倡握手，不共用同一套餐具，不近距离交谈，尽量不用公用电话。同时，提倡所属人员做到"四勤"，即勤洗手、勤洗脸、勤饮水、勤到空气好的地方晒太阳。

农场专门设立"发热门诊"、流行病学调查小组、协调宣传小组、疫控急救小组，购进防治"非典"的 84 消毒液 1000 余瓶、过氧乙酸 A、B 两型消毒液 1000 余千克，分发到各单位和各个家庭进行消毒。经过全场干部职工的共同努力，有效杜绝了"非典"疫情在场内传播。

2020 年 1 月，新冠肺炎疫情严重。农场党委积极贯彻落实上级决策部署，迅速成立新冠肺炎疫情防控领导小组。根据农场党委工作安排，副场长常茂明和纪委书记张炳国带领后勤人员，从腊月三十日起，一直坚守在防疫一线。

同时，农场组织人员对辖区住户挨家挨户进行详细排查摸底，对武汉返回寿光人员积极联系社区进行查体和居家隔离 14 天观察，并严格落实 24 小时值班制度，及时记录他们每天的身体状况，及时帮助解决生活中的实际困难，对寿光市外来人员采取居家 14 天隔离措施和每天体温检查，对外地租房户一一进行电话劝阻，禁止疫情防控期间返回小区，确保工作做到不落一户，不漏一人。组织人员对小区进行卫生清洁和全方位消杀，确保不留死角，给小区居民营造良好的生活环境。最终有效阻止了病毒的传入。

第四节　爱国卫生

20 世纪 50 年代，农场遵照毛泽东主席的"动员起来，讲究卫生，减少疾病，提高健康水平，粉碎敌人的细菌战争"指示，组织干部职工开展轰轰烈烈的爱国卫生运动。包括家属在内，农场人人动手，消灭苍蝇、蚊子、老鼠等害虫，有效预防细菌和疾病的传播蔓延。

1978年4月，国务院发出《关于坚持开展爱国卫生运动的通知》，农场积极响应国家号召，成立农场爱国卫生委员会。各分场相继建立爱国卫生领导小组，由总场安排专人对各单位定期组织检查评比。各单位实行灭蚊、灭蝇、灭鼠、灭臭虫，清洁个人家庭与环境卫生等活动。

农场加大投入，不断改善干部职工的工作生活环境，改善饮水条件，以此减少常见病的发生。春季，重点以预防呼吸道传染病为主；夏秋季节，以管饮食卫生、管水、管粪便、灭蝇为主要内容；环境卫生重点治理脏乱差，铲除杂草，清除垃圾，疏通排水沟，清洗厕所等，减少病虫害的滋生繁育。

1978年5月1日，总场与各分场干部职工发动周围村庄群众积极参与，开展一次无死角卫生清理活动。8月，农场爱国卫生委员会组织全场开展卫生"周评比"活动。农场卫生院防疫科组织全场职工开展一次突击灭鼠、灭蝇行动，并对"周冠军"颁发奖状和奖金。

1981年7月，结合"五讲四美三热爱"活动，全场开展了环境综合治理和除"四害"行动。有效保障了全场职工与周围村庄群众的身体健康。

1987年，甲型肝炎流行期间，农场将其预防工作列入全场干部职工重要防疫任务，广泛开展对防治病毒性肝炎的宣传工作，农场卫生、教育、宣传、文化、饮食等部门密切配合，充分利用广播、宣传栏、黑板报、放映幻灯等多种形式，在农场及周边村庄展开宣传肝炎防治知识的活动，教育群众用科学态度对待疫情。

2003年4月，非典型肺炎流行期间，农场根据上级指示，对饭店、小卖部、卫生室、办公室、车辆等做好消毒工作，各公共场所每天通风时间不低于两小时。农场购进防治非典的消毒液1000余千克，分发给各单位和各个家庭进行消毒。建立和完善了外来人员登记制度、重点疫区报告制度，对全场300余名外来人员跟踪监测，做到管理无漏差、无遗漏。

2020年1月，新冠肺炎疫情流行，农场干部职工组织开展"爱国卫生人人受益，疫情防控人人有责"防疫活动，印刷8000份防疫宣传材料发放给职工及周边村民，建议采取分餐制，不用私筷夹菜劝食。鼓励儿童独立进食，不要用嘴接触孩子的食物，与孩子餐具尽量分开使用。农场倡导实行的卫生举措，有效预防疫情的同时，提高了大家讲卫生的意识，培养了干部职工讲卫生的良好习惯。

第五章　文物古迹与民间传说

第一节　文物古迹

一、古代遗址

（一）盐城

盐城，亦名霜雪城，传为汉代盐城故址。位于清水泊洼中，南距寇家坞 5 里，东距清水泊农场 2 里。因久已淹没，周围杂草丛生。

（二）双王城盐业遗址群

双王城盐业遗址群，位于山东省寿光市北部双王城水库周围，面积达 30 平方千米。2003 年夏制盐遗址被考古发现后，专家曾连续多次对双王城盐业遗址群的规模、分布范围、遗址数量及所处时代进行徒步考察。从 2008 年 4 月开始，专家对遗址进行有计划的发掘，发现多处比较完整的商周时期与制盐有关的重要遗迹。通过考古发掘，发现商周时期的盐业古遗迹 30 多处，出土了商代至西周时期的两处制盐作坊遗址及数十件制盐工具盔形器物等，同时还挖掘出土多个卤水坑井、蒸发池、蓄水坑及两个煮盐用的大型灶台。

双王城盐业遗址群为研究中国古代制盐业提供了非常重要的资料。双王城盐业遗址群是目前沿海地区发现的规模最大的盐业遗址群；是目前国内发现最早的海盐制造遗址；也是国家控制下的盐业生产（官产）基地，比文献记载的东周时期齐国盐业官营制度早数百年。

2009 年 3 月，双王城盐业遗址群考古发掘项目入选 2008 年度全国十大考古新发现。

2013 年 5 月，双王城盐业遗址群被国务院核定公布为第七批全国重点文物保护单位。

（三）官台盐场遗址

官台盐场遗址，位于寿光市羊口镇官台村西 2000 米，双王城水库东北。考古学者在寿光市西北均发现了大量的元明时期盐业遗存，其分布区域与龙山时期、殷墟时期、周代制盐遗址（群）位置基本重合，距海岸线 20～30 千米之间。2013 年，考古专家在羊口镇官台村发现了元代盐业衙门遗存和雕龙碑，根据山东师范大学燕生东教授等专家的考证：雕龙碑为元代寿光官台《创修公廨之记》碑，创立于至治三年（1323 年）四月□日。该碑一方面证明了元代前期朝廷在官台村设置了管理海盐生产和销售的官署；另一方面从内容上充分证明了元代山东北部海盐生产的兴盛。

（四）郭井子遗址

郭井子遗址，位于山东省潍坊市寿光市羊口镇郭井子村西北 1.5 千米，新塌河东岸。遗址发现于 1982 年，面积 17000 平方米，文化堆积距地表深 0.30 米，暴露有灰坑。采集有龙山文化夹砂红陶鬶足、夹砂黑陶甗足、鼎足，西周泥质灰陶豆把、罐口，东周时期泥质灰陶钵口、东周时期的制盐工具内饰方格纹的绳纹罐，遗址对于研究早期寿光聚落分布状况及盐业历史具有重要意义。

（五）菜央子遗址

菜央子遗址，位于山东省潍坊市寿光羊口镇菜央子村北 1 千米的盐场机关西侧，向西 1.5 千米为羊临路。遗址面积约 25000 平方米，文化堆积距地表深约 0.50 米。采集有东周时期泥质灰陶豆、罐等。遗址发现于 1972 年兴建水库时，1983 年进行了进一步调查，2009 年第三次全国文物普查时又做了复查。现遗址已全为盐田覆盖。遗址对研究东周时期寿光盐业发展概况具有重要意义。

二、清水泊抗日根据地旧址

清水泊反扫荡旧址位于山东省寿光市台头镇牛头镇村巨淀湖一带。1942 年，日军向以牛头镇为中心的清水泊抗日根据地连续发动了多次大规模的扫荡。面对装备先进、手段残忍的日军，抗日军民展开了浴血奋战。

1942 年 6 月 9 日，驻张店日军第六混成旅团团长蟠井充一，纠集青岛、潍县、益都、惠民、广饶等地日伪军 5000 余人，配备 300 余骑兵，汽车数十辆，分五路向清水泊根据地发动进攻。9 时许，日伪紧缩包围圈，将清河军区机关、军区直属三营、寿光市大队、清东及寿光党政机关和数千名群众围困于牛头镇巨淀湖一带。为掩护党政机关和逃难群众突围，清河军区司令员杨国夫组织部队向西部发起猛冲。直属团三营和寿光市大队在遭受重大伤亡的情况下，终将敌包围圈撕裂，清河区党政机关、清东及寿光党政机关和逃难群众向红盆庄子、央上突围成功。寿光市大队突围时与多路敌人相遇，展开激烈战斗，大队长张开道及大批战士壮烈牺牲。中午，敌人将包围圈收缩到巨淀湖草场一带狭小地段，集中火力向齐腰深的草场猛烈袭击。炮火纷飞，枪弹如雨，杨国夫率机炮连、寿光大队一部与敌展开血战。杨国夫负伤，人员伤亡越来越大，整个部队危在旦夕。机警的警卫员王来西骑上杨司令的枣红马率领一部诱敌向东北方向冲击，王来西及率领的战士壮烈牺牲，其余部队保护着杨国夫乘机摆脱了敌人的包围。日军大规模扫荡之后，连续在清水泊地区进行了10余天"清剿"，大肆烧杀抢掠。

同年10月15日，日军驻张店第六混成旅团在旅团长蟠井充一的指挥下，从济南新调伪军2000余人和飞机数架，在数十辆装甲车的支援下，再次纠集日伪军共计7000余人，向清水泊根据地发动了更大规模的扫荡。清河军区直属二营、清东兼寿光党政机关、寿光大队、寿光警卫队跳出敌人包围圈。清东独立团、寿广二边大队及一、六、七、八区中队因判断失误，发现敌情后向清水泊中心根据地聚集，被敌人压缩到巨淀湖芦苇荡中，广大指战员血战到中午，打死打伤日伪军200余人，并重创敌首蟠井。但终因敌众我寡，寿广二边大队大队长李光荣、教导员杨荣等500余人壮烈牺牲。清水泊大扫荡之后，日伪连日进行了"清剿"。

经过大扫荡，全县党员由957人锐减为499人；寿光的抗日武装伤亡很大，其中清东独立团损失400余人，县大队损失200余人，寿广二边大队损失100余人；一、五、六、七、八区中队伤亡惨重。但是，不屈不挠的寿光人民在县委的领导下，很快又将根据地恢复建立起来，重新开创了抗日斗争的新局面。（寿光市委党史研究室供稿）

第二节　民间传说

一、夙（宿）沙煮海为盐

夙沙，传说中最早煮海盐的人，《太平御览》引《世本》称："宿沙作煮盐。"汉宋衷注："宿沙卫，齐灵公臣；齐濒海，故卫为渔盐之利。"又引《鲁连子》："宿沙瞿子善煮盐。""宿沙"也作夙沙。清张澍按：《北堂书钞》引《世本》作夙沙，黄帝臣；《路史》注引宋衷作夙沙氏，炎帝之诸侯。

中国历史上对盐的发现，最早闻名的是夙沙氏煮海为盐的传说。

相传远古时候，在山东沿海一带，住着一个原始的部落，部落里有个人名叫夙沙，他聪明能干，膂力过人，善使一条用绳子结的网，每次外出打猎，都能捕获很多的禽兽鱼鳖。有一天夙沙在海边煮鱼吃，他和往常一样提着陶罐从海里打半罐水回来，刚放在火上煮，突然一头大野猪从眼前飞奔而过，夙沙见了岂能放过，拔腿就追，等他扛着死猪回来，罐里的水已经熬干了，罐底留下了一层白白的细末。他用手指沾沾放到嘴里尝了下，味道又咸又鲜。夙沙用它就着烤熟的野猪肉吃起来，味道好极了。那白白的细末便是从海水中熬出来的盐。

夙沙氏的传说自战国、汉、唐至宋流传很普遍。夙沙氏是什么人？一种说法是"黄帝臣"，一种说法是炎帝的诸侯，一种说法是"夙沙瞿子"。《艺文类聚》卷十一"神农氏"条引《帝王世纪》曰："诸侯夙沙氏，叛不用命，箕文谏而杀之。炎帝退而修德，夙沙之民，自攻其君，而归炎帝。"《吕氏春秋·用民篇》载："夙沙氏之民，自攻其君而归神农"，神农即炎帝。据记载，宿沙氏或夙沙氏，原是一个古老的东夷部落。有关它的传说记载，记载中存在着很多矛盾。段玉裁《说文》注引《吕览》注称："夙沙，大庭氏之末世。"而《庄子》认为，大庭氏是与神农氏同一时代或者早于神农氏的部落。《太平御览》引《世本》称："宿沙作煮盐。"下有小注，说夙沙乃是齐灵公的大臣。又据《鲁连子》称："宿沙瞿子善煮盐，使煮滔沙，虽十宿不能得。"《鲁连子》相传为战国时齐国人鲁仲连撰，他所记述的夙沙既不是神农本人，也不是神农时期的夙沙部落，而是出自于夙沙部落或家族的以善于煮盐出名的人物。可以确认，夙沙氏既是我国海盐生产的发明者和倡导者，又是我国海盐生产的创始人。

宋朝以前，在河东解州安邑县（今山西运城市）就修建了专门祭祀"盐宗"夙沙的庙宇。清同治年间，盐运使乔松年在泰州修建的"盐宗庙"中供奉在主位的即是煮海为盐的夙沙氏。商周时运输卤盐的胶隔、春秋时在齐国实行"盐政官营"的管仲，置于陪祭的地位。

据考证，夙沙氏是一个长期居住在山东沿海的古老部落，和传说中的洪荒时期的炎帝部落有密切的关系。可以推论，夙沙部落长期与海为邻，不仅首创了煮海为盐，而且大约在商、周之际就已在当地推广和普及用海水煮盐。《中国盐政史》谓："世界盐业，莫先中国，中国盐业，发源最古。在昔神农时代，宿沙初作，煮海为盐，号称盐宗，此海盐所由起。煎盐之法，盖始于此。"20世纪50年代在福建出土的文物中有煎盐器具，证明了仰韶时期（公元前5000年—公元前3000年）当地已学会煎煮海盐。这一发现与史载资料相印证，可以肯定至少在4700年前我国山东至福建沿海一带已学会煎煮海盐。

世界盐业莫先于中国，古代产盐莫先于山东。寿光制盐历史最早有记载的可追溯到夏朝。《尚书·禹贡》在介绍九州时记载：海岱惟青州。嵎夷既略，潍、淄其道。厥土白坟，海滨广斥。厥田惟上下，厥赋中上。厥贡盐绨，海物惟错。意思是渤海和泰山之间是青州。嵎夷治理好以后，潍水和淄水也已经疏通了。这里的土又白又肥，海边有一片广大的盐碱地。这里的田是第三等，赋税是第四等。这里进贡的物品是盐和细葛布，海产品多种多样。说明在距今4100多年前的夏朝初期，寿光生产的海盐已成为进献朝廷的贡品。

公元前 11 世纪，西周初期姜尚治齐，鉴于"少五谷而人民寡"乃兴渔盐之利。至春秋时期，管仲相齐，首创盐铁专卖，实行"官山府海之策"，民制、官收、官运、官销，兴华夏盐法之先，使齐富国强兵，帮助齐桓公成就霸业，自此盐成了历朝历代国库收入的重要支柱，盐业备受统治阶级关注。据《山东省盐业志》记载，春秋时期齐国年产盐高达 36000 钟（合今制 1253 吨），其中绝大部分为当时青州北海郡所产之盐，即今寿光境内。

2003 年在南水北调支线西水东调工程寿光北部双王城水库，发现商周时期大型古盐场遗址群。截至目前，在 30 平方千米的遗址面积上已发现盐业遗址 87 处，发现大量商周时期煮盐的陶质盔形器、盐井、盐池、池边路土、运输道路和大面积的红烧土，红烧土可能是烧制盔形器的窑址或大型煮盐灶，还发现了金、元时期和清代的制盐遗迹，每个生产单位包括盐井、卤水沟和若干盐灶等，面积为全国之最。足以说明当时寿光盐业生产之兴盛。这次考古发现，考古专家们确认双王城盐业遗址群就是商朝的制盐中心这一看法，进一步说明寿光是中国的制盐中心，也是盐文化的发源地。

据《寿光市志》载，盐城又称霜雪城，也就是现在的双王城。寿光一带的先民，很早就与炎帝族融合，留下深刻的炎帝族血统与印记。宿沙部落就生活在被称为"盐城"的寿光沿海地带。宿沙则是其部落首领，是历史记载中居住寿光一带的煮盐祖师，他们很早就以盐与外界交易。

在我国，最早对盐有高度认识，并形成文字记载的是管子。在《管子》一书中多处提到盐，"十口之家，十人食盐"，说明了盐为人人所必需，不可或缺；"无盐则肿"，非常直观地说明了盐的重要性。长期不用盐，人就会浮肿，萎靡不振，没有战斗力。中国古代的部族之间，常常会因为争夺食盐而发生战争。

盐在很长时间内一直是稀罕、昂贵的物品。人们曾称之为"白金"。我国古代，盐作为物质交换的媒介，还起着货币的作用。据唐代元稹奏状言，"自岭以南以金银为货币，自巴以外以盐帛为交易"。云南一些边远地区，直到民国时期，仍使用盐铸造的货币。如同货币发行一样由官方严格管理，盐币由商人携赴边远地区，以之交换黄金、麝香等物。

据说最初仓颉造"盐"字与宿沙煮海有关。

说法一，有感于黄帝功德说。据说，仓颉跟随黄帝到黄河之滨的河东盆地，勾起了他一幕幕的回忆。他见过黄帝是怎样经过残酷战斗，才击败欲夺盐湖不可一世的蚩尤。黄帝经天纬地，作为天下部落的盟主，对盐池与盐又是怎样的高度重视，怎样让办事公正的大臣去管理盐池的。仓颉看到每个人不论贫富都需要公平领盐的情景，体会到每家用器皿珍藏盐的不同心情。一连串的思索，盐字的字形在仓颉头脑中产生出了，他认真写了出来，便把这个字送给黄帝看。黄帝看到这个"盐"字，龙颜大悦。盐是德高望重的大臣掌管的，左上边指的是大臣。盐必须每个人口都有，右边的人口呼之欲出，人都把盐放于器皿珍惜而用。黄帝要的就是这个字。黄帝肯定了这个字，各朝代延续下来，无不是让德高望重的大臣来管理。

说法二，有感于夙沙煮海说。相传，夙沙氏煮出五彩缤纷的海盐后，炎帝带着夙沙氏去拜见黄帝，宴席中，炎帝和夙沙氏献出海盐用于调味，其结果，调出的味比黄帝拥有的盐池自然生产的苦盐味道鲜美。黄帝一打听，知道炎帝的大臣夙沙氏带领部落人用器皿煮海水的结果。于是，黄帝命仓颉造盐字。仓颉结合夙沙氏煮海经过及身为炎帝之臣等多重含义，就造出了"盐"字。这个盐字有"臣""人""晨""皿"四个部分组成。"臣"代表盐是由人在监视卤水煎盐，"皿"则说明煮盐所使用的器具。

盐字分为三部分：下部象征制盐的工具，上部左边表示王权之下的官僚，上部右边则是制盐的卤水。这个字较具有甲骨文的特征，且形象地表现了中国古代政权对盐的垄断。

二、双王城的传说

史料记载，秦时之寿光建于今双王城遗址，民国《寿光市志》载："双王城在清水泊侧，俗名霜雪城（可能由白茫茫盐碱地而得名）""此城日久陷没于巨淀洼中"，常有"海市蜃楼"景观出现，双王城"寿光故城也"。清光绪《寿光乡土志》载："古城在清水泊侧，汉寿光故城也"。

据传，双王城内两个王子掌权，城内区域一分为二，政务分而治之，故名双王城。两个王子骄奢淫逸，不务正业，整日游玩射猎。他们不体恤爱护老百姓，却相互攀比着娶妻纳妾，修筑城池。当时城池虽不能与现代建筑相提并论，但也称得上富丽堂皇。"一山难容二虎"，两个王子不免钩心斗角，都想好好巩固领地，所以大量扩充军备，老百姓经常被征集服役。为满足奢侈的生活，两个王子还向老百姓增加赋税，导致天怒人怨。

双王城北有成片盐田，出产大量食盐，此处存有商周制盐遗址 30 多处，是当时经济的有力支柱，是国家富裕的象征。双王城南土地肥沃，广袤原野可种庄稼，沟渠边水草丰美，可兴畜牧。老百姓有土地耕种，又加年年风调雨顺，庄稼岁岁丰收，家家有吃不完的粮食。都说"上梁不正下梁歪"，老百姓是跟着啥人学啥人。当朝王子铺张浪费，老百姓也没有节约意识。他们从不爱惜粮食，有人拿白面馒头喂狗，女人们用白面饼当尿布，给孩子垫腚肆意作践粮食，下雨天当道路泥泞难行，他们竟拿小麦当沙石铺垫道路。老天爷实在看不下去，委派专管人间作物丰歉的一位神仙，到双王城"视察"，授其特权遇事不必请示，按性质酌情处理。

神仙化装成蓬头垢面、衣衫褴褛的老叫花子，在城中到处转悠进行"私访"。他发现这城里的人虽富裕，却从不怜悯穷人，一个个都像冷血动物。"老叫花子"乞讨了好长时间，无一人给点干粮。他想，这里的人的确跟两个王子学坏了。正准备回天宫禀报的时候，从一大户人家走出一个和善的小丫鬟。"老叫花子"说："姑娘，我好久没吃东西了，可怜可怜我，给点吃的吧！"丫鬟非常同情这位老人，连忙说："你等一下，我给你拿块干粮来！"不一会儿，丫鬟背着主人拿来一个热乎乎的馒头，轻轻塞给老人。老人边吃边说："你们这座城里人，从王子到百姓都变坏了，老天爷要惩罚他们。我跟你说，如果看到城门口的石狮子红了眼就赶紧跑，这些话你千万不能告诉别人！"说完话，一眨眼的工夫，老人不见了踪影。回到府上，丫鬟半信半疑却增加了心事，在干营生的时候，不时出来看看石狮子的眼睛。

城里私塾有两个调皮学生，不背书、不学习，就爱打架胡闹，常挨先生打骂体罚。这天因不好好听讲，被先生赶出了私塾。他俩跑出来之后，无所事事到处胡写乱划。看到石狮子好玩，就拿红笔把狮子眼睛涂成红色，然后玩耍去了。丫鬟出来倒脏水，发现狮子红了眼，扔下盆子就跑。没跑出多远，就听背后轰隆一声巨响，好好一座城池踪影全无。从此，双王城陷落了，大概是老天惩罚坏王子和坏老百姓吧。

从此以后，每每在春秋季节，大雾或大雨过后，会看到隐约的城市轮廓：高大城门洞开，洞开的城门里人头攒动、车水马龙；城头上旌旗飘飘，站岗的士兵不停走动，甚至听到护城河内潺潺流水声，被称为"雾现霜城"，是寿光八景之一。当然这只是传说，所谓看到的城市轮廓，其实是一种特殊的光学现象——海市蜃楼。双王城在寿光的名声，无人不知、无人不晓。

三、寿光塌河的传说

洪荒巨变，沧海桑田。相传渤海莱州湾南畔，寿光西北之野，自古形成一片盐碱洼地，境内外淄河、阳河、跃龙河、王钦河、灵泉河、织女河等多条水脉汇流于此，逐成一天然湖泊"巨淀湖"。每逢雨水充沛之年，湖受众水，由北面倾泻而出，经常漫灌田野，浸泡庄稼，而向北又形成"清水泊"涝洼水泽之地，当地百姓饱受洪涝灾害之苦。

至清朝末年，当地卧铺村民侯盛亭，经察看地势与洪水流向后，大力宣传治水主张，广泛动员本村及高家港、东北坞、木桥头、刘旺庄、曹辛庄、郭井子、寇家坞、李家坞、六股路、北木桥头、杨家卧铺、吴家卧铺等村民出工出力，挖沟引水入小清河而流向大海。水沟自刘旺庄小清河入口开始，向南至李家坞村西，近二十里之长。在那缺衣少食的艰难岁月，难度可想而知，但民工们克服困难，坚持挖沟不懈。

据传，这件事很快感动了渤海龙王。龙王心想：山区平原地势不同，行云布雨难以均衡，旱涝之灾无法避免，但助良善、济灾民是我龙王之本分，若助其把巨淀之水引入海中，不仅为当地百姓解除洪涝之灾，且有益我龙子龙孙、鱼鳖虾蟹生长繁育，何乐而不为。于是派遣龙族大力士独角蛟龙出海，直达巨淀湖水域，翻泥拱壑，引流向北。由于地下芦苇根交错，独角蛟龙翻着水花，埋头拱泥绞根，偏离方向而紧靠了李家坞村西房舍。这时，独角蛟龙又累又饿，停在水中休息。傍晚时分，李家坞村的老人们见此境况，便在一旁设案焚香，说明情况，并做些美味佳肴放到沟壑之中。次日早晨，人们即见沟壑向西偏北方向而去，与民工们挖的泄洪沟接了头。

由于独角蛟龙的帮助，这条沟向南直通到巨淀湖，水流越来越大，水沟越冲越深，乡民称之为"漏沟"。因当地土质属横层叠加而疏松，后经洪水不断冲击，沟沿不断坍塌而加宽加深，几年之后就成了一条河，人们又叫它"塌河"。再遇洪涝，大水顺塌河直达小清河入海，消除了水患，塌河两岸变成了肥沃的良田。（王子然整理）

中国农垦农场志

第五编

社　会

中国农垦农场志

第一章　人　　口

第一节　人口构成

一、来源变化

1953年1月，山东省公安厅在原寿光县清水泊地区建立山东省地方国营清水泊农场，共有人口437人。

1956年4月2日，青年团昌潍地委从原寿光市挑选95名优秀青年，其中女性11名，男性84名，成立山东省昌潍地区共青团第一集体农庄，后来并入清水泊农场。

1959年9月，山东省昌潍地区共青团第一集体农庄改为官台养猪场，后来也成为农场下属单位，共有员工91人。当时，农场共有人口809人。

自农场建场之日起，青岛、济南、淄博、滨州、兖州、泰安、潍坊等地的大、中专院校毕业生和党政机关、企事业单位、部队复转军人等相继分配、调入农场。1957年，分配到农场的院校毕业生2人、部队转业军人3人。1960年，招收安置知识青年5人。为缓解社会就业压力，招收无职业人员7人入场工作。

1964年5月，养猪场更名为清水泊种羊场，人员不变。

1968年5月，寿光选定巨淀湖农场、林场、种羊场3处场地成立五七干校，1969年3月，五七干校学员进场，种羊场改为五七干校一分校，接纳学员600余人。

1970年2月，山东生产建设兵团组建。驻寿光一部为四团，由清水泊种羊场、巨淀湖农场、军工盐场等组成。其中，全团现役军人53人，兵团战士305人，管理人员32人，工人201人，临时工5人，共计596人（摘自《兵团期间基本情况统计表》）。

1973春，炮兵农场（原炮兵第八师农场）并入农场，成立生产建设兵团三营。全团共设7个农业连、1个畜牧连、1个机务连、1个直属连、2个机务队，兵团共有干部、职工等1851人。1974年年底，生产建设兵团撤销时，全团共有人员1760人，其中兵团战士1420人。

1975年1月，建设兵团四团撤销后，恢复农场体制，移交当地政府管理。农场干部职工由兵团时期的 1760 人，减至 461 人，7 月份以后，经上级劳动部门批准，从各公社招收亦工亦农轮换工（后改称吃自产粮的农工）600 人，当年全场职工总人数达到 1061 人。

1976 年，农场扩建盐田 550 公亩，设立盐场七班。从原丰城、马店、前杨、台头、古城等 6 个公社招收预约工 136 名。

1980 年 5 月 7 日，根据山东省六厅一局联合下达的《关于国营农林牧渔场圃工人调动及职工子女就业问题的通知》精神，接收、安置本场 20 年以上工龄的干部、职工的子女 61 人进场工作。其中，户口粮食关系在农场的 33 人，关系不在农场，但又符合招工条件，由农村招收入场的职工子女 28 人。以上人员不论其户口是否在场，均系农业户口。1981 年 12 月，又招收农场老职工子女 10 人进场工作。

1988 年 2 月，经原寿光市劳动局批准，从农村招收 250 名临时工，充实到盐场职工队伍。1989 年 12 月 13 日，本场 30 名临时工转为清水泊农场农民合同制工人。安置本场职工之子 10 人（全部为男性职工）进场就业。

1991 年，接收山东省农业厅农垦局大学生胡振军来农场工作。

1993 年 4 月 1 日，农场共有 598 户，1709 人。男性 989 人，占 51.8％；女性 720 人，占 48.2％。其中农场职工 800 多人。

2020 年 11 月，第七次人口普查结果显示，全场共有 671 户，总人数 1611 人，男性 870 人，占比 54％；女性 741 人，占比 46％。农场职工 112 人。

二、文化程度

1978 年 12 月，农场具有大学文化程度人员占 0.70％，大专文化程度人员占 0.47％、高中文化程度人员占 13.25％，初中文化程度人员占 45.81％，小学文化程度人员占 39.07％，小学以下文化程度和文盲人员占 0.70％。

2014 年 12 月，农场大学文化程度人员占 4％，大专文化程度人员占 5.4％，中专文化程度人员占 11.1％，高中文化程度人员占 15.3％，初中文化程度人员占 57.5％，小学文化程度人员占 6.7％。

2019 年 12 月，农场大学文化程度人员占 8％，大专文化程度人员占 11.6％，中专文化程度人员占 8％，高中文化程度人员占 13.3％，初中文化程度人员占 58.9％，无小学及小学以下文化程度人员。

2020 年 11 月，农场大学文化程度人员占 13.3％，大专文化程度人员占 10.7％，中专文化程度人员占 8.0％，高中文化程度人员占 11.6％，初中文化程度人员占 56.4％，无小学及以下文化程度人员。

三、职业构成

清水泊农场始建于 1953 年，1976 年，全场曾发展到 2398 人，职工人数增加至 1350 多名，以农业、畜牧业、盐业为主，全场第一产业人员占 70.7％，这其中包括驾驶员、技术工人等在内。管理人员占 5.11％，其他服务行业从业人员约占 24.19％。

1985 年，由于外调及其他多种原因，全场总人口减少至 1422 人，职工人数减至 632 人，主要从事农业、畜牧业、盐业、其他副业等。农业生产人员 391 人，占比 61.8％，管理人员 123 人，占比 19.4％；其他人员 118 人，占比 18.8％。

1993 年，农场总人口达到 2000 人，在职职工 900 人，全场农、林、牧、副、渔全面发展。农业生产人员 486 人，占比 57.8％；管理人员 130 人，占比 19.4％；渔业从业人员 82 人，占比 2.4％；其他人员 202 人，占比 20.4％，其中包括交通运输、科学研究、教育卫生、三产服务等行业。

2004 年，职工从业人员 872 人。第一产业人员占 47.6％，第二产业人员占 31.1％，第三产业人员占 21.3％。

2019 年，在职职工 132 人，管理人员占 22％，农业占 61％，林业占 28％，居委会占 13％。

2020 年，在职职工 112 名，管理人员占 26％，农业占 42％，林业占 21％，居委会占 11％。

四、民族

1980 年，农场人口中有蒙古族、满族、回族等 5 户少数民族家庭，共有人口 20 余名，其余均为汉族。

2020 年，农场人口全部为汉族。

五、姓氏

1993 年 4 月 1 日，清水泊农场对全场人口进行统计，结果共有 128 个姓氏，以人口多少为序，依次为王姓 266 人，占 15.56％；刘姓 192 人，占 11.23％；张姓 186 人，占 10.8％；李姓 162 人，占 9.48％；孙姓 106 人，占 6.2％。

农场所有姓氏为（排名不以人口多少为先后）：

张、王、李、赵、孙、崔、丁、常、唐、葛、徐、信、刘、秦、黄、侯、杨、高、肖、马、冯、吴、韩、晋、齐、郝、国、刁、尹、陈、郑、金、朱、于、邵、赫、田、卢、曹、石、袁、何、祝、翟、郭、孟、陆、宋、薛、胡、桑、庞、董、夏、武、娄、段、程、姚、任、辛、贾、游、彭、周、郎、耿、魏、麻、窦、范、季、裴、付、纪、盖、蔡、顾、庄、安、苗、谷、牟、吕、谭、韦、柏、会、甄、单、江、仇、寇、燕、滕、毛、蒋、杜、白、颜、柳、钟、劳、祖、邢、相、林、闫、邹、汪、隋、匡、叶、蔺、兰、席、陶、岳、许、苏、祁、邓、毕、柴、方、曲、靖、粘。

2020 年 11 月 30 日统计显示，清水泊农场共有姓氏 123 个，按人口多少为序，依次为王姓 156 人，占 12.56％；刘姓 102 人，占 8.23％；张姓 101 人，占 9.8％；李姓 127 人，占 7.48％；赵姓 58 人，占 4.2％。

其他姓氏（排列不以人口多少分先后）：

祖、祝、季、迟、相、闫、宫、滕、石、惠、江、庞、齐、葛、娄、伦、秦、唐、魏、尹、单、辛、蒋、郝、白、耿、劳、段、邓、姚、花、毕、邢、林、高、杜、柴、曲、侯、汪、路、夏、郎、邹、隋、匡、叶、陆、蔺、兰、程、徐、陶、窦、硕、岳、吕、祁、肖、崔、贾、苏、郭、邵、丁、胡、毛、田、宋、南、冯、甄、董、钟、国、卢、谷、牟、桑、袁、陈、刁、伟、薛、柏、晋、翟、许、麻、郑、赵、马、纪、盖、何、庄、周、曹、常、安、苗、吴、宋、裴、付、朱、韩、杨、于、黄。

六、户籍

1978 年，清水泊农场出生人口 13 人，迁入 661 人，其中外县（市）29 人，合同工 638 人，死亡 1 人，迁出 50 人，原寿光市外 31 人。全场拥有户籍家庭 122 户，总人口 1334 人，其中，干部身份 62 人，工人身份 351 人，合同工 638 人，家属 44 人，儿童 239 人。非农业人口 465 人，烈军复退人员 104 人。

1979 年，清水泊农场总场及各分场拥有家庭 151 户，人口 1345 人，其中，干部身份 58 人，工人身份 366 人，合同工 650 人，家属 33 人，儿童 219 人。非农业人口 637 人，农业人口 708 人，烈军复退人员 122 人。

1990 年人口普查，清水泊农场总场拥有家庭 91 户，人口 276 人；巨淀湖 153 户，人口 555 人；种羊场 58 户，人口 187 人；王庄 72 户，人口 251 人；砖场 10 户，人口 121 人；盐场一分场 15 户，人口 180 人；盐场二分场 6 户，人口 155 人，共计人口 1725 人（表 5-1-1）。

表 5-1-1　1990 年户数、人口统计表

单位：人

单位	总户数	总人口			家庭户				集体户			
		合计	男	女	户数	人口			户数	人口		
						合计	男	女		合计	男	女
总场机关	91	276	148	128	90	265	141	124	1	11	7	4
巨淀湖	153	555	301	254	152	513	260	253	1	45	41	4
种羊场	58	187	104	83	57	172	89	83	1	15	15	0
王庄	72	251	144	107	71	230	123	107	1	21	21	0
砖场	10	121	80	41	9	40	21	19	1	81	59	22
一盐	15	180	115	65	14	44	22	22	1	136	93	43
二盐	6	155	104	51	5	15	8	7	1	240	96	144
合计	405	1725	996	729	398	1279	664	615	7	549	332	217

1993 年 4 月 1 日统计结果显示，农场共有 598 户，1709 人，男性 989 人，女性 720 人（表 5-1-2）。

表 5-1-2　1993 年户数、人口统计表

单位：人

名称人数	总户数	总人口		
		合计	男	女
总场家庭户	114	267	139	128
巨淀湖家庭户	214	488	299	189
种羊场家庭户	83	237	123	114
王庄家庭户	107	292	150	142
盐场家庭户	80	220	110	110
全场集体户	0	205	168	37
合计	598	1709	989	720

2010 年，全国第六次人口普查显示，农场共有 628 户，人口数 1482 人，其中男性 751 人，占比 50.79%；女性 731 人，占比 49.21%。职工 299 人（表 5-1-3）。

表5-1-3 2010年户数、人口统计表

单位：人

名称人数	总户数	总人口		
		合计	男	女
一分场	60	102	52	50
二分场	62	106	53	53
三分场	47	81	42	39
一居委	167	564	274	290
二居委	130	418	216	202
异地居住	162	211	114	97
合计	628	1482	751	731

2020年11月，全国第七次人口普查显示，农场共有671户，总人数1611人，男性870人，占比57.91%；女性741人，占比42.09%。职工112人（表5-1-4）。

表5-1-4 2020年户数、人口统计表

单位：人

名称人数	总户数	总人口		
		合计	男	女
一分场	61	95	50	45
二分场	59	108	56	52
三分场	41	127	68	59
一居委	142	369	205	164
二居委	65	216	112	104
三居委	158	528	269	259
异地居住	145	168	110	58
合计	671	1611	870	741

第二节 婚姻家庭

一、婚姻

中华人民共和国成立前，在清水泊地区，富有之家有早婚之俗，而贫困家庭男子找媳妇困难，有近亲结婚之习。1950年国家颁布《婚姻法》规定男女青年必须按法定年龄结婚。另外，《婚姻法》明确规定，直系血亲和三代以内的旁系血亲禁止结婚。二十世纪六七十年代，国家提倡晚婚晚育，但当地农村婚姻多数处于相对自由的状态。1986年《婚

姻法》修订后，鼓励倡导青年实行晚婚，再加经济门槛有所提高，初婚年龄有所推迟。

2020年11月，第七次全国人口普查结果显示，农场共有671户，总人数1611人，男性870人，占比54%；女性741人，占比46%。其中，15岁以上人口共1096人，其中男568人，女528人。未婚人口共252人，其中男137人，女115人。有配偶共928人，其中男495人，女433人。丧偶人数共87人，其中男29人，女58人。离婚人数共36人，其中男20人，女16人。

二、家庭

中华人民共和国成立初期，按照当时的风俗习惯，一般认为家庭越大成员越多越好，晚辈成家后不分家，跟老人一起居住，视为孝道；一家几代同堂，堪称美谈。因此，农村家庭人口的数量较多。还有的家庭是受经济条件制约，几代人被迫生活在一个院落里。一个家庭，人口多在七八口以上，有的会有十几口，甚至几十口人的也有。在清水泊农场地区农村，这种现象普遍存在。

从20世纪60年代以后，农场干部职工家庭中，多数以两代人组成为主。20世纪80年代，随着农场的发展和干部职工生活条件的不断改善，职工家庭多由两代人组成，少数家庭由三代人组成。

1990年，农场干部职工家庭平均每户为3.27人，其中，职工家庭平均每户2.6人，农村户口家庭平均每户3.94人。目前，场内由两代人组成的家庭仍占多数，单代人构成的家庭户占少数，由三代人组成的家庭数量更少。

2020年11月，第七次全国人口普查结果显示，农场干部职工家庭平均每户3.59人，其中，职工家庭平均每户3.35人，农村户口家庭平均每户4人。

第三节 人口管理

从20世纪70年代初，农场为严格落实国家相关政策，加强了对各类人员的管理。

（一）空挂户口人员的管理

凡是私自离场、辞职退场、调出农场的原农场临时工、合同工，因户口在农场，但不在场内定居，或在农场定居但不按农场规定参加工作的，均为空挂户口人员。

空挂户口人员迁出户口时，需交户口管理费，按离场时间算起，每年交纳户口管理费100元；本场职工子女年满18周岁，或自学校毕业后一直未在本场参加工作，或在外工作，户口仍在农场保留的，每年需交户口管理费100元。

原为农场合同制工人，现户口在农场的，迁出户口时，需交在场工作时场方为其上交的养老保险金。若有场内存款，只记账，不兑现；若有场内欠款，必须一次性交足，否则不予办理户口转移手续。

（二）非在职职工的管理

非在职职工是指未通过正式招工渠道成为本场职工，或劳资科关系没有记录的场内人员。男女双方均为农场职工子女，且户口在农场保留，女性年满23周岁、男性年满22周岁的，可予以办理结婚登记。

男女双方中，只男方为农场职工子女，且户口在农场保存至年满22周岁的（女必须年满23周岁），可予以办理结婚登记手续；为减少农场空挂户口，原则上女方及职工子女户口不得迁入。

男女双方中，只女方为农场职工子女，且户口在农场保留，年满23周岁的（男必须满22周岁），可予以办理结婚登记手续。

（三）流动人口的管理

2012年7月至2020年，农场新升级的流动人口信息平台投入使用，为加强对流动人口的管理，提供了更加便捷的服务模式。

（四）人口管理的其他规定

2013年，为加强农场人口管理，保障职工合法权益，维护场内正常秩序，根据国家户口登记管理的有关法律、法规，结合农场实际，出台新的人口管理办法。

户口登记以户为主，居住在一分场、二分场、三分场、一居委、二居委等单位的常住职工，户口由各单位指定专人，设立户口簿，以户为主，清晰记载各户情况。分散居住的居民户口，由总场以户为主设立户口簿。

农场职工应当在经常居住的单位登记为常住人口，一个职工只能在一个地方登记为常住人口，方便本场户口与其他各方面管理工作。

农场职工生育后，新生儿落户必须在一个月内，由户主、亲属或邻居向所在单位户口登记人员申报出生登记。

农场职工或职工家属、子女死亡后，必须在一个月内，由户主、家属或者邻居向所在单位户口登记人员申报死亡登记，然后报总场，最后向公安机关注销户口。

农场职工、职工家属、子女户口原则上只允许迁出，不允许迁入。需要迁出户口者，由本人或者户主在迁出前向各单位户口登记人员提出书面申请，申报迁出登记。

由于历史原因，农场户口分为三种情况：一是农场职工户口；二是农场职工子女户口；三是空挂户口。对于农场职工户口按照以上规定来执行，对于职工子女户口的管理，根据上级有关文件规定，有单位的迁往单位管理，在市区有住房且有房权证的迁往社区管理，对于特殊情况的，可以留在本场管理，但必须保证遵守场内场规场纪。对于空挂户口人员，农场不给开具任何证明材料，在条件允许的情况下，必须把户口迁出。

农场职工子女生育婴儿后落户规定。根据上级有关文件规定，新生儿落户可随父或随母，若要在本场落户，必须到羊口镇双王城（今双王城生态经济发展中心）派出所办理单独立户，不准在寿光市张建桥派出所落户。由本人提出书面申请，场领导同意后，可办理落户手续（在羊口镇双王城派出所落户后，不准以任何理由再迁往寿光市张建桥派出所）。

第二章 习 俗

第一节 生活习俗

一、服饰

1949年前，清水泊农场的农民处在极度贫困状态下，绝大多数人上不了学，所谓的豪绅名流几乎没有，所以地主富农也不多。生活在这片土地上的人，基本上都是劳动者。虽然富户人家的衣着档次高于贫穷者，但也谈不上什么高级，只有极个别头面人物穿大襟袄、小马褂，戴红顶小帽。

据相关资料记载，1949年前，清水泊农场及附近地区，一般男女衣着多是自织粗布，年轻人少有细布衣服，多数人日常衣着破烂不堪。贫困户多在秋收后，去外地逃荒要饭，衣裳补丁摞补丁。赤贫者，一家老小常年衣衫褴褛，半补半露，衣帽开花，鞋破无袜。

旧时一般人正常衣着，中老男士头戴圆毡帽，上穿对襟袄，下穿大腰裤，脚蹬卧帮圆头鞋，腰系旱烟袋荷包，全身衣着颜色多为黑或蓝，布料常是自织自染的老粗布。中老年妇女常挽长髻大簪，头戴脑带子帽，前边饰有帽花。身穿粗布大襟上衣，下着青蓝大裆裤，裤腿多扎黑色裹腿带，富者兴戴大银耳环。她们多数缠足，脚缠裹脚布。少妇则盘头髻，戴套网，别横钗，有的戴绒帽，帽前有花饰，身穿染花偏襟衣，下着大裆染花裤，裤脚常扎绿腿带，多数缠足穿花鞋。未婚女孩梳长辫，顺背而垂，辫尾系红绳，额前散刘海，多穿偏襟粗布衣。她们缠足者多，不缠者少。女人在冬季居家常穿蒲草鞋。

1949年中华人民共和国成立后，清水泊地区居民的服饰有了很大变化。男性长者中圆毡帽变少见，衣服不再有补丁。中青年人，多半粗布变细布，大裆裤在减少，逐渐变成中山装。年轻人多穿纳底儿圆头鞋，有时也换上球鞋丝织袜。妇女的衣着样式，长者剪发方巾包头，偏襟上衣，大裆裤，小脚鞋无花。中青年对襟自织印花布上衣，细布裤不扎裤腿脚，方口鞋，线织袜。未婚者短发或双辫子，穿细布花上衣，制服裤无花，方口格子布鞋。

进入 20 世纪 80 年代，衣着力求美观、时髦、质料讲究、色彩鲜艳，中老年男性穿中山服、国防服，内套秋衣秋裤，冬季外套皮袄大衣，脚穿皮鞋。青少年穿学生服、黄军服、面包服，筒裤、牛仔裤、呢子裤等。脚穿解放鞋、大皮鞋、凉鞋等。

妇女年长者，多穿子女替下的毛料呢料衣服。女青年上着时髦对襟上衣，下穿时尚制服裤，脚穿高跟鞋。自此，农场乃至全国衣着基本上处于一个水平。

二、饮食

清水泊农场及附近农村自古就有一日三餐的习俗。过去，冬日农闲时，有的农户一日两餐，但农场职工多数在食堂就餐，大都遵从一日三餐的习惯。

1949 年前，农村通常以高粱、大豆、谷子为主食，年景不好或青黄不接时须加野菜补充。富有的家庭有时能吃上蔬菜，以白菜、萝卜、大葱、大蒜、豆角为主，在冬节则以虾酱、咸菜为主。贫困家庭常年以蚂蚱酱、虾酱、咸菜为主，特别困难的家庭，或是遇到大灾之年，多数家庭只能以野草、野菜为主食，蔬菜变成奢侈品。

20 世纪 60 至 80 年代，农场职工以小麦为主食，食用的蔬菜则以自产的茄子、辣椒等大田菜为主，生活条件相对于附近村民而言较为优越。在此之前，农场附近村庄村民生活特别艰苦，不少家庭仍需吃野菜，后期则以地瓜干、高粱、玉米为主食，困难的家庭或村庄，多数吃上了国家的救济粮。

进入 20 世纪 80 年代以后，农村实行联产承包制，土地承包到农户，百姓从事劳动生产，发家致富的积极性空前高涨，当地百姓很快就摘掉了贫困的帽子，日常生活得到了极大改善，一般家庭都能像农场职工一样，吃上了白面馒头，蔬菜供应的品种也日趋丰富多样，除了自家生产的外，集市上也能买到其他品种。

1991 年，寿光人发明了冬暖式大棚，人们冬季吃菜难题也迎刃而解，一年四季，新鲜蔬菜供应不断。除蔬菜外，农场干部职工餐桌上的鱼肉蛋奶等不断丰富。随着日常生活水平的不断提高，农场集体食堂的发展，难以满足职工日益增长的个性化需求。1998 年，农场解散集体食堂。自此，农场职工与周围农村生活条件基本趋于一致。

进入 21 世纪，农场干部职工的工作生活环境得到更大改善，场内及附近的交通、通信等更加便利，各方面生活条件逐步向城市居民靠近，特别是部分人员搬迁至城区居住，至 2020 年，大部分农场干部职工的饮食与城区居民处在了同一水平。

三、住房

20世纪50年代，农场周边农村住房，多以青石为地基，石头上土坯砌墙，木材做梁，秸秆为檩，麦秸覆盖为房顶。院墙土坯建造，大门多为木栅栏。但不少贫困家庭无大门与院墙，窗户则用塑料纸遮挡。冬天房内取暖，只能靠烧柴草做饭时烧炕取暖。夏天，房内更无降温设施，只能以自制的蒲扇扇风防暑。后来少数富裕家庭用红砖盖起院墙与门楼，个别的建有东西偏房。农场建场之初，干部职工多数住在集体宿舍，而宿舍多为土坯茅草房。后来，住房条件逐步得到改善，多数改为砖瓦房，条件比周围农村要好些。

进入20世纪70年代，农场不断改善职工居住条件。除集体宿舍外，逐步建起了单元楼。1998年7月，农场投资200万元，在寿光城区建成职工宿舍楼，为35户干部职工解决了住房问题，从而提高了干部职工的生活质量，解除了职工的后顾之忧。之后，又重点推进了一居委的供暖改造工程，以及楼房楼顶防水维修。

2006年，农场在寿光城区北关村购得土地，为干部职工建设宿舍130户。2008年5月竣工分房，130户干部职工全部入住，这些住房水电暖等配套设施齐全。2012年，农场筹措资金3160万元，农场一、三分场启动危房改造项目，规划建设150户职工宿舍楼。次年，楼房建成后，150户干部职工家庭搬进新居。随着国家住房政策的日趋完善，到2020年，农场干部职工有了住房公积金，住房保障全部实现了货币化。

四、出行

旧时，人们出行一般要选择吉日，常言"待要走，三六九"，也就是在每月的初三初六初九这几日为好，而在初一或十五则不宜出行。人们出行，一般是靠步行，骑马坐车的人很少见。

清水泊农场建场之初，人们的出行，除步行外，其他主要的交通工具是畜力，或是骑马，或是坐牛马拉的木板车。到20世纪70年代，自行车成为农场人主要的出行工具。20世纪80年代，人们靠骑摩托车、自行车，坐拖拉机出行。20世纪90年代，农场人出行有了公交车。由于农场地处寿光北部，这里地广人稀，出行路况较差，柏油路少，雨后出行受到很大限制，骑车或乘车要从驻地步行到公路边。

"要想富，先修路"，这在20世纪90年代成为人们的共识。当时，农场依靠自身实力，修建了部分场内道路，改善了人们的出行条件。2005年，寿光市被山东省文明办确定为全省建设社会主义新农村联系点后，农场乘势而上，把新农场建设列入重要议事日程，按照"生产发展、生活宽裕、场风文明、场容整洁、管理民主"的要求，出台农场道路建设规划目标。2011年11月，农场引进资金60万元，对总场前生产路——普四路东段进行柏油硬化，新建及提升了农场核心区道路3800米。

2020年，以创城为契机，全面提升3个居委会硬件设施及破损路面重新柏油改造，二居委路面硬化。一是投入450多万元，对盐古路、三分场进场路进行了柏油硬化，并安装了路灯，解决了行路难的问题。二是投入60万元，对三分场、蔬菜基地进出路及内部生产路进行了整修，极大地方便了职工出入和蔬菜的运输。三是安装电动车充电系统两处，保证了职工电动车充电方便。在道路建设方面，注重实效、着力解决职工出行中的大小困难，使职工切实体会到新农场建设中的实惠。

随着出行路况的持续改善，农场人的交通工具也逐步发生变化。原来场里的几台汽车是干部职工办理公务时的乘用车辆，自2000年后，少数家庭开始购置私家车，至2020年，农场的私家车比较普及，有的家庭甚至达到了人均1辆。

第二节　人生礼仪

一、婚嫁

20世纪50至60年代，农场干部职工结婚，多数是经人介绍认识后，两人彼此若有好感，就继续交往，如果后来发展还满意，两人先到对方家中见过父母，若无反对意见，就到民政部门登记，领到结婚证，然后再准备结婚。也有少数两人自由恋爱，再登记结婚。像过去订婚、送婚呈、下奁房等一些礼节程式，多数不再延用。当时，两人登记后，开始购买如床、脸盆、毛巾、暖瓶等一些生活必需品，大概购齐后，便选定合适的日子，通知亲朋好友，一起坐一坐，分点喜糖，以示两人结婚成家。条件好的，请大家一起吃顿饭。

后来，随着生活条件的改善，农场人的婚礼开始讲究起来。首先是购买的结婚用品越来越多，越来越现代时尚。20世纪70年代，不少人结婚除要买锅碗灶盆等生活必需品外，还要买手表、自行车、缝纫机这"三大件"。后来"三大件"变为冰箱、电视、洗衣机，到现在，发展到了要有车、有房、有存款。虽然多数人是自由恋爱，但不少家庭开始复用过去一些婚礼习俗。订婚、送婚呈、下奁房、接新娘、闹洞房、宴请宾客等婚礼仪式日趋完备。

订婚，俗称"送柬"。多由介绍人与男方代表，选好日期，带上礼金与"押柬"衣物，送到女方家中。回柬由女方填写好后，并将男方送来的衣物等托媒人带回。至此婚事初定。

送婚呈，就是选择良辰吉日。此时凡在彩礼内的所有财物备齐，在婚期前十几天，将所择日期与大部分物品送到女方家中。

下奁房，是指女方在婚期前一天，或是双日，将陪嫁的家具、衣物、被褥等婚嫁用品送到男方家中。

迎娶，就是男方到女方家迎娶新娘。至女方家时，由新娘的男送客为陪客，接入客厅，然后摆上糕点菜肴，用餐后拜请新娘。男送客是新娘家的兄弟，女送客由娘家的嫂子与弟媳担任。新娘到男方家，下车后，由司仪主持先拜天地，后拜高堂，然后夫妻对拜，最后进入洞房。

20世纪60年代，迎娶新娘时，不少人用农场的马车到女方家接。到20世纪70年代，农场干部职工多用自行车迎娶新娘，而进入21世纪后，特别是近十年来，迎娶新娘时，用的是婚车，而且多数组有小型车队，将女方的陪客、伴娘等一同接往新郎家。

闹洞房，就是在结婚当日晚饭后，亲朋好友，特别是新郎新娘同辈分的人，来到洞房内，向新娘讨要喜糖、花生、栗子等喜庆食品。有时还拉上新郎，让两位新人共同表演些节目，如两人同吃一块喜糖，同吃一个苹果等。取闹的人有时故意增加难度，不让两人轻易完成，从而制造欢喜热闹的氛围。据传，古时这一婚俗，目的是为打消新娘做姑娘时的羞涩感而设，现传至今。

农场人结婚，其婚礼仪式，与周围村庄社区有很多相同相近的地方，但建场之初，人们的结婚仪式又与周边有些不同。因为农场人虽然多数从事农业劳动，但当初大多是干部职工，婚礼过程相对简朴，像送柬、订婚等仪式，多数没有。近些年，随着迁入城区居住后，农场干部职工的婚礼仪式与周围基本相同，但依然坚守着简朴而不失喜庆的婚礼传统。

二、丧葬

在农场周边村庄中，保持着不少传统丧葬习俗。如人死后，先烧倒头纸，孝子要到外祖父家报丧，亡者头前点长明灯，点香，供米饭。过晌出殡时，女婿挎斗，外甥打幡。孝子、孝孙要披麻戴孝，手持丧棒跪哭灵棺，行至大街上由亲家拜脱孝。母亲去世，外祖父家的人送到坟上，由舅舅拜"辞土"。夫妇皆亡者孝子还要"圆坟"等。

现在，人离世后，家人办理完注销户口等相关手续，在殡仪馆举行简朴的送别仪式，然后进行火化，最后将骨灰存在规定地方，以便后人在相关节日进行祭拜，以寄托对亡者的哀思。而有的遵从逝者遗愿，将骨灰送回家乡故里。

三、过生日

给干部职工过生日，是农场多年来形成的传统。不管遇到谁的生日，只要条件允许，或单位或个人，或做或买，为过生日的人送上蛋糕，有的送点小礼物，以表心意，以示祝贺。有时，在一定范围内，大家聚在一起，吃个饭，叙叙旧，借机拉近一下感情，增加一些关系，从而达到减少生活工作中的误会，增进彼此间的团结与友爱的效果。

后来，随生活水平的提高，离退休老同志的增多，为他们过生日，即俗称的"祝寿"也纳入农场人的生活习惯之中。因为离退休的老同志，把自己绝大部分青春岁月奉献给了农场。特别是农场初建时，工作生活等各方面条件十分艰苦，老同志们带头创业，为国家为农场创造了财富；在改革开放初期，他们又经受了多种考验，经历了改革带来的阵痛，他们不断探索创新，为农场生存发展探索出了成功之路。所以，农场每届领导，都没有忘记老同志，每到他们的生日，都会以各种形式，送上长寿的祝福。

四、贺添丁

生男孩，称为"弄璋之喜"；生女孩，称为"弄瓦之喜"。无论生男生女，亲朋好友前往祝贺，是农场人交往的又一不成文的习俗。或送些红糖、鸡蛋，或带些米面奶油，或是少许喜资及小儿衣物，在合适的时日，送到有喜的家庭，以表达对添丁加口的祝贺。

随从当地习俗，有喜之家，再买些油条，擀些面饼，煮些鸡蛋，染成红色，回赠给贺喜的人。现在生活条件改善后，有的也会邀请亲朋好友聚个餐，表示感谢之意。

第三章 语　　言

第一节　方　　言

清水泊农场周围与原卧铺乡、牛头镇、杨庄乡相邻，这里的不少居民和邻近村庄相比，语言更接近普通话。虽然建场时，来自全国各地的人讲的多是普通话，但都是带有不同乡音的普通话，听上去还是让人感到有些南腔北调，不过随着时间的推移，其后代逐渐被当地语言所同化，当然他们也给农场人的语言带来不少独有特色。

一、日常语

烧阴天（也称"火烧云"）——早、晚红霞漫天的景象

百草吊孝——浓露盖地，草木皆白的景象

贼星——流星

碱场地——盐场地

晌午——正午

灶突——烟筒

挑唆——挑拨离间

教调——教导，管教

打二五眼——蒙骗、蒙混

拾掇——责备、数落，收拾

抛闷儿——说谜语叫别人猜

悬空——不忠实、未落实

慌乍——嬉闹无度或对长辈取闹

潲雨——因风吹斜落，致使雨水进入原本无法落入的地方

傍黑儿——天将变暗的时候，即傍晚

嘎嗒耙子——整平地面的农具，即人工使用的铁耙子

甩簸箕子——人工扬场时用的小簸箕，多为用脱皮柳条编制而成

撵杆——打场用的杠杆，一端入拴碌碡，一端用人推，中间用牲口拉

耠子——用畜力牵拉的象耩地的耧那样的松地农具，也叫耘锄

套——名词，骡马拉车用的垫肩

婆枣——圆形大枣，不脆甜

瞎牛碰——金龟子的成虫，有的地方称"胖孩"

仙家——蝉的幼虫

谷霉——高粱、麦类的黑穗病

二、常用交际方言

你上哪呢？意思是，你到哪里了？

你咋起来？意思是，你干什么去了？

上坡咧！意思是，下地干活了。

我这两天很括嗦！意思是，这两天我咳嗽得很厉害。

你咋光打带喷？疑问句，意思是，你怎么一直在打喷嚏？

你侯朝我打哈写。祈使句，意思是，你别面向我打呵欠。

你上那旮了？疑问句，意思是，你到哪里去了？

敢子的！感叹句，意思是，结果是。

三、疑问句

农场工人讲话的疑问句基本与寿光市差不多，大都接近普通话。但在肯定、否定相叠的反复疑问时，其格式与普通话有明显不同，大体有三大类：

1. 在句尾加"啊吧"

例：①你说是啊吧？意思是，你说是不是啊？

②你去啊吧？意思是，你去不去啊？

③张三娶的媳妇好啊吧？意思是，张三娶的媳妇到底好不好啊？

2. 在句尾加"啥"

例：①干啥？意思是，干什么？

②那是啥？意思是，那是什么？

③你做啥？意思是，你在做什么？

3. 在句尾加"呢"

例：①你上哪呢？意思是，你要到哪里去？

②你从哪来呢？意思是，你从哪里来的？

③你明天上哪呢？意思是，明天你要到哪里？

四、祈使句

在农场人的话语中，祈使句大致与普通话相同，但有一种糅合着催促语气的祈使句，与普通话的表达有明显的区别，其基本格式是在表达动作行为的词语后面加上个"不咋"表达催促。

例如：你先吃不咋，等啥。意思是，你先吃吧，不用等了。

快走不咋！意思是，快点儿走吧。

坐下不咋，站着干啥。意思是，坐下吧，站着干什么？

五、补语句

1. 可能补语

在普通话中，表达肯定意思的可能补语的基本格式是，"动词＋到＋补语"，而农场人话里是，"动词＋了＋补语"的格式。

如：他去了寿光。意思是，他到寿光去了。

风太大，你骑自行车蹬动了吗？意思是，你骑自行车蹬得动吗？

2. 处所补语

在普通话中，处所补语与动词谓语之间常用介词"到""在"等连接，而农场人话里多用轻声"了"来连接，其形式："动词＋了＋处所补语"的格式。

如：你坐了炕头上。意思是，你坐在炕头上。

风筝挂了电线上咧！意思是，风筝挂到电线上了！

记了我的账上吧！意思是，记在我的账上吧！

第二节　歌谣谚语

歌谣，即在民间流行的赋予民间色彩的民歌、儿歌、童谣的总称。具有语句简练、押韵的特点。其内容丰富，题材广泛，通俗易懂，琅琅上口。种类有历史的、儿童的、宗教的、爱情的、战争的、工作的，也有饮酒的、舞蹈的等。20 世纪 70 年代以前，农场的物质文化生活很匮乏，场内孩子们不少听着民谣长大。如今，农场的各方面条件得到极大改善，人们的文化生活日趋丰富多彩，多年来流行的民谣也更加丰富。

一、歌谣

（一）打箩筛

打箩筛，做买卖，

一挣挣了个花脑袋；

给谁戴？给狗戴，

狗儿戴不上给猫戴，

猫儿戴不上给小孩戴，

孩儿戴不上给俺那宝贝戴。

（二）啷当种

打箩筛，买箩糖，蒸上饽饽看亲娘；

亲娘坐在炕头上，把那脸来一啷当；

你也给俺个啷当种儿，俺也种了炕头上。

（三）劝孝谣

奉劝世人孝为本，黄金难买父母恩。

孝顺生的孝顺子，忤逆养的忤逆人。

老猫枕着屋脊睡，都是一辈传一辈。

为人不把二老敬，世上你算什么人。

劝儿媳，孝公婆，孝敬公婆好处多。

给你看门又干活，还是你的看孩婆。

（四）月亮奶奶

月亮奶奶，好吃韭菜；

韭菜乔辣，好吃黄瓜；

黄瓜有种，好吃油饼；

油饼喷香，好喝面汤；

面汤稀烂，好吃鸡蛋；

鸡蛋腥气，好吃公鸡；

公鸡有毛，好吃樱桃；

樱桃有核，好吃牛犊；

牛犊跑得快，拉下桌子摆上菜；

你一盅，我一盅，咱俩拜个干弟兄。

（五）杜梨树

杜梨子树，开白花，

他娘养了个小仇家；

有点布，嘎杂了；

有点钱，黜纳了，

才待养的中用了，

呜呜哈哈就去了。

爹也哭，娘也哭，

哥哥过来泪扑簌。

（六）小钢针

小钢针，细又亮，纳鞋底，纳鞋帮，

千针万针密密缝，做好军鞋送前方；

战士穿上心欢喜，行军打仗有力量。

（七）卖洋味

不知道识字不识字，

插着支钢笔卖洋味儿；

指手画脚不住嘴，

好像明白大些事儿。

二、民谣

民谣是民间流行的、赋予民族色彩的歌曲。在清水泊农场几十年的发展历程中，员工们根据当地流传故事等素材，编创了不少民谣，还有的是对当地百姓传唱的传统民谣进行加工，而在农场及周边流传开来的歌谣。

（一）送情郎

一不要你羞来，

二不要你丢，

三不要你戴错了花兜兜。

为奴的兜兜是凤凰展翅啊，

情郎哥的兜兜是狮子滚绣球。

（二）聚宝盆

织布机，聚宝盆，

一家吃穿不求人。

纺线车，摇钱树，

天天摇来自然富。

（三）大姐的纺车

大姐的纺车响，大姐的纺车响。

声如群蜂花间唱，又似清泉林中淌。

边区开展大生产，大姐夜夜纺线忙。

月光如水漫山梁，秋风阵阵拂纸窗。

大姐手将纺车摇，思维随着银线长。

战士日夜鏖战苦，至今还穿单衣裳。

多纺一寸是一寸，多纺一两是一两。

添一盏灯油添一腔情啊，缕缕银丝出心房。

星星掉进深谷里，星光爬到屋檐上。

大姐手将纺车摇，波涛翻滚在胸膛。

可笑敌人黔驴技，经济封锁有何妨！

封不住军民的抗日志，锁不住军民的手一双。

三、谚语

（一）气象类谚语

谚语是广泛流传于民间言简意赅的短语。形式多样，通俗易懂，是人们长期智慧的结晶。以下代表性的谚语，体现着农场干部职工几十年在生活实践中形成的智慧。

1. 清晨下雨当日晴，当日不晴下到明。

2. 开门风，闭门雨。

3. 旱了东风不下雨，涝了西风不晴天。

4. 春刮东南，夏刮西北，秋刮西南等不到黑。

5. 夜晚东风起，明日好晴天。

6. 早看东南，晚看西北。

7. 刮下春风望秋雨。

8. 雷雨三下晌，不下也照量。

9. 顶风上，下一丈。

10. 早上烧，当日浇。

11. 天上鲤鱼斑，明天晒米不用翻。

12. 燕子钻天，大雨满湾。

13. 旱怕连阴涝怕晴。

14. 风喘大，雨喘下。

15. 冬至短，夏至长；二八月，昼夜平。

16. 该冷不冷，不成年景。

17. 夜里起风半夜住，半夜不住刮倒树。

18. 早降毛雨无大雨，晚降毛雨无晴天。早晨下雨当日晴，晚上下雨下到明。

19. 天上勾勾云，地下雨淋淋。云彩接太阳，大雨下三场。

20. 三伏天，孩儿面，一天变三变。

21. 东虹日头，西虹雨，出了南虹下涝雨。

22. 日晨烧，当天浇；缸穿裙，大雨淋；冬雨暖，春雨寒。

23. 云往东，刮大风；云往西，披蓑衣；云往南，摆大船；云往北，发大水。

24. 黑猪过河，大雨滂沱。一朝赤膊，三日头缩。

（二）农事类谚语

1. 一穗两穗儿，一月上囤儿。

2. 六月六，看谷秀。

3. 种地不施粪，等于瞎胡混。种地不用问，一得工夫二得粪。

4. 谷耪八遍饿煞狗，棉耪八遍花上走。

5. 麦怕胎里旱。

6. 麦子不怕草，就怕坷垃咬。

7. 麦收八、十、三场雨（小麦从种到收，至少需要三场雨水）。

8. 有钱难买五月里旱，六月里连连吃饱饭。

9. 早黍晚麦不归家。

10. 三秋不如一麦忙，三麦不如一秋长（麦收与秋收相比较的特点）。

11. 人勤地长苗，人懒地长草。

12. 夏季种田，晚一天矮一拳。

13. 七月里核桃，八月里梨，九月里柿子来赶集。

14. 一粒入土，万粒归仓。

15. 植树造林，富国裕民。林带林网，天然围墙。路旁造林，绿树成荫。

16. 光栽不护，白费功夫（种树也需管护）。

（三）事理类谚语

1. 卖盐的喝淡汤，编席的睡土炕。

2. 先薄不算薄。

3. 勤是摇钱树，俭是聚宝盆。

4. 鸭兰子不离碱场窝。

5. 人不可貌相，海水不可斗量。

6. 人急投亲，鸟急投林。

7. 人家夸，一朵花；自己夸，人笑话。

8. 人心要实，火心要虚

9. 人是铁，饭是钢，一顿不吃饿得慌。

10. 人贪嘴短，马瘦毛长。

11. 人心隔肚皮，看人看行事。

12. 家有良田千顷，不如一技在身。

13. 儿孙自有儿孙福，莫愁儿孙过不得。

14. 滴水成河，粒米成箩。

15. 一遍生，两遍熟，三遍就能当师傅。

16. 家里做好饭，坡里不用看。

17. 可脚的鞋没人撂。

18. 打驴马子惊。

19. 宁走十步远，不涉一步险。

20. 家里有黄金，四邻有戥盘。

21. 兔子满山跑，脱不了回老窝。

22. 黄瓜韭菜两畦着。

23. 话越捎越多，钱越捎越少。

24. 家不和，外人欺。

25. 生吃螃蟹活吃虾，半生不熟吃蚂蚱。

26. 守着矬人不敢说矮话。

27. 千日斧子百日锛，大锯不过一早晨。

28. 巧买哄不了拙卖的。

29. 买的不如卖的精。

30. 染坊里倒不出白布。

31. 卖鱼的不管虾市。

32. 推车不怕慢，就怕撂了襻。

33. 一拃不如四指近。

34. 宁扶竹竿，不扶井绳。

35. 请客不到，恼煞主人。

36. 无风树不响。

37. 树不倒，是窝小。

38. 住一住，半里路。

39. 吃不穷，穿不穷，算计不到准受穷。

40. 自己有，才算有；爷娘有，过过手。

41. 人家的庄稼，自家的孩儿。

42. 长木匠，短铁匠。

43. 事忙先记账。

44. 牡丹花好空入目，枣花虽小结实成。

45. 环境与生命共存，环保与健康同在。

46. 百业要兴，环保先行。

47. 百闻不如一见，百见不如一干。

48. 多锉出快锯，多做长知识。

49. 香花不一定好看，会说不一定能干。

50. 一等二靠三落空，一想二干三成功。

51. 一天不练手脚慢，两天不练丢一半；三天不练门外汉，四天不练瞪眼看。

52. 人在世上练，刀在石上磨。

53. 三天不念口生，三年不做手生。

第三节 歇 后 语

歇后语是人民群众在生活实践中创造的一种结构短小、风趣形象的语言形式，它分为两部分：第一部分是比喻或隐喻，类似谜面；第二部分是解释，类似谜底。在清水泊农场及附近地区，流行着不少歇后语。

卖油的敲盖垫——大牌的。

风箱杆子改罗床——受了磕打。

黑瞎子上吊——勒（累）熊了。

狗尾巴上的露水——长久不了。

六月里的年糕——陈枣（趁早）。

豆虫尾巴——自觉（撅）着。

玩藏掖的下了跪——没招了。

兔子背着两面锣——人前一面，人后一面。

苍蝇飞进牛眼里——吃了老泪（累）。

扛着石头上山——使了力气不受看。

稍瓜打驴——去一大半儿。

肚子里撑船——内行（航）。

卖布的不带尺——存心不良（量）。

老鼠拖木锨——大头在后面。

马尾拴豆腐——不用提（提不起）。

棋盘里的卒子——只能上不能下。

草上的露水，瓦上的霜——不久长。

蜜里调香油——又甜又香。

螃蟹过街——横行霸道。

炕上狸猫——坐地虎。

鸭兰子顶蒜臼子——硬撑。

砂锅子捣蒜——一锤子买卖。

鲇鱼头包包子——钢块嘴。

老雕托生夜猫子——一辈不如一辈。

地瓜上坟——货兴地道。

木匠打孩子——有分寸。

下雨不打伞——淋（轮）着了。

卖粘粥的舍了本——被了糨（犟）的害。

光着膀子扛秫秸——厉巴了（裂膀）。

唱歌不看曲本——离谱。

窗户里边吹喇叭——名声在外。

泼出去的水——收不回。

骑驴看唱本——走着瞧。

第四章　精神文明建设

第一节　文明创建活动

一、创建文明单位

精神文明建设是社会文明进步的重要标志，清水泊农场在 20 世纪 50 年代建场，历经变革，却初心不改，在发展过程中，始终将精神文明建设列入重要工作议事日程和发展总体规划，与行业管理同步进行，致力将农场文明建设进行到底。

1999 年，农场组织领导干部学习邓小平理论和党的十五大精神，在全场开展社会主义精神文明教育和思想道德教育，提高职工文化素质和农业管理水平。组织开展创"文明小区"活动，向职工传达"艰苦创业、争创一流、爱岗敬业"的精神，使全场干部职工的主人翁意识明显增强，精神风貌有了较大改善。从"要我干"变成"我要干"，使农场面貌大大改观，不仅改善了生活环境，提高了职工生活质量，而且也提高了职工的文化素质和理论水平，增强了农场的向心力和凝聚力。农场广大干部职工积极拥护党中央的方针政策，有力地维护了社会稳定和国家安定团结。

2009 年 3 月，农场被寿光市总工会授予"劳动关系和谐单位"；2012 年 9 月被寿光市人民政府授予"先进单位"等荣誉称号。

2002 年 12 月 7 日，寿光市首次提出创建全国文明城市。12 月 15 日，农场成立"文明城市建设"学习小组。组长：李振华；副组长：马锡庆；成员：李良景、邵军、马茂林、孙亚军、王淑贞等。学习小组全体动员，带领全场党员干部和职工，对养殖场、农产品种植园、巨淀湖、王庄等各分场集中进行卫生清理，使农场各处达到创城标准。

2003 年 4 月 17 日，为保证文明创建工作扎实有效推进，根据工作要求和人员变动情况，农场及时对学习小组进行任务补充和人员调整。在工作中，学习小组发挥"领头羊"作用，带领全体党员和干部职工，以邓小平理论为指导，认真学习贯彻落实党的十六大精神，学习实践"三个代表"重要思想。坚持以文明建设为导向，在全场开展"解放思想读书月"活动。学习时间为每周一、三、五下午，集中学习，每周学习时间不少于 8 小时。

2011 年 5 月，农场成立精神文明建设领导小组，李昌军为组长，崔小青为副组长。领导小组成立后，借助寿光市"公益道德大讲堂"活动，邀请专业授课老师，为农场干部职工开展思想道德建设和科学教育建设讲座活动，全面提高干部职工思想道德素质和科学文化素质。

2014 年，农场精神文明建设领导小组，带领全场职工开展向"寿光好人"李玉金和隋沛明学习活动，学习他们不求回报的先进事迹和乐于助人的高尚品质。

2018 年 4 月 29 日，为深入学习贯彻习近平新时代中国特色社会主义思想和党的十九大精神，宣传普及党的路线、方针、政策，培育践行社会主义核心价值观，打通宣传群众、教育群众、服务群众的"最后一公里"，践行省委、市委《关于开展新时代文明实践所（站）工作的通知》的要求，农场新时代文明实践站正式成立，场长李昌军任实践站站长，带领全场干部职工围绕生产劳动，突出"农垦"优势，补齐文化、生态等方面短板，提高农场文明建设综合水平。

2019 年 4 月 29 日，农场完善场规民约，引导职工自我教育、自我管理，抓好场风民俗建设、家庭美德建设、平安农场建设、职工书屋建设等，职工树立起了正确的道德观、家庭观、消费观，营造了敬老爱幼、邻里互助、团结和睦、崇尚向善的浓厚文明乡风。广泛开展文明创建活动，抓好新时代文明实践中心建设。

2019 年 11 月 30 日，寿光市召开全国文明城市复审迎测工作推进会议，动员各级各部门单位和社会各界力量，发扬"创城精神"。农场按照全市统一部署和复审迎测标准，高标准、严要求，扎实开展复审迎评相关工作。农场成立复审工作领导小组，抽调精干力量包靠任务片区，按照上级标准及规定的时间节点，全面梳理网格片区存在的问题和薄弱点，及时督促责任单位整改。同时开展志愿服务活动，帮助网格单位清理卫生及小广告，为全国文明城市复审迎测贡献一份力量。

2019 年 12 月 4 日，农场成立新时代文明实践站办公场所，设立道德大讲堂（新时代文明实践大讲堂），以外聘专家及文化志愿者、农场辅导员授课，干部职工交流分享和自学等方式，每月组织干部职工集中学习习近平总书记关于弘扬中华优秀传统文化、坚定文化自信的系列讲话，学习《道德教育读本》《大学》《论语》等，统一教材，集中学习时间原则上不少于 2 小时。

2020 年 3 月，农场成立新时代文明志愿服务中队，充分发挥新时代文明实践站作用，带领全场干部职工，开创"安全文明小区"活动。对秋实小区、新兴街清水嘉苑、新兴街清水泊农场三个居住小区，进行无死角卫生大扫除，完成文明城市复审任务。

2018 年、2019 年农场连续被寿光市精神文明建设委员会授予"文明单位"荣誉称号。

二、创建文明家庭

1986 年，在超额完成"七五"计划基础上。农场组织全场干部职工，深入贯彻党的全国代表会议精神和中央的一系列方针政策。在发展农场经济的同时，大力推进社会主义物质文明和社会主义精神文明建设。坚持一业为主，多种经营的方针，大力发展职工家庭农场，进一步完善承包责任制。

1986 年 12 月，全省农垦系统"双文明建设会议"以后，农场快速实施会议精神，组织学习先进，表彰先进，评选"五好家庭农场、五好职工、五好家庭"等，以先进为榜样，充分发挥农场职工的劳动热情，推动生产经营工作。

1999 年 10 月，农场组织职工参与"场兴我荣，场衰我耻"教育活动，并针对性地开展业务培训，办职工教育培训班 4 期，参培 216 人。组织职工开展"访谈帮"活动，对 8 户特困职工送去面粉和救助金，走访慰问离退休干部职工 350 人次，访谈 12 人次，帮扶 9 人次。通过开展各项精神文明创建活动，评选出"文明职工"45 人，"文明家庭"31 户。

2008 年 12 月 18 日，农场广大干部职工坚持以邓小平理论为指导，努力践行"三个代表"重要思想，落实科学发展观，积极为发展农场经济和社会各项事业做出应有的贡献，涌现出一批先进个人及和谐家庭。为表彰先进，进一步激发广大职工的积极性，不断为农场经济社会发展做出新贡献，经场务会议研究决定，授予李振华、王西君、胡振军等 60 名同志"先进个人"称号；授予李德贞、王德玉、孙业军等 10 名同志的家庭"和谐家庭"称号。

三、创建文明工会

1990 年 5 月 4 日，工会组织举行 24 人参加的读书知识竞赛；5 月 1 日举行多人参加的象棋、乒乓球比赛；同时，对广大干部职工进行爱国主义理想和道德教育；12 月，组织职工开展各种创先进文明建设评比活动。

1991 年 5 月，农场工会举办各类学习班、对广大干部职工进行爱国主义思想教育，并突出学雷锋和开展"三英一强"活动，多数干部职工深受启发，自发组成送温暖小组 19 个，同时涌现出一大批先进人物，从分场到总场都及时发现典型、树立典型、学习典型，适时召开了学雷锋、学"三英一强"经验交流会。

1997 年 1 月，工会组织加强了对离退休干部职工的走访慰问工作，细致了解他们的生活情况，帮助他们解决生活中的实际困难。并不定时召开不同形式的会议、茶话会，向他们通报农场发展情况、政治经济形势等，根据实际情况，帮助他们落实待遇和政策。

为更好地为广大干部职工服务，2001年，农场成立"职工参议理事会""职工理财工作部""职工家务工作部""职工福利待遇工作部"等机构，发动职工开展合理化建议和技术革新活动，职工提合理化建议16条，场内采纳实施12条，在协助农场领导班子为农场生产发展、改善职工福利待遇、移风易俗等精神文明建设中起到重要作用。

2002年1月，农场通过职工家务工作部开展各项活动，鼓励广大职工参政、议政，为农场发展出谋献策；一年来，职工家务工作部为全场70岁以上老职工祝贺生日52次，办理红白公事16次，为6户特困职工办理最低生活保障金相关手续。

2008年3月，寿光市总工会，授予清水泊农场工会"寿光市十星级工会""工人先锋号"等荣誉称号。

2010年，农场投入资金，组织开展精神文明和谐社会实践活动。在"三八"国际劳动妇女节期间，组织女职工进行健康查体，10月份又组织全场职工进行健康查体。同年，落实上级有关部门政策、文件精神，配合搞好"送温暖工程"、困难职工救助、办理低保等工作，让职工得到实惠。

2011年2月，寿光市人力资源和社会保障局、寿光市总工会，授予农场"十星级工会、模范职工之家"荣誉称号。

2012—2013年，农场分两批次为20世纪五六十年代没有招工手续、无社保的职工家属们解决退休养老问题。并组织服务队、志愿者为离退休人员上门服务。

2012年4月，寿光市总工会授予农场"富民兴寿劳动奖状"荣誉称号。

2014年、2015年，寿光市总工会授予农场"先进职工之家"荣誉称号。

2014年3月，寿光市总工会授予农场"星级工会先进职工之家"荣誉称号。

2017年，寿光市总工会授予农场"先进基层工会"荣誉称号。

第二节　倡导文明新风

一、尊老爱幼

2001年，农场组织成立由张绳贤等7人组成的"职工家务工作部"机构，为全场70岁以上的老职工祝贺生日48次，为全场职工办理红白公事12次。

2003年，农场投资2万元，在居委会建设门球场一个，丰富了离退休干部职工业余文体生活。

2004年，农场投资50万元安装闭路电视，投资1万元增补老干部活动中心设施。

2008年9月23日，为推动精神文明建设工作再上新台阶，农场成立离退休职工管理办公室。完成4个文化活动室的建设及老年活动中心配套设施配备，进一步丰富了广大老年职工的退休生活。

2011年6月，根据寿光市委、市政府创建和谐社会的工作部署和具体要求，农场做了全面部署；结合开展庆祝中国共产党成立九十周年活动，在全场开展了走访慰问老党员、老干部、老职工和困难党员活动，为他们送去慰问金；将解决职工群众"最关心、最直接、最现实"的利益问题作为创建活动的出发点和落脚点。

2012年9月、2016年9月，寿光市人民政府授予农场"老龄工作先进单位"称号。2017年10月，寿光市老龄工作委员会授予农场"敬老模范单位"称号。

2020年11月，场长李昌军带领班子成员走访老干部、老党员、困难党员，逐一走访慰问在职职工年满80岁父母，及时了解职工困难，帮助农场贫困户脱贫致富。

二、争优创先

2012年，李玉金经推荐被评选为第四届"寿光市助人为乐提名奖"。李玉金是农场一分场退休职工，他30年如一日，对郭延山老人进行无微不至的关心和照顾，他的事迹得到全场干部职工和上级相关部门的充分肯定。

2013年，李玉金参加寿光市委、市政府举行的"感动寿光人物"表彰大会。

2013年，农场职工隋沛明被寿光市委、市政府评为"寿光好人"，《大众日报》、潍坊电视台、《潍坊晚报》及《寿光日报》、寿光电视台等多家媒体相继进行了报道。

2013年4月，寿光市委宣传部、市文明办、市总工会、团市委、市妇联、《寿光日报》社、寿光广播影视集团组织开展"寿光好人"评选活动，农场一分场退休职工李玉金被授予"寿光好人"称号。

2018年，在抗洪救灾工作中，农场领导亲自包靠，带领全场干部职工日夜坚守在抗洪最前线，并积极为灾区捐钱捐物，11月，寿光市营里镇党委、政府授予农场"抗洪抢险，热心为民"荣誉称号。

2019年，抗洪救灾期间，农场分片包靠纪台片区，李昌军带队坚守在抗洪第一线，圆满完成了相关任务。寿光市纪台镇人民政府授予农场"保障有力，勇于担当"荣誉称号。

2019 年，农场展开文明节俭、移风易俗、新风倡树活动，将孝敬父母、夫妻和睦、教子有方等传统美德内容纳入评先创优范畴，引导农场广大职工形成尊老爱亲、遵纪守法、文明礼貌、爱岗敬业、诚信友好、爱场如家、团结同事、尊敬领导、助人为乐、见义勇为等良好风尚。

深化"巾帼美家"行动，组织全场每个家庭学习中华优秀传统文化，弘扬中华传统美德，争创"好媳妇""好婆婆""好儿子""好丈夫""好家庭"。团委组织认真开展"青年全优岗""青年文明号"争优创先活动，搞好"传、帮、带"工作，实现家家夫妻和美、老人健康愉悦、子女德才兼备、邻里关系融洽，家庭成员遵纪守法、文明礼貌、诚信友善。组织开展"我们的节日"主题活动，积极倡导现代节日理念，体现人文关怀，倡导文明新风。

2020 年，农场将新时代文明实践活动与志愿服务活动有机结合，开展学雷锋，"送温暖、献爱心"、敬老爱老等志愿服务以及中华经典诵读、卫生健康知识宣传普及、敬老爱老典型推荐评选、关爱离退休干部、丰富职工文体生活等活动。

三、爱心捐赠

1991 年 5 月，全国掀起为国争光，为亚运会做贡献热潮。清水泊农场全场职工积极参与，自愿为亚运会捐款 1500 多元，并用场刊"情况简报"的方式，适时反映在活动中涌现的好人好事，有效促进社会主义物质文明建设和社会主义精神文明建设。

1999 年 1 月 18 日，农场职工王元亮生病住院，因其家庭极其困难，农场发动全场干部职工为王元亮捐款，为王元亮生病住院期间减少了部分经济负担。

2003 年 4 月 4 日上午，农场职工孙玉春驾驶铁马牌拖拉机在自家承包的责任田中进行农田作业，调头时翻车伤及内脏，住院期间花费巨大，农场组织全场干部职工为孙玉春捐款 3466 元，全场干部职工用自己的爱心，为孙玉春家庭贡献一份微薄之力。

2008 年 5 月，为支援四川汶川灾区抗震救灾，寿光市委、市政府要求全市上下立即行动起来，积极开展向灾区献爱心捐助活动。接到通知后，总场立即召开党委会、场务会，进行安排部署，组织全场开展向灾区献爱心捐款活动。截至 5 月 15 日下午，全场共收到集体和个人捐款 2.2641 万元，其中一分场 4645 元、二分场 1595 元、三分场 1196 元、机关 2400 元、居委会 4255 元，杨家围子村 8400 元（村委集体捐款 5000）、盐场 150 元。这次向灾区献爱心捐款活动中，全场共产党员交纳特殊党费 1.2268 万元，棉被 13 件。杨家围子村接到通知后，立即组织，不到 3 个小时，就收到了个人捐款 3400 元，同时，村委以集体名义捐款 5000 元。

2009 年 3 月，农场成立"送温暖工程"小组，组织开展献爱心活动，为职工李建华捐款 8960 元，为李建华生病住院治疗解了燃眉之急。

2010 年 4 月，全场向玉树灾区捐款 2 万余元。

2013 年 8 月，农场开展慈心一日捐活动，共计捐款 1.33 万元。

2014 年 3 月 12 日，农场第八届三次职工代表大会审议通过，成立奉献社会"爱心救助基金"组织机构，大家积极参与，踊跃奉献爱心，募捐善款，充分体现农场上下团结互助、扶贫济困的文明社会风尚。2014 年 3 月第一次向社会捐款 2.73 万元，2014 年 5 月 20 日第二次向社会捐款 1470 元。

2017 年 5 月 13 日，农场利用爱心救助基金，大力开展"好职工"大病困难救助活动，对农场两名患病职工实施资金救助。

2018 年 6 月 29 日，农场向寿光市养老集团捐赠 3000 斤大米。

2018—2020 年，寿光洪水及疫情期间，农场领导干部带头为灾区捐款。2018 年为寿光洪涝灾区捐款 3.14 万元，2019 年为寿光洪涝灾区捐款 2.96 万元，2020 年抗疫捐款 4.075 万元。

附　录

一、重要历史文献

青年团昌潍地方工作委员会（报告）

总号团昌委（55）字第 16 号　机密程度　机密

青年团昌潍地工委关于在寿光市
建立共青团集体农庄的总结报告

　　根据中共中央政治局提出的 1956—1967 年全国农业发展纲要第 19 条、38 条的精神，国务院关于移民垦荒的指示和团中央关于组织青年志愿垦荒队的指示精神，以及我区北部沿海地区有大片荒地尚未开垦的情况；为了更好地发挥青年在祖国社会主义建设事业中的积极性，为祖国创造财富，增产更多的粮食，支援社会主义建设。团地工委决定在寿光市南河区尹家洼，建立一处共青团集体农庄。这一任务在地、县党委的领导下，主动争取了国营清水泊农场等有关部门的大力支持。于 3 月 11 日开始进行地片勘察设计、动员庄员和铺建农庄的各项筹备工作。4 月 4 日庄员先后集合，11 日举行了建庄典礼大会，同时建立了党、团支部和行政管理机构，划分了生产队，投入了生产行动。

　　我们本着打好基础，树立旗帜，稳步前进的精神，先从寿光本县的朴里、寒桥、上口、田柳、南河五个区的十四个乡和侯镇动员组织了 95 名庄员。这些庄员的情况是：男 84 人，女 11 人；青年 84 人，壮年 11 人。他们的成分是：农民 78 人，学生 17 人。家庭出身是：贫农 71 人，中农 24 人。政治情况是：党员 7 人（脱产干部 2 人不在内），团员

42 人，党团员占农庄庄员总数的 51%。原来职务是：党支委 1 人，团基层干部 14 人，农业社干部 24 人。文化程度是：初中 3 人，高小 33 人，初小 49 人，文盲 10 人。为加强农庄领导，及时配备了意志较强的团县委副书记和区经费会计各 1 人，分任农庄主席和会计。组织青年开荒的目的是为了增加生产，所以在庄员集合后，我们即抓紧一切时机，组织庄员积极投入生产，在今春开荒 1500 亩。并根据土质和农庄劳动力的情况，今春尽力播种 380 亩，夏季播种 300 亩，以便维持庄员自己 1 年的生活。暂住西宅科民房（借用）。在一面生产一面建设的原则下，今年将农庄的房屋、排碱沟、排水沟、灌溉沟等基本建设工作搞好。

建立集体农庄，这是一项新的艰苦复杂的政治任务和细致的组织工作。领导上缺乏经验，因而这一工作是探索着进行的。

一、认真进行调查研究，现场勘察地形，正确分析有利条件与困难条件，统一思想，坚定信心。一月份团省委扩大会议后，团地、县委虽然做了研究，列入了规划，也向党委做了汇报。但未认真调查研究，心中无数，因此，领导上存有犹豫不决，盲目畏难情绪。直到二月底，在团省委督促下，团地工委才进一步学习研究上级指示，检查批判了盲目畏难情绪，分工专人负责，组织一定力量，在有关部门的大力支持下，深入现场做了实地勘察。正确分析了有利条件和艰巨复杂困难的方面，进行了种什么作物的收入和支出算账摸底，制订了具体计划，使领导心中有数，树立了信心和决心。

二、积极请示，左右求援，这是办好农庄的首要关键。我们首先向地委做了汇报，并请党地委做了专门讨论。中共寿光市委也做了数次研究，并召开区委书记和有关部门负责干部会议，专门做了布置和讨论。这在各项工作中给了我们很大的支持。农庄的投资问题，在团省委的大力支持下，请示省人民银行批准了 3 万元贷款，解决了基本建设和生产的资金。同时我们还积极地争取了国营清水泊农场，潍县拖拉机站，专署和寿光市粮食局、财委，运输公司及当地乡、村支部和农业社的帮助和支持，解决了许多技术、耕作、运输上的具体困难。特别是国营清水泊农场的党政领导同志，亲自帮助我们研究、制订方案，并抽调了数十名工作人员，进行了地形的勘察设计。潍县拖拉机站抽调拖拉机帮助机耕。我们前后跑了十几个部门，他们都给了很大的支持，使建庄工作按时完成。

三、广泛地开展宣传教育，加强思想发动，认真做好庄员的审查工作。

（1）寿光市委，首先召开区委副书记和团区委书记会议，认真做了布置。他们回去通过党、团支部大会，青年、社员大会和各种小型座谈会，进行了广泛深入的宣传教育。在教育内容上，主要是：建立集体农庄开垦荒地，为祖国创造财富，支援国家社会主义建设的重要意义；建立农庄的有利条件及困难；学习苏联青年和北京、莱阳青年志愿垦荒队，不怕任何困难，到边疆垦荒的爱国行为；庄员条件的教育。特别是反复宣传了国营农场近几年来在北洼开荒，改造碱滩地争取了丰收的具体事实。从而提高了群众对开荒的正确认识，增强了广大青年为社会主义建设，用自己的双手，战胜重重困难建立集体农庄的决心。打破了认为"寿光北大洼地碱，稀收，耕种困难"和"乡亲观念，故土难离"的思想。同时也消除了部分地方干部怕青年参加农庄后，劳力减少或走了骨干影响工作的思想顾虑。在广大青年中形成了报名参加农庄的热潮，在群众中造成了支持建立集体农庄的舆论。很多青年听到建立农庄的消息后，立即跑到区、乡报名，有的怕批不准，还动员自己的父母共同到区、乡报名。如上口区，两天时间即有234名青年男女报名，该区南邵乡任务布置后，当晚即有92名青年报名，而且有的人写了申请书和决心书。动员庄员工作，前后共20天的时间，报名要求到农庄的青壮年达600多人。

（2）为了使动员庄员工作做得更好，保证庄员的质量，组织了一定数量的区、乡干部，深入乡村通过各种会议，进一步加深了庄员的思想教育和对其政治、思想、家庭劳力情况的了解。认真地逐个地进行了庄员的审查工作。在这一工作中，特别掌握了以思想觉悟高，家庭牵扯不大和地少人多的剩余劳动力，走后不致造成家庭困难的青壮年为主要对象。在庄员批准后，又分别召开了庄员和家属会议，动员家属积极做好生产，动员青年到农庄后，要发扬艰苦朴素、勇于战胜重重困难、加强团结坚持到底的精神，并布置了走前的各项准备工作，动员庄员自带了一部分小型农具、日常生活用具、单衣和一个月粮食等。

（3）庄员集合前，都以社、乡、区为单位召开欢送会，互相提出了希望，有的还提出了就餐条件。区、乡主要干部都到会讲了话，进一步启发了庄员参加农庄的荣誉感和办好农庄的决心。从而达到了走者高兴，留者安心的要求。

四、庄员集合后，认真选拔了骨干，及时建立了农庄的各种组织，进一步巩固庄员思想，抓紧制订生产计划，进行了春季生产工作。

（1）庄员集合后，曾一度思想混乱，有的因生活不习惯要求回家，也有个别人遇到困难而思想动摇（两名庄员开了小差，后又自觉回来）。根据上述情况，采取了如下措施，安定庄员思想。一是认真地选拔骨干。在充分的思想教育基础上，分别成立了管理委员会、监察委员会和生产技术指导、治安保卫、文教卫生、生活委员会。并根据庄员劳动和技术情况，划分了五个生产队，建立了严密的组织生活和生产生活等各项制度。二是及时召开了庄员典礼大会，团地委书记，寿光市人民委员会县长，区、乡和国营清水泊农场等负责同志，都出席会议讲了话。团地工委并赠送"共青团集体农庄"锦旗一面。各有关单位都赠送了一部分生产工具和文娱体育器具，从而更进一步启发鼓舞了庄员克服困难的信心。三是通过会议、访问等方式与当地群众建立了密切联系。有计划地组织了区、乡和农业社干部到农庄慰问。请国营农场总队长做了专门报告，反复讲明了开荒的意义，建庄的原则，并介绍了国营农场几年来的生产经验，使庄员进一步认识了农庄的前途。同时我们还发动地直、寿光、潍坊市的机关干部和工矿企业的职员，在精神上和物质上给了农庄庄员以很大的支持，并使这些单位的干部和职员也受到了一次教育。

（2）抓紧农时季节，制订生产计划。集合后立即组织庄员进行了整地保墒、播种等生产工作。同时还抓紧季节种植了10亩向日葵和蓖麻子。目前庄员的情绪已基本安定下来，劳动积极性很高。

这一工作虽然基本上是成功的，但由于领导上缺乏经验，对这一工作的艰巨性和复杂性缺乏足够的认识。因而在整个工作的过程中，还存着不少问题，主要是：

①地、县团委对这一工作的领导上，缺乏具体经验，尤其是缺乏指导农业生产的经验，同时对当地的生产经验又缺乏深入的调查研究。因而对农庄的生产指导上，表现得很被动，使今年的播种面积不大，全年争取生活自给尚有困难。

②在动员庄员工作中，部分干部存在着简单化的思想，以个别积极分子的觉悟代替群众。因而在宣传工作上，提出了些不适当的口号。如南河区邢姚乡，在宣传中说："到农庄不干重活，学开拖拉机，每月发20元钱。"因而对群众教育不深，使庄员思想不坚固。

③当前在经营管理方面，仍很混乱。同时房屋和其他建庄的基建工作，因农忙和劳力的限制，目前不能进行，因而住宿、生活等方面还有很多困难。

根据上述情况，我们认为需进一步加强对农庄的领导，经常做好庄员的政治思想教育工作。抓紧时间搞好春季生产，尽力争取扩大春播面积，合理使用劳动力，充分发挥庄员的积极性和创造性。根据勤俭办社的精神，搞好经营管理是当前办好农庄的基本环节。同时我们还认为及时向党委汇报，以加强党对农庄的领导，争取有关部门的有力支持，是办好农庄的主要关键。

以上报告是否妥当，请复示。

中国新民主主义青年团山东省昌潍地方工作委员会

一九五六年四月二十日

寿光县人民委员会

（58）寿办字第 55 号

关于启动公安分局、派出所戳记的通知

各乡（镇）人委、县镇各单位、公安分局、派出所、抄报县委、省公安厅专属公安处：

为适应目前形势的需要，根据省编委会指示，经研究决定在清水泊教养所建立公安分局，大家洼、巨淀湖农场各建立派出所，为此特刻制木质圆形戳记三枚，文曰："寿光县公安局清水泊农场分局""寿光县公安局巨淀湖派出所""寿光县公安局大家洼派出所"。除上报备案及定于 7 月 1 日正式启用外并附印模。希注意鉴别。

寿光县人民委员会

1958 年 6 月 20 日

中共寿光县委文件

寿发（1977）第 76 号

关于建立中国共产党国营寿光清水泊农场
委员会的通知

　　经县委研究决定：成立中国共产党国营寿光清水泊农场委员会，由张绪益、侯延禄、宋焕文、黄礼碧、常俊玉、王佐庆、郝本成七同志组成，张绪益同志任书记，侯延禄、宋焕文同志任副书记，其他同志为委员。

中共寿光县委

一九七七年十月十日

寿光县编制委员会文件

寿编发（1984）第 30 号

关于对清水泊农场机构设置报告的
批　　复

清水泊农场：

　　经研究，同意你场关于机构设置问题的报告。设立：巨淀湖分场、王庄分场、种羊场、工会委员会、团委、人武部、办公室、政工科、生产科、财务科、供销公司。

寿光县编制委员会

一九八四年十一月三日

寿光县人民委员会文件

(65) 寿办字第 27 号

寿光县人民委员会
关于启用寿光清水泊种羊场印章的通知

各有关人民公社、有关科局：

寿光县官台畜牧场，已改为寿光清水泊种羊场，并刻制印章一枚，文曰："寿光清水泊种羊场"，自四月一日开始启用。特此通知。

附：印模

寿光县人民委员会

一九六五年五月二十七日

山东省寿光县人民政府便函

(85) 寿政函第 16 号

寿光县人民政府
关于国营清水泊农场与郭井子村土地纠纷问题的
处 理 意 见

卧铺乡政府、清水泊农场：

卧铺乡郭井子村和清水泊农场的土地纠纷问题，多年来没有解决，严重影响了双方的农业基本建设和正常生产。对此，县政府派出工作组做了认真调查。根据调查情况，经县政府研究决定，处理意见如下：

一、关于重新审核农场地界范围问题。经对该场各个历史阶段的土地边界资料的重新审查核对，本着照顾群众利益的原则，确定现清水泊农场的地界为：东至八米沟，南至普三路，北至旧县界，西界沿劳改河向北至普四路干渠北边、沿干渠向东到连五沟中心、沿连五沟向北至四大条田最南边条田沟、顺条田沟向西到旧县界。

二、关于郭井子等村耕种清水泊农场土地问题。经场方同意，普四路干渠北、连五沟西约三千亩，普三路北、第一耕作区的九、十、十一条田南头的可耕地约三百亩，由郭井子村耕种。塌河西北岸约有农场土地五千亩，因塌河所隔农场耕种不便，现耕种单位可继续使用。上述土地，所有权属清水泊农场，归各耕种单位使用。

三、关于场界内属郭井子村所有的土地问题。经查，清水泊农场地界内有郭井子村的权属土地共计约一千二百九十五亩。其中，普四路南苇草地七百三十五亩（该项地待原芦苇地的苇草发展起来后，再按原签订的有关协议执行）；连五沟以东、普四路以北、普五路以南的农二、农三、农四条田方中有十五个方，面积约三百二十亩；普六路南北的五个高台央子，面积约四十亩；连五沟东的坟盘地一个，面积约二百亩。以上土地，权属郭井子村不变，农场不得耕种。

四、场界内，除附近农村所有的土地和经场方同意借给附近村耕种的土地外，其余土地一律由农场统一耕管，任何村庄不能借故占用。郭井子村未经场方同意而占用的农场土地，待秋季作物收割后，立即全部退还农场，不准继续占用，农场可按本场种植计划进行耕种。

五、杨家围与郭井子所争执的四大条田在塌河东南岸的土地，清水泊农场收回并直接耕种。四大条田地段的塌河东南堤上的棉槐及树木全部归农场收管。四大条田地段的塌河河塘芦苇一分为二，分别由邻近的郭井子村和杨家围子村收管。郭井子村在场界内的沟路渠上种植的树木，谁种的仍由谁管，售后不允许再种植，如农场维修沟路渠，要服从于工程。

六、今后，任何单位和个人不准抢占清水泊农场土地和哄抢、破坏农场种植的作物。如果再出现私自占用农场土地和哄抢、破坏农场财产或无理纠缠，拒不退还所占农场土地的行为，要追究当事者和领导者的责任，情节严重的，严肃处理。

以上意见，自下达之日起执行，由卧铺乡政府负责落实，并将执行情况及时报告县政府。

寿光县人民政府

一九八五年八月二十三日

二、回忆录

（一）清水泊农场往事

刘万起

"票"是命根子

1964年的春天，我们种羊场职工肖月华经人介绍，和西稻田村一位姑娘登记结婚。凭结婚证，他们领到了一张暖瓶票。那天，我到王高大集为食堂买菜，他们托我买把暖瓶，为新家添置样"大件"。我知道票的重要性，生怕丢了专门将票藏在了衣服内兜里。

到大集上，我赶紧买菜，用麻袋装好，拴在自行车后的货架上，便到杨庄供销社凭票买了一把暖瓶。我至今还记得那把暖瓶上印有荷花、蜻蜓图案，是把绿花暖瓶，非常好看。我小心翼翼地将暖瓶捆在装菜的麻袋上，还将暖瓶塞放在了口袋里。没有柏油路，到处是坑坑洼洼的小土路，一路上我也不敢骑快了，生怕把暖瓶"摔着"，可走到官台东头时，正巧碰到一群羊从水塘中饮水上岸。我躲躲闪闪地骑着，谁知被一只羊绊倒。我从车上摔到地下，只听"砰"一声，暖瓶碎了，我一下子呆了。心想这下可怎么办，凭票才能买东西，没有暖瓶票根本没法再买一把。

慌乱中，我赶紧回场把菜交给食堂，返回杨庄供销社找到杨经理。拿着暖瓶皮，说明情况，杨经理见我也不容易，便给了一个暖瓶胆让我换上。我装上后，用湿布擦了又擦。交给对方时，我也没敢说。直到他们结了婚，也没听见对暖瓶的议论，我一颗悬着的心才算放下。

那个年代，粮票就是吃饭的"护照"，没有它，你吃不上饭。1962年，我们场的老李就将这"命根子"般的粮票弄丢了。

根据规定，我们种羊场干部每月每人定量发给29斤饭票，工人每月定量是43斤。为了生计，老李主动提出退干转工。当工人就得放羊。那日，他刚刚领到一个月43斤饭票，揣兜里就赶着羊出了种羊场。因第一次领到这么多饭票，心里很高兴，他一边放羊一边数着手中的饭票。可是，他不懂放羊的技巧，赶出去后，满大洼散放，结果羊跑到了附近庄稼地里。

干活的农民一看羊在吃庄稼，跑上去用锄头赶羊。老李一看慌了神，丢下饭票就去赶羊，等将羊赶回场里，去食堂吃饭时，才想起饭票扔在了大洼地里，他当即回去找饭票，可是北大洼荒草遍野，简直是大海捞针，找了好几天也没有见到粮票的影子。

定量吃饭，大家日子都过得很紧巴，那时最怕的也是家里来客人，因为根本不知道拿什么来招待，所以大家也没有能力帮助老李。实在是没辙，他只好跑到场长那想办法。经商议，暂从场里借给他10斤饭票。一个壮汉，一个月10斤口粮，这哪够吃？但北大洼不缺黄须菜，他到王家庄从农民手中花5元钱买了一麻袋黄须菜，把10斤饭票全换成粗面，让厨房帮忙加工做成了窝窝头，这才度过了一个月。

现在，票证年代虽已离我们远去，成为不可逆转的历史，但对那个年代人们生活的拮据和困顿，仍记忆犹新。

在潮水中抢救良种羊

1963年下半年，山东省农业厅派李明处长和李景泉、李乐农、相士杰三位畜牧兽医技师来清水泊农场实地考察。经过20多天，走遍周边所有草场，确认该地区牧场广阔，牧草品种多，生长茂盛（覆盖密度达80%），无霜期200天左右，平均气温为12.5℃，降雨量每年平均300～500毫米，是饲养繁殖进口良种羊的首选地。考察结果非常理想，他们将情况汇报省委农工部。穆林部长听了汇报后，要我场向省委农工部写出房舍、水源、交通、牧场面积以及生产发展规划等具体情况。我场在报告中做了详细说明：农场当时有干部5名，职工92名，房屋200余间，东靠弥河分洪区，西有劳改河，北靠小清河，南有引黄干渠，水源充足，牧场面积6万余亩，按每10亩养1只羊计算能存养6000只。在清水泊地区放牧繁殖良种羊很有发展前景。

1964年5月，全省的细毛良种羊被从泰安、栖霞、郯城等地调来清水泊，从此官台畜牧场改建为"寿光清水泊种羊场"，相士杰技师留在这里抓良种繁殖。

1966年春，县畜牧局局长王之敬、县兽医站两名兽医、该场党支部书记郭胜功、会计赵森林及9名职工，一起到上海接收第二批进口良种羊，这一批良种羊每只都被装在一个大木笼里用飞机从国外运至上海。当时每只需要外汇3000元。那时我们的月工资不到40元，十九级场领导才发72元，可见国家为发展细毛良种羊付出多大代价。我们为这些进口良种羊新建了产房、药房、病房、手术室、受精室等配套设施。

省里从广北农场调来20头奶牛，专为羔羊哺乳喂奶。种羊刚到场时，喂的是国外颗粒饲料，喂完后就靠技师们搭配的草料配方饲养。夏天还喂西瓜来消暑降温，倘若遇上羊生病，领导和技术人员昼夜值班守候，如果我们治不了，就到外地的畜牧兽医站或大中专院校，请来有经验有名望的专家教授到场来为羊医治。农业部和省市分管畜牧的领导也经常来场检查指导工作，并叮嘱"宁死一头马不死一头羊"的指导思想，把羊管理好，对进口良种羊的珍惜、爱护程度可想而知。

到 1967 年，种羊场向黑龙江、吉林、青海、宁夏、西藏、云南、安徽、浙江、山西等 19 个省市及本省各地县提供了各类良种羊 1000 余只，时存栏英国罗姆尼、林肯、新西兰罗姆尼、苏联高加索、沙力斯、德国美利奴 6 个优良品种 1065 只，改良羊 750 只，为便于放牧，农场将这些羊分四处存养，分养在分场（原炮兵农场）、二分场、40 间房子和总场。

这项事业正在顺利发展之时，1969 年 4 月 20 日，连续两天东南风，23 日又突然刮起 10 级东北大风，海水巨浪很快把整个清水泊地区变成了一片汪洋。这次海潮，潮位达到 3.88 米，是 38 年以来最大的一次。面对突如其来的潮水，领导马上电话询问各分场的海水情况，40 间房子回电反映，羊圈和厕所已全部被海水淹没，水深半米，临时没有发现死羊，只有二分场电话线杆被海水冲倒没有联系上。领导认为二分场有可能受灾最大，情况严重，因为该场离小清河不到 5 千米，地势低洼，沟河纵横，海水来得快，虽有土围墙，但南门和东门来不及屯堵海水很可能从此进入，人、羊肯定受害，一是没有水喝，二是没饭吃，羊草被海水冲走，饲料仓库被淹。领导马上派我们 4 人从伙房带上 50 斤火烧、两大桶淡水，用马驮着，顶着 10 级大风，向二分场方向走去。每人手里拿着一根 3 米长的竹竿，遇到深水处就用竹竿试探一下。从总场到二分场，只有一条生产路，这时路面上的海水有 30 公分深，我们牵着马，趟着海水走，到离二分场还有 300 米处时，一段原先用水泥管打起来的简易桥被海水冲垮，有 20 多米宽。海水由东向西奔腾滚滚。这是一条水沟，也叫织女河。我们用竹竿一探，水深两米多，海水冰冷刺骨，风大浪急不敢过，这条河挡住了我们前进的道路。我们 4 人一筹莫展，不知所措。此处离场还有 300 多米，风大天暗看不清里面的动静，人、羊死活未知，让人心急火燎。最后决定，让一匹马和张国栋先下水，因为张国栋是马的饲养员，经常和马在一块，有感情，就这样张国栋抓住马尾巴，我用竹竿狠狠打了一下马屁股，马带着淡水、食物和张国栋一块冲到了对岸。幸好张国栋喝了好几口海水，仍然死死抓住马尾巴，带着吃的喝的先到了二分场。这时看到二分场有一个人站在围墙上，手里拿着一件衣服向我们对面的方向摆动，我们立刻意识到这是要我们转路。我和李舜臣、李月松 3 人顺惠羊公路向东绕了个大圈，经过三眼井，通过井堰，趟着半米深的海水，艰难地向二分场方向走去，快到二分场时前面又遇到一股激流，用竹竿一探，发现有一米多深。在这进退两难的情况下，我们一同想到的是人和良种羊的危险，下决心必须冲过去。每人很快脱下棉裤，双手将棉裤举在了头顶，冒着刺骨的海水，两腿冻得发麻。走在潮水中虽有危险，但还是不顾一切地冲了过去，其中有一位同志，冲过深水后冻得忘了扒下湿裤头就穿上了棉裤，结果到了二分场两条大腿里面都磨出了血印，奔到二分场看到所有人员都在奋力从海水中抢救良种羊，我们马上边指挥边参加了抢救。海水淹没了羊的脊梁，只有头露出水面。两个人抢救一只羊，一人抱前腿另一人抱后腿，从羊圈到灰央台子近100米，就这样从上午10点到下午2点，从海水中一只一只地将200多只细毛良种羊全部抢救到灰央台子上，没有淹死一只。经过一轮抢救良种羊的战斗后，我们又累又饿，精疲力尽，两腿发软，坐在台子上不愿意起来。歇了一会儿，每人吃了4个火烧，喝了点凉水，大家聚到一起商量第二步工作。羊草被海水冲走，就是剩下一点也泡在海水中，羊料仓库被水淹，草料一时都不能用，此地不能久留，我们决定把被海水冲倒的羊圈"檩条""木棒"运到被冲坏的公路旁，排成筏子，一边拴一根20米长的绳子，把羊放在筏子上（筏子一次能装8只羊），就这样拉过去再拉过来，一共拉了将近30余趟，把200多只细毛良种羊全部运到了通往总场的公路上，一只也没有受到损失，只可惜还有50多只改良羊没有被及时抢救，被潮水淹死。退潮后我到郭井子村找到村支部书记曹士峰，让村民把死羊运到村里吃肉，退回羊皮，就这样处理了。

现在说起来好像听故事，但当时险情十分严峻，海水一望无际，路况不熟很难前进，海水来势凶猛可怕，在70多公分深的海水中，抢救近5个小时，实感难熬，海水冰冷刺骨，当时忙着抢救羊把这一些都忘了，但后来我却落下了终生腰腿痛的毛病，一遇东北风遍身起疙瘩，痒得很。此病当地人叫"跳鬼凡"，用热布包起来慢慢就会下去，是受冷受潮所得，我现在已经七十八岁，常年带护膝和护腰带，就是大热天也得穿秋裤，从来不敢用空调或吊风扇。

回想起当年在潮水中抢救良种羊的经历，自己虽然落下了终身腰腿痛的毛病，但从未觉得后悔过，而是深感欣慰和自豪，因为我们避免了国家财产的重大损失。

雪夜找羊为国家挽回损失

1965年12月29日，清水泊农场丢了两只从德国进口的公羊。我们临危受命，顶着风雪，最后把羊找了回来，为国家和农场挽回了损失，受到场领导的表扬。

当时是1965年12月29日下午4点，牧羊员刘保同急急忙忙跑到办公室说，羊入栏后清点时，发现少了两只公羊，编号分别为029号和033号。这可不是两只普通的公羊，而是从德国进口的"罗姆尼"公羊，它们体大膘肥，担负着第二年春天清水泊农场100多只母羊的配种任务。如果丢了，责任重大。

经过商量，场领导决定派我和赵森林同志去找羊。当时正下着雪，这一方面是有利条件，因为羊会在雪地上留下脚印，但是如果雪越下越大，就会覆盖脚印，反而对我们不利。

根据牧羊员刘保同的描述，我们判断两只公羊可能往南去了。果然，我们走到官台村时，在公路上发现了羊在雪地上留下的脚印，于是我们顺着脚印来到了官台村。

此时，雪越下越大，而且天也黑了，很快我们就看不清羊留下的脚印，只好来到官台村供销社门市部，每人买了一条饼干，边吃边打听。一个青年告诉我们，他看到一个人赶着两只羊，朝营子村方向去了。听到这个线索，我们赶紧往营子村奔去。

我们来到营子村，找到大队办公室，很巧，大队党支部书记王金川正在召开各生产队队长会议。我们向他说明了来意，他要求各生产队队长回去后打听一下羊的下落，明天到大队汇报。

晚上，我们住在大队办公室，在雪地里走了1个多小时，鞋袜都湿透了，还好，屋里生着炉子，我们一边在火炉旁烤着鞋袜，一边就着开水吃饼干，就这样坐着熬过了一个夜晚。

好不容易盼到天明，大队派人送来了热乎乎的面条。吃过早饭不久，二队队长跑来说，羊找到了。当我听到这句话时，激动得心脏好像都要蹦出来，好长时间才平静下来。

我们赶着羊回到了场里。几天后，场领导制作了一面锦旗，并写了感谢信送给了营子村。

（二）清水泊——我的第二故乡

孙启昆

1972年6月20日，一个终生难忘的日子。我身背行李，胸佩红花，和50余名"兵团战士"一起告别了亲人，乘着军车，离开了家乡。来到一个陌生的地方，迈开独立生活的第一步。

那一天，没有一丝风，真是热得够呛。中午时分我来到了盼望已久的地方，济南军区山东生产建设兵团一师四团团部，欢迎大会结束后，我们来到了自己的连队二营四连（清水泊畜牧连）。那是一排土房子。

当天的午饭给我留下了深刻的印象。菜是红烧羊肉，但肉里带毛。吃的是馒头，可里外焦黄。喝的是白开水，却一股煳味（馏锅水）。这简直是不可思议，第一顿饭就弄成这个样，怎么和动员报告上说的不一样？可以说当时的感觉，像是当头挨了一棒，犹如一盆冷水从头浇到脚，那叫一个透心凉。

后来才知道，为了迎接我们这些兵团新战士，连长专门开会布置任务，并强调："只能干好不能干坏!"结果适得其反,馒头怕酸,食用碱放多了。馒头和水都变成了焦黄色。这个秘密是后来我的妻子告诉我的,因为她当时就在伙房负责,从她那里还得知,我们当时喝的是荷花湾的水。每天用水车去拉,用水桶去挑,然后放在大缸里沉淀,再烧开饮用。后来在连长的努力争取下,才用上了深井自来水。

司务长刘万起是一个精明强干的人,在他的精心安排和操劳下,伙食也越来越好。每周列好食谱,饭菜不重样。

清水泊这个地方,远没有它的名字那样美。没有青草碧水,一眼望去是白茫茫的盐碱滩,上面长满了被当地人称作"黄须菜"的植物。这里的风沙特别大,风起土扬一片苍茫。还有种叫"小咬"的蚊子,那叫个厉害,隔着单裤就能叮咬到人。在这种环境下,对牧羊战士来说就更加艰苦。他们顶风冒雨,风餐露宿,迎着朝霞出工,披着晚霞归队。他们喝的水是凉的,吃的馍是冷的,干的活是苦的。我们在新兵班培训了一个月,记得当时新兵班长叫许安明。大家同住在马棚里,铺的是稻草,睡的是板床。透风撒气的马棚任凭风沙肆虐,床单上时常布满尘土沙粒。我躺在硬硬的床板上,透过破旧房顶的缝隙,望着天空中闪烁的繁星,不由得想起了那首歌:"茫茫草原立井架,面对戈壁大风沙……"

在新兵训练期间,潍坊市坊子照相馆来为我们照相。我拍下了一张手握钢枪的照片,给父母寄去,报个平安。看着照片里的我,当时的情景在眼前浮现,不由感慨万千。

新兵的生活也有许多快乐的时光。也许是让兵团战士安心,连队经常发动各班编排节目,组织自娱自乐的文艺活动。节目丰富多彩,有表演唱《兵团战士来安家》,还有相声、舞蹈,快板书等。

紧张艰苦的新兵训练结束了,战友们分别被安排到一排(在连部所在地);二排(灰阳);三排(卧铺)。一、二、三排是"放牧排",自然成了"牧民";四排是"农业排",负责种植和收割饲草,是当然的"农民",后勤排由连部班、炊事班、菜园班组成,我留在了连部担任文书。

连部文书工作,对我来说是完全没有头绪的。之前的文书,一个青岛籍的女战士高翠娥,在我来之前已经安排上学去了。当时一没有当面交代,二没有资料交接,可以说一无所有。战士们的档案就是一个信封,里面只有个登记表和所谓的政审材料。到底怎么个干法,我自己还真的没有底。不管怎么说,能让自己担任文书工作,也是组织对我的一种信任。只要肯努力,一定会干好。凭着自己的热情摸索着,承担起来到兵团后第一项正式工作。整理战士档案,起草各种报告,收发各类信件,上报各种报表,下发通知通报。不管分内分外的工作,只要需要我都会抢着干。早播起床号、晚放熄灯号;割饲草、收萝卜、过地磅;田菁青储、条田沟放线……文书工作随机性大,好多事没有预见性,有时好些事情会挤到一起，一天到晚忙得脚不着地。到了第二年九月份，仓库保管员窦炳发又离开了兵团，被安排到了青岛印染厂。仓库保管员的工作又落在了我的肩上，三天两头、隔三差五要去分场送饲料。那时的运输工具就是马车。真可以说是忙得够呛！

实践中我渐渐地摸索出一套文书工作的规律，工作干得越来越顺。用句工作总结里的话说："能够胜任本职工作。"翻开我曾经的日记，可以看到我当时的工作状态："身上的工作服永不脱，有益的工作永远做。"因为我是一个闲不住的人，眼里有干不完的活……那时虽没有现在所谓抚慰心灵的"鸡汤"，但我却明白"勤为径"的朴素道理。

也许是"能者多劳"，连长又提出让我主办《牧羊战报》，这又是一个叫人心里没底的活。过去只是见过刻钢板和油印机，可就是没实际干过。"兵马未动，粮草先行"，我先买好钢板、铁笔、蜡纸、油印机、纸张。但最重要的是约"稿件"，这项工作做不好，那可真成了"无米之炊"。

我在连长的支持下，建立了连队的"通讯网"，在每个排和每个班都指定了投稿人（通讯员），为《牧羊战报》源源不断地提供"精神食粮"。"战报"可以说是"麻雀虽小，五脏俱全"。我只得社长、编辑、审稿、油印、分发，一肩挑。每收到一份稿件，我会认真地审阅、修改。这些活都是"忙里偷闲"地干，往往是夜深人静了，我房间的灯光依旧亮着……

《牧羊战报》记载着连队的故事，诉说着战士们的心声，留下了时代印记，也凝聚着自己的汗水和心血。遗憾的是，一份过去的《牧羊战报》也没保存下来。只是在回不去的记忆中，时常会映出它那工整的钢板字和油印的版面。

送饲料可是一项既繁重又琐碎的工作。每隔两三天，就要驾着马车到团部后勤处仓库拉饲料。这是一种玉米、高粱混合物，每麻袋足有两百斤重。拉回来后，再送往驻扎在不同地方的一、二、三排。这个活可以说又脏又累，库房里尘雾弥漫，每个人都会被粉尘包裹着，头发白了，眉毛白了，就连汗毛也成了白色。活脱脱像一个个"白面人"。

每次去装饲料的大都是四排科研班的女战士，望着她们身单力薄的身影，我心中有一种说不出的滋味，一个体重不到50千克的女战士，扛着超过她体重一倍的麻袋，沉重的饲料包，压在她瘦弱的肩膀上，只见她脸颊涨得通红，汗水浸透了衣衫，她吃力地迈着双腿，向马车的方向挪动着，我不禁在想："这要是父母看到自己的女儿受这样的苦，该多心疼啊！"

驾驭送饲料马车的驭手，是兵团战士陈士岭。我时常想起当年和他驾着马车送饲料的情景，还有那些可敬的兵团女战士。她们真的很美，是从内心深处透出来的朴实无华的美，是一种在当今社会难得一见的原始纯净美，回想起这些战友们，我情不自禁地拿起笔，以《天路》的曲调，为那一段难忘的经历填写了一段歌词：

"每当我想起兵团的时光，《青松岭》插曲铭记心房。每逢运送饲料到分场，坐着马车一路唱响。那时条件就是这样，喂，士岭战友当着班长。大黑马小红马是班员，承担任务叮呀叮当响。"

1974年夏季，潍坊市弥河堤坝意外决口，连部周围被淹，无法向分场运送饲料。连长当即向羊口公社求援，请来了船工王在友老师傅。他带来了驳船，解了燃眉之急。从王在友老师傅来的那天起，我一直默默地跟在他身边，为他提供全方位的保障服务，直到任务圆满完成。服从领导、听从指挥、默默无闻、任劳任怨、勤勤奋奋工作是那个年代人们所秉承的特有的品质。也是当时社会所推崇的一种工作态度和作风。就从打扫厕所这点小事说吧，大家都是默默无闻，争先恐后地抢着干。你今天起得早，我明天比你起得还早。炊事班的战士挑水，都是起早贪黑，争先恐后地抢着干。水缸始终是满满的，但到底是谁干的，谁都不知道。这样的事情时时刻刻发生在身边，可以说举不胜举。我经常早上三四点钟去整理仓库。原来捆麻袋口的细麻绳用一次就扔掉了，既浪费又不方便，后来我想了一个办法，把细麻绳固定到麻袋口的右侧，由一次性改成若干次，封麻袋口时，既方便又省力，还提高了工作效率。说来也奇怪，虽然我牺牲了休息时间，但心里却有一种说不出的满足感。后来这事不知道怎么让连里知道了（我从不向领导说这种事），还给我申报了"营嘉奖"。

翻开1973年10月9日我日记中的一段话，也许能反映当时的一些思想状态："急连队建设所急，想连队建设所想，一心扑在连队建设上。不要小看废铁烂绳，修旧利废连着线和纲。毛主席教导记心上，节约精神要发扬……""生命不息，战斗不止，一颗红心怀天下，眼观四海风云，胸怀五洲解放，人类解放记心窝。为了五洲四海红旗扬，勤勤恳恳地工作。做一个人民大众的老黄牛，永拉革命的车。"读起这段日记，虽然话说的有些"大"，但能感到那时的思想真还是蛮先进的。现在的一些人读了也许会很不理解，还会认为那时候的人真傻，不过，这是那一代人思想情感真实写照。应该作为一段岁月的留痕，把它真实记录下来，也许会有某些启迪。

记得1973年4月底的一天，我感冒发烧，自己还是坚持着去打"黄须菜"种子。没曾想出汗多了，结果成了重感，发高烧到40.4度。在团卫生队打着吊瓶也不退烧，最后用绷带裹在担架上，用卡车拉着去了潍坊济南军区山东生产建设兵团二师医院住了十几天院。有一次和连长聊天时，连长风趣地说："启昆啊，我想安排的活还没安排，你先病了"。连长这句话是对我工作的肯定，带着对我的关怀，也含着对我的鼓励和鞭策。他告诉我的是：工作要主动，要有超前意识。在以后经历的许多工作中，我始终坚持这一原则。工作中尽力做到：能早则早、能快则快、能好则好。本着少留或不留遗憾的工作态度和"三老""四严"的工作作风，力争做到"问心无愧"。

我上高中时，团组织活动不正常，所以没有入团的机会。到兵团后我继续申请入团，一直到了 1973 年 5 月 12 日才如愿以偿地成为团员。那一刻，我真的很高兴。不久我郑重地向连党支部递交了入党申请书。

到了七八月份，工农兵大学生招生开始了。连长让我带头报了名，参加了招生考试，并被淄博师范专科学校录取。接到录取通知后，我高兴地把这一消息写信告诉父母，并征求他们的意见。可一直没得到父母的回信，我毅然决定不去上学了。当时团政治处佟干事又来做我的工作，还是被我婉言谢绝了。后来我收到弟弟的来信，说我母亲因病住院了。母亲生病，我没能在她身边照顾，内心既难过，又内疚，不禁让我痛哭一场。在这期间，连党支部同意了我的入党申请。8 月 30 日，我填写了《入党志愿书》。支部大会上，我光荣加入中国共产党。

1973 年 9 月 4 日，我成为一名正式的中国共产党党员。这对我来说，是人生中的一件大事。那时入党没有预备期，从支部大会通过的时间计算党龄。巧合的是，当时和我一起入党的还有汪玉梅。更有缘的是，我又与汪玉梅一同走进了婚姻的殿堂，她成了我的爱妻。

在清水泊兵团四连两年零 4 个月的时间里，我经历了许多人生的第一次，有许多刻骨铭心的感受。每当想起那段难忘的岁月，内心总是跌宕起伏，久久不能平静。那是一段难忘的歌，那是一段岁月的曲。在那茫茫盐碱滩上留下了我们的足迹，在那破旧的马棚里有我们的酸甜苦辣，在清水泊广袤的原野上曾经绽放了一代人的青春芳华。那是一段难以用语言来表达的经历。

在放牧场上还有一种感受就是对蛇的恐惧。最让人怵头的是屡见不鲜的蛇团、蛇窝。经常会看到无数条小蛇聚集在一起，特别瘆得慌。我的爱妻亲眼看见过，那是在 1973 年的秋季，我的高中同学李忠远，把雨衣铺到地上，躺在上面休息了一下。过了一会，他准备起来吃点东西，就去掏放在大衣口袋里的"火烧"。伸手一摸冰凉，是什么东西？再一摸，竟掏出了一条近半米长的蛇。他迅速地把蛇甩掉，惊恐地坐在地上，幸好那是一条无毒蛇。你说，遇到这种情况谁不恐慌害怕呢？

打扫羊圈是味道最"浓"的感受。谁都知道羊圈里臭气熏天，蚊子、苍蝇小咬（小咬为一种虫子）虐行，咬得脸上、脖颈、胳膊、腿上痛痒难忍。用手挠，直到把包抓破也不解痒。有的被抓破造成溃烂、化脓，涂上药水好长时间才结痂。

令人尴尬的事是上厕所，那里的蚊虫和小咬十分猖獗，咬得你不得安宁，甚至患上厕所"恐惧症"。这个事情可没人透露过，这可是件保密做得最好的事情。

还有一件让我感受极深的事，那是在 1992 年 7 月 5 日这一天，农场组织我们这些兵团战士到清水泊原二营四连回访。站在我们曾经付出汗水和心血的地方，我百感交集，两行热泪夺眶而出……

我在内心呼喊着："清水泊，我的第二故乡啊！"

（三）清水泊的诉说

刘凤振

不知哪位贤达高人抬爱我，给我取了个淡雅恬静、悦耳动听的名字——清水泊。

别以为我是美丽富饶的江南水乡，其实我深藏于山东省寿光县城北五十多公里处。北枕渤海莱州湾之滩涂，西倚小清河下游之润泽，东傍大家洼盐场之巨头，南靠杨庄小镇之近邻。

虽说我的名字都带水，但在那些年代，我缺的就是水。因为缺水，在一马平川、广袤贫瘠的土地上，庄稼歉收、遍地盐碱、土壤沙化、植被稀疏，空气中弥漫着盐碱地特有的苦涩味。人们多么期盼我能早日改变这名不符实的窘境。

曾几何时，身处穷乡僻壤的我，有幸成为济南军区山东生产建设兵团一师四团的驻地。从此，开创了清水泊发展的新纪元。数以千计的兵团战士，从四面八方汇集于此，边训练，边生产，屯垦造田，抽卤晒盐，草滩牧羊，给沉睡数年的清水泊带来了勃勃生机。他们童颜依旧，稚气未脱，人人精神抖擞，个个飒爽英姿。手磨破了，脸晒黑了。满鞋泥土，满身汗水，满脸笑容。战天斗地的口号声，摸爬滚打的呐喊声，甘洒热血的欢笑声，朝气蓬勃的歌唱声，汇集成了一曲曲气势磅礴的青春交响乐。清水泊的土地见证了他们的成长。清水泊的风雨沐浴了他们的精神。他们似朵朵傲雪凌霜的梅花绽放在渤海之滨。

随着国家建设发展需要，他们陆续离开清水泊奔赴祖国的四面八方。我真舍不得他们啦！令我欣慰的是，这些可爱的兵团战士们，每年成批次的，络绎不绝，千里迢迢回访清水泊，寻找过往的印迹。看到昔日不毛之地的盐碱荒滩，变成了绿波荡漾的万顷良田，麦浪滚滚、稻花飘香、棉桃累累、马路宽阔，到处青翠欲滴，鸟语花香，仿佛置身于世外桃源的仙境之中。他们惊呆地扪心自问，这是清水泊吗？这是原来的家吗？当看到"国营寿光清水泊农场"的牌子后，喜极而泣，欢呼雀跃。其实清水泊的变化只是改革开放后伟大祖国翻天覆地变化的一个缩影。习近平总书记曾说，幸福是奋斗出来的。清水泊的沧桑巨变是包括兵团战士在内，几代清水泊人矢志不移、艰苦创业，辛勤奋斗的结晶。

我为清水泊的辉煌巨变骄傲，为祖国日新月异的发展自豪。愿兵团精神永存！愿农垦精神永存！

（四）剪羊毛

刘凤振

每年春末夏初之际，四连全连齐动员，忙碌近十天，给几千只进口绵羊剪羊毛。

为什么要剪羊毛呢？羊，经过一年的生长发育，身上柔软乳白的羊绒已长至六七厘米厚。剪掉羊毛后，犹如脱下了一层厚厚的冬装，有利于度过炎热高温的夏季。几个月后，羊毛又慢慢恢复生长，迎接秋凉，抵御严寒。

说到剪羊毛，那可是个技术活。既要把羊毛剪得干净、均匀、平整，又不能剪伤羊皮。首先，一人将羊摁倒在地，另一人开始操作，剪刀要锋利，万一剪伤羊皮，立即涂抹碘酒消毒。羊，一般都很乖巧温顺，从不乱动。即便被剪伤了，也不呻吟动弹。剪过毛后的绵羊如同剃了光头的小孩，走起路来憨态可掬，引人发笑。听说，每年剪下的这些数量可观的珍贵羊毛换取了价值不菲的外汇。

岁月悠悠，往事如烟。回想起当年在清水泊兵团四连剪羊毛的趣事，仍然记忆犹新，仿佛就在昨天。

（五）绵羊药浴

于德江

给羊药浴是饲养中的重要环节。每年给羊药浴，连里都提前动员，做好准备，全员参加。药浴是用来预防和治疗绵羊疥癣病的主要方法。

为安全起见，在全部羊群药浴前10天，可对少量羊只进行试浴，以观察药液的安全性。在夏初绵羊剪毛后14天（伤口愈合，毛茬长出）才能进行药浴，连里有专门修建的药浴池。养羊少的农户可用大水缸，一半埋入地下，放入稀释好的药水，水温为20～25℃。药浴前，让羊喝足水，以免误饮药液。将羊只顺序赶入浴池内漫过全身1分钟，再将羊头压入药液中一两次，提出后放在围栏中，洗净羊只身上的药液。将羊群赶入通风阴凉处，观察羊只情况。发现中毒羊只及时治疗。半个小时到一小时后，没有中毒羊只，可进入正常管理。

（六）盐场往事

张店民

那一年从小跟着一起玩大的三哥把我介绍到了国营清水泊农场下属的盐场工作，我清楚地记得那是 1987 年。

年少无知的我第一次走进荒无人烟的地方，还是有些发懵，好在有很多怀揣梦想的同龄人，还算热闹，就像当年知识青年上山下乡一样。幸运的是我被分到了施工组，负责新建盐场的施工测绘，曹安之是组长，也是我的负责人，他耐心细致地手把手一步一步教我。我很快就熟悉了施工测绘工作。测量仪、长长的测量米绳是我们的工具。在长满黄须菜、野草的盐碱滩上，测量、扯绳、插橛，然后安排指挥外地来的民工推车，拉土，挖成池子，垒成沿子，夯实，罐水，开始抹滩。我站在前面，吹着哨子，新来的同龄人在后面穿着胶鞋，拿着抹滩工具，在号子声引领下，齐刷刷地一起往前推进，一遍一遍连续四五遍才能完成。晾干后再一遍一遍压实，盐池才算初步完成。当时，我刚进场时共有九副滩，经过我们两年时间的努力，变成了十六副滩。

有一天组长曹安之找到我说："店民，你看我们这么多年轻人，下班后生活枯燥，我们是不是来点黑板报增加点精神食粮。"我说："这是好事。"他说："这么多人，论学问，论写字好看，就数你，你来写吧。"我说："我没写过啊，也不知怎么去写？""没关系，凡事都要去尝试。"

我考虑了一下，心想这也是给我锻炼的一次机会吧，就答应了。说道："好！我尽己所能，尝试一下吧。"

就这样，我第一次拿起粉笔，把供销社东墙上那块多年不用的黑板，用心擦拭干净。我把内容分成两部分来写，一部分写场里号召安排做的事；一部分写好人好事，带上个幽默笑话。写完后感觉中间和上下还有空边，我就把我喜欢的竹子画上，起到了画龙点睛的作用。因为第一次写，太紧张，字写得也不好，好在画的竹子还算可以。就这样，获得一致好评，因为画的竹子好看，还引起了一位女孩的高度关注。

（七）一分场的小驴车

刘云华

那时吴利在连部当保管员，为了工作方便，连里为他配备了交通工具，一辆小驴车，战友们戏谑为红旗牌小轿车。千万别小看这辆驴车，在那个交通非常不便，不管去哪里几乎都靠两条腿走的巨淀湖，这辆由灰白色小毛驴拉的半新不旧的架子车，成了我们日常生活中必不可少的东西。

　　隔三差五地，吴利就赶着小驴车去营部为连里办事，顺便为战友们代买生活用品，取回战友们的家信和包裹。每次小驴车回到连里，大家就会不约而同地围上去，收到家信或者包裹的战友自然是满心欢喜，迫不及待地拆开阅读，没有信的战友难免失落，但也为收到信的战友高兴，倘若有的战友家里寄来好吃的，便会拿出来和大家一起分享。在那个常年见不到父母家人，只有通过信件交流的岁月里，能经常读到家信，是一件多么开心的事，至今想起来，那欢欣快乐的场景仍历历在目。

　　小驴车还有一个重要的使命，就是接送休假的战友和来场探亲的家属。那时候，不像现在这般交通便利，铁路公路四通八达，想去哪里都很方便。我们回家探亲，要先到离巨淀湖二十多里路的王高或是田柳乘汽车，然后到益都（现在的青州市）再换乘火车，这二十多里乡间土路就靠小驴车往来接送。每当有亲属来连队，大家都很激动，顺着连部前面的那条土路远远看到小驴车的影子，就按捺不住地跑到路边等候，车子一到，大家便蜂拥上前，拿东西的、扶人的，七嘴八舌问寒问暖，那感觉好像来的不是某一个人的家属，而是全连战友的亲人。

　　日子一天天过去，小毛驴也渐渐老了，拉起车来有点力不从心。看着它衰老而步履蹒跚的样子，吴利又心急又不忍，但小驴车却不能停。有天午休时，吴利溜溜达达来到马棚，他心里早就有了目标，那匹心仪已久的小黄骡长大了，它肌肉结实，体形匀称，金黄色的鬃毛透着油亮的光，配上四个雪白的蹄子，别提有多精神了。看着小黄骡，吴利满心欢喜，嘴里念叨着：就是它了！他偷偷把小黄骡牵到马棚后面的大田里，收拾好车具套在小黄骡的身上，刚要转身坐上车，没想到那小黄骡好似受到惊吓般，撒开蹄子沿着大田一路向北狂奔而去，随着骡子的奔跑，车上的东西也一件件散落在地里，待吴利气喘吁吁地撵到大田最北头，在排碱沟的旁边只剩下车架和两个轮子，小黄骡已跑的踪影全无，吴利只好无奈地自己把车拖了回来，跑到马号一看，那小黄骡正在马棚里悠闲地吃草，仿佛什么事也没有发生。吴利抹了一把汗，又累又气，冲到小黄骡跟前，手里的鞭子举了又举，却始终没有落下。而小黄骡只是抬头看了一眼，然后低下头继续自顾吃了起来。

　　2003年的秋天，我同吴利、唐美娟等人返巨淀湖，因为前一天刚下过雨，从营部到一连的路依然是泥泞难行，车开着开着陷进了泥坑里，我们几个只好下来推车，最后弃车步行到了连队，也算是对当年的一种体验吧！战友李金堂带着我们在连里转了一圈，看到我们曾经住过的宿舍，看到那两个水塘，看到那熟悉的一切，疲劳一扫而光，摸着水塘边的大柳树，一幕幕往事浮现在眼前，激动和感慨无以言表。小驴车已不复存在，农场实行了家庭承包责任制，职工的生活有了很大改善，家里都添置了电动三轮车、拖拉机甚至小轿车……

日月如梭，转眼间十几年又过去了，如今的巨淀湖应该有了更大的变化，好想再去走一走，看一看！

（八）青春与羊群、盐碱滩有缘

王秀贞

1971 年的 4 月 17 日，是我终生难忘的日子，就在这一天我应征来到了山东生产建设兵团一师四团二营四连。二营四连是一个畜牧连，以养羊为主。所养的羊都是进口的品种，有大罗姆尼、小罗姆尼、林肯、沙利斯、高加索、美利奴 6 个品种。这些羊来自不同的国家，各有特色。

交给我管理的羊群是林肯品种羊。这种羊的特性是非常娇贵，成活率比较低，不太适应当地的气候，尤其在夏天，非常怕热，爱下水，横着过排碱沟。我们放羊的纪律就是羊在哪里，人就在哪里，爱护羊群就像爱护自己的眼睛一样。

到了夏天早上，要趁凉快早出牧，背上一壶水，拿上炊事班为我们准备的午饭，出去就是一天，出去放牧的时候，牧羊的姑娘们头戴草帽，斜挎着绣有"为人民服务"字样的军用挎包，羊鞭一甩"啪啪"得响，可谓是一道非常靓丽的风景。

放羊虽然是一件很艰苦的工作，但是苦中有乐，涩中有甜。尤其是归牧时，看到羊的肚子吃得圆圆的，那高兴劲和成就感从心底里油然而生。

一望无际的牧场上，连棵遮阴的树木都没有。在阳光照射下，汗流浃背，口干舌燥，没有树荫凉，没地躲，无处藏，只用草帽或雨衣遮一遮那火辣的阳光。有时候夏季的天气反复无常，雨说下就下，我们所处的地势非常低洼，老百姓管它叫"北大洼"，而且还是雷区。有时倾盆大雨夹杂着震耳欲聋的雷声在空中炸响，吓得我蹲在排碱沟里捂着耳朵不敢动。这样的环境叫谁都怵头，叫谁也害怕。由于下雨天气，加之蛇洞里灌了好多水，所以那蛇都从洞里爬出来透气，太多了，在脚底下乱窜，防不胜防，令人毛骨悚然。虽然平时也经常遇见蛇，下雨就特别多，现在回想起来，或者说起放牧场上的蛇，身上就起鸡皮疙瘩，那种心有余悸非常害怕的感觉仍然存在。

雨下完之后，泥泞的泥巴路，直接拔不出脚，只好脱下鞋光着脚在牧场上走。但无论环境多么艰苦，牧羊战士从不言苦，那真是一种默默奉献、任劳任怨、从不向困难屈服的精神。

自从1971年4月17日分到畜牧连开始放牧，一直到兵团解散后，离开兵团的那一天，才结束了4年零5个月的放牧生活，一直没有中断过。其中的酸甜苦辣涩，只有亲身经历过，才能体会到，真是无法用语言来形容。

当年，每逢深秋初冬季节，在没有任何遮挡的牧场上，东北风呼呼地刮着，冻得人全身发抖，脸上和手上都起了冻疮，又痛又痒，甚至落下了伤疤，带的饭和水全冻得冰凉。我和战友刘镜玉（后来调连部任政治副指导员）、关若华、韩爱琴，中午在一起捡了黄须菜的杆子点上火，把馒头烤烤吃。我们在一起抱团取暖，以苦为乐，以涩为甜，在如此艰苦的环境中，我们就是这样度过的！

一年一度的剪羊毛，也是连里交给我们的一项非常艰巨的任务。全连上下齐动员，全力以赴投入到这项工作之中。连部的工作人员、后勤的服务人员参与其中。剪羊毛的同时不能耽误出牧，所以，早上天刚蒙蒙亮，就要去羊圈开始干。那个年代没有电推子，完全靠人工，靠每人手里一把剪刀来完成的。羊是活物，它是不会老实的。你捉它时，它又踢又踹，没有点力气还真征服不了它。捉住它用绳子捆住四条腿，才开始剪，这是个非常细心的工作，稍不留神就会给羊剪破肉，羊受疼，我们也会很揪心。加之羊圈里的味道，真是"臭气熏天，骚味扑鼻"！在全连上下干群齐心努力下，这项任务还都是顺利圆满地完成。

在剪羊毛过程中，炊事班的战士也积极调剂改善生活，让战友们吃好，以饱满旺盛的斗志投入到工作中去。

回忆当年那群风华正茂，怀揣梦想的有志青年，有些还是天真烂漫的少男少女，大家都不怕脏不怕累，去干那样的活真是了不起。那羊随时随地就拉尿，羊屁股上的羊屎蛋滴溜当啷的，满圈的羊粪和羊尿，一抓满手都是，鞋底踩的是羊粪和羊尿，没有一个嫌脏的。所以说，我的战友，我的兄弟姐妹，个个都是好样的。

今天，我把放牧的经历和剪羊毛的过程写下来，让更多的人来了解牧羊的艰辛，以期我们的后代人继承和发扬这种精神。

兵团是个大熔炉，她锤炼了我们的意志，让我们受益终生。兵团是所大学校，培养了无数有志青年。兵团是个大家庭，她使战友的情谊深似海。兵团是我的第二个故乡，魂牵梦萦的地方，源于对她的热爱和思念。

在那片沉寂、贫瘠、苦涩的盐碱滩地上，我们曾经来过，为之奋斗过，青春的足迹留在了那里，也储存了我们的信念和对党的忠诚，对祖国的热爱！

如果青春再来一次，我将会义无反顾地继续留在那片神奇的土地上，再做一次无怨无悔的选择，做有铮铮铁骨的兵团战士！

（九）不能丢失的精神

马俊健

兵团生活是难忘的，是我一生中工作成长的一段重要经历。

1970年6月17日，我和青岛众多的知识青年一样，响应党的号召，报名参加了山东生产建设兵团，被分配到山东省寿光县清水泊农场的一个分厂，也就是生产建设兵团四团六连。四团有9个连队，分布在清水泊农场总场周围，二营六连离农场总部大约20里地。

开始刚到连队，环境非常艰苦，生活工作条件比较差，什么事情都要从头开始。六连的工作主要是农业生产和放牧。开始是种麦子、玉米等农作物；畜牧连队有几百只从国外进口来的种羊，比较贵重，平时需要有专业人士的照料放养。工作随着建设兵团的发展，根据连队土地的具体情况而决定。农场土地因为大部分是盐碱地，需要改良，兵团就组织人力挖水渠，修水库，改良田地。在1972年，我们从弥河引水到连队，把大部分盐碱地改种水稻，从此改变了连队的生活条件。

种水稻要经历几道程序，开始先给田地灌水，平整土地、打浆、秧苗、插种、管理到成熟收割，每道程序都要付出辛勤的劳动，要付出"汗滴禾下土"的辛劳。特别是水稻田地的平整与打浆，那真是对我们精神意志的锤炼，也是对我们身体的实践锻炼。那时，连队种水稻没有机械，全凭人力，我们男女战士每天全都浸在水里，把田地里的大土块用木耙打成泥浆，然后拉大板车平整水田。平整水田的大木板长约一米半，前面五六人拉着，后边一人推着，田地有百米长短。每天早晨天刚亮就下地直到傍晚太阳落山才收工。种水稻农忙季节更要赶时间，起早贪黑，专家讲插秧季节若每耽误一天，每亩地就要减产损失二三十斤，那总产量要减多少就可想而知了。

所以在我们每个战士脑海里，都印有要抢时间与季节赛跑的精神。虽然每天泡在水田里，拉大板很苦很累，但每名战士不管男女没有叫苦叫累的。还记得我们这组拉大板扶大板的是胡守家副连长，他是当地人，连队建设初期就在农场，他是一位对农活很有经验的"庄户人"，但是对于种水稻也是一位门外汉。当时他已是四十岁的人了，可他的吃苦受累精神，对农业知识的渴求精神，每天鼓舞教育着我们。每天他在后边扶着大板，那大板有六七十斤重，我们六七个男女青年战士在前面用绳子用力拉，东一脚西一脚，深一脚浅一脚，肩膀被绳子都磨破了，磨出了水泡流出了血，但是没有一人喊苦喊累。有时遇到天气不好，下雨的天气里，大家仍然坚持在水田里。在苦累时候，总会有同志领头高喊着毛主席的经典语录"一不怕苦，二不怕死"来鼓舞大家，这时大伙的干劲就更足了。脸上脖子上沾满泥水，个个像泥猴似的，每个人你看着我，我看着你，开怀大笑起来。

兵团生活已经过去五十年了，半个世纪的时间，没能让我忘记那段生活的经历，因为那段生活，锻炼了我们的身体，塑造了我们的人品，锤炼了我们的意志，培养了我们不怕苦不怕累，勇于奋斗，在困苦中争取胜利的信心和勇气。

（十）我的兵团生涯

姜秋荣

1970年6月17日，是个终生难忘的日子。这天，我与山东生产建设兵团一师四团的战友们，告别了亲友，离开了青岛，踏上了我的军垦之路。这天早上五点离开家，八点多坐上了火车，先到潍坊又转乘大卡车，一路行驶，傍晚时分，到达了目的地——山东生产建设兵团一师四团，即现在的寿光清水泊农场。

在这里，我们开始了全新的学习劳动。其间，种过玉米，割过麦子，撒过化肥。待了一个多月后，部队领导来了。我们21个人（14男7女）被分配到四团的三营六连，距离团部18里路远。我们徒步行走到连队。

连队的工作主要是放牧。但饲养的羊却比较名贵，种羊是俄罗斯进口的，有专人饲养。我们则以农业为主，开始是收割麦子，种玉米，后来大面积改种水稻，誓把盐碱变良田。在连队领导的带领下，我们还把羊圈改造成战士宿舍和伙房。

1970年12月26日，我们迎来了第二批青岛的战友。临近春节，全团拉开了大搞建设，兴修水利的序幕。全团官兵在我们连队进行大会战——挖水库。

宿舍少，人员多，我们全部打地铺；没有大型机械，我们就用铁锨、镐头刨；没有运输工具，我们就用独轮车推，用肩膀挑，用筐子抬。战友们以苦为荣，轻伤不下火线，硬是凭着这股坚强的决心，坚定的毅力，奋战一个月，拿下了大水库，解决了全连的吃水和用水难的问题。

在农闲的冬季，我们进行军事训练，战友们可高兴了。枪一发下来，我们班很荣幸地成为武装班，每个周日我们都非常认真地擦拭枪支。兵团生活既锤炼了我们的意志，又培养了我们吃苦耐劳的精神。亦兵亦农，还陶冶了情操。兵团精神是永恒的，它将被永远载入史册！

（十一）战天斗地插秧忙终身受益永不忘

杨沛

1970 年 6 月 17 日，青岛知青响应党的号召，来到寿光清水泊农场，也就是当时的山东生产建设兵团一师四团。在这里，我们一待就是 5 个年头。清水泊原是一片荒凉，寸草不长的盐碱地，从那天起，我们就要在这种环境下生活。为改良土壤，我们引用弥河水压碱——改种水稻。

春节刚过，寒意未去，天空刮着丝丝凉风，我们六连战士怀着对祖国对未来美好憧憬，开始了做插秧的准备工作。种水稻的要求季节性很强，不能耽误一天，否则就要减产。为了赶时间，那时天刚蒙蒙亮，我们就到了稻田地头，卷起裤脚，光着脚丫踩进泥水里，顿时感到寒冷刺骨，浑身打寒战。有时腿上裂开了一道道血口子，也不叫苦不喊累。为不耽误插秧季节，我们提前就学分秧插秧。

插秧是关键的一步，插秧不牢就漂秧，密度大了减产，稀疏了产量低，要恰到好处才能提高水稻产量。到了插秧季节，连队分成三个小队，拔秧队、运送队、插秧队。在连长、指导员的带领下，我们与天斗与地斗，不向困难低头。

我被分配到插秧队。连队开展插秧比赛活动，大家你追我赶，都不甘落后。秧田有 15 亩左右，约两里多长，连长、指导员各在秧田一头，一个摇摆小旗，另一人看着表吹哨子。比赛开始后，插秧队的战友们，都投入紧张的比赛中。我们年轻，朝气蓬勃有股不服输的劲头，以最快的速度分秧插秧，一排四行，前后左右整齐排列，有条不紊地插秧。由于距离地的另一头太长，中途累得腰酸腿疼，要想直腰再弯腰都疼痛难忍，干脆双膝跪下，在泥水里倒退行走，手不停地分秧插秧，心里只有一个念头——不能落后他人。我就是这样一口气到了地头，第一名"到头啦"。我心情一放松，腰痛得直不起来，双腿一酸，一头栽到地上，战友们都大笑起来。

我们稍休息一会，继续接着干，一天下来，由于低头时间太长，血液长时间集中在头部，脸都肿了。腰疼得晚上睡觉连翻身都困难，但第二天继续接着干。就这样，我们六连插秧队的战友始终战斗在第一线，用自己辛勤双手换来了丰硕劳动成果。

回忆往事，我为自己曾是一名兵团战士而自豪，而骄傲。

（十二）留在清水泊农场的一段奋斗史

牟文恩口述，韩金萍采写

1956年4月3日是天气晴朗、春意盎然的一天，在这一天，一批热血青年志愿者们来到寿北集体农庄开荒。在那里，他们忘记了"苦"字怎么写，一心只想把农庄建设好；他们养猪、养羊、养牛、种庄稼、办砖厂，让这片原本荒凉的土地牛羊遍野，荒原变良田；从清水泊农庄到养猪场、畜牧场、种羊场、干校、兵团再到清水泊农场，几经变更，他们把青春留给清水泊的同时也留下了一笔宝贵的财富。他们就是山东省共青团集体农庄的庄员。

岁月已逝，当年农庄的八位负责人，只剩下口述者牟文恩一人，而参与者也剩下不到十人了。本报曾经报道的《我们的青春献给了清水泊农场》，勾起了当年青年们尘封的记忆，农场负责人之一牟文恩在表示感谢的同时，又向记者讲述了在农场打拼的另一段鲜为人知的历史。

1959年10月，激情澎湃建设万头养猪场

1959年，县里决定建设寿光万头养猪场，同时在寿北共建五场，包括养猪场、养鱼场、养鸡场、盐场、联合农场，我就在养猪场工作。

起初，我们只有四五十人，劳动力不够，县里便又抽调人员过来。因临时建场，没有建筑材料，大家就用土和成泥，再一锨一锨垒上去。因第一次干这种苦力活，没有经验，正所谓"烂泥扶不上墙"，经常垒着垒着泥滑下来了，需重新返工。深秋季节，天已渐凉，很多人都是用双手托着泥往上堆，一天下来，手冻得不敢碰，不过大家还是铆足了劲干。墙体用泥土，屋顶用秫秸。附近村庄有很多秫秸，这也算是就地取材。白天用土夯墙，晚上我们便去邻村买秫秸，说是邻村其实也隔着五六里路。一晚上也就一个来回，一人扛三四捆，因秫秸没有晒干，三四捆足有五六十斤重。每晚，大家赏着月色走走停停，等回到家已是深夜。

天蒙蒙亮就起来，一直干到太阳落山以后，浩浩荡荡的劳动大军，用异常落后的设备，一天天艰苦劳动着，仅用3个月就建成了120间猪舍。当正准备建饲料室时，从外地购买的猪便开始往这运了。这些猪都是从诸城、五莲等地集市上购买的，卫生、防疫均没有做好，运来没多长时间猪就染上了瘟疫，我们束手无策，只能眼睁睁看着猪一批批死去，最后养猪场还未运行就垮了。此外其他四场也以失败告终，五场建设结束了。

1964年4月，狂潮袭击，牧羊人险失命

万头养猪场的尝试失败后，1961年，县里将养猪场改为畜牧场。此时工人开始实行吃饭定量制度，大人每个月 30 斤粮食，小孩 3 斤。那时每日劳动强度大，饭根本不够吃，有的人实在扛不住就偷吃饲料。不仅吃不好，就连住的地方也备受煎熬。简陋的土房子，开着"天窗"的屋顶，冬日深夜刺骨的西北风夹杂着冷气吹进屋里，人们经常被冻醒，那种艰难的生活让人永远难忘。

条件虽艰苦，但我们已有三个分场以养羊为主，规模渐渐稳定。正当大家收获喜悦时，无情的潮水却打乱了这一切。1964 年 4 月的一天，狂风四起，暴雨倾泻，连续四天的大潮水淹没了分场。当时，在北边一分场还有部分牧羊人和几百只羊，因大潮凶猛，人员来不及撤离便被困住。远远望去，周边的房屋全被潮水冲垮，只剩下建在高地的三间破屋，人员情况不得而知。

在没有任何通讯设施的情况下，领导决定派人去了解情况。当时年龄最大的老王，领着我和另一位同事，早上顶着狂风，踩着泥水，从原农庄出发。我们每人扛着一根木棍，想着水深的地方抱着木棍趟过去，谁知路上的情况比我们想象得还要糟糕。下午四点我们才到达第四分场，随便吃了点东西便赶忙上路。大约走了五里路，已是晚上，前面的路被潮水冲垮，用木棍量了下水足有一成人深，不敢前行，我们只好在冰冷的水里站着等天亮。整晚上，任由狂风吹冷了身体；冰冷的水刺痛双脚，直到麻木；潮水涨退的激流声更是让我们听得心里发慌，恶劣的环境考验着每一个人的毅力，我们唯一的想法就是"活着，活着……"

天亮后，被困人员发现了我们，便用一简陋的小船把我们接了过去。到那里后，眼前的场景让我们捏了把汗。屋里的水和床一样高，被困人员挤在被淹没的床上站着，如果再来一次潮水被困人员恐怕就……

1966 年，英国空运种羊在清水泊"定居"

大潮过后，全部家业交由我们接收，这时省农业厅发展畜牧业，以养羊为主，经过一段时间考察，发现清水泊地理、环境等条件十分优越，决定在此发展畜牧养殖。1964 年，全省的良种羊调运到清水泊，同时技术人员也跟着过来，畜牧场成了清水泊种羊场。

1966 年，在中英贸易往来时，周总理亲自批示从英国进口一批细毛羊，由清水泊种羊场来喂养。得知这个消息，我们大家都很开心，不计劳累地清理农场、打扫卫生，为即将到来的外国羊整理"房间"。这批外国羊是从英国坐飞机过来的，先到了上海，然后坐车到清水泊，共 100 多只，每一只羊都"住"在单独的木箱里，同时还配有几大卡车的饲料。

那时，我们不仅没有见过这么金贵的羊，就连那些呈颗粒状的饲料也是头一次见。以往我们的羊群都是吃杂草，到了嫩草遍地时，便放养，从未吃过机器加工饲料。当时，这些珍贵的稀奇外国产品一到清水泊，大家便围了个水泄不通，纷纷观看了一番，有的人甚至还偷偷拿一粒放入嘴中尝尝啥滋味。

喂养这批英国羊并不是件易事，在满足好奇心后，大家心里都绷着一根弦，怕羊出了问题会影响国家的声誉，影响两国关系。谁知，千小心万小心，还是有一只公羊生病了。我们当即送羊到医院，在经过一次大手术后这只羊的病情才算稳定。那时这只公羊可是享受着皇上级别的待遇，吃鸡蛋、吃海米。

艰苦岁月，练就"割草娘子军"

谈到养羊不得不提及那群出了名的"割草娘子军"，她们可是当时的"割草机"。自从畜牧场转换成种羊场后，每年所用饲草达到几十万斤，没有割草机，这些饲草全靠人力解决。

不同的环境造就不同的人才，那时我场便涌现出了一批特殊的"割草娘子军"，她们由农庄里的妇女组成。条件差没有交通工具，她们靠步行；没有翻斗车，她们用肩膀扛；每天，天还没亮，她们就拿着镰刀出门，夜幕降临才扛着草回来；她们是铁人，不管草多么扎人，弯腰抓起，挥镰"砍下"。都说手是女人的第二张脸，可对这些娘子军们来说，这第二张脸早已被割得"面目全非"。

说到这里，我不得不感谢我的妻子，她当时没少吃苦。为了割草，妻子不得不把大女儿和二女儿锁在家中。担心不足一周岁的二女儿从床上滚下来，她就用砖头压在被褥上，隔段时间，跑回家看看孩子，喂喂奶，再接着回去割草。那时每人规定一天割80斤草，而妻子一天能割192斤。一次，我去接她，本想扛草让她歇会，谁知190多斤重的草一下子把我压倒在地，我顿时感到弱小妻子的坚强与伟大，愧疚之情油然而生。

其实场里的女职工都跟妻子一样，既干着繁重的体力活又携儿带女，但她们从未喊过苦说过累，即使手被割得深一刀浅一刀，不擦药不包扎，甩甩流血的手抓起草继续割。这些女职工为种羊场吃了大累，受了大苦，为农场做出了很大贡献。

治理塌河，险遇潮水，一万多人被困"孤岛"

1969年，我再次目睹了一场大潮水。这年春天，县里治理塌河，3个县民工3万多人来到塌河。正当大家热火朝天干活时，天公却不作美，一场突如其来的潮水让他们陷入困境。

4月5日，狂风刮起，如狼似虎般的潮水把整个工地"围"了起来，3万多人有的趁机跑到附近村庄，有的跑到了较高的土台子上。风卷潮水，一片汪洋。民工们在那样的情况下，坚持了一天两夜，没有水，没有粮食，有的只是汹涌的潮水以及肆无忌惮的狂风。当时被困土台上的大概有一万多人，为了解救被困人员，县领导当即成立了救灾指挥中心，从潍坊专门调来直升机向被困人员投放食物，同时调来橡皮舟解救被困人员，救援工作持续了五天。记得当时从清水泊向北的道路全部被潮水冲垮，人们无法过去，民工们的家眷只能在干校等候，不少家属看到那种场景忍不住大哭。

一波未平一波又起，7月份，大地震又袭击了这片几经风波的广袤土地，1970年，清水泊种羊场巨淀湖农场建成，同时，济南军区在此成立了建设兵团第一师第四团。1974年，兵团撤销，自此再次恢复寿光清水泊农场体制。

收获喜悦，盐碱地里"生金"

记得，清水泊农场有一二三分场，下设九个连队。1978年春，我被调到九连任连长，当时九连在全场是最差的连队，有两千多亩地，能长庄稼的仅有七百亩左右，还有部分盐碱地。根据实际情况，我想在碱地里种葵花，可想法一提出就遭到大多数人反对。不过，看着那片盐碱地没用处，我硬是种上了葵花。幸运的是，那年雨水较多，大部分葵花都出了苗，加上及时管理，葵花长势喜人，秋后收入3万多斤。当年小麦的场内收购价是每斤一毛钱，而葵花卖到四毛钱一斤，产值一下子上去了，我们连也由最差的单位成为先进单位。

后来我被调到八连，八连条件好，但产值却很低。到任后，我考察了地理环境，首先调整作物布局，把原种的小麦改种成棉花。当时原来的副连长不同意，我便想各自保留意见，分着干，用产值说话。秋后，棉花总产量400多斤，价格3块多一斤，产值远远高出小麦，不仅收入翻了好几番，职工们的生活条件也大为改善。不过刚高兴没多久，我又被调往连亏两年而没人管理的砖厂。

到砖厂时，凄凉的场景让我惊呆了，破破烂烂的厂房，遍地的碎砖块，仅有4个人留守。到那后，我调动人员整理厂房，维修机器，招收工人。因劳动力不足，管理人员一齐参与劳动。那年我五十岁，白天抓业务，晚上和工人们推土、压坯，经过大家齐心协力的劳动，不仅恢复了生产，还上缴利润五万元。从此之后每年完成上缴利润后，职工还有了分红。

1992年，我从砖厂退休。在清水泊奋战36年，不仅留下了青春奋斗的足迹，还留下了宝贵的财富。如今八位负责人只剩我一人，趁还记得当年的点滴，讲讲，让年轻人了解当年清水泊人艰苦创业的历史。

三、新闻报道

（一）捧上个 "金饭碗"

山东省寿光清水泊农场女工魏兴芝不拿工资搞承包，1984年一年成了有名的万元户。人们赞美她是撂了"铁饭碗"，捧上个"金饭碗"。

魏兴芝今年 45 岁，是建场以来的老工人，享受四级工待遇。前些年，她和在场干临时工的丈夫刘玉祥，两人月工资不到一百元，抚养着两个孩子，家庭生活挺紧巴。

1984 年，场里实行了新规定，取消了固定工资，搞起了个人承包。在离场部一里多路的地方，有一块 20 亩土台地，土台下面有约 50 亩废坑。过去，这块土台子地，因高洼不平没收成。土台旁那废坑，因无水源而荒废，坑内生长的天然苇草，常被人偷割和牛羊啃吃。1984 年开春，场里对这块台子地和废坑提出了承包指标：20 亩台子地承包额 1620 元；50 亩废坑承包额 1700 元；两项年上交 3320 元，不发工资，全奖全罚。当时许多职工们心里都犯嘀咕，不敢承包。魏兴芝却对这块地精心地计算安排，她打算在台地上种棉花，想办法在坑里放上水养鱼、种草。算来算去，她认为这是块宝地，只要辛勤劳动，加强管理，准能抱个大"金娃娃"。魏兴芝拿定主意之后当众和场方拍板承包，签订了合同。

为了对承包地便于管理和看护，魏兴芝和丈夫干脆把家安在了承包地边。春天，夫妻俩及早整平了地面，拿好了田埂。又雇用拖拉机把废坑整修推平。随后，在农场帮助下，引来了小清河闲散水源，让坑塘喝了个饱，放养了一万尾草鱼和白鲢。到棉花播种季节，夫妻俩从坑塘里取水浇地，把 20 亩棉田播上了鲁棉四号优良品种。"谷雨"过后，棉苗齐刷刷摇着耳朵，苇草绿茵茵钻出水面，鱼儿自由自在水中游。看到这般景象，魏兴芝更鼓满了劲。她和丈夫白天拴在棉花上，晚上轮流看护鱼塘。还订了有关科技报刊，对棉花和鱼塘实行了科学管理。就这样，到 1984 年 11 月中旬，算盘一响，棉花总产 12500 斤，收入现金 1.1 万元；苇草总产 2 万斤，收入 2600 元，出塘鲜鱼 2500 斤，收入现金 1500 元，加上鸡、鹅、鸭小家禽，总共收入 15600 元。除上交 3320 元承包费用，扣除成本 1000元，纯收入 11280 元。魏兴亨夫妻俩在一片赞扬声中对人们说："不是俺两口子有能力，全靠党的政策好"。

（1985 年《中国农垦》第 1 期）

（二）山东生产建设兵团落户清水泊

记山东生产建设兵团一师四团四连故事

1970 年 2 月，山东生产建设兵团一师四团落户清水泊，原巨淀湖农场，清水泊种羊场，军工盐场三场合一，组建了四团。团部建在清水泊种羊场。团部设司令部、政治部、后勤处，编制和正规部队一样，团、营、连的正职由部队配备，副职由地方配备。

巨淀湖农场为四团一营，种羊场为四团二营，1973 年接收炮兵第八师成立四团三营，全团下设一个畜牧连，一个机务连，一个盐场，两个机务队。全团职工，兵团战士共有

1600 多人。兵团战士大部分是来自青岛、淄博的知识青年，还有小部分来自济南、潍坊等地。

从此，山东的知识青年不再到农村插队落户，全部到生产建设兵团劳动、学习和锻炼。

十六七岁至二十一二岁的年纪，他们穿上了军装，很多人都是背着家里人偷偷报名。在那个叫作清水泊的荒凉地方，与他们相伴的，除了羊群、营房，望不到边的盐碱地，就是"兵团战士"这个让人血脉偾张的称号。他们的青春和别人的青春一样，充满了纯真，活力，激情，然而又如此不同，随时可见艰难、忍耐，甚至牺牲。

重提往事，孙启昆、张勇、孙淑芳三位当年的四连战士相同的感觉是："连着好几天都是晚上三点就醒了，再也没睡着。"

"十几辆汽车徐徐开动，向北！向北！再向北！眼前没有了山丘，没有了楼房，没有了人群，甚至连棵树都难以见到。穿过寿光县城五路口，车队疾驶在去往羊角沟的路上。越向北，道路越崎岖不平，颠簸起伏，解放牌汽车在不停地摇晃，眼前那白茫茫的盐碱滩。光秃秃的条田，偶尔看见几个穿着大红大绿，大热天还顶着五颜六色头巾的当地妇女，我的心也像这颠簸的汽车般七上八下，越来越忐忑不安。"吴广生在日记中这样写道。这也是大部分兵团战士初到清水泊时心情的真实写照。很多女生都哭了。

清水泊农场成立于 1953 年 1 月；1964 年改称为寿光县清水泊种羊场；1970—1974 年为生产建设兵团，建设兵团刚成立时由清水泊种羊场、巨淀湖农场、军工盐场组成，山东建设兵团四连当时为畜牧连，饲养着从国外引进的美利奴、林肯、高加索等多个品种的纯种优质种羊。兵团战士的主要工作就是同这些羊打交道，割草喂养，牧羊，打扫羊圈，配种，接生，挖粪，晒粪。

与羊为伴

张勇，名字像男人，性格也有几分豪爽，曾任淄川区国土局副局长的她 1971 年来到了山东建设兵团四连（畜牧连），因表现突出，第二年被团领导选中回乡作动员报告，孙启昆和孙淑芳正是受到张勇鼓舞，在 1972 年也来到了兵团四连，从此开始了他们的兵团生活。与羊为伴的第一步是给羊量身体，首先要学会逮羊。"刚开始，我们根本就抓不住，羊的抵触情绪也比较大。好不容易抓住了，反倒被羊拖着在羊圈里跑。后来慢慢熟练，才开始给羊量身高、体重、毛的弯曲度，给每只羊标上耳号，建立详细的档案。"

"接着是剪羊毛。刚开始剪的时候，掌握不住技巧，羊身上总是一个个的窟窿。后来都熟练了。"最苦的工作便是放羊。早晨一早就要赶着羊出去，一出去就是一天，水和饭都要随身带着，关键是晚上还要将羊"完璧归赵"。最艰辛的是每到夏天，羊群喜欢去排碱沟里纳凉，为了保证羊不丢失，羊去哪里他们就要去哪里，羊跑到水里，他们也要跟着下水，衣服一天不知道干湿多少回，很多女知青后来都得了妇科病、风湿病、关节疼痛，痛苦伴随终生。

在一次放羊的过程中，张勇发现羊有异状，抱起羊就往回跑，后来检查得知羊得了肠套叠。也正是因为胆大心细，她被畜牧连的向医生看中，调去产房，负责为羊配种和接生。"后来，兵团加强了管理，小羊仔的成活率由原来的百分之七十多提升到了百分之九十五，我还因此受到了团里的嘉奖。"

放羊、接生、种苜蓿、钐镰割草、晒草、扛麻包、垫羊圈，这些活都是兵团生活的必修课。当时身高一米六，体重九十多斤的孙淑芳，想起当年扛着200多斤的麻包，推动装着六百多斤草的小车，常常觉得不可思议。

青春似火

四连的很多人都清楚地记得1973年的春节除夕夜。大年除夕晚上，天黑如墨，韦玲和战友李玲珍值班沿新开挖的水渠巡查，远远地就看见地面上蓝色的火焰，这一簇，那一簇，西北风一刮，一跳一跳的。她们俩扛着铁锹，加速往前走。本来漆黑的夜里万籁寂静，突然听到有哗哗的流水声响，还有铁锹挖土的声响，原来是当地村民趁黑夜扒开水渠放水呢。俩人当机立断，分头行动，一人去阻止，一人回连队报告。结果全连30人马齐上阵，拿上箩筐，扁担，铁锹，堵水口子。连长身先士卒手举着马灯指挥大家把一筐筐的土倒进去，可是新修的水渠被水一冲，水像脱缰的野马顺流而下，堵也堵不住。那一夜战友们干得很辛苦，年夜饭也没有吃好。回来的路上人人身上都溅满了泥和水，尤其是我们连长，虽然浑身湿透，被风一吹都结成了冰，走路唰唰直响，还风趣地说，"我这是穿上了防弹衣！"

有一件事情，郭强很少对人提及，"那年海啸，二排电话线被刮断无法和连部联系，我踩在排长李华山肩上接电话线，但当时狂风呼啸，暴雨扑面，我勉强能抓住断线的两端。这时我咬着牙喊：排长，接不上了。就这样打吧，让电流从身上通过！就是这样和连部取得了联系。"当电流从他身上通过时，郭强觉得自己的内心从未有过的悲壮与豪迈。

孙启昆到兵团不久发生了这样一件事，青岛的知青王会清，是一营一连的一名马车手，有一次他去送农产品，半路上马受了惊，马拖着车狂跑，前面有许多孩子和妇女，眼看就要出事了，他用尽全身力气把马勒住，马把他拽倒了，马车从他身上压了过去。王会清献出了自己年轻的生命。

年轻的他们，内心充满了激情，这种激情，洒满了荒凉的清水泊，有时候，还带着悲壮的色彩。

让给别人

特殊年代造就了特殊的人，最为特殊之处就是精神上的纯粹。

"我们那个时候都是以争当无名英雄为荣。早晨起来抢着打扫厕所，今天你比我起的早，明天我比你起的还要早。见荣誉就让，见困难就上。当时我被推荐去山东师范大学上学，我想也没想就把名额让给别人了。后来，我被提为副指导员，也有机会走。但是我不想别人说我是来镀金的，不想其他战士们有怨言，我就又留了下来。"张勇对记者说。

同样的故事发生在孙启昆身上："我是兵团的文书，1973 年考上大学，被淄博师范录取。但是当时我觉得在兵团待的时间太短，第一年就没去读，到第二年经过推荐才又去了淄博师范。"

杨翠敏，1972 年 6 月从昌北农场辗转到寿光清水泊兵团，到了 1974 年，她因为个人表现特别突出，获得一个上学名额。还没来得及高兴，一次简短的谈话改变了她的命运。"连指导员张林慧找我谈话，问我能不能把名额让给我们二排的李大姐，理由是：她年龄长我一岁，上级招生文件规定 23 周岁封顶，我还有一年的机会。"当时，杨翠敏没加任何思索就答应让出。"现在回忆起来当时指导员可能是备了几套方案来做我的思想工作，没想到谈话这么顺利，一时竟有些茫然，还又试探地追问我一句，就这么定了？"不仅没有怨言，杨翠敏还为李大姐着想，说了句：李大姐人老实又不善言谈，能有这样的机遇会很幸福的。半点没有考虑到这么难得的名额是不是还会再有，而事实证明，这样的机会一次也没有再来过，杨翠敏同返程的大军一起，在企业工作直到退休。

"见荣誉就让，见困难就上"甚至贯穿了很多人之后的生活，孙淑芳招工后去了油轮机厂，"1978 年第一次涨工资，名单上有我的名字，我想也没想就把自己的名字划掉了，机会先让给了别人。"

口琴乒乓

相对于艰苦的劳动，兵团的文化生活则是单调又寂寥。

"听说我们的业余活动比较少、我姐给我买了一只口琴，从此与我班里周爱娟战友一起学起来，不识谱就模仿歌词的音调天天练，后来只要会唱的歌就能吹出来。"小小的口琴，是艰苦兵团生活中的一抹亮色，因为当年学会了吹口琴，孙淑芳在以后的日子里爱上了各种文体活动，退休后参加了张店区文化馆追梦艺术团，每年参加各种公益活动、大小演出近百场。

郭强在学校时就是乒乓球高手，加入建设兵团后又代表兵团获奖无数，为了打球，他每个礼拜天步行十多里跑到连部或团部去练球，风雨无阻，一直坚持到返城参加工作。

能够看一场电影是大家共同的企盼。可是放羊出去就是一天，不知道啥时候演电影。"我们一排的排长想出一个办法，只要有电影，他就爬到清水塔上面插上红旗，这个塔是我们连里的最高点，连二分场放羊的都能看见，只要看见塔顶上的红旗，在外面放羊的都奔走相告，就像过大年一样赶着羊群归牧。"王秀贞告诉记者。

当时的建设兵团，是不允许谈恋爱的，如果有人暗生情愫，轻则被调离、重则失去各种机会。但是，这么多年轻男女正值青春年少，完全不动感情是不可能的。一位不愿具名的四连战士告诉记者，他当年就曾有过这样的经历，在共同的劳动与学习中与一位姑娘产生了感情，连长指导员为了防止他们的关系进一步发展，将他调离了原来的工作岗位，当他大费周折再调回原单位时，连部却又把姑娘调走了。"我完全理解当时兵团领导的决定，因为兵团是半军事化管理，如果大家都公开谈恋爱，还怎么管理呢。"但感情不会因为某些规定而不发生，回城前四连有十多对战友，从战友确定为恋人，回城后相恋的战友结成伴侣，他和妻子也是其中的一对。后来发现，好多兵团战友都陆续与同一时期的战友恋爱结婚，组成家庭。

"爱情，可能在特殊的时期变得隐秘，但绝不会因为压力而就此消失。相反，很多战友，都是在与战友、爱人的相互鼓励下，度过了那段人生最艰难的时光。"

相依为命

返城后曾先后在淄博渔轮机厂，淄川经信局工作，后考取律师资格从事法律工作的郭强给记者讲述了这样一个故事：1973年夏末的一个下午，我们所处的北大洼突然间狂风大作，急风加着暴雨，倾盆大雨毫不留情，劈头盖脸地砸向大草地，扑向我们的羊群和我们的牧羊姑娘。我们这些小伙子躲在羊圈里心惊肉跳，更担心正在大草地上无助的、冻得瑟瑟发抖的姑娘和羊群。

就是这样恶劣的天气，姑娘们穿着绿军装外加一件薄薄的塑料雨衣，顶着暴雨，迎着狂风，抗着寒冷，仍然坚持在工作岗位上。直到晚上六点以后雨停了，姑娘们陆陆续续回来了。排长李华山知道还有一位姑娘没回来，这姑娘放牧的羊群是一百多只不足一岁的小公羊，小公羊怕水，遇水不敢下水，条田里和草地上水已经很深了，姑娘肯定是赶不动羊群了。他问了六班长和其他的姑娘，她们都说没看到这个还没回到排里的姑娘。天已经很晚了，战友们越来越担心。七点半、八点半，排长和战友们再也沉不住气了，命令五班男战友全体出动，找人，一定要把姑娘找回来。班长张鸣武一声令下，我们立即冲进了茫茫夜色。

"孙福荣……孙福荣……"战友们高一声低一声焦急地呼唤着姑娘的名字。她是一个身高一米五九，体重九十斤，未满十八岁，天天笑呵呵，梳着两条辫子的小姑娘。战友们都很喜欢这个蹦蹦跳跳，无忧无虑，没心没肺的小战士。一直找到半夜，终于在一片没有积水的土坡上找到了羊群，战友们急匆匆地围过去，眼前的一幕让大家感动了，姑娘蜷缩着柔弱的小身躯，搂着她的小羊儿，静静地睡着了，她可能已经梦见战友们来救她了……鸣武、泰昌、学义、继水，我们眼里噙着泪光，轻轻地唤醒了姑娘。班长用他那标准的青岛话生气又爱怜地训教姑娘："你这个傻嫚，羊赶不动，你自个回家报信不就行了？"姑娘怯怯地说："我不敢走，我走了羊丢了咋办？"

马玉荣至今清楚地记得同淑芳一起推小车的情景：为了给连队的羊群备足冬天的草料，秋天大田班每天都到条田割草，我和淑芳一组，我们的运输工具是一辆独轮木头车，为了多装草，每次都把车子装得满满的，比我们人还高，然后用绳子封好。我比淑芳大两岁，但车技不行，一推小车就倒。只有靠淑芳了，那时淑芳也就十八九岁，瘦弱的她推起小车，我在前面拉着。条田那泥巴路非常难走，车子走过后留下深深的车轮印，我们要用上全身的力气非常艰难地推出条田，到了马路上也是坑坑洼洼不好走，好不容易把草推到连队草场，心疼我的淑芳战友！直到现在每当想到当时的样子我都会落泪。

张伯芳生在农村，高中毕业后作为一个军人的子女来到了四连，她说："那时每个人思想都很单纯，很团结，很亲近，我们班有个叫马琴的，她比我小，但很能干，夜间累得腿抽筋，班长就起来给她按摩。战友陈焕芹挖沟时用镐敲着脚了，班长就把她背着回连队。耿庆霞病了休了一天病假，可硬是把全班的衣服洗得干干净净。我们在一起干活时互相帮助，休息时互相照顾，打打闹闹，说说笑笑，开心得很，但也有想家的时候，特别是我，当我收到每一封信时，都要大哭一场，姐妹们也和我一块哭，哭过后，心情就好了。后来班长想了个办法，把我的信扣了，等春节休假回连后，班长才把信还给我，从此我再也没哭过，我长大了。"

去看连长

斗转星移，那段难忘的日子已经过去了四十多年，兵团的大部分人都已经离开工作岗位，有一些已经离开了人世，大家越发感到相聚的可贵。2015 年 11 月份，孙淑芳同经常联系的几位战友一起，建起了四连兵团战友微信群。大家交流方便多了，没事的时候，大家聚在一起，说说从前的事，叙叙战友情，纷纷感叹高科技的便捷，感觉很好。

当年的老连长如今已经年过八十，分开之后他们小范围地聚过几次。今年，他们相约明年的正月初四，一起去寿光看老连长。当年连里最小的女战士，远在新西兰的范锡夏也要赶回来参加这次聚会。远在南半球的她通过微信告诉记者："我当时年纪最小，只有十四岁，无论连长指导员还是连里的战友们，都把我像孩子、小妹妹一样疼爱。看到'亲爱的战友'这个称呼，就会感到特别亲切和温暖，尽管这辈子经历了太多的磨难，但想到有这么多的战友在关爱着自己，觉得这辈子没有白活，值了！明年初四的聚会，只要能联系到的，一个都不能少。"

为了办好这次聚会，一直在政府机关工作的孙启昆甚至专门写了一段歌词，"每当我想起兵团的时光，兵团战士身穿着绿军装，没有帽徽也没有领章，胳膊粗槐树陪我照相。身挎钢枪神采飞扬，喂，帧帧倩影自我欣赏。我们也和军人一样，自豪之感心中荡漾。"

他动情地对记者说：我们难以忘怀的是我们那个时候共同生活、工作的特殊的岁月，谁也不会想到知识青年到兵团会去放羊，谁也不会忘记兵团战士放的羊竟是进口的大罗马尼、小罗马尼、高加索、林肯、美利奴等这样品种的细毛羊，谁也不会忘记兵团战士手持放羊鞭，肩背饮水壶，身披防雨衣，喝的是凉开水，吃的是冷干粮、顶烈日、冒酷暑，尤其遇到风雨交加、雷鸣电闪的天气，找不到避雨、躲雨的地方。今天的我们，无论物质的贫穷与富贵，无论生活的甘甜与辛酸，只要我们彼此永不忘记曾经拥有的那份友情，就不会感到苦闷、孤独和寂寞。

我们这一代，经历的事件太多太多，这是我们人生的一大笔精神财富，随着时间的推移，我们已经渐渐明白，时间是一剂调节心灵的调和剂，她使我们变得越来越宽容，越来越善良，她让我们学会了如何去爱别人，如何去珍惜自己。

一直从事法律工作的郭强计划退休后一定要写一本关于兵团生活的书，献给他和他的兵团战友，献给已经远去，深深影响他一生的血色青春。

以上新闻报道资料摘自 2015 年 12 月 11 日《淄博晚报》。

（三）公共文化服务延伸到最基层，清水泊职工享受到文化 "福利"

近日，记者从寿光县图书馆了解到，为建立我市图书馆服务网络，充分发挥市图书馆的馆藏优势，丰富各社区、部队、企业、休闲场所等基层读者的阅读资源，提高群众的科学文化素质，营造浓厚的读书氛围，寿光县图书馆在原有镇街道分馆、社区分馆基础上，进一步走进企业，设立了我市首个企业分馆——寿光县图书馆清水泊农场分馆。

据了解，清水泊农场位于寿光西北部，地理位置偏远，读者借书不便。为此，市图书馆专门设立清水泊农场分馆，以拓宽服务领域，让服务文化更加贴近基层、贴近群众，让企业人员在家门口就享受到"精神食粮"。"以前借书只能周末跑到市区去借，然后再去市区还。现在好了，在单位就能借到想查的资料想看的书，不用来回折腾。"一位工作人员感慨道。

市图书馆副馆长郑英祥介绍，针对清水泊农场的特点，专门配送养殖方面的专业图书。作为市图书馆分馆，清水泊农场分馆纳入图书借阅"一卡通"服务范围，向持有市图书馆有效借阅证的读者提供图书外借服务，免费开放，并与市图书馆及所有分馆的馆藏外借书刊实行通借通还，使广大员工在家门口就能借到想看的图书。

寿光县图书馆负责分馆的业务建设，包括分馆的基础图书建设，图书购置、分编、加工、流通、调配、交换、剔旧等服务。积极支持、参与、配合分馆开展的各项读书会、讲座、展览等阅读推广活动；分馆执行市图书馆统一的服务规范，保证服务质量、保证图书安全。

（原载于 2018 年 3 月 8 日"寿光文旅"公众号）

（四）寿光这个地方从 "不毛之地" 变身现代化农业园区，种出的西红柿 20 元一斤

说起寿北，大家印象中一定会跟盐碱地结合起来。但正是寿北盐碱地独有的土壤条件，造就了"绿源清水泊"品牌蔬菜瓜果独特的优秀品质及口感。通过近年来的发展，清水泊农场的草莓西红柿逐渐被认可，成了市场上响当当的品牌。

清水泊农场高端蔬菜园区始建于 2012 年，开始主要以种植棉花为主，后来为响应市委市政府寿北二次开发的倡议，寻求下一步的发展方向，培育新的经济增长点，农场进行产业结构调整，进行了蔬菜大棚的种植尝试。

清水泊农场工会主席崔小青说："当时初步的规划是 300 亩，后来陆陆续续规划面积达到 1000 亩。目前大大小小的大棚已经达到 41 个，种植的品种主要有口感西红柿、毛粉西红柿还有黄瓜、尖椒、陇椒这些。"

走进清水泊农场高端园区，高标准的蔬菜大棚整齐划一，各种先进设备应有尽有。但是要想在盐碱地上种植蔬菜大棚，首先要克服的就是土壤问题。

清水泊农场技术员刘继光告诉记者："主要是在肥料上下功夫，主要就是用有机肥，基本上化肥不用，浇水的时候随水带肥，用一部分水溶肥，水溶肥主要也是有机菌的，生物菌的也用，底肥用豆粕，这样就能提高作物的品质。"

园区技术人员介绍，除了在肥料上下功夫，他们还因地制宜，在浇水上也做足功课。但是要想种出口感好的西红柿还存在两大难题，一是品种不抗病，二是产量低。那园区又是怎么克服这两大难题的呢？

清水泊农场技术员刘继光说："从平起栽培改为起垄栽培，地温提高了根系就发达，以前一亩产量正常的话在五六千斤左右，咱们就改为落蔓，这样一棵长七八穗果，落一遍蔓子，再加上两三穗，再落一遍蔓子再加上两三穗，这样提高的产量，现在产量正常的话一亩能达到一万斤，一亩地产量能提高两三千斤。"

从2019年开始，全国蔬菜质量标准中心把清水泊农场高端蔬菜园区列为实验基地之一。让产品朝着有机绿色方面发展，通过近几年的试验，园区的草莓西红柿已经打入了青岛、济南、北京等高端市场。

清水泊农场工会主席崔小青说："统一施肥，统一种苗，统一管理，统一采摘，统一上市。在这几个方面进行统一，重点就是为了控制产品的品质，寿光西红柿目前每斤20块钱，还是供不应求的。从指标上来说我们重点控制两个指标：一个是糖度，糖度我们控制在8～11。另一个是温度，温度是2～4.5℃，这个指标已经成了清水泊草莓西红柿的标准，有了这个标准才能上市。"

以质量为中心的种植模式，让清水泊农场的产业布局得到了有效提升。依托寿光的蔬菜产业优势，摆脱土地的束缚，在盐碱地上种大棚，找到了根本的致富道路。

（原载于2020年1月19日"寿光蔬菜频道"公众号）

（五）寿光县 《清水泊农场志》 编纂工作正式启动

2020年8月25日，《清水泊农场志》编纂工作启动会议召开，市政协外事委副主任韩迎祥，寿光县清水泊农场厂长、党委书记李昌军，市档案馆副研究馆员葛怀圣，寿光文化报社社长、总编郭红梅，以及部分编修人员参加。会议介绍了清水泊农场的基本情况，对志书编纂工作及人员分工进行了部署安排，并对编纂工作提出了具体要求。

李昌军强调，一要提高政治站位，充分认识编纂志书的重要性和必要性，切实增强做好编纂工作的责任感和使命感。全体人员需同心协力，紧密配合，积极为编纂工作提供大量翔实、可靠的资料，确保此项工作的顺利完成。

二是加强领导，落实责任，确保修志工作顺利开展。编纂场志时间紧，任务重，编纂人员要发扬"乐于吃苦、甘于奉献"精神，全身心投入到编纂工作中，各编纂人员要多沟通，及时解决编纂工作中存在的问题。

三是树立精品意识，提高编纂质量，力求创精品、出名志。要坚持实事求是原则，把握时代特色，突出寿光特色、农垦精神，要更加贴近生活，贴近人民群众，使志书既能存史资政、教化后人，又能传播寿光特色文化。

韩迎祥表示，清水泊农场在历届班子的领导下，打下了坚实的基础，特别是近年来，农场在各个方面取得了跨越式发展，此时编写志书，是总结梳理，更是农场在文化建设方面的应时之举。本次编纂工作，各方都拿出了精干的力量，进行了周密的部署安排和科学的分工。希望编纂人员克服困难，按照时间节点，高质量完成志书编纂工作。

据悉，寿光清水泊农场是农业农村部农垦局公布的第一批中国农垦农场志编纂农场，全国共有 51 个农场成为第一批中国农垦农场志编纂农场，清水泊农场是其中之一。

组织编纂《清水泊农场志》，是深入贯彻落实中央农垦改革发展文件精神、大力弘扬"艰苦奋斗、勇于开拓"的农垦精神、推进农垦文化建设的重要举措，对于记录清水泊农垦历史、梳理清水泊农垦发展成就和经验、展示特色农耕文化、服务乡村振兴战略具有重要的历史和现实意义。

（原载于 2020 年 8 月 25 日《寿光文化报》）

（六）寿光清水泊农场驻京联络处开业暨品牌发展座谈会在中国农业科学院举行

在寿光县政协港澳台侨和外事委员会积极协调下，2020 年 12 月 27 日，寿光清水泊农场驻京联络处开业暨品牌发展座谈会在中国农业科学院举行，原中国农业科学院副院长许越先，中国农业科学院农业经济研究所研究员杨敬华，中国农业科学院饲料研究所研究员何凤旭，中国农业科学院信息化研究所博士朱海波，中国农业科学院加工研究所科研处处长高杰，原中央警卫局部长石振茹，中国工商银行原北京分行行长苏沁阳，中科康泉生物科技集团公司 CEO 周权及寿光县委常委、统战部长曹建国，寿光县政协党组成员李庆友，寿光县政协法制委主任韩慧美，港澳台侨和外事委员会副主任韩迎祥，寿光县清水泊农场有限公司党委书记、场长李昌军参加。

曹建国主持会议并介绍了寿光县相关情况，与会人员共同观看了寿光专题宣传片。

许越先院长对寿光农业发展成果表示肯定并针对目前中科院研究成果中的先进技术进行了详细介绍。许越先长期从事区域农业、农业资源与农业宏观问题研究。20 世纪六七十年代曾参与黄淮海平原旱涝碱综合治理研究，近年来注意研究农业现代化、农业高新技术开发应用、科技与经济结合等问题。

座谈会上，大家畅所欲言，积极为推动寿光农业经济发展建言献策，就品牌发展、农业现代化、电商等新媒体和新业态、清水泊农场规划等话题进行了深入探讨。

国营寿光清水泊农场土地面积约 5.9 万亩，耕地面积 3.4 万亩，其中林地面积 1 万亩。下设三个农业分场、一个林管办、一个蔬菜园区办公室。农场紧紧围绕建设"以农为主、木林为辅，全面协调发展新型农场"工作目标，贯彻新发展，着眼农业现代化，以发展特色种养业为抓手，以市场需求为导向，大力发展蔬菜瓜果种植、水稻种植及林下畜禽养殖等协调发展、同步推进的良好业态布局。

寿光清水泊农场驻京联络处的成立，是经过多年自主谋划、主动对接、综合对比的落地成果。近年来，寿光清水泊农场基于自身实际，在农业技术、农产品培育、市场开发等方面进行了广泛可行的实践，取得了一系列优秀成果。为对接更高平台和国内最先进技术，寿光清水泊农场联合相关单位多次赴京开展招才引智等相关工作，积极寻求与中国农业科学院、中国农业大学等建立更深层次的合作交流平台。本次驻京联络处的成立，搭建了寿光蔬菜对外展示的新渠道，为寿光市农业开发创新了技术和实践的双向路径。随着相关合作项目的开展，必将对寿光市农业发展模式的创新、农产品的技术含量和市场竞争力的提升注入内涵动力。同时，也为"寿光蔬菜"品牌形象的展示建立了新平台。

2020 年 12 月 28 日，原十七届、十八届中央候补委员、全国人大农业专家委员会委员、中国农业科学院党委书记兼院长、中国农业国际合作促进会会长翟虎渠到寿光清水泊农场驻京联络处指导工作，翟院长详细听取了相关负责人介绍，对清水泊农场品牌发展给予肯定并表示将持续关注。

（原载于 2020 年 12 月 28 日《寿光文化报》）

四、文学创作

（一）诗歌

1. 清水泊之恋
杨宝成

七十年代初，
寿光的清水泊，

驻扎着一师四团。

就是这个魂牵梦绕的地方，

给我留下了终生难以忘却的思念。

优雅的环境，整洁的路面；

城墙似的堤坝，碧波荡漾的荷花湾。

那是梦想起飞的地方，

那是我的第二个家园，

那是一个充满活力、

朝气蓬勃的营地。

那是备战备荒、

屯垦戍边的一个据点。

清晨，清脆的起床号声，

划破了沉寂的军营空间。

伴随着朝阳升起，

整齐有节奏的跑步声、

口号声响成一片。

团部的篮球场，

平日里可以打球锻炼。

每每遇上全团集结，

激情澎湃的歌声，

会把整个操场溢满。

五好连队的水平，

在这一刻就会有充分的展现。

你的歌声刚落，

那边又齐声呼喊：

"好不好，妙不妙，

再来一个要不要"。

此起彼伏，好强争先。

热烈的掌声响成一片！

是一场丰盛的精神大餐。

家乡亲人的祝福，

温暖着兵团战士的心田！

2. 永志不忘清水泊
刘凤振

清水泊啊，兵团四团的摇篮，

四团战友们的故乡，

我们永志不忘的地方。

您是我们心中燃亮的灯塔，

您是我们心中永恒的向往。

我们的身躯里，铸造着您的勇不可当。

我们的血液中，流淌着您的必胜锋芒。

在您的怀抱里，我们把热血洒尽。

在您的臂膀上，我们把青春绽放。

苍茫草原上，记载了我们砥砺成长。

广阔田野里，留下了我们灿烂辉煌。

瘦弱的小羊羔，在我们手中养成了膘肥体壮，

青嫩的庄稼苗，在我们手中变成了遍野金黄。

羊群一天天壮大，我们心花怒放。

麦穗一日日饱满，我们笑声朗朗。

羊圈，牧场，穿梭来往。

田间，地头，频繁步量。

待羊群似朋友，关爱有加，

把庄稼当希望，精管细养。

多少回，风雨交加护羊群，

多少次，阴雨绵绵抢收忙。

满鞋的羊粪，伴随着青春的脚步。

满脸的汗水，洋溢着火红的理想。

战天斗地，个个斗志昂扬。

赤胆忠诚，人人红心向党。

清水泊，奠基了我们崇高的信仰。

清水泊，指引了我们前进的方向。

清水泊，教诲了我们做人的准则。

清水泊，赠予了我们永不褪色的精神食粮。

我们感恩清水泊，我们怀念清水泊。

清水泊是我们心中永远的太阳。

3. 清水泊组诗
张炳国

(1) 清晨

漫天繁星隐去，

叽叽喳喳的鸟儿，

唤醒了黎明。

稻花儿飞过，

一条条清澈的小河，

钻进农姑的晨梦，

化为唇间的笑靥。

调皮的阳光，

挤进茂密的林子，

与小动物们，

打滚、跳跃。

散步的老哥，

叭嗒一口烟，

回忆着，

历史与荣光。

渐渐地，

田间、路上，

人影交织、车辆奔行，

时代的强音正在奏响，

辉煌的梦想已经起航!

(2) 夕阳下

牧笛横穿晚霞,

草地上徜徉着,

肥美的牛羊。

歌声唱醉暮云,

田野里遍是,

金黄的五谷。

弯弯的枝头,

挂满了甜蜜的幸福;

满园的翠绿,

摇曳着收获的希望。

夕阳下,

那远方模糊的身影,

是汉武?还是农圣?

是在回忆躬耕的辛苦?

还是在寻觅当初的荒芜?

今见此景,

他当击掌,

他当酣畅,

他当为后人的作为书写华章!

(3) 一壶老酒

前辈们,

喝一壶老酒,

让冬天的风,

不再寒冷,

让革命的热情,

永远燃烧！

4. 致清水泊
孙丽

大地沉默，而又给予我们一切，

所有的馈赠和拥有，都指向勤劳。

从蔬菜大棚，到果园深处，

直到无垠田野。

我站在金黄的稻田，

仿佛站在梵高的理想世界，

我要从一穗稻花说起。

(1) 从一穗稻花说起

一想到稻花，就渴望听到蛙鸣，

那些浅浅淡淡的小花，

是大地静美的礼物。

细细簌簌地绽于稻束，

从不招摇，

风一吹，所有的稻香，

便升腾起来，

而后化作一场雨。

像一场夏日的爱恋，

迎着面，倾洒下来，

同时带来农场人遥远的号子声。

在蜜蜂嗡嗡地采撷中，

隐下一场即将到来的丰收盛事。

(2) 林下

高一点，再高一点，

一只黑公鸡气喘吁吁，

围栏又被农场人架高一层，

却架不住一只鸡的飞翔。

呼啦啦撑开翅膀，

不厌其烦地复述自己的强健。

它不曾想，

飞得出围栏的架设，

却飞不出农场的广袤，

唯有农场才是生命真正的栖息地。

鸭子和鹅，略怀禅心，

从不争抢着出逃，

自在游走，或荡于河中。

它们顺从于隐秘的河水，

嘎嘎地笑，说着清水泊的方言，

热烈处，时而向着天空，

抖擞开雪白的翅羽。

最高的一声鹅叫，把头顶的云彩震碎，

洒落下来的，都是树林的心事。

用尽所有繁茂，为你们遮蔽风雨。

（3）果园

这里就是果园了，

几十万个红苹果在阳光下，

永远静止地起跑，飞腾。

露珠化作雾气，

倒映的群树升起，

向天空传送报告。

夜里的苹果渴望一场奔月，

饥饿的味蕾终于得到满足。

我摘下最满意的一只果子，

轻咬入口，闭上眼睛品享，

最先抵达味蕾的是果肉的脆甜，

第二层是阳光的醇香，

第三层是园丁辛劳的汗水。

再咬一口，浓浓的秋意飞离发间，

我看见一棵果树幼苗正破土而出。

（4）绿源清水泊

雪白的棉花，厚厚的稻穗，

以及随风摇摆的芦苇，

我都想将她们拥入怀中。

大地沉默，而又给予我们一切，

所有的馈赠和拥有，都指向勤劳。

农场，或林场，

无数个日日夜夜，清水泊人，

燃烧爱与芳华。

战盐碱，造绿林，培育优品蔬菜，

坚韧而执着。

岁月终于把时光熬成美酒，

端起这杯酒吧，与大地交谈。

向长空唤一份荣耀，

向未来讨一份期待。

万物静默如谜，

愿每一份辛劳都有回报，

每一份坚持都获得力量与喜悦。

我站在金黄的稻田，

仿佛站在梵高的理想世界。

从一穗稻花说起，

却不想结束……

5. 长歌行·清水泊
李升连

寿北不毛地，名曰清水泊。

清水何所见？盐碱白垩垩！

长风自浩荡，草木无依托。

千古罕人迹，万亩皆荒野。

闻名未曾见，今我乘车过。

金秋悬丽日，田畴有规则。

林木送清风，果园积硕果。

满目琳琅意，奇变长谙嗟！

白手起稼禾，牛羊满沟坡。

代代农场人，扎根立长志。

汗水如好雨，润物无昼夜。

盐碱渗透出，沟渠布棋罗。

不毛变良田，天地换颜色。

今我放眼量，骋目览胜景。

科研有余力，稻田灿如画。

光阴有迢递，人世有代谢。

当代新篇章，何止蔬稼禾。

六畜何兴旺，玄机在天然。

鸡豚游野外，意态自姗姗。

更有生态林，木叶森葳蕤。

大地多绿意，金秋肆斑斓。

氧气由此出，寿北美画卷。

当今水泊人，环保多贡献。

问君何能尔，勤劳唯所愿。

问君何所见，旧貌换新颜。

问君何所有，齐心可移山。

问君何所求，唯求大发展。

扎根在厚土，上自有高天。

发力新科技，营销在前沿。

无心争春景，但得秋收满。

今天清水泊，展颜待君看。

（二）散文

1. 走进寿光清水泊
董爱玲

早在多年前，我就知道寿光有个清水泊，但极少从媒体上看到它。它低调内敛，从不随意宣扬自己的优势，这么多年，一直默默无闻做着自己的事情，因为这些原因，在我心中，清水泊是一个充满神秘感和诱惑力的地方。

今天，近距离走进它，从农场总场到巨淀湖第一分场及蔬菜种植基地、养殖场、水稻田，苹果园等，与它有了亲密接触，并深刻了解到清水泊人的胸怀与内涵，充分体会了农场品牌所产生的原始魅力。

沿着小清河一路往西，途经塌河、织女河。秋天的景物尽收眼底，一株株风景树闪过耳后，苍翠中透出一片片的红、黄、白、绿等多种颜色，在眼前不断掠过。河中偶见白鹭双双，喜鹊欢叫，大雁低回，在迎接我们这些"不速之客"。沿河而下，心中不免想到：今日所呈现在眼前的，每一株秧苗，每一棵蔬菜，每一处养殖场，每一棵树，都是经了风霜的。

草莓西红柿

走进清水泊蔬菜种植基地，最引人注目的，是温室中挂在支架上弯弯绕绕的藤蔓，藤蔓上一个一个粉衣绿脖的西红柿，分散挂在长长的藤蔓之上，可能怕西红柿太多担心藤蔓会坠断，隔一段就用铁丝吊一下，以此分解藤蔓的承重力，望着这些粉绿相间的西红柿，有人随口问一句："这样不大不小的西红柿多少钱一斤？"一起陪同参观的工作人员介绍说："这种西红柿属于特殊培育品种，它不同于普通的樱桃小西红柿，也不同于普通的大西红柿，日常中的西红柿三五天就要浇水一次，我们基地这样的西红柿名为：草莓西红柿。这个品种极度抗旱，一两个月浇一次水，这样生长出来的产品口感好，所以价格高于其他品种。"听他讲到这里的时候，我将一枚草莓西红柿放入口中，瞬间，浓浓的西红柿味道在舌尖缠绕，让我瞬间找到儿时吃到西红柿的那种滋味。那滋味是浸透了阳光和风雨所形成的一种天然味道，对这样的味道，我深有感触，也一直念念不忘。这是我多年以来，生吃西红柿总结出的一个经验：春季西红柿要比其他季节的好吃很多。另外，由于初果所占据的营养、水分等多方面优势，第一茬坐下的果子要比后来的果子口感好。

普通的西红柿属于蔬菜类别，算不上是水果，清水泊农场生产的草莓西红柿味道沙甜、爽口，早已超出水果的口感。"绿源清水泊"草莓西红柿被评为"优品蔬菜"，得到广大用户认可。

今天，我在清水泊农场的草莓西红柿种植基地，又尝到了那年春天的西红柿味道。

水稻田

此处是数百亩水稻田，我们去的这个季节水稻正泛黄，还有十几天就要收割了。即将收割的稻田早已断水，田间逐渐开始干燥，以防收割时候太潮湿收割机进不去。站在地头，呈现在眼前的，是一片黄色汪洋稻海，风一吹，像水一样柔软，细腻，又像一幅油画，在天地间铺展而去。随手摘下一颗稻穗，用手搓去稻壳，里面是圆鼓鼓的原白色米粒，随之，一股稻香飘忽而来。

近几年，农场推动高效粮食种植作物发展，实施科学配套盐碱地水稻种植模式，通过实验基地种植，水稻产量达到单产 1200 斤，总产高达 24 万斤左右。一路同行的工作人员介绍说："大米口感与品种息息相关，还有一点最重要的，清水泊农场的水稻只种一季，不像有些热带地区一年耕收两三次，从口感而言，这又是一个很大的区别。"

一块地连续多次耕种，无论是土质营养、还是重茬种植带来的不利因素，都会对生产出来的农作物品质有着很大的影响，土地也会疲惫。农人们或许会特意加大肥料力度，但土地依然有它的疲惫与贫瘠期。有些肥料还未来得及全部吸收，下一茬水稻又插上了秧苗，这样的土地种出来的水稻，肯定不如只种一茬的稻子颗粒饱满，口感更佳。

真正的好大米并不在颜色和光度，而是大自然不加修饰的原貌，清水泊农场大米，承载一段泛黄的光阴故事，在岁月无声中酿造出经典之美。

天然饲养场

隔着一段距离就看到了这些大白鹅，足有上千只，它们身着雪白的羽衣，在一片小树林中蹒跚而行，看见生人，集体舞动翅膀，嘴里发出"嘎嘎嘎"的叫声。

它们的家园是这个方圆几十里的大园子，园子很大，中间有一条土路隔开，分作几种动物的饲养圈，距离大白鹅不远的另外一个圈里饲养的是绵羊，一个很辽阔的树林中只剩三五只，一问才知道，羊儿长到了一定的重量，刚刚卖出去，小绵羊还未买进，目前刚好是空档期。灰白的卷卷毛绵羊，正在一棵树下啃着地上的青草，似乎并不在意谁来谁去，谁在它身边逗留，谁在给它拍照，那些都与它们无关，它们在自己的世界中，安守度日。望着它们，不由想起那句话："现世安稳，岁月静好"。

继续往里走是养猪场，整个饲养中心，养猪场是占地面积最大的，里面养着近百头大黑猪。原来这里养着近千头，因为猪肉价格迟迟不落，幼猪仔价格也高，所以，大猪卖出去暂时没有买进幼猪仔。

养鸡场在紧邻道路的西侧，那里有一片小树林，一条小河，鸡场与羊圈一河之隔。

人总是对自己小时候的记忆特别清晰，尤其是对于一些印象深刻的事情。我家的房檐下盖了一个五尺见方的小鸡窝，十几只鸡拥挤着住在里面，天不亮就去打开鸡笼，鸡们"撒了欢"在院子里跑来跑去，有"轻功"好的，还能展开翅膀飞到高高的草垛上去，顺便也会将蛋下在草垛顶，还淘气的在鸡蛋上面留下几坨鸡粪，大人们捡鸡蛋的时候顺便也会抓到一把鸡粪。

心存久远的记忆，今天来到清水泊饲养场，一直在寻找鸡笼，或者鸡屋子，结果连个鸡窝也没找到，却看见小树林的荒坡上聚集了上千只鸡，有黑色、黄色的翅膀，还有纯白色的，它们正在沟坡上寻食吃虫。

我才恍然大悟，原来这饲养场里每一种动物都是散养，大部分靠自己地上觅食，有时候工作人员也会撒上一些玉米、高粱大豆等粮食，有时跟饲料掺和着喂给动物们吃，所以，这些动物的肉纯绿色无公害，吃起来更加劲道有嚼头，营养成分也高。

清水泊人

清水泊农场成立于20世纪50年代初期。后来，此处又接连成立过山东省青年农庄、官台养猪场、清水泊种羊场、昌潍地区五七干校、中国人民解放军济南军区生产建设兵团等一些机构。1970年2月，寿光清水泊种羊场、寿光巨淀湖农场、军工盐场等单位合并，组建中国人民解放军济南军区山东生产建设兵团第一师第四团。1974年12月兵团撤出，以上有关单位正式归为国营寿光清水泊农场统一管理。

寿光县清水泊农场地处寿光县北部，白茫茫一片盐碱地，除了一些盐碱植物，此处苗木难活。

是一代一代的清水泊人改变了这块荒地，他们响应国家安排，带着自己的一片赤诚之心，怀揣理想，远离家乡，来到这片荒凉偏僻之地。他们天当被，地作床，与马牛同饮一湾水，与狐兔共居一隅地。

蛇虫出没的生存环境没有吓退他们，辛苦劳作让他们蜕了几层皮，最后，却硬生生将自己变成了地地道道的清水泊人。

从1953年至2020年，近70年发展历程，开垦荒地近数十万亩，耕种良田达数万亩，近千亩水稻田，2.7万公亩盐田的两个盐场、占地面积万余亩的海水生物养殖基地；三个农业分场、一个占地面积一万亩有余的林办、41个蔬菜大棚的菜办。整合林中养殖资源；

形成鸡、鸭、鹅、猪、羊、鹿、雁等多种禽畜的大型饲养场；下设两个居委会和一个272口人的杨家围子村，成为人畜居住的风水宝地，不断有人从四面八方来这里参观、交流、学习，使这里大片的盐碱地变成了寿北"小江南"。

延续至今，是因为不断有人在付出、在奉献，不知不觉中，这里形成了一种精神和勇气。正是这种勇气与精神，让清水泊变得与众不同。

"劫火烧残变陵谷，浮云阅尽经沧桑"。历经沧桑更为清水泊增添了一些厚重之感。

从贫瘠到富有，从寸草不生到绿树成荫。在时间的长河里，百年也不过"一瞬间"，而对于生活在这里的所有清水泊人而言，面对这片曾洒下自己汗水和血水的热土，却更显深沉与宝贵。

清水泊农场发展的脚步正如疾风闪电般一路向前，无论是商业、农业，还是养殖业，都逐渐进入科技化时代，虽然很少宣传自己，但"酒香不怕巷子深"。比如草莓西红柿、比如散养小公鸡、比如原始喂养的大黑猪，天然种植的水稻和小米等，一直是以创建优质绿色生态品牌为目的，吸引四面八方的宾客来至此处，游玩观光或商业贸易。

时代在进步，农场在发展，老一代农垦人鲜艳的旗帜在现代农垦人手中迎风飘扬，毫不褪色。远远望去，这里风和日丽，美丽富饶，辽阔的自然风光，成为寿光北部地区一道多姿多彩的风景线。

2. 清水泊农场的拓荒者
李彩华

来到清水泊农场，站在高处，往四处看，看不到一个人影，这才是广袤的寿北大平原，人站在这天地之间，就像一个大蚂蚱掉进草丛里，渺小极了。

根据《汉书》记载，征和四年（前89年）汉武帝刘彻曾经耕于巨淀。走进寿光巨淀湖湿地公园，迎面矗立着一幅巨大雕塑"汉武躬耕"，那栩栩如生的劳作场面，是武帝扶犁起垄，与民同耕的情景，农耕开垦由此大兴。至今流传一首民谣："桃花盛开三月天，武帝躬耕于岭南，微风习习尚觉寒，湖中荡来打鱼船。"

1937年，巨淀湖畔的牛头镇抗日武装起义，打响了潍坊抗日战争第一枪。为了保卫这片土地，多少先烈浴血奋战，不怕牺牲。新中国成立以后，为了治理这片土地，多少人的青春岁月，大好年华，奋斗和奉献在这里。清水泊农场是在山东省共青团第一建设集体农庄的基础上，经过57年的演变，一步步发展起来的，当时，寿光北部碱地白茫茫，荒芜一片，青年们没有种地经验，新开荒出来的耕地大多不长庄稼，四年没有收入，没发工资，吃饭靠供应，一日三餐吃高粱面做的窝窝头，大多时候吃羊角沟生产的虾酱拌大葱，这就是下饭的菜。穿衣靠团地委和县委捐献旧衣服解决。住的是地窝子。1962 年一名乡干部老李，因干部定量低，每月 29 斤粮，工人定量高，每月 43 斤粮，就申请退干转工。吃上工人定量就要放羊，刚刚领到第一月饭票，就拿起放羊鞭赶着羊到了牧场。拿着刚领到手的饭票，喜滋滋一张张数着的时候，发现满洼散放的羊跑到庄稼地里，被农人拿着锄头砸，他一下子慌了神，这些良种羊，可是国家财产，每只羊都标着耳号、身高、体重、毛的弯曲度等，都有着详细的档案，都很宝贝。等将羊从农民手中要回来时，已到了中午开饭点，才发现手中一两饭票也没有了，全丢在大洼的草丛中，他不知饭票什么时候丢的，丢在哪里了，过后找了好几天也没找到一张。那天他一天没吃上一口饭，饿的眼前发花，全身发抖。找领导商议暂时借了 10 斤饭票，他又到附近的王家庄村买了些黄须菜种子，将 10 斤饭票的细粮换成粗粮，由伙房师傅帮忙，做成窝窝头，才解决了一个月的吃饭问题。

"手持放羊鞭，肩背饮水壶，身披防雨衣，喝的是凉开水，吃的是冷干粮，顶烈日、冒酷暑，尤其遇到风雨交加、雷鸣电闪的天气，找不到避雨、躲雨的地方，为了保证羊不丢失，羊去哪里，他们就去哪里，羊跑到水里，他们也跟着下水，衣服一天不知道干湿多少回，很多女知青后来都得了妇科病……"这是当年建设清水泊农场的青年知青回忆那段艰苦岁月时讲述的。

一位当年放了十多年羊的老人说，农场出生的第一个孩子小名叫移村，第二个孩子叫移民。

一位当年的拖拉机手回忆说，拖拉机耕地，有两个人，一个坐在前面专管开，一个坐在后面专管犁，耕深耕浅、到地头摇起落下，都是人工操作。机器轰轰响，两个人谁也听不到谁说话，只好一个人自己说话给自己听，尤其是晚上耕地，月亮地里，影影绰绰，除去搭档，再没有个人，于是就一个人唱歌："十五的月亮，升上了天空……"有一次拖拉机开到了坟地里，后面的人连犁带人一起掉坟坑里，那时年轻胆大，坟坑不坟坑的，也不害怕，把犁弄出来，接着耕。

如今的清水泊农场，如同世外桃源，放养的鸡鸭鹅，随意在树林里湖泊里觅食；猪长得如卡通画，羊靠在树上挠痒痒；林木华茂，田畴伸展，排灌沟渠纵横交错，苹果挂起红色的果，萝卜长着翠绿的叶，喇叭花在安静地笑；机械手开着联合收割机，从庄稼地里走过，小麦、玉米、水稻，这粮食的粒如流水一样淌出来。只有棉花，还没用机械，全靠人工。人工费用越来越高，这些年，棉花种的少了，也有万亩。

大片棉花地，白花花的，像夜晚满天的繁星，我们停下来拍照，一文友喜欢，拔了三两棵，说是放家里当装饰品。到了农场家属院里，晒着一院子玉米，有玉米粒，有囫囵个的，有玉米芯，她又喜欢上拿了两个，说放八宝架上，她说她很喜欢粮食之类的物品，现在缺两个高粱穗子。高粱已收过，没有了，农场里的人说，这些玉米是家属们在边角地种的。

在盐碱地上，几乎是荒无人烟的地方，开垦出一片谷丰果香的绿洲，清水泊农场人是真正的拓荒者。

3. 清水泊，那片生生之土
王丽

清水泊的秋，悄悄来了。秋风拂过，从芦苇荡到万顷田野，所有植物都恭顺地朝向大地，在它们虔诚的躬身礼里，感受到了秋天的温度。季节在一脚踏进秋天之后，它的步伐开始放缓，变得温婉起来，耐心起来，与以往急躁的性情相比，它更执着于等待。

此时的秋更像是一位慈祥的母亲，她满眼欢喜地望着，满心热切地盼着，在北大洼这片叫作清水泊的土地，她手搭凉棚时时瞩望，等着南坡的水稻籽粒饱满；等着西坡的高粱涨红脸颊；等着丰盈的谷穗压弯了腰；等着雪白的棉花笑裂了嘴……于是，她站在比大海更为广阔更为湛蓝的高天之上，望着这片土地笑了——今年风调雨顺，她欣喜地看到，清水泊人再次攥紧了一季沉甸甸的丰收。

清水泊的土地是有历史的，这是一片英雄的土地。1940年，八路军曾在这里与日寇短兵相接，浴血奋战，为了保卫这片土地的安宁与祥和，指战员们前赴后继，舍生忘死，子弹打光了就用手榴弹，手榴弹打光了就拼刺刀，用血肉之躯与敌人死拼到底。这段染满鲜血的抗战史，满坡的芦苇荡会记得，脚下的土地会记得。当时，团组织股长张湘那句"党员、团员跟我来"的一声呼喊，更像一声冲锋的号角，过去了八十年，依然在清水泊人心头响着。

是的，这声呼喊是高擎的一面旗帜，是坚守的一种指引，为清水泊的明天指明了方向。1956年，青年农庄开始在此驻扎，这片盐碱地上热闹起来，从此有了炊烟，有了生气，也有了发展。20世纪70年代初，无数兵团战士来到这里，垦荒拓田，发展养殖。北大洼咸涩的北风吹皱了他们的脸庞，吹裂了他们的手掌，却始终没有吹乱他们"敢叫日月换新天"的信念。为了信念的实现，他们在这片土地上奉献出了青春与血汗，甚至是年轻的生命。

那时的清水泊满眼都是泛着碱花的土地，蒿草满地，芦苇起伏，连空中鸭兰子鸟的叫声里，回荡的都是萧瑟与荒凉。嫩生生的小树栽上去不过一个月便会变得萎黄，清水泊的地下水并不是清水，而是含盐量极高的卤水。小树的根系一旦扎到卤水层，便会枯萎。与小树有着共同命运的还有辛苦种植的作物，碱场地里长出的庄稼如同生了斑秃，这边一簇，那边光秃。如此一来，收成甚微。

怀揣梦想的兵团战士们没有被恶劣的环境所吓倒，也没有向贫瘠的现状低头。他们挖沟排卤，筐抬肩抗，建起了富有清水泊特色的"条田沟"，并在农场附近栽起红荆条防风。此后，这种学名怪柳的灌木，成为清水泊农场特有的绿化景观，如同一队队坚守的卫士，陪伴着清水泊人度过了一个个春秋。

一分耕耘，一分收获。土地被改良了，变得肥沃起来。被改良后的土壤更懂得奉献与回报。风吹麦浪，谷穗金黄，麦收，秋收，满眼的丰收景象。一时，清水泊农场成了寿光人的粮仓。

经过三代农垦人的不懈努力，如今清水泊人已走在了"以农为主、牧林为辅"的发展道路上。看那片稻浪翻滚的稻田，风里已裹着稻穗的清香。这是清水泊人实施的盐碱地水稻种植模式。在尝试开初，可是开天辟地的稀罕事。在北大洼这种缺水的地方种水稻，连附近杨庄村里八十多岁的老汉都觉得稀奇。还是那种"敢叫日月换新天"的信念与闯劲，清水泊人成功了！250亩水稻，稳产16万余斤，以好口感、高品质赢得了市场的口碑。被清水泊人用心培养的水稻，在生长期里采用间歇性给水，以保证水稻将根系扎牢。160天的生长期里，稻子们被充足的阳光照耀，被皎洁的月华抚慰，被清水泊人的目光关注，被甘甜的雨露滋养，这样的米粒能不香吗？

那片智能化温室大棚里，生产出的"绿源清水泊"草莓西红柿早已有口皆碑。吃一口到嘴里，沙甜的味道瞬间激活着味蕾，犹如大热天吃了一口沙瓤西瓜，凉爽的感觉从口腔一下子漫延到腹腔里。

养殖区内，看那些散养的家禽享受着闲散的时光，公鸡们结伴出逃，在沟沿旁悠哉散步，那些嬉闹着的母鸡，有的则飞到了树上；饲养员一声哨响，成群的白鹅就会越过藩篱，扑到旁边的水沟里尽情游弋……

清水泊人是大地的子孙，他们与土地相依为命，相互依存相互成就。经历过被汗水浸泡的垦荒日子，清水泊人更感恩于这片土地的各种馈赠。他们极为珍惜这片土地的产出，一粒粮食，一片菜叶，甚至于一棵柴火，他们都不舍得浪费，都不会轻易丢弃。清水泊人同时又是慷慨的、淳朴的，如果遇到行经农场口渴的行人，他们不但友善地提供饮水，连树上还未采摘的苹果也会欣然摘下，让路人尝鲜解渴。如果遇到友人来访，他们甚至会把种得满沟的南瓜摘来，塞满友人的后备箱。一同放进去的，不但有这片土地的特产，还有自己亲手制作的蚂蚱酱。

春生，夏长，秋收，冬藏，清水泊人遵循着季节的变换规律，也信守着与土地的盟约，他们懂得给予，而不是一味索取。作物生长期间与收获之后，清水泊人总是用清水与绿肥及时为土地提供给养，他们相信人勤地不懒，更信奉"科学种田，不断创新"的发展法则，守望着这片生生之土，生活一天比一天光鲜、生动、亮堂。

中国农垦农场志

后记

《清水泊农场志》自 2020 年 8 月 25 日正式启动，到 2021 年 6 月底交稿，历时 10 个月。10 个月从无到有，这是一个创举。总结经验如下：

一、志书编纂工作得到了清水泊农场领导的高度重视。

按照《农业农村部办公厅关于组织开展第一批中国农垦农场志编纂工作的通知》要求，清水泊农场主动申请，成功成为第一批中国农垦农场志编纂农场。名单公示后，清水泊农场立即成立了以场长为组长、工会主席为副组长、各科室主要负责人参加、退休职工参与，第三方编纂机构具体负责的组织领导体系。并制定了《清水泊农场志》出版方案，包括组织机构、时间节点、经费保障、任务分工等内容，确保志书编纂落实到位，具体到人。志书编纂过程中，坚持每周一调度，每周一总结，每周一汇报，遇到问题及时协调解决。

二、多措并举，确保资料搜集工作快速扎实。

编纂工作启动后，兵分五路，开展资料收集工作。一是派专人到寿光县档案局查阅资料，共查阅相关材料 4000 余条；二是成立了由清水泊农场各科室主要负责人组成的资料搜集小组，负责查阅清水泊农场内部档案，并向离退休和在农场工作过的相关人员征集资料；三是聘请当地作协、报社记者，对了解情况的清水泊农场离退休人员进行采访；四是聘请文史专家、志书顾问搜集相关文献资料，撰写相关文章，如清水泊地区的文物古迹、传说、历史沿革等。五是聘请摄影人员对清水泊农场相关内容进行拍照，共拍摄自然风景、建筑、人物、奖牌、老照片等290张。由于多方共同努力，当年11月中旬，资料搜集工作已经基本完成，为志书的编纂打下了良好的基础。

三、成立志书编纂委员会，分工明确。

成立了由5名编辑，1名执行主编组成的编纂委员会。每人负责一到两编，制定时间节点。对每天的编纂内容，由执行主编进行指导、调度，发现问题及时解决，为第二轮和第三轮编辑工作减轻了负担，提高了效率。编纂场志时间紧，任务重，编纂人员"乐于吃苦、甘于奉献"，全身心投入到编纂工作中，紧密配合，确保了志书编纂工作及时完成。

四、树立精品意识，提高编纂质量，力求创精品、出名志。

在志书编纂过程中，始终坚持实事求是的原则，把握时代特点，突出寿光特色、农垦精神，力求更加贴近生活，贴近人民群众，使志书既能存史资政、教化后人，又能传播寿光文化。

尽管我们做了一些努力，但是还是因为一些主客观原因，志书的编纂存在一些不足。农场前期不重视档案管理工作，导致一些资料缺失。还有时间紧、任务重、编纂人员的水平有限等，都导致了志书编纂并不完美。在此，希望大家理解，并给于批评、指正。另外，在本场志的撰写过程中，得到了寿光市领导、市机关有关部门的亲临指导与大力支持，借此机会，向所有为我们提供帮助支持的领导、朋友表示感谢！

中国农垦农场志丛